U0453387

宗教学新论

世界宗教论

卓新平 著

中国社会科学出版社

图书在版编目(CIP)数据

世界宗教论／卓新平著．—北京：中国社会科学出版社，2020.12（2021.4 重印）

（宗教学新论）

ISBN 978-7-5203-6896-4

Ⅰ.①世⋯　Ⅱ.①卓⋯　Ⅲ.①宗教一研究　Ⅳ.①B91

中国版本图书馆 CIP 数据核字（2020）第 141036 号

出 版 人	赵剑英
责任编辑	陈　彪
责任校对	闫　萃
责任印制	张雪娇

出　　版	中国社会科学出版社
社　　址	北京鼓楼西大街甲 158 号
邮　　编	100720
网　　址	http://www.csspw.cn
发 行 部	010-84083685
门 市 部	010-84029450
经　　销	新华书店及其他书店

印刷装订	北京市十月印刷有限公司
版　　次	2020 年 12 月第 1 版
印　　次	2021 年 4 月第 2 次印刷

开　　本	710×1000　1/16
印　　张	22.5
插　　页	2
字　　数	333 千字
定　　价	138.00 元

凡购买中国社会科学出版社图书，如有质量问题请与本社营销中心联系调换

电话：010-84083683

版权所有　侵权必究

"宗教学新论"总序

宗教是人类社会及思想史上最为复杂和神秘的现象之一。人类自具有自我意识以来，就一直在体验着宗教、观察着宗教、思考着宗教。宗教乃人类多元现象的呈现，表现在社会、政治、经济、信仰、思想、文化、艺术、科学、语言、民族、习俗、传媒等方面，形成了相关人群的社会传统及精神传承，构成了人类文明和民族文化的重要部分，铸就了人之群体的独特结构和人之个体的心理气质。在人类可以追溯的漫长历程中，不难察觉人与宗教共存、与信仰共舞的史实，从而使宗教有着"人类学常数"之说。因此，对宗教的审视和研究就代表着对人之社会认识、对人之自我体悟的重要内容。从人本及其社会出发，对宗教奥秘的探究则扩展到对无限微观世界和无垠宏观宇宙的认知及思索。

于是，人类学术史上就出现了专门研究这一人之社会及灵性现象的学科，此即我们在本研究系列所关注的宗教学。对宗教的各种观察研究古已有之，留下了大量历史记载和珍贵的参考文献，但以一种专业学科的方式来对宗教展开系统的学理探究，迄今则只有不足 150 年的历史。1873 年，西方学者麦克斯·缪勒（F. Max Müller）出版《宗教学导论》一书，"宗教学"遂成为一门新兴人文学科的名称。不过，关于宗教学的内涵与外延，学术界一直存有争议，目前对这一学科的标准表达也仍然没有达成共识。在宗教学的发展过程中，涌现出一大批著名学者，也形成了各种学术流派，并且由最初的个人研究发展成为体系复杂的学科建制，出现了众多研究机构和高校院系，使宗教学在现代社会科学及人文学科领域中脱颖而出，成绩斐然。20世纪初，宗教学在中国悄然诞生，一些文史哲专家率先将其研究视域扩大到宗教范围，以客观、中立、悬置信仰的立场和方法来重点对中国宗教历史问题进行探究，从而形成中国宗教学的基本理念及原则。随着中国现代学术的发展，宗教学不断壮大，已呈现出蔚为壮观之局面。

宗教学作为跨学科研究，其显著特点就是其研究视野开阔，方法多样，突出其跨宗教、跨文化、跨时代等跨学科比较的意趣。其在普遍关联的基础上深入探索，贯通时空，展示出其内向与外向发展的两大方向。这种"内向"趋势使宗教学成为"谋心"之学，关注人的内蕴世界及其精神特质，侧重点在于"以人为本"、直指人心，以人的"灵魂"理解达至"神明"关联，讨论"神圣""神秘"等精神信仰问题，有其内在的深蕴。而其"外向"关注则让宗教学有着"谋事"之学的亮相，与人的存在社会、自然环境、宇宙万象联系起来，成为染指政治、经济、法律、制度、社会、群体、国际关系等问题的现实学问，有其外在的广阔。而研究者自身的立足定位也会影响到其探索宗教的视角、立场和态度，这就势必涉及其国家、民族、地区、时代等处境关联。所以说，宗教学既体现出其超越性、跨越性、抽象性、客观性，也不可避免其主体存在和主观意识的复杂影响。在这种意义上，宗教学既是跨越国界的学问，也是具有国家、民族等担当的学科，有其各不相同的鲜明特色。除了政治立场、学术方法、时代背景的不同之外，甚至不同学派、不同学者所选用的研究材料、关注的研究对象也互不相同，差异颇大。由此而论，宗教学当然有着其继承与创新的使命，而我们中国学者发展出体现中国特色的宗教学自然也在情理之中。

基于上述考虑，笔者在此想以"宗教学新论"为题对之展开探讨，计划将这一项目作为对自己近四十年研究宗教学科之学术积累的整理、补充和提炼，其中会搜集自己已发表或尚未发表的学术论文，以及已收入相关论文集的论文和相关专著中的文论，加以较为周全的整合，形成相关研究著作出版，包括《经典与实践：论马克思主义宗教学》《唯真与求实：马克思主义宗教观中国化之探》《宗教学史论：宗教学的历史与体系》《宗教社会论》《宗教文明论》《宗教思想论》《世界宗教论》《中国宗教论》《基督教思想》《基督教文化》《中国基督教》《反思与会通》等；在马克思主义宗教观的指导下，梳理探究宗教学的历史和宗教学的体系，进而展开对世界宗教的全方位研究。其"新"之论，一在视野之新，以一种整体论的视域来纵观古今宗教研究的历史，横贯中外宗教学的范围；二在理论之新，即用中国特色社会主义理论的创新之举来重温马克思主义经典作家关于宗教之论，探究马克思主义宗教观在当代中国的新发展、新思路；三为方法之新，不仅批判性地沿用宗教学历史传统中比较科学、合理、行之有效的方法，而且对之加以新的考量，结合当代学术最新发展的成果来重新整合；四在反思之新，这就是重新审视自己以往的旧作，总结自己四十年之久宗教研究在理论与实践上的体悟、收获，以及经验和教训，在新的思考、新的形势下积极调适，增添新思和新言。当然，这一项目立足于思考、探索乃实情，而建构、创新则仅为尝试，且只代表自己一家之言，故此所谈"新论"乃是相对的、开放的、发展的，必须持有锲而不舍、止于至善的精神和毅力来继续往前开拓。由于这一研究项目涉及面广，研究难度较大，论述的内容也较多，需要充分的时间保证，也需要各方面的大力支持，故其进程本身就是不断得到合作、得到鼓励和支持的过程。

在此，作者还要衷心感谢文化名家暨"四个一批"人才工程领导小组将本课题列为"文化名家暨'四个一批'人才项目"计划！也特别感谢中国社会科学出版社在编辑出版本项目课题著作上的全力支持！

卓新平
2019 年 5 月

目　　录

"宗教学新论"总序 ·· (1)
前言 ··· (1)

第一编　世界宗教研究导论

第一章　"全球化"视域的世界宗教 ······························ (3)
第二章　世界宗教研究中的历史与数据 ··························· (11)
第三章　宗教和当代世界 ·· (18)

第二编　"亚伯拉罕传统"宗教研究

第四章　三教圣地：耶路撒冷 ······································ (29)
第五章　犹太教研究 ·· (40)
第六章　基督教研究 ·· (112)
第七章　推动对"梵蒂冈"的系统研究 ··························· (177)
第八章　对主教任命与中梵关系的新思宏论
　　　　——读刘金光《主教任命制的历史嬗变及其对
　　　　国际关系的影响》有感 ·································· (181)
第九章　东北亚基督教与当代社会发展
　　　　——从中国基督教发展现状来思考 ··················· (188)
第十章　基督教与伊斯兰教的社会关怀 ························· (194)

第十一章　伊斯兰教研究 …………………………………（200）

第三编　其他宗教研究

第十二章　印度教研究 …………………………………………（231）
第十三章　佛教研究 ……………………………………………（238）
第十四章　耆那教研究 …………………………………………（266）
第十五章　锡克教研究 …………………………………………（271）
第十六章　道教研究 ……………………………………………（276）
第十七章　神道教研究 …………………………………………（297）
第十八章　琐罗亚斯德教研究 …………………………………（302）
第十九章　摩尼教研究 …………………………………………（316）

第四编　新兴宗教研究

第二十章　摩门教研究 …………………………………………（325）
第二十一章　巴哈伊信仰研究 …………………………………（329）
第二十二章　巴哈伊信仰理念与人类命运共同体追求 …………（333）
第二十三章　巴哈伊文学艺术断想 ……………………………（339）

前　言

　　宗教学研究的基础是对宗教历史的系统探究，其特点就是从世界各种宗教所经历的历史发展来认识宗教本身，勾勒出宗教历史进程纵向发展的线索。这就是宗教史学作为整个宗教学体系的基础学科的意义所在。宗教史学的任务就是要探讨、研究各种宗教的详细史实，再现其历史发展的基本面貌，并由之摸索宗教历史发展的内在规律，找出其受社会发展的制约、对社会演变的影响等基本特征。因此，宗教史研究的范围较广，几乎可以涵盖涉及整个世界宗教历史存在及演变的各个领域。当然，这一研究亦有其重点，其涉及世界宗教历史的研究方面可以包括世界宗教通史、世界宗教或各宗教的断代史、区域史、民族史、传播史、教派史、教义或思想史、伦理史、社会变迁史、文化艺术史等。而这种对宗教历史发展的描述是综合性的，不仅有上述各种宗教历史发展本身的研究，还必须包括对各种宗教史料的搜集和整理出版，这种史料涵括宗教历史文献、宗教经典、圣经圣书、宗教领袖言论记载及其人物传记、思想理论学说、口传历史、神话及民间传说、圣诗圣乐、史诗民谣、碑刻铭文、祷文咒语等。由此可见，研究宗教历史的范围极广，而其理论、方法、范畴及范式则与历史学、语言学和考古学有着非常紧密的联系。宗教历史研究侧重史的描述、关注世界宗教在各种语言中的记载和表达，重视考古发现，体现出其综合性研究的优长。此外，从对世界宗教历史的研究还可以扩展到对人类文化史、艺术史、政治史、经济史、思想史和风俗史等领域的研究，因为其中很大比重都是宗教历史的内容。

　　笔者研究的重点是基督教的历史及理论，但因为长期在世界宗教研究所担任学术管理工作，故不得不涉猎其他宗教的历史，虽然是"浅尝"却无法"辄止"，由此想到宗教学开创者缪勒的名言，"只懂得一种宗教的人，其实就什么宗教也不懂"。这种"只知其一、则一无所知"的警言在时刻提醒笔者研究宗教不能过于狭窄、偏颇，而需要有广远的视野、宽阔的胸襟。40多年来，笔者在世界宗教研究所的工作以及与国际上各种宗教的学术交往和研究，导致笔者对世界各种宗教的浓厚兴趣，虽不能穷尽对所有宗教的了解，却也深感对之有着基本接触的必要。这样，随着时间的积累，也就有了笔者在本卷所描述或反映的对世界宗教的接触、了解和研究中所留下的这些零零星星的记录或感悟。笔者的大学老师曾告诫笔者，做学问要有"金字塔"那样广博的积累，由此才可能达到金字塔顶之高尖。笔者的硕士导师要求笔者，学习研究要有一条线的连贯和一大片的综合，"学时一条线，用时一大片"。这样才会使研究的"重点"不至于孤立，才可能使之达到研究中点、线、面的有机关联和结合，从而得以获取更大的研究价值及意义。这些教诲给笔者留下了深刻的印象，也让笔者由此而获益匪浅。因此，本卷所反映的就是笔者得以综合性、宏观整体地探究宗教思路及其摸索之开端。

　　许多宗教学的大家都曾指出，研究世界宗教就是要悟出其"多"与"一"的关系；虽然不同宗教各有其独特的历史、民族、语言、思维、性情等特性，给人异彩纷呈、丰富多样之印象，然而其基本思路、根本的问题意识、探究终极目的，却会有其惊人的相似性，从而会在这种"多元"中反映出共同的关注、趋同的走向、相同的结论。由此，这种世界宗教的综合了解及研究，也就给我们的比较研究、横向关联、对照思考提供了可能和机会。而在这种"多"与"一"的辩证关系中，我们则可窥见、悟出人类宗教思维的奥秘及共性。宗教思维寻找的是关乎人类本原、世界终极的问题，这显然超出了人类的有限理性逻辑思维，然而这种宗教的"想象"乃是大于其所观察到的现象世界之"思想"，因而以其"神秘"性而突破了其"逻辑"性之局限。体悟到这一点，对于我们透彻理解世界宗教的思维特色及其观察眼界很有必要。于是，从对世界宗教的现象、历史研究，则可上升到对宗教思想、哲学的思考。

不过，世界宗教并非各种抽象的"形而上"思维，而是与人类社会历史密不可分，这样就可以使我们充分理解，为什么看似有着"超越"思想、"超脱"境界的宗教却与世界的纷争，甚至人类的战乱缠绕交织、无法区分。各种宗教作为社会、民族等人类社团的存在，是以其现实的考量、审视而展示出其真实的存在。因此，我们必须清醒地认识到，宗教不可能脱离现实社会政治，世界宗教的历史同样也是人类的政治史、社会史，甚至在一定的区域或时期乃包括了其战争史。在各种宗教的发展历史中，可以看到其基于相关民族利益、国家需求的定位，其中甚至会有或多或少的民粹主义痕迹；当然，不少宗教在其全球化氛围的发展中也会有某种"普世"主义的努力。而今天的各种世界宗教就交织、纠缠于这种复杂的民粹主义或普世主义的处境之中。我们面对这种宗教现状时故而不可就对之加以"一刀切"的简单认知和轻率处理。综合性、多面性、变动性、个殊性、辩证性地观察、审视世界宗教则是必需的。于是，对世界宗教的研究会使我们对这种世界、对人类社会有着更为清醒、冷静的认知。在世界宗教的"理想与现实"之间，我们特别需要的是能够听见警钟长鸣，而不可不接地气地在"空中楼阁"虚玄、幻想般地乐观。这里，我们需要历史唯物主义、真正现实主义地对世界宗教加以敏锐观察与科学研究。

本卷将从四个方面来展示笔者对世界宗教的理解和表述，间或也会阐发笔者自己的相关思考。当然，笔者的立意在此并非是对世界各宗教的历史加以详尽表述，而是根据笔者自己的思绪及以往对世界宗教的相关研究而对之加以或详细，或简约的勾勒。其中首先会有对"世界宗教研究导论"层面的综合思考，包括"'全球化'视域的世界宗教""世界宗教研究中的历史与数据""宗教和当代世界"等论述；其次则为对"亚伯拉罕传统"宗教的研究探讨，因为所论宗教包括犹太教、基督教、伊斯兰教都有着对"亚伯拉罕"这一历史传统的认可，都以耶路撒冷为其宗教"圣地"，当然，限于笔者的知识结构，可能对基督教的内容会有着更多的讨论；再次就是对世界其他宗教的研究，而且这种研究主要是涵括东方宗教，包括对印度教、佛教、耆那教、锡克教、道教、神道教、琐罗亚斯德教、摩尼教等古今宗教的研究，在这些领域，笔者并非专家，故此其内容也只能反映笔者对这些宗教的粗浅把握和初步理解，不过其中也会有着笔者自己的一些关心和相应的思考；最后则会触及一些当今比较活跃的新兴宗教之探，主要是关涉摩门教和巴哈伊信仰，虽然笔者没有专门研究过这些新兴宗教，但在现实工作和联系中，笔者与这些宗教也有着相对深层次的接触，故而所思所谈也基于笔者的相关接触和观察。总之，本卷的研究表明了笔者希望比较全面、综合性探究世界宗教的意愿和实践，虽然面对这并非一人所能完成的任务而深感自己能力有限、进展不大、收获甚微，目前所为却也表达了笔者朝这种方向发展的尽力和努力，展示了未来将不断拓展相关研究的意向和愿景。

第一编　世界宗教研究导论

第一章

"全球化"视域的世界宗教

"全球化时代"是 20 世纪下半叶以来人们对世界的认知，其特点是科技的发展和交通的便利使整个地球已缩小为人际交往的"地球村"，人们处于一种牵一发而动全身的关系之中。对此，无论人们是赞成还是反对都别无选择。当代科学技术揭示的宇宙如万花筒一般变幻无穷，让人们目不暇接、浮想联翩。从宏观来看，"地球"是什么？一粒在硕大无朋的寰宇图景中微不足道的尘埃而已。其上面的人类等生存物似乎不足挂齿，全可忽略。但从微观审视，一颗基本粒子内面亦是无穷的世界，给人带来光波、量子、场、暗物质、暗能量等联想。多维的宇宙使本来可以骄傲的人类一下子变得哑口无言，只剩惊讶而已。科学家冷静地告诉我们，如此发达的科技也只能让人确认已知宇宙的 4%，剩下的时空有什么、没什么，人类无法说明而只有猜测。这样，"全球化"时代在使世界变小的同时却让宇宙在人的认知中无限扩大。人类能够知道什么则不可傲言，谜一般的寰宇突破了人类认知的极限，在谦卑的科技面前，哲学、宗教都不可妄言，但人类的想象力却无限扩大，于是对宗教的理解显然也带来了柳暗花明的期盼，当科技寸步难行之际，宗教的想象却可思无羁绊、尽情地奔驰翱翔。于是，科学在很大程度上放弃了对宗教的蔑视，出现了对宗教认识相敬如宾的场景。当然，科学之论宗教更多的是前瞻，会拉宗教一起来观察、解释这一未知且难知的宇宙，并加入想象、惊讶的情感。不过，面对人类社会这看似不可逆转的现实时，对宗教真实存在的审视却有蓦然回首的急转，此时我们谈论世界宗教则好似有一种"考古"发掘之感，回到近代、中世纪、古代甚至回到了原始时代，让宗教学贴近了考古人类学。这好像与科技发展的方向背道而驰，实际上却让人类在重新认识自己时对其宗教意蕴、思索有了新的审视，会开启其认识论、方法论上的一片全新景观。

科学技术的飞速发展使全球化成为不可改变的现实，其在给人类带来巨大利益的同时也给人类的生存发展造成了前所未有的致命威胁，让人有了不得不时时担忧的潜在危机。科技主导了人类的日常生活，甚至还会主导人类的思维，日新月异的通信和交通手段消除了以往地理距离的隔阂，却也可使灾难、战争随时爆发，让人无处躲藏。例如，社会危机、生态危机、资源危机、气象危机、道德危机、人口爆炸危机、核武器、生化武器，以及突破人类道德底线的细菌实验、人兽实验、克隆实验、机器人等人工智能实验等，其后果要比打开潘多拉盒子严重无数倍，仅今天世界核武器的存量就足够毁灭世界多少次，而超人机器人也可能如以往人类把动物关入笼子里一样使人类身陷囹圄、任其宰割。在科技和经济畸形发展的今天，人类脆弱的生存再次暴露出来。同理，人类的宗教也反映出其"一半天使、一半野兽"的纠结和挣扎，宗教在升华的努力中会让人们化干戈为玉帛、使社会走向和谐共存，但宗教在极端思潮主导的沉沦中也会把人类推入纷争和灾难之中。如果宗教能够允许各美其美，则可达美美与共之效，此乃人类的福祉；但如果宗教相互排斥则可使对立走向对抗、由对抗带来两败俱伤。这个世界被绝大多数信仰宗教的人所居住和主宰，因此各宗教是走文明之路以达到和合共生，还是以对抗的竞争来回到蛮荒的丛林，就是一直摆在宗教面前的问题，需要其不断选择和调整。人类对其宗教的双刃剑作用，必须要有非常清醒冷静的认知。当人们以宗教之名来弘扬美德时，这个世界会更美好；但一旦宗教被用来传播仇恨，则可能让人陷入灾祸而难以自拔，甚至万劫不复。正因为绝大多数人信仰宗教，所以宗教可以制止人类的混乱动荡，拯救地球，同样也可以因为反其道而行之使人类灾难加重、地球加速灭亡。当前人们可以借助高科技大规模杀伤性武器来毁灭这个星球，也可能因为民族宗教问题处理不当而在精神层面造成冲突和伤害。科技的发达并没有给人们带来更多的安全感，人类或许可以在科技之光的照耀下如同感受到幸福的阳光，但也正是科技发展的潜在隐患也让人们生活在前所未有的自我毁灭的阴霾之中。阳光可以照得人睁不开眼，而阴霾也可以让人喘不过气。因此，全球化的人类必须达到一种智慧的共识，以跳出个体、集体、民族、国家、意识形态等方面的差异来共同生活，实现世界大同。但好像人类并不如此睿智，现状尚不能给人鼓劲而易于让人沮丧。所以说，关键时刻已到，人类重新站在十字路口要接受考验，而宗教也必须面对、不可回避这一考验。这样，我们的全球化时代面对着宇宙的宏观，世界的宏观，以及人类社会的宏观。看待宗教问题，也必须尝试从这种全球意识的宏观审视出发，立足于整个人类、整个地球的共同生存及发展来理性地思考问题、智慧地采取行动。

  科技、经济等物质层面的发展，归根结底仍然会受人类精神的影响。所以，我们必须透过全球化之物质和世俗的表层，而看到其内在、潜在的精神层面之作用。而在人类精神方面，宗教信仰占有很大比重。那么，我们就必须考虑，全球化将给长期以来主导人类精神思想的宗教信仰带来怎样的影响？而宗教信仰是否也会反作用于全球化的发展？这二者会产生什么样的互动关系，由此对人类生存会有什么影响？既然人类已经居住在一个"地球村"里面了，那么这种处境中的人类是否可能形成共同的价值、伦理和社会秩序呢？在吸取政治冲突曾给人类带来巨大灾难这一教训时，我们应该如何避免现在舆论炒得很热的"文明冲突"呢？很明显，"文明冲突"的聚焦点又回到了民族宗教问题，尤其是宗教被推到了风口浪尖上了。于是，现在不少人所担心的是全球化的人类怎样才能有效消除宗教间的对立、对抗和战争，避免人类文明的成果被"文明冲突"毁于一旦。如果冷静而细致地观察当今十余年的国际形势，则不难看出人类正在告别一个旧时代而步入一个新时代，旧时代已让人颇为沮丧，而新时代却并不让人乐观。不过，人类正好处在旧、新时代的转型之际，不一定就得随波逐流、听天由命，而是可以抓住机遇、改变命运的。所以说，新时代的前景并不十分明朗，一切努力作为还能恰逢其时。任何恰当瞬间就可能改变历史轨迹、人类命运。如"文明冲突论"的提出就恰似"一石激起千层浪",打破了原本平静的湖面,甚至可能造成惊涛骇浪。这就预示着,我们如果采取正确的行动则可扭转局面,创造出新的历史。正因为如此,我们方可预测到一场在精神信仰和意识思想领域的大转变已迫在眉睫,与全球化直接关联的新时代正在诞生。我们可以是时代的弄潮儿,而不能自甘命运的认忍者。

回顾人类精神发展的历史,与我们这个时代精神关联的历史可以回溯到两千多年前的"轴心时代",其奇特之处就是在不同的地带产生出几乎同时期的思想精神突破,而这一切迄今还可以使我们得以获取相关的精神思想资源。所以,研究轴心时代的精神思想至关重要,而且还可以给我们带来洞观、对比、对照、借鉴和启迪。所谓"轴心时代"即指当时的发展乃"轴心式"地转变了人类的精神信仰及其实践模式,而其精神思想的影响又逐渐从其地域性局部而不断扩展,最终达到其全球化的整体实现。而我们当下所处的这个时代,不少人观察或猜测到其与轴心时代的惊人相似,故而希望找寻到其历史沿线和内在关联。不过,还有人则干脆将我们所处的时代及其显露出的转型迹象称为"第二轴心时代"(the Second Axial Age)。但这个被我们所面临或面对的时代,是否能够出现那些激动人心又影响后世的思想大家和精神成果,我们还需拭目以待,或者更积极地说是翘首以盼。从全球化的背景来看,如果我们能够有效克服"文明冲突",以"文明对话"来把人类共同拉入其"命运共同体"之内,那么我们则可称其为"全球化文明时代"。对此,我们既需等待,更要努力。

重新回溯卡尔·雅斯贝斯所指的"轴心时代",很值得我们反思和反省。这一时段在公元前8世纪至前2世纪,它给人类带来了具有质变意义的思想创新和精神飞跃,可以说是人类历史上一个奇特而伟大的时代。它给人类的精神发展史增光添彩,向世人展示了思想领域的群星灿烂。特别让人感到惊讶和神秘的是,在当时民族相互隔绝、彼此不通音信的世界不同角落,迄今仍可称为人类历史上一批最伟大的精神圣贤和思想大家几乎不约而同地出现，如古代印度《奥义书》的诸多创作者，佛教创始人释迦牟尼和耆那教创始人筏驮摩那，中国春秋战国时代的老子、孔子、墨子、庄子等诸子百家，古代波斯的琐罗亚斯德，古希腊时期的赫拉克利特、毕达哥拉斯、修昔底德、德谟克里特、巴门尼德、苏格拉底、柏拉图、亚里士多德和阿基米德等一大批哲人，以及古巴勒斯坦地区的众多犹太先知。他们给人类的思想革命带来了空前的轰动，其思想传承连绵不绝，故而古希腊人留下了"太阳下面无新事"的豪言壮语。各种宗教中承袭有远古的记忆、历史的积淀、精神的传统，这些宗教都有顽强的生命力，其中相当部分也会不断革新、与时俱进。不少人认为，在思想创新方面，人类迄今尚未根本超越这一时代，没有同时涌现如此众多的精神大咖。

"轴心时代"是哲学思想、宗教精神繁荣发展的时代，理性思维与神秘智慧既有机交织，又各扬其长，当今世界仍活跃的哲学思潮、宗教流派，几乎都可以在这一时代溯其根源，获其端倪。它标志着人类脱离其鸿蒙之初，冲破原始文明的混沌蒙昧，而开始了全新的精神之旅。其特点是显示了对宇宙本原和精神彼岸的整体审视，以理性逻辑来推断事物发展的脉络神髓、找寻其内在规律，以思辨的眼光来观察世界及其秩序，深入探索和思考人生的意义、社会的作用，并以普遍关联的认知和全局把握的洞见来界说人神关系。这些哲学家、宗教领袖乃在多变、众流中找准、抓住其万流归宗之"一"，体悟世界宗教潮流的多元一体。从学术意义上，这一时代奠定了自然科学、社会科学、精神科学之基，开始了其成体系的全面发展。正是从这一时代起，人类有了意识之探、价值之探、精神之探、规律之探、意义之探和秩序之探。所以，卡尔·雅斯贝斯才有如下寓意深刻地总结："这个时代产生了直至今天仍是我们思考范围的基本范畴，创立了人类仍赖以存活的世界宗教之源端"①，从此以后"人类一直靠轴心时代所产生、思考和创造的一切而生存，

---

① ［德］卡尔·雅斯贝斯：《历史的起源与目标》，魏楚雄、余新天译，华夏出版社1989年版，第9页。

每一次新的飞跃都回顾这一时期,并被它重燃火焰"①。这一概括既是为人类古代而骄傲,也是对人类当代之鞭策。

基于"轴心时代"之源端,我们可以对世界宗教加以全面回顾和系统分析,以此勾勒人类精神思想发展的轨迹,捕捉宗教灵性思维的独特,比较人之理性思维与神秘思维之异同,观察宗教与社会之关系。当人们进入理性时代后,曾对神秘思维大加贬损,而全球化时代的思想之探却在更高层面上给传统的神秘直观留下了合理空间,对其断言有辩证审视和留有充分余地的评判。宗教思考者以这种结合理性思维与神秘思维的集大成风格探究了宇宙本原、世界本真即终极神圣同一问题,其众多讨论都基于对人与宇宙的探索中"一"与"多"的关系问题,即涵括宇宙与生命的本原之一,也细究世界的多元发展及其五彩缤纷的呈现。精神世界的思维特征乃涵容分析性的理性思辨和综合性的整体把握,前者逻辑清晰,后者神秘莫测。这种人类思维从远古到当代一脉相承,保持了二者的有机交织。而全球化时代对"第二轴心时代"的推测,更使我们感悟到突破与超越之难。思想精神是否可以"轮回"?其阴、阳之变,一、二(多)之分或许就是在思维之基的"永恒轮回"!这些反思和体悟,使我们今天有必要回到多元丰富的世界宗教,对之加以多层次、全方位的分析,有着探赜索隐的审视,其中既可有眼光犀利的理性批判,也包容语气柔和的审美鉴赏。在这种全球化视域的世界宗教巡礼中,我们可以达到时空、古今的视域交汇,争取理解、融通的诠释,以获得一种历久弥新的精神感悟。让我们静观世界宗教历史长河的波澜壮阔、浪花飞涌。

从"全球化"的意义上,人们当下比较注重世界宗教的社会政治层面,强调宗教与社会的关联及对社会的依存。脱离国际环境、无视社会处境,就无法理解当今世界的宗教。许多宗教现象都可以直接还原为社会现实状况。不过,世界宗教史又不仅仅是一部社会政治史,而亦充

---

① [德]卡尔·雅斯贝斯:《历史的起源与目标》,魏楚雄、余新天译,华夏出版社1989年版,第14页。

满思想史的意义，故而乃与人类的哲学之思有着密切联系，有其抽象性和超脱性。哲学、宗教在精神思想史意蕴上起源于人类认识世界及自我时的好奇、惊异，从而开始穷究不舍、乐而忘返。但宗教在这种惊异中上升为惊讶、折服，由此对其面向或想象的"绝对存在"产生了一种如施莱尔马赫所言的"绝对的依赖感"，而恰恰是这种"依赖"使宗教与哲学出现了根本性差异，二者从相同的问题意识出发却在对待其发现的世界奥秘之态度上、辨析的方法上分道扬镳。

这里，哲学是从"普通常识"而走向"逻辑推理"，正如《哲学是怎样炼成的：从普通常识到逻辑推理》[①]一书作者、英国牛津大学哲学博士蒂莫西·威廉森（Timothy Williamson）所言："哲学家以一种非常普通的方式想要理解每个事物的本质：存在与非存在、可能性与必然性；常识的世界、自然科学的世界、数学的世界；部分与整体、空间与实间、原因与结果、心灵与物质。他们想要理解我们的理解能力本身：知识与无知、信仰与怀疑、表象与现实、真理与谬误、思维与语言、理性与情感。他们想要理解和判断我们与这种理解能力是什么关系：行为与意图、手段与目的、善与恶、正确与错误、事实与价值、快乐与痛苦、美与丑、生与死，以及更多。"为此，蒂莫西·威廉森认为"哲学极具野心"[②]。由此相比较，科学（自然科学）是以实验、实证来证实某种猜想、断言，但能够确证的极少。过去科学侧重于物质、能量的存在，现在却更多注意到暗物质（反物质）、暗能量的存在，其研究也由自然科学拓展到生命科学和精神科学。而宗教与科学、哲学的不同，则是以想象（幻想）、神话（神秘思维）来打破科学实证、哲学逻辑之界线或"局限"，并且以一种神秘、"模糊"的语言表述来对其"发现"加以宣称、断言，进而使其表述上升为信仰。所以说，宗教在认识论上乃更为大胆，亦更具"野心"；其虽以一种"绝对的依赖感"来面对其

[①] ［英］蒂莫西·威廉森：《哲学是怎样炼成的：从普通常识到逻辑推理》，胡传顺译，北京燕山出版社2019年版。

[②] 转引自《北京青年报》2019年11月27日第B4版。

追求的"终极实在",却也敢以一种"神秘的大胆"来窥测宇宙、洞观人心。我们研究世界宗教,也必须遵循这一实际进路而探索其社会政治层面、精神思想层面和信仰实践层面,做到既有理论的深度,又有实践的经验,以此而独具慧眼,真正悟透其颇为独特的"知行合一"。

第二章

世界宗教研究中的历史与数据

导 论

讨论世界宗教中的历史与数据这一问题非常重要，但笔者对历史文献研究没有专攻，谈论这一话题只是旨在起到引出好玉之砖的作用。历史文献研究是一切社会人文研究的基础，就如宗教学中以宗教史学作为最为基础的学科那样。笔者曾设想在我们研究所也设立宗教文献学研究室，但能力和精力都有限，未能完成，只好寄希望于下任来努力了。

我们目前处于"大数据"的时代，以前刚刚论及的"数据时代"已经显得远远不够。其特别典型的是，商业营销中通过对顾客购物的大数据分析，不仅能够预测其未来购物需求，甚至还能分析出其私密即不愿告人的隐情。当机器人什么都能干时，我们人类却成了玻璃人、透明人。数据把人变得透明固然不好，但数据使历史变得澄明起来、形成清晰的呈现却是好事。哲学、社会学、人类学的崛起曾把其方法论推到前列，大家喜欢比较评论其方法论的优劣、真伪。而历史对文献、数据的强调亦得到了前所未有的重视，当人们要陈述某一问题时，其关注也往往是要求拿文献、数据来说话。记得中国改革开放初期，笔者在谈论"中国礼仪之争"以后的中国天主教发展时，曾认为"禁教"使天主教徒人数下降；但研究历史的同事却告诉笔者，经过对地方志、文献档案等查找、梳理，其结果是发现天主教由此不再依赖上层而转向地方，反而获得更多的信众，因此中国天主教教徒人数随后不降反升，到鸦片战争之前已经由原来的几万人扩大了数倍，有几十万人之多。所以说，拿文献、数据来说话成为历史学科的基本功底和必要前提，可以消除或纠正人们的印象之误、想象之错。这次上海大学与中国社会科学院世界宗教研究所等会议组织方乃相互配合、精诚合作，南方的重点在中国基督教研究的历史文献整理、汇集，而北方的重点则在现代宗教研究的数据汇总、分析，可谓相得益彰，旨在珠联璧合。

一　历史的记载以文献形式留存，文献的当代应用以数据来呈现

随着人类无文字时代的结束，其历史发展的痕迹就多以文字来反映。这样，古代的传说就逐渐转为历史的事实，以文献形式所表现的历史记载之史实成为历史研究的最重要依据。当然，对于信史的追求，要求我们并不能简单地认同、运用文献，而必须对文献本身的真伪、文献记载的真伪等加以考证、鉴别。这种"疑古"则需要研究者有更宽阔的视域、更周全的考量、更科学的方法、更独立的思考，运用史料的基础关键在于找出其史实，去伪存真、去粗取精。笔者在香港中文大学曾参加一个关于民间信仰文献的研讨会，主讲者根据其查阅地方志、档案记载等辅助材料而发现一篇作为重要证据的供词所论"事实"乃虚构，实际上是被拷打逼供而来。这件事给笔者留下了深刻印象，意识到不仅要找第一手材料，而且还需要考证这些材料之真伪以及材料所论之真假。当然，我们对文献研究不能苛求，首先是基于广泛的搜集，越多越好、越全越好；其后才是对之爬梳、甄别、考证、鉴定。对于不能确定或确证的文献，在立论上留有余地，为未来的突破给出必要空间。中国基督教的历史文献浩如烟海，前人已经做过部分搜集、整理、点校、出版工作，但仍不系统，且空白较大。因此，我们当下在前人基础上的文献搜集整理工作，一定要对之超越、突破，规模更大，系统性更强。大致来看，中国基督教历史文献涵括如下范围：一是对唐以前文献的可能

性持开放和谨慎态度，近年来有对唐以前基督教来华有文物、文献发现之说，但无确凿证据，相关论说亦语焉不详，但对这一历史时期的情况既要存疑，也需继续观察和耐心等待；二是对唐朝景教文献的关注，虽然敦煌文献是其关键，却不能局限于此，其视域应该触及佛教、道教、西域宗教等文献，并应该注意中原汉语文献之外周边少数民族地区及其文字的文献，甚至应该扩大到对中亚地区这一时期相关外国文字文献的关注；三是对元朝基督教文献的搜集整理，其中包括对唐元之际这一历史空间相关文献的发掘，如景教文献方面不仅包括汉语文献，还有蒙文、藏文、阿拉伯文、粟特文、突厥文、古叙利亚文等，天主教文献方面则包括拉丁文等西方文字文献，景教与天主教二者交接之处还需注意搜集、研习西方国家相关文献的来龙去脉，如西方藏学界关注的一个热门话题，就是"8世纪至14世纪景教与藏族及藏传佛教的关系"问题，这种研究直接引导了今天西方社会对藏族及藏传佛教的理解和态度，因此我们理应对这种论断的文献基础加以追溯、考证和辨识；四是明清基督教文献，其比重非常之大，梳理研究也非常之多，虽然已经蔚为大观，却远远没有穷尽，而其薄弱之处如满文等少数民族语言文献，以及拉丁文、葡萄牙文、西班牙文、法、德、英、意大利、波兰等欧洲语言文献，其空白仍然很大；五是民国时期基督教文献，民国时期和中华人民共和国成立以后，曾有相关整理，出版了一些书文的相关文献目录及重要馆藏，但缺口依然较大；六是中华人民共和国成立以来的相关文献，除了图书馆藏、地方志、档案馆之外，许多政府部门如公安系统等也收藏有大量原始档案及文献等，都值得认真发掘，以还其本来面目。这些文献所留存的是一部复杂而鲜活的基督教传华史话。如果不基于这些文献来研究基督教在华的历程，则讲不好基督教中国化的生动故事。

基督教在中国的现状及其当代研究，则以一种"大数据"探索的方式而深入并会影响到当今中国社会的方方面面。对于这种错综复杂的现状探究，除了公开发表的著作、论文、调查报告之外，许多未刊稿特别是口传史记载值得我们高度重视。弄清楚相关研究出版发表的目录是第一步，有些学者已经做了一些收集整理工作，如从教案、教会大学史研究到整个中国教会史研究，四川社会科学院、福建师范大学、复旦大学、华中师范大学等已经做了不少工作，中国社科院世界宗教研究所《世界宗教研究》编辑部的王子华编辑亦持之以恒地坚持相关出版目录的搜集汇集工作。这些前期工作为我们今天的"大数据"资料课题打下了一定基础，有过初步准备，但远远不够。在当前高科技、大数据时代，这种搜集研究应该力争整全，尽量克服挂一漏万的缺陷和遗憾。除了宗教学领域的搜集研究，我们也必须注意到今天跨学科研究的特色，及时关注搜集其他领域的相关研究成果。所以说，宗教学研究的资料搜集，更有其"跨界"特色。此外，我们的搜集范围还不应该局限于中国大陆，也必须注意到港澳台的研究和海外相关研究，以形成一种全球化研究的气势，达到与时俱进。这种大数据库的建立，将为我们准确、及时分析中国宗教现状及走向提供科学依据和信息参考。

二 回归历史的本来面目需要以史料来支撑，而史料的海选则在数据的表达中得以实现

历史研究本来是一门非常严谨的学科，需要扎实的资料基础和洞观史实的慧眼睿智。为此，客观而正确的学术熏染和积淀就显得格外重要。虽然可以说"一切历史都是当代史"，历史学也不可能摆脱现实状况及现实需求的约束，但历史学仍然需要坚持真理、破俗而独立，走出尘封的历史应该是真实的历史，带来现实洞观、警醒的历史也必须是没有掺杂的信史。如果历史只是"一个任人打扮的小姑娘"、只是仅由"胜利者所写"，那就失去了历史的价值和意义。

历史的言真、守真，则需要可信的史料来支撑。所以，研究历史者必须要有对真实的敬畏和虔诚。还原历史当然要用史料来说话，不可信口雌黄、欺世盗名。历史学的严肃和严格就建立在其史料学之上。由于现实处境的复杂性，历史学往往是距离产生美和真，离得越远反而看得越真、说得越准。这种历史学的辩证法是不言而喻的，因此人们往往愿意回到远古侃侃而谈，而对现状讳莫如深。不过，史料学却不可能放弃

当下，如果不及时搜集资料则可能留下千古遗憾，其真实在消逝的历史中埋没、掩盖，甚至可能永远不会再见天日。由此而论，搜集史料者必须要有当下意识和现实责任，不要错失良机。虚假的历史呈现经不起对其史料的推敲，蒙冤的历史也会靠真实的史料而迟早大白于天下。这在中国基督教史料的搜集和研究中有许多实例，确实值得我们今天沉思和反省。例如，如何对待基督教在华传播与中外关系发展的关联，如何看待基督教大学在中国近代教育发展中的地位与作用，如何评价传教士群体或其个人与中国的关系等，都应该以史料来具体言说、具体分析。

在"大数据"时代，这种资料的汇集和编辑获得了全新的意义。以往的史料整理主要是还原过去的历史，从中得出经验教训，以史为辨、以史为鉴，洞古观今。而今天这种史料的海选和高科技的"大数据"处理，则带来了历史文献的许多新意，使历史学不仅可以还原过去，还能够预测未来，从而打通古往今来，分析摸准历史的运势及走向，从这一意义上，史料专家则可以成为通古博今、穿越时空的学界"达人"。由此而论，回顾过去的历史学已经与洞观今后的未来学有机关联，这种古往今来的学术接轨意味深长，会给我们整个人文社会科学研究带来突破和期望。在现代意义上，历史学不仅会鉴别古董，而且还会呈现新潮。这在宗教研究，尤其是基督教研究上，自然也会带来新的发现和启迪。

三　数据的汇集基于资料馆藏，弄清相关专业的馆藏，形成其数据表达乃至关重要

关于著名的资料馆藏，如美国的国会山图书馆、英国的大英博物馆、中国的国家图书馆、北京图书馆、历史档案馆等，大家都耳熟能详。但涉及中国基督教历史研究的资料，则需要有更专业、更具体的馆藏了解。

从班门弄斧、浮光掠影、管窥蠡测的视角，笔者个人认为包括如下一些馆藏值得关注：

在中国，除了北京图书馆、历史档案馆、北京大学图书馆等之外，还应该关注北京师范大学原辅仁大学的藏书，原燕京神学院的藏书，北京外国语大学海外汉学研究中心的藏书及复印重印资料，上海原基督教两会图书馆的藏书，徐家汇藏书楼的藏书，台湾辅仁大学图书馆等，此外还应搜集在各高校、各地图书馆、档案馆等零散的相关藏书。

在美国，除了国会山图书馆之外，值得注意的还包括耶鲁大学图书馆尤其是其神学院图书馆的馆藏，纽约公共图书馆、旧金山大学利玛窦中西文化历史研究所图书馆馆藏，亚洲基督教高等教育联合董事会馆藏，以及相关大学、神学院的资料收藏。

在意大利及梵蒂冈，首选梵蒂冈图书馆及档案馆、耶稣会总会档案馆，以及多明我总会、方济各总会等修会档案馆，罗马伊曼努尔二世国家图书馆、罗马卡萨纳特图书馆、米兰特里乌切纳图书馆、米兰安布罗修图书馆，罗马智慧大学、那不勒斯东方大学、博洛尼亚大学等图书馆。

在英国有大英博物馆，牛津大学、剑桥大学、爱丁堡大学等各相关学院的图书馆馆藏。在法国有巴黎法兰西国家图书馆，以及巴黎大学等相关图书馆馆藏。在德国则有沃芬比特公爵图书馆、柏林国家图书馆、慕尼黑国家图书馆，以及相关大学图书馆的馆藏。而荷兰莱顿大学图书馆、比利时鲁汶大学图书馆等馆藏也非常重要。

此外，欧美各国传教修会、差会所藏资料也值得关注。

近些年来，中国学者在搜集相关资料上取得了巨大进展，尤其是通过国际合作复印出版了大量相关资料。"清史"工程等国家项目为之提供了资金及方便。目前在从事相关资料搜集整理的机构除了上海大学，还有北京图书馆、北京大学、北京外国语大学、华中师范大学、福建师范大学、中山大学、山东大学、四川大学等。民间曾有人希望整合各方面力量来共编《景藏》，但计划落空。笔者个人认为，在这种资料建设中，相关单位及学者也可以相互借鉴、积极合作，将之做得更好，起到锦上添花之效。

四 历史用数据来说话，而数据则可使历史得以当代反思，给人带来深思和创新

中国基督教史料的搜集和整理是一项功德无量的学术工程，中国宗教研究数据库建设也是史料学与时俱进的典型表现。如前所述，这种看似简单的史料建设有着丰富的思想蕴涵，有着广远的学术关联，也是对当代社会发展激励、警醒的明镜宝鉴。这种史料研究也考验着投身这一研究的学者的良心与责任，功在千秋万代。史料并非死的文字记载，而有着鲜活的生命力，充满着动感。用解释学的表达而言，在搜集和阅读史料中有两种视域的汇合，既还原到以往历史的处境，又与当代时局对话，整理者或阅读者是行走在古今的探索者、思想家。在当前信息时代，历史可以用数据来说话，而数据则可使历史得以当代反省，给人带来深思和创新。今天中国的人文学术正处于一个百废待兴的转折点，而历史及其史料是一切社会科学人文领域研究的基础和起点。在一个全球化的时代背景中，中国向世界呈现的不只是政治、经济、科技和军事，更应该包括我们悠久的历史与文化。在我们的学术传统中，哲学的突破仍需假以时日，"兼济天下"的士文化正受到考验，而历史研究、文化研究则时不我待，恰逢其时，是我们共同努力的一个完美、理想的集合点。乘此时代东风，让我们扬帆起航吧！

（本文为 2017 年在上海大学的演讲）

第三章

宗教和当代世界

当人们拉开21世纪的序幕、走进当代世界时,充满着对现实的焦虑、满怀着对未来的希望。由于"全球化"的发展,世界公民已有着同住"地球村"的亲切,相遇和交往亦前所未有。作为有限的人类存在,大家共有着对困苦的担忧、对幸福的期盼。但"全球化"的"共聚"能否带来"全人类"的"共同",这一直是困扰着当代人们的话题。在改革开放中崛起的中国人民终于在"百年梦寻"后于2008年在北京成功举办了奥运会,并以"同一个世界、同一个梦想"的口号向世界发出了善意的呼唤,表达了在新的时期"求同"的愿望。然而,在这前前后后发生的各种事件,人们在认知上和实践中如此大的差异与分歧,各种鸿沟造成的陌生感和距离感,使不少人再次从梦幻中惊醒,不得不回到了严酷的现实之中。这一现实告诉我们的确已生存在"同一个世界",却不能轻言我们能够真正享有"同一个梦想"。多梦的人类仍使我们在"同一个世界"的经历复杂、艰巨。那么,在这一客观现实的世界和仍似遥远的"梦幻"之间,"宗教"能为我们当代存在与发展提供什么、做些什么呢?

在当代世界的发展中,宗教的多元存在毫无疑问乃对整个国际形势、社会走向起着重要作用。由于"全球化"的现实,宗教与世界有着复杂交织,并会使其历史的积淀在现实问题上得到浓缩的反映,因此可能涉及人类社会的各个方面。宗教的当代走向和现实社会功能更是将直接影响到这个世界能否"可持续发展",而现代社会对宗教的态度和与宗教共在的方式,也决定着二者之间会如何互动。当20世纪下半叶"冷战"结束后,"文明冲突论"的风行使人们过于关注宗教的矛盾及纷争,一时间整个舆论都似乎觉得意识形态领域的斗争会让位或转向宗教、文化信仰方面的冲突。这种不利的引导和重新"制造敌情"已使我们深受其害,并也引起人们对宗教的观望、猜忌和怀疑。有这么多的顾虑和担忧,人类从20世纪到21世纪的过渡并不轻松,其千年之交的转型也没能令人太多兴奋。可以说,在以往政治风云时代被淡化或边缘化的"宗教"问题已重新成为焦点,宗教事态的发展演进又回到了当代历史舞台的中心,受人瞩目、被人谈论。

与此同时,中国自改革开放以来,宗教在中国大陆亦出现了"复兴",在过去三十多年内形成了前所未有的迅猛发展。应该说,在当代中国精神文化的生活画卷中,宗教也添上了其浓墨重彩的一笔。这种宗教在中国的"复兴"与"发展",一方面与"全球化"的世界社会文化背景有关,受到国际上各种宗教思潮运动的影响,在这一意义上,中国宗教已不可避免地会"与国际接轨",在多元、纷繁中体悟所谓"全球"性、"普世"性、"整合"性、"统一"性的人类意义、价值和精神,及其共在的底线之所在;而另一方面,这种"复兴"与"发展"绝非凭空而起,显然反映出中国宗教问题的长期积淀,20世纪初的中国文人曾颇为认真地讨论"中国有无宗教"的问题,而到了20世纪末,这一问题已完全被对中国宗教"怎么看""怎么办"的讨论所扬弃。从人类迄今的历史发展来看,世界不可能有任何单一的、达到全球统摄作用的宗教,任何世界性的大宗教仍然只是一部分人的宗教,不应该奢求全人类的皈依;但在这种多元宗教的共存中,有着古老、悠久文化、精神传统的中国也绝不可能"无宗教",不会是与人类精神生活迥异的"另类",而乃共享着其灵性生命、闪现出信仰的火花。在当代世界,中国已有着政治、经济、思想、文化的积极参与,因而其宗教问题也已经很难言说其"国内""国际"之别,由此而形成的"全球视域""通盘考量"在认知宗教上正成为不言而喻的共识。在揭开宗教的神秘面纱时，人们则会对自己的精神家园有更深刻、更通透的体认。

宗教与当代世界的关系，至少可以从政治、社会、文化等层面来展开探讨。宗教以其独特方式，再现了人的共在社会及其精神生活。宗教以其神话、象征、梦幻、玄奥折射出人们的生存之本、终极追求和超越向往，其核心、精髓故能解释人对真理的询问、人的真实存在处境。尽管有人对宗教的历史存在及其社会功能会有不同的认识与评价，但其共同的见解则是：一个没有宗教的世界是难以想象的，也是绝对不可能的。那么，我们这个存有宗教，或者说充满宗教的世界又是怎样一种状况，以及应该成为什么状况呢？对此，无论是"教内"还是"教外"的人士都应该认真思考、客观对答。

在当代世界的政治层面，宗教与政治有着复杂的关联或交织。人类的漫长历史说明其既是"宗教性"的，也是"政治性"的。在人的社会存在这一层面，历史的经验告诉我们，宗教并不可能完全脱离政治，其"政治性"在一定程度上乃是宗教的重要社会特征之一。不过，宗教与政治所追求的并不是同一种境界，其生存意义和信仰意义乃本质有别，因而其真正关注、充分发挥其作用的领域仍然是不同的。不可否认，由于人的此世性和相对性，其对宗教的理解和把握并未达到完全超然、超脱之境。这样，政教关系在当代世界仍不十分明确，许多政治事件中有着宗教的因素，而不少宗教现象却也反映出政治的影响，尤其在国际交往中，政教的交织仍很明显、其利益关系也会通过政治或宗教而时隐时现。正因为如此，当一些人把相关问题作为宗教来看待时，另一些人却对之有着政治的审视，反之亦然。这种认知、话语的错位或分歧，在涉及政教关系的中国与国际交往中亦已体现出来。当然，政教之间的这种复杂交织既可能对当代世界起到积极作用，或许也会对之产生某些负面影响，对此我们有必要具体问题具体分析，不可一概而论，以偏概全。其实，在其中促进其积极作用的发挥，防范或减少其负面影响，当事人是可以有所作为的。历史机遇有其或然性和不可复返性，相关的政教原则乃是相对的、受时空约束的，因而也是可以改变的，发展的。历史乃在创造后才成为必然，所以说政教关系的参与者、处理者正是历史的真正创造者。他们很难改变过去，却可以把握现实机遇，影响未来发展。在这一意义上，我们所共同把握并创造的历史现实或真实，既可能是以往的积淀、发展惯性使然，也可以是作为全新的、未知的"奇迹"出现。在今天由政治主宰的世界命运中，对政教关系的重视是必然的，不可避免的；而发展哪一种政教关系，让宗教在政治舞台上扮演哪一种角色，却仍是能动的、可为的。从历史发展的视角来看，政治仍是相对的，变化的。宗教对政治的影响，并不是要让政治认知上的绝对性获得神圣化，而是给政治带来超越自我，超出其时空局限的更广远、更深邃的审视。因此，宗教的"政治性"本身也应包括对社会政治的衡量、监督、改善和促进。如果在当今世界国际政治交往中将"坚持原则"视为一种"美德"的话，那么"学会让步"亦是一种"智慧"。宗教在多元化的政治格局中，为了"多元通和"则也应给人带来一种"退一步海阔天空"的启迪或思绪。否则，政治僵局则以其真实性而成为历史，陷于其中者将无所作为。反思过去，我们在宗教交往和以宗教为媒体的文化交流中曾有过太多的僵局，留下了众多的遗憾，这些教训已使人类历史发展偏离过其最佳轨迹，带来过种种曲折及反复，因而使我们面对各种"血与火"的往事而感叹不已。当代世界虽然也充满矛盾，冲突与纷争仍在此起彼伏，但从整体来看却可以说为历史上最为平稳、最为和谐的时期之一，"文化交流""宗教对话"的呼声正在压倒"文明冲突"的断言。因此，促进人类的沟通，增多世界的和睦，这应是宗教在当代政治中的责任和贡献。

在当代世界的社会层面，宗教作为信仰社团、灵修社群，在当代社会中有其基本定位和重要构建。宗教是社会大系统的子系统，是人类社会身体的基本元素或细胞，因而对社会整体结构起着支撑和稳定作用。在现代社会转型中，宗教在很大程度上随着政教分离而由直接、外在的社会构建转向为间接、内在的社会精神力量，但这种潜在的灵性动因仍是现代社会"可持续发展"不可缺少的因素。在当代世界的现实存在中，宗教的社会组织及其社会服务功能对社会的良性运转有着积极的促进和推动。以宗教提供的物质救济和精神慰藉所构成的信仰慈善事业乃是人类社会工作的重要构建，不可缺少。

　　回顾历史，宗教与人类社会文明形态的构成密切相关。宗教曾为古代社会存在提供神授的依据、神化的象征，使其社会成员感受到神秘的意义、获得神圣的使命。近代至现代的社会转型曾以"世俗化"为标志，其特点即社会的"非神圣化"或"祛魅"。当美国社会学者彼得·贝格尔（Peter L. Berger）在1969年出版《神圣的帷幕》（*The Sacred Canopy*）①和《天使的传言》（*A Rumor of Angels*），②宣称现代社会已在"祛魅"、人类正进入"世俗化"时代时，虽然他也希望"在世俗化的文化中，继续发现超自然的存在"③，却更多表达了他对宗教现代存在可能性的"绝望"，表露了他对宗教在工业化社会中之发展前景的悲观失望。然而，当人们仍随着贝格尔的思路认为"世俗化"已势不可当，宗教的社会前途渺茫时，贝格尔本人却峰回路转，于临近20世纪之末的1999年编辑出版了《世界的非世俗化：复兴的宗教及全球政治》④一书，以表示惊讶的"呀哈"经验来惊呼当代信息化社会的宗教"复魅"，在复兴的宗教和"世界的非世俗化"趋势面前承认自己看走了眼。在当今中国宗教亦迅速"复兴""发展"的形势下，贝格尔于2008年5月访问了中国。对于这位在宗教社会影响之评价上"蓦然回首""迷途知返"的著名学者，中国学术界显然也有着浓厚的兴趣，尤其对其"从善如流"的立场转变表示了高度的重视。尽管贝格尔等人重新认识到了宗教在当代社会的存在及作用，却并不能否认宗教从其社

---

① Peter L. Berger, The Sacred Canopy, Elements of a Sociological Theory of Religion, Doubleday and Company, Inc. Garden City. New York, 1969. 中译本高师宁译《神圣的帷幕，宗教社会学理论之要素》，上海人民出版社1991年版。

② Peter L. Berger, A Rumor of Angels, Modern Society and the Rediscovery of the Supernatural. Doubleday, New York, 1969. 中译本高师宁译《天使的传言，现代社会与超自然的再发现》，香港汉语基督教文化研究所1996年版。

③ ［美］贝格尔：《天使的传言》，Doubleday 1970年英文版，第29页。

④ Peter L. Berger ed., The Desecularizton of the World: Resurgent Religion and World Politics, Wm. B. Eerdmans, 1999. 中译本索骏康译《世界的非世俗化：复兴的宗教及全球政治》，上海古籍出版社2005年版。

会建构意义上已明显地从"政治领域"中"退隐"。因此，宗教在当代世界的活动空间更多是在"社会领域"，是以其社会关怀和社会服务来体现。因此，宗教在政治上的"淡出"会以其在社会工作上的"强化"来弥补，在当代社会慈善、社会福利事业中，宗教的参与和构成占有很大比重。在这些看似与"世俗"事功并不二致的行动中，却彰显出"非世俗"或"超世俗"的灵性意义，从而会给人带来充满信仰精神感染的独特温馨、畅快和感动。在不少国家和地区，宗教的这种社会服务工作甚至在一定程度上起到了政府民政部门的作用、成为现代"公民社会"良性存在与发展的重要保障。在开展社会工作，发挥社会服务、慈善、帮助、救济和减灾作用上，中国宗教应该"放眼世界"，向其他发达国家和地区学习。

在当代世界的文化层面，宗教作为人类精神生活的重要构成，对人的自我存在和社会意义起着价值保障、精神支撑的作用。可以说，宗教作为人的灵性表述和信仰见证在当代世界仍能体现其深蕴意义和对社会文化构建的奠基作用。以其历史的积淀和传统的厚重，宗教仍可以为相关的民族、社群、团体、国家提供价值意义和文化自知，从而为当代世界的文化发展和文明推进起着灵魂、核心作用。宗教所起的"价值协调"作用不可忽视，因为"价值的协调是社会整合的最重要的基本因素，就是说，某一社会体系的大多数成员所希望、所同意的那些共同目的和原则，是整个社会结构和文化结构的基础。价值体系是社会——文化体系的最稳固的因素"[①]。宗教在许多民族、社会群体的发展中为人们提供了心灵的归宿、精神的家园，给人在艰难的人世生活中带来内心的抚慰和精神的超脱。对其而言，宗教实际上代表着其社会生活中的神圣结合，他们所信奉的宗教乃以一种神圣象征或身份来起到凝聚人心、团结整个社会的作用。宗教乃人类文化生活的精神层面，它使文化获得灵魂，人们得以安身立命。在相关民族的文化自知、自觉、自立、自信

---

① 罗金：《当代社会学理论》，转引自戴康生、彭耀主编《宗教社会学》，社会科学文献出版社2000年版，第169页。

中，其表述往往是宗教，或者说，只能以宗教来代表。在这一意义上，宗教使这些民族和文化获得了"神圣的存在"。

然而，文化发展从来就不是封闭性的，文化的构成亦有着相互影响，乃是交融互渗的产物。这在当代世界尤其如此。目前，宗教正体现在"文化全球化"的发展之中，世界宗教的广泛传播、普世影响也正是"文化全球化"的重要构成。由此可见，宗教在表达文化时同样是开放性的、包容性的，其持守的原初特点也只能是在一种整体开放之中的个性保留。从这一层面上来看，宗教寻源仅有相对意义，宗教在当代世界所提倡或提供的，按其信仰理解也主要是一种"普世价值"，因而欢迎在宗教交流中出现"门外青山如屋里，东家流水入西邻"的交织局面。在当代世界"多元求同""多中达一"的局势中，宗教应以其开阔视野和超越境界来鼓励相关文化持"海纳百川，有容乃大"之态，在相互交流、学习中充实自己、开放自己、由此亦扩大自己。在今天的信息时代、网络文化中，宗教应使"信息"中有"信仰"，"网络"中有"精神"，以去除现代社会政治、经济、金融、文化等危机给人们带来的恐惧、沮丧和失望，使人们有生存的勇气，存发展的希望，能保持其象征鲜活生命力的"梦想"。当今人类必须共同存在、共同发展，"全球化"已将大家牢牢地拴在了一起，其面对的是共命运、共呼吸、共患难、共欢乐。因此，宗教所倡导、带动的这种精神深层次的沟通、交流、对话乃至融合，将是当代世界稳定、平安、和谐发展的根本保障。

总之，当代世界已使"我和你在一起，同住地球村"，应为"一家人"；而人类社会的复杂与多元又使彼此很难真正成为"一家"，于是就有了"接近"却并不"亲近"的尴尬。大家都在呼吁"求同存异"，但"求同"的确很难，谁的"同"、与谁"同"等问题仍在困扰我们。大家都有"梦"，但并不一定是"同一个梦"；"共在"却"异梦"就是人类的现代困境。其实"梦"可以寻，但不一定能真正实现。在现实生活中，"求同"不易则可力争"和而不同"。"和"乃基于"平等"的共处和交流，人的宗教在此乃相对的、平等的，因各自都有着"阳光"与"阴影"的并存而需要自我升华和彼此互补,这样才能形成"和谐"所意蕴的相对完善与圆满,以各自的差异和独特来构成多样统一之美。人类各国家各民族的信仰不可能搞"单一",更不应行"霸道",其追求真理所达到的"唯一"应是百川归海、海纳百川的"融合"与"统一",即一种"和合共融"。"排他性""排外性"则根本不可能达到"和"的理想。在此,中国文化向世界呈现、提供的是"和"的文化,而不是强求相"同"。对于"和"的呼吁,我们期盼着回应、响应和呼应,等待着用"和"的话语和基调来形成的交流与对话。如果"和者甚寡",世界则没有希望。宗教以其超越的境界,超然的审视而希望"在地上有平安"。所以,我们希望并争取当代世界的和平。正如孔汉思(Hans Küng)等所言,"没有信徒与非信徒在相互尊重中的合作,便不会有民主","没有各宗教间的和平,便没有各文明间的和平","没有各宗教间的对话,便没有各宗教间的和平","没有一种世界伦理,便没有新的世界秩序"[①]。同理,没有对各宗教的研究,也就没有各宗教间的对话。千里之行,始于足下,让我们用客观、科学的态度来展开这一研究,以真诚、耐心来推动这一对话,并在当今已彼此相依、不再远离的人类"地球村"中力争取得对话的丰硕成果。

(本文为相关报告和论文的综合)

---

① [德]孔汉思、库舍尔编:《全球伦理——世界宗教议会宣言》,何光沪译,四川人民出版社1997年版,第170页。

第二编 "亚伯拉罕传统"宗教研究

第四章

三教圣地：耶路撒冷

耶路撒冷是世界著名的宗教和文化古城，有着4000多年的悠久历史，并先后成为犹太教、基督教和伊斯兰教的圣地，故有"三教圣地"或"三教圣城"之说。《耶路撒冷三千年》一书的作者西蒙·蒙蒂菲奥里在此书"前言"中指出："耶路撒冷的历史是整个世界的历史，它同时也是犹地亚山间一座长年贫瘠的小镇的编年史。耶路撒冷曾被视为世界的中心，而今它比以往任何时候都要名副其实：这座城市是亚伯拉罕系宗教之间斗争的焦点，是越来越受欢迎的基督教、犹太教和伊斯兰教基本教义派的圣地，是不同文明冲突的战略角斗场，是无神论与有神论交锋对峙的前线，是世俗瞩目的焦点，是惑人阴谋与网络神话的发生地，是二十四小时新闻时代里全世界摄像机聚焦的耀眼舞台。宗教、政治和媒体兴趣相互滋养，使今天的耶路撒冷比以往任何时候都更频繁地暴露在世人的目光之下。"[①]由于与这些宗教的密切关系，耶路撒冷被视为"神圣之城"，也被看作"天堂和人间共存之城""人类的瑰宝""世界的缩影"等，甚至被夸张为"世界若有十分美，九分在耶路撒冷"。耶路撒冷位于巴勒斯坦中部犹太山地的中央，为海拔80米左右的山城。它东离死海约24公里，西离地中海约56公里，是古代连接欧、

[①] [英]西蒙·蒙蒂菲奥里：《耶路撒冷三千年》，张倩红、马丹静译，民主与建设出版社2015年版，第1页。

亚、非各国的重要枢纽。笔者曾多次访问耶路撒冷，本文最初则是因为中央电视台"焦点访谈"栏目讨论耶路撒冷问题而写。在多次阿以和谈及和解的过程中，耶路撒冷问题是其极为敏感和关键的难点。为了弄清其问题的复杂性以及其历史渊源和背景，这里拟就耶路撒冷与三教的关系及其现状加以初步探讨。

一 "耶路撒冷"之名

耶路撒冷有史料记载的最早统治者为古埃及人，"耶路撒冷"（Jerusalem）的名字亦最早见诸公元前19世纪的古埃及文献。在其古代咒语、祷文中有"耶路撒冷的统治者，雅卡—阿穆（Yaqar - Ammu）以及与他同在的所有追随者；耶路撒冷的统治者，塞奇—阿努（Setj - Anu）以及与他同在的所有追随者"之说。古代文字中对"耶路撒冷"有多种拼写法，古埃及象形文字的"耶路撒冷"一般拼为"乌鲁莎门"（Urushamen），而古代楔形文字中的阿卡德文则拼为"乌鲁撒冷"（Urusalem）。"耶路撒冷"城名按犹太人所言乃"和平之城"，因为希伯来文的"耶路撒冷"（Yerushalayim）由两个希伯来词汇组成，即"伊尔"（Ir，意指"城"）和"莎隆"（Shalom，意指"和平"）。但现代一些历史学家则认为"耶路撒冷"一词由"亚雷"（Yara，意为"创立"）和"撒冷"（Salem）两词构成，Salem为以色列时代之前当地人们所信奉的诸神之一，即神名。因此，"耶路撒冷"则意指"撒冷神所创建的"。在犹太人来此之前，迦南人耶布斯部族从阿拉伯半岛迁居于此，故耶路撒冷亦有耶布斯城之古称。据传在撒冷王麦基洗德建造此城后，即有"耶路撒冷"之名。

二 耶路撒冷与犹太教

公元前18世纪，埃及人对古代巴勒斯坦地区的统治逐渐被削弱，移居此地的古代迦南人开始建立自己的城邦和王国，耶路撒冷即为当时建成的最早几个古城之一。此间原居住在地中海东岸的"海上民族"腓力士丁人亦于公元前13—前12世纪进入迦南地区，在其沿海地区定居。据传"巴勒斯坦"这一名称即从"腓力斯丁人"的名称演变而来，在古希腊语中，它的原意即"腓力斯丁人之地"。

在这一古代民族大迁徙的漫长历史过程中，原来同属古代闪族的古代犹太人和阿拉伯人渐行渐远、分道扬镳。由于在其信仰传统中，亚伯拉罕按照上帝的旨意而率众迁往其民族的"应许之地"，故而使犹太民族开始与古代巴勒斯坦及耶路撒冷产生复杂关联。古代以色列和犹大联合王国的创始人大卫王约于公元前1000年从耶布斯人手中夺得耶路撒冷，将之定为其统一王国的首都，称"大卫城"。此后大卫王之子所罗门王用12年时间扩建了耶路撒冷，并建成所罗门王宫和犹太教第一圣殿。由此，耶路撒冷成为犹太人及犹太教的圣城，它作为其民族及其宗教的中心而具有神圣地位。

公元前930年所罗门王死后，以色列王朝分裂为北、南两国，北部以色列国以撒玛利亚为首都，南部犹大王国仍以耶路撒冷为首都，犹太民族古代发展的鼎盛时期从此结束。公元前722年，亚述人大军进犯，灭掉以色列王国。公元前597年，新巴比伦王国国王尼布甲尼撒带兵攻陷耶路撒冷，从此开始了耶路撒冷城屡遭洗劫和磨难的历史。公元前588—前586年，尼布甲尼撒再次率军围城18个月，于公元前586年攻陷耶路撒冷，烧毁其圣殿，灭掉犹大王国，并把大批犹太人掳往巴比伦国，史称"巴比伦之囚"。

公元前539年，波斯人征服巴比伦，允许被掳的犹太人返回耶路撒冷。这些犹太人在其民族及宗教领袖所罗巴伯、尼希米率领下重修城墙和犹太教圣殿，称第二圣殿。耶路撒冷由此重新成为犹太教的中心。尽管当时属"波斯统治时期"，有大批犹太人被迫迁出巴勒斯坦，其他民族则大量移入，犹太教在耶路撒冷的决定性作用却仍然保持下来。

公元前333年，马其顿国王亚历山大灭掉波斯帝国，犹太民族又落入希腊人之手，进入"希腊统治时期"。公元前323年亚历山大死后，希腊帝国一分为三，叙利亚一带为塞琉古王国，埃及为托勒密王国，马其顿、希腊本土则为安提柯王国。这三国曾先后取得对犹太人的统治权,但犹太人在耶路撒冷仍顽强维系住其民族及宗教的存在。公元前168年,叙利亚的安条克四世占领耶路撒冷后宣布犹太教为非法,强迫犹太人改宗,从而激起犹太人的反抗,爆发了"马加比起义"。这次由犹太教祭司玛塔赛亚之子、绰号"马加比"(意为"锤子")的犹大、约拿单、西门三兄弟领导的起义于公元前165年取得胜利。犹太人收复失地,恢复并洁净圣殿,耶路撒冷亦成为其哈斯摩尼王朝的首都。当时犹太人靠与正在兴起的罗马帝国结盟而于公元前141年正式取得其独立,但因此亦陷入前门拒虎、后门引狼的险境。

公元前64年,日益强大的罗马帝国以武力使叙利亚成为其行省。公元前63年,罗马大将庞培进军耶路撒冷,杀死1.2万犹太人。犹太人丧失独立,进入"罗马统治时期"。公元前40年,罗马统治者将大希律封为犹太王。但在这名义上存在的犹太王国时期,耶路撒冷圣殿曾得以修缮和扩建。

犹太人不甘屈从罗马人的统治,曾多次举行起义,较大规模的有公元前53年的起义、公元前4年大希律死后的犹太人起义、公元6年的西卡尼派起义等。公元66年又爆发更大规模的犹太人民大起义,史称"犹太战争"。这次起义于公元70年被镇压,有7万多犹太人被卖为奴,耶路撒冷圣殿亦被焚毁,从此不再被修复。占领耶路撒冷的罗马军队将之分割给其将士居住,犹太人则遭杀戮或驱逐。此后犹太人又于公元79年至81年、116年至117年、132年至135年举行了三次大起义。最后一次由巴尔·科赫巴领导的大起义有20多万犹太人参加,失败后有58万犹太人被杀,幸存的犹太人亦被卖为奴和驱赶出去。耶路撒冷彻底被毁,罗马人在此另建一个名为爱利亚·卡皮托林纳的新城,严禁犹太人走近。从此,古代犹太史结束,犹太人开始其没有国度、流浪世界的漫长经历。当时被焚毁的耶路撒冷圣殿仅留下一堵约高20米、长50米的断墙,被犹太人称为"哭墙"(亦名"西墙")。后来返回此地的犹太教徒视此处为圣地,常在此悲悼其历史的厄运、痛哭其民族的不幸、寄托其对未来的祈愿。

公元324年，对基督教有好感并最终皈依基督教的君士坦丁统一罗马帝国后，耶路撒冷恢复了其原有城名。5世纪中叶，罗马统治者开始允许犹太人回耶路撒冷居住。但此时的耶路撒冷已成为多种民族居民共住、多种宗教信仰共存的城市。

三 耶路撒冷与基督教

基督教产生于犹太王国被罗马统治者取消（公元前4年大希律死后）至公元66年犹太人民大起义之间的巴勒斯坦。根据基督教信仰，其创始人耶稣生于耶路撒冷南部的伯利恒，幼年时曾多次进入耶路撒冷及其圣殿听道。公元27年耶稣受洗后到耶路撒冷过第一次逾越节，次年再入耶路撒冷过逾越节。公元30年，耶稣带其门徒入耶路撒冷布道、洁净圣殿，并与其门徒举行最后的晚餐、设立圣餐。耶稣在耶路撒冷因其门徒加略人犹大出卖而被捕，由罗马总督本丢·彼拉多判处死刑，随之被罗马士兵押解而背着十字架，头戴荆棘冠游街示众，最后被钉死在耶路撒冷城郊的各各他地之十字架上。据基督教信仰之传，耶稣死后于第三天复活，复活后传道40天升天，第50天圣灵降临，其门徒领受圣灵而开始传教，建立起基督教会。这就是基督教之起源。因此，基督教把耶路撒冷视为耶稣基督受难、复活的圣地，以及基督教会的诞生地。由此，耶路撒冷亦成为基督教的圣城，吸引世界各地的基督徒来此朝圣。公元335年，罗马皇帝君士坦丁一世之母海伦娜太后巡游耶路撒冷时，在耶稣墓地建造了圣墓大堂（亦称"复活大堂"），以纪念耶稣的受难与复活。随着基督教被立为罗马帝国的国教，耶路撒冷成为古代基督教的重要中心，耶路撒冷教会亦为古代五大教会之一，形成深远的影响。

7世纪穆斯林进住耶路撒冷后，曾一度允许基督教会的存在。至10世纪埃及哈里发统治耶路撒冷，基督教的发展受阻。1071年，塞尔柱土耳其人占领耶路撒冷，西方基督徒朝拜圣地的线路随之被切断。为此，西方教会开始组织十字军东征，旨在夺回圣地。1095年，十字军首次占领耶路撒冷，恢复了基督教在其圣城的存在。此后在1099—1244年之间，穆斯林和基督徒反复争夺耶路撒冷。其间耶路撒冷一度成为被十字军建立的拉丁王国的首都，但拉丁王国于1187年被萨拉丁率领的穆斯林军队推翻。随着十字军东征的失败，基督教在耶路撒冷的影响减弱，但一些教派保持住了其存在。1517—1917年，耶路撒冷经历了长达400年的奥斯曼土耳其帝国的统治。1757年时，土耳其统治者把耶路撒冷的圣墓大堂交给天主教方济各会、希腊东正教、亚美尼亚教会、叙利亚教会、科普特教会和埃塞俄比亚教会管理。这些基督教教派在耶路撒冷的存在及影响延续至今。

四 耶路撒冷与伊斯兰教

伊斯兰教于7世纪初由穆罕默德创立于阿拉伯半岛。按照伊斯兰教信仰传说，先知穆罕默德创教早期在麦加活动时曾经历了一次神秘夜行，即在621年7月的一天晚上，穆罕默德由天使吉卜利勒陪同乘天马来到耶路撒冷，踏着一块岩石升霄，遨游七重天，见到亚伯拉罕、摩西和耶稣，大家共同礼拜。穆罕默德此行接受天启，黎明时重返麦加。在《古兰经》第17章《夜行篇》中，记载了穆罕默德在耶路撒冷的登霄："赞美真主，超绝万物，他在一夜之间，使他的仆人，从禁寺行到远寺，他在远寺的四周降福，以便我昭示他我的一部分迹象。"① 这样，耶路撒冷对于穆斯林亦有着神圣意义，被其称为"古德斯"（al - Quds，即"圣地"）和"拜特·穆盖代斯"（Bayt al - Muqaddas，即"圣城"）。而耶路撒冷的清真寺即此处所言"远寺"。

此外，早期穆斯林礼拜时最初曾把脸朝着耶路撒冷的方向。622年，穆罕默德及其信徒从麦加迁居麦地那，开始伊斯兰教历之纪元。自623年始，穆斯林礼拜时才改为把脸朝向麦加的克尔白。从此，耶路撒冷被称为穆斯林的"第一朝向"。638年，阿拉伯帝国哈里发欧麦尔进占耶

---

① 《古兰经》，马坚译，中国社会科学出版社1981年版，第212页。

路撒冷，由此开始阿拉伯人及其伊斯兰教信仰与耶路撒冷的密切关系。根据穆罕默德在耶路撒冷登霄之说，阿拉伯人在其升天之地即原犹太教圣殿旧址上于691—694年建成岩石清真寺（亦称萨赫莱清真寺或欧麦尔清真寺），寺内有一巨石被穆斯林奉为"圣石"，传为穆罕默德登霄所踩之岩石；寺外之西墙（即犹太人的"哭墙"）则被穆斯林称为"布拉格"（Buraq），意即"天马墙"。705—709年，穆斯林又在此建成伊斯兰教第三大清真寺，即阿克萨清真寺。在此后千余年的发展中，阿拉伯人逐渐成为巴勒斯坦和耶路撒冷城的主要居民。耶路撒冷成为伊斯兰教仅次于麦加和麦地那的第三大圣地。

五　耶路撒冷的现代发展

1917年英军占领耶路撒冷，土耳其的统治从此结束，英国则以国际联盟委任统治地的名义开始行使对圣城的管辖。第二次世界大战结束后，联合国"巴勒斯坦特别委员会"曾拟订将巴勒斯坦分为一个犹太国家和一个阿拉伯国家的方案，而把耶路撒冷定为由联合国直接管理的国际城市。这一方案于1947年11月29日经联合国表决通过，但被不少阿拉伯国家所反对。1948年5月14日英国对巴勒斯坦的托管终止，以色列宣布建国。5月15日，埃及、约旦、黎巴嫩、叙利亚和伊拉克5个阿拉伯国家向以色列宣战。此后发生过多次"中东战争"，都未能解决分歧问题。1949年阿以签订停战协定时，耶路撒冷已一分为二，以色列控制其西区新城，约旦控制其东区旧城、行使对宗教圣地的监护管理。1967年6月中东战争中，以色列占领耶路撒冷旧城，并于6月24日宣布将东、西区合并。1980年以色列国会以《基本法》通过议案，宣布耶路撒冷为以色列永恒而不可分割的首都。而1988年11月15日巴解建立巴勒斯坦国时，也宣布耶路撒冷为其首都。1993年9月13日巴以签署《临时自治安排原则宣言》，耶路撒冷地位问题则被作为一个难点而暂时搁置起来。

在达成这一《原则宣言》之协议时，耶路撒冷城区包括市区及其以西35公里范围的扇形地区，共约627平方千米，其中市区面积约109平方千米，西区新城乃19世纪以来新建；东区则包括占地约1平方千米的旧城，集中了许多宗教圣迹，即三教圣地之所在。旧城分为4区，东北部为穆斯林居住区，包括著名的圣殿区；东南部为犹太教区；西北部为基督教区，有圣墓大堂等圣迹；西南部则为亚美尼亚教会区。耶路撒冷城的犹太教古迹主要包括圣殿、哭墙、大卫塔楼、犹太会堂及墓地等，其基督教古迹则有圣墓大堂、鸡鸣堂、晚餐厅、圣母安眠堂、告路、路德教堂、山围大堂、俄罗斯东正教女修院教堂、方济各会教堂等，而其伊斯兰教古迹主要为阿克萨清真寺、岩石清真寺、圣地宣礼塔、布拉格墙以及城内各区的许多清真寺等。以色列全国人口此时约500万人，其中犹太教徒约400万人，占其总人口的82%，伊斯兰教徒约66万人，占其总人口的13%，基督教徒共约10万人，占其总人口的2%，包括众多的教派。这一时期耶路撒冷城的总人口大约50万人，以犹太教徒为主，伊斯兰教徒其次，约11万人。

六　耶路撒冷之争及其前景

耶路撒冷在历史上早已成为各种宗教、民族及政治势力争夺之地。在其几千年的发展变迁中，它先后被迦南人、埃及人、亚述人、迦勒底人、犹太人、波斯人、希腊人、罗马人、阿拉伯人、中世纪欧洲十字军、马穆鲁克人、土耳其人、英国人、法国人等征服37次之多，经历了无数次的洗劫和焚毁。现代历史中的耶路撒冷之争，也基本上为宗教、民族和政治这三个层面之争，而且三者交织在一起，已难解难分。在中东和平进程中，耶路撒冷是一条难以逾越的鸿沟，但要实现其永久和平，使其真正成为"和平"之城，就必须找到一种理想而能够被各方面所接受的解决争端之办法。

1980年当以色列国会投票通过统一耶路撒冷的决议时，联合国曾为之开会讨论，并经投票表决而宣布不予承认。由于耶路撒冷东区旧城包括有犹太教、基督教和伊斯兰教的共同圣地，阿以各方都不愿意作任何让步。以色列前国防部部长达扬曾说,要以色列放弃耶路撒冷,"除非重写《圣经》,抹去我们3000年来的全部信仰、希望和祈祷"。而巴勒斯坦则把收复耶路撒冷看作其民族生存与发展的神圣使命,阿拉法特去华盛顿签署巴以协议之前,还公开表示"决心建立以耶路撒冷为首都的巴勒斯坦国"。因此,巴以在其《华盛顿宣言》中规定巴勒斯坦人在加沙和杰里科先实行自治,等到自治过渡阶段的第三年再就耶路撒冷问题进行谈判,争取在5年后自治期结束时确定其归属。但除了巴以在耶路撒冷问题上的分歧之外,还涉及约旦对耶路撒冷城内伊斯兰圣地的宗教管辖权问题。1994年7月25日约以签署"华盛顿宣言",以色列方面表示承认和尊重约旦在维护耶路撒冷城伊斯兰圣地上所享有和发挥的"特殊作用"。然而这种提法引起巴解组织的不满,阿拉法特于7月29日就此致函时任美国国务卿的克里斯托弗,并决定派代表团与约旦讨论这一问题。与此同时,约旦政府亦发表声明,认为通过谈判恢复巴勒斯坦人对阿拉伯东耶路撒冷的政治主权与约旦继续行使对该城伊斯兰圣地宗教管辖权并不矛盾,约旦承认巴勒斯坦对耶路撒冷拥有政治主权,但同时也强调"约旦将继续行使其对耶路撒冷的伊斯兰圣地的宗教管辖权"。

上述种种争议和分歧,使耶路撒冷的归属问题及其发展前景变得错综复杂和难以预测。有关专家、学者曾考虑了种种方案以寻求一种理想解决的办法,如有些人提出耶路撒冷实行"国际化",成为由联合国直接管理的国际城市;有些人则主张将东、西耶路撒冷分别作为巴勒斯坦和以色列的首都;有的人认为宗教圣地应向一切人开放,由三大宗教的代表组成协调委员会来对之加以共同管理;还有人则强调通过加强有关各方的经济合作与发展来淡化其民族、宗教意识,为耶路撒冷问题的解决创造有利条件。笔者认为,耶路撒冷的前景寄希望于其圣城归属的"象征性"解决,在各方不可能做出本质性让步的前提下,耶路撒冷城内三教共同的圣地,应突出其"宗教圣地"的意义,即由各宗教代表联合协调、共同管理,如以其旧城为基础而形成一个各教共同的"宗教圣城",显明其宗教性、象征性、开放性和国际性,并以这一圣城来作为巴以两国首都之间的中心点和结合点。而巴以两国的行政首脑机构则可让出这一共同的圣地，以原东、西耶路撒冷城扩建地区为基础来另建和发展，并形成与各自所属地区的沟通。这样，在一个大耶路撒冷范围内既维护双方各以圣城建都的原则，又可以使其中心的"圣地"减少政治色彩和对抗气氛，而成为国际性的宗教朝觐圣地和旅游胜地，并进而使之起到加强各方友好接触、交往、理解和合作的作用。当然，如果在今后的谈判中有关方面做出了大的让步，那么耶路撒冷的归属则会出现富有戏剧性的结果。不过，此后的发展并没有出现奇迹，而仍回到了矛盾冲突的历史怪圈不得解脱。巴以签署协议之后，虽然其主要领导人拉宾、佩雷斯和阿拉法特于1994年获得诺贝尔和平奖，但以色列总理拉宾不久就于1995年11月4日晚被本民族犹太人的激进反对派所杀害，此后虽经努力但一切又回到了过去那看不到出路的循环。2017年美国现任总统特朗普访问以色列并成为首位任上访问"哭墙"的美国总统，他还明确宣布美国驻以色列大使馆从特拉维夫迁往耶路撒冷，承认犹太人在"被占领地"定居的合法性，这些表态由此进而加剧了这一困境的发展。

附：耶路撒冷大事年表

公元前 19 世纪　　　　　　　古埃及文献提到耶路撒冷。

公元前 18—前 16 世纪　　　　希克索斯人统治时期。

公元前 1000—前 961 年　　　大卫王建立统一王国的首都。

公元前 961—前 930 年　　　　所罗门建犹太教第一圣殿。

公元前 586 年　　　　　　　　耶路撒冷失陷，圣殿被毁。

公元前 539—前 333 年　　　　波斯统治时期，第二圣殿建成。

公元前 333—前 167 年　　　　希腊统治时期。

公元前 167—前 63 年　　　　 哈斯摩尼王朝时期。

公元前 63—公元 324 年　　　 罗马统治时期，基督教产生。

公元 324—638 年　　　　　　拜占庭帝国时期。

公元 638—1099 年　　　　　　阿拉伯人时期，伊斯兰教传入。

公元 1099—1187 年	十字军所建拉丁王国时期。
公元 1187 年	萨拉丁推翻拉丁王国。
公元 1250—1517 年	埃及和马穆鲁克人统治时期。
公元 1517—1917 年	奥斯曼土耳其帝国统治时期。
公元 1917—1948 年	英国人占领及管辖时期。
公元 1948—1967 年	耶路撒冷分为东、西两区,约旦控制东区,以色列控制西区。
公元 1967 年	以色列合并耶路撒冷东、西区。
公元 1980 年	以色列宣布耶路撒冷为其首都。
公元 1988 年	巴勒斯坦宣布耶路撒冷为其首都。
公元 1993 年 9 月 13 日	巴以签署《临时自治安排原则宣言》。
公元 1994 年 7 月 25 日	约以签署《华盛顿宣言》。

(原载《世界宗教资料》1994 年第 4 期,本文有补充。)

第五章

犹太教研究

一 犹太教概况

(一) 犹太教的渊源

犹太教已有4000多年历史，犹太人自称为"立约"的民族，强调其三次立约：挪亚方舟之后的立约为"彩虹"之约，以成为摆脱原罪的新人；亚伯拉罕立约为"割礼"立约（血约），以成为自我意识鲜明的新民族；摩西十诫（西奈山立约）为"十诫"之约，由民族社团向具有道德法律制度的新型国家形态发展过渡。

其中亚伯拉罕立约形成了世界宗教发展中"亚伯拉罕传统宗教"之说：亚伯拉罕一家从两河流域迁徙而来，归属上帝信仰的经历。古代犹太人亦称"希伯来人"，与古代阿拉伯民族都属于古代闪族，古代闪语意即"从大河那边来的人"；据其信仰传统之说，上帝将之由原名"亚伯兰"改名"亚伯拉罕"（时已99岁），许诺其成为一个大族，以"割礼"为约，称为"血约"（规定犹太民族所有男人和男孩都必须受割礼，作为其犹太民族的象征），并将为"众多民族的始祖"，而阿拉伯人古代亦属于闪族的一支。因此，"亚伯拉罕"（即伊斯兰教所指易卜拉欣）被犹太教徒、基督徒和穆斯林共同敬为"先祖"。其中基督教最初就是从犹太教中分化而成。而阿拉伯人在历史上与犹太人亦有复杂的纠结。

犹太教的《圣经》对这一传承有如下论述：亚伯拉罕与其使女"夏甲"生下长子"以实玛利"，后又与其妻"撒拉"生下"以撒"，以撒虽为嫡传却不是长子，撒拉怕以实玛利长大后以长子名分继承财产，遂让亚伯拉罕送走夏甲母子，母子二人流浪到今天的阿拉伯地区，以实玛利后来成为阿拉伯各族的先祖。以撒因嫡出得以成为正统，在上帝考验亚伯拉罕时被作为祭物来献燔祭，为上帝用公羊取代。此后以撒生有以扫、雅各二子，雅各以一碗红豆汤从其兄以扫那儿得到长子权，后生有十二子，成为犹太人十二支派的先祖。

伊斯兰教的《古兰经》及其传说则有与之比较接近的说法："易卜拉欣"（亚伯拉罕）与"哈吉尔"（夏甲）生子"易司马仪"（以实玛利），易司马仪被作为祭物献给安拉，但由安拉以绵羊取代，由此形成伊斯兰教宰牲节传统。易卜拉欣常来看望易司马仪，父子两人曾共同在麦加天房干活，成为阿拉伯人的先祖。

犹太民族常用"希伯来人""以色列人"和"犹太人"这三种名称来表达。其中"希伯来"一词源自古代闪族语 Habirw（亦详"哈卑路人"），意指"从大河那边来的人"，最初并非某个民族的名称，而是"游牧民"之意。另一种说法则认为"希伯来"一词源自亚伯拉罕的祖先"希伯"（名字含义亦为"彼岸"或"过河"）。"以色列"一词最早见于公元前1223年左右埃及法老梅尼普塔炫耀战功的碑文记载："以色列已化为废墟，但它的种族并未灭绝。"《圣经》中则提到希伯来人雅各因与天使摔跤直至天亮而被神赐名"以色列"（Israel），意为"与神角力"（《创世纪》第32章第28节）。雅各的后裔形成了这一民族的12支派，从此他们按其先祖所得的"神之赐名"而自称为"以色列人"。"犹太"一词出现较晚，它与犹太民族从统一到分裂、由兴盛到衰亡的历史发展有着密切的关系。按照《圣经》记载，以色列（雅各）的第四子名叫"犹大"（Judah，意为"赞美"，见《创世纪》第29章第35节），他即该族十二支派之一的犹大支族祖，为《旧约》时代大卫王和《新约》时代耶稣养父约瑟的先祖。以色列人十二支派进入迦南地（即巴勒斯坦）后，犹大支与西缅和便雅悯一支派分得迦南南部的土地和城邑，这块土地开始被称为犹大地。大卫王时期，这十二支派得以统一、建立起以色列—犹大王国。但大卫之子所罗门死后，王国一分为二，形成北部的以色列国和南部的犹大国。当时以色列国拥有该民族的10个支派，称为"以色列人"，而犹大国仅包括犹大和便雅悯这两个支派。公元前722年，亚述人攻陷以色列国都城撒玛利亚，将以色列人掳往亚述，又让其他民族移居以色列，与当地人通婚、同化，形成此后的撒马利亚人。而被亚述驱赶的这十支以色列人却在历史上流散、消失，成为所谓"遗失的十支派"。南方的犹大国虽然在公元前586年也未能逃脱亡国的厄运，但其民族特色和宗教信仰却保存了下来，现今遍布世界各地的犹太人即主要为古代犹大支和便雅悯支及祭司支派利未人的后裔。"犹大人"在希伯来文中为Jehoudi，由此演变为希腊文的Joudaios或Ioudaia，拉丁文的Judaeus。《新约圣经》中称古代犹大国之地为"犹太"（Judea，天主教思高本《圣经》仍译为"犹大"），称犹大支先祖仍为"犹大"（Judas），在这种意义上，中译"犹大"与"犹太"实乃一回事，只是人们习惯上在称民族时多用"犹太人"或"犹太民族"，而在称地名时多用"犹大地"或"犹大国"，"犹大"常见于古代犹太教史和《新约》与《旧约》人名，而"犹太"则常指整个民族及其宗教。此外，犹太教也曾一度传入中国，如开封犹太人称其族与教之名为"一赐乐业"（以色列），《元史》与《元典章》等也已提到"术忽""珠赫"及"斡脱"等关涉"犹太人"的汉译名。

由此可见，犹太教为犹太民族的传统宗教。该教奉雅赫维（亦译"雅威"）为"唯一真神"，被视为人类历史上迄今仍存的最古老的一神教。它认为犹太人是上帝的特选子民，其教义、教规来自摩西所传授的神意。

（二）犹太教的发展

犹太教已有约4000年的历史，犹太教的历史发展曾经历了古代犹太教、拉比犹太教、中世纪犹太教和近现代犹太教这四个阶段。

古代犹太教发展在公元前10世纪左右大卫、所罗门王朝时曾进入其"黄金时代",犹太人在耶路撒冷城修建了圣殿,史称"第一圣殿"。所罗门死后,犹太人因内部分裂和外敌入侵而进入其民族蒙难时期。公元前586年,巴比伦人攻占耶路撒冷,圣殿被毁,犹太人开始其"巴比伦之囚"。公元前6世纪末,波斯灭亡巴比伦,被囚的犹太人得以返回故乡,他们重建起被毁的圣殿,史称"第二圣殿"。上述古代犹太教到其后期(公元前后)时曾流行盼望雅赫维差遣复国救主弥赛亚来临的思潮,并出现了撒都该派、法利赛派、爱西尼派和奋锐党等派别。公元70年,罗马人攻陷耶路撒冷城、毁掉其第二圣殿、大肆杀戮犹太人,从此使犹太国灭亡,犹太教徒离开家园、流落异邦。这标志着犹太教古代阶段的终结和拉比犹太教时期的开始。

拉比犹太教时期指公元70—630年这段犹太教历史。由于圣殿被毁,犹太教在古代所重视的献祭仪式难以举行,在流散的犹太人中因而以犹太会堂代替了圣殿,以祈祷代替了祭司,形成了以祈祷、研习律法和公共集会为主的犹太人宗教活动,那些精通律法的法利赛人遂脱颖而出,成为各犹太会堂的领袖及核心人物,被尊称为"拉比"(意即"师傅")。拉比犹太教比较重视律法的指导作用、教徒的祈祷活动和伦理生活,曾对此后犹太教思想、礼仪的发展产生深远影响。

自公元630年以来,随着中东地区伊斯兰教的崛起和阿拉伯人的扩张活动,原居西亚的犹太人大量移居欧洲各地,从而开始了中世纪犹太教发展时期。这一时期一直延续到17世纪中叶,其兴起的犹太教理性主义和神秘主义思潮曾直接影响到欧洲中世纪基督教思想和政治运动的发展。

近现代犹太教以欧美和以色列为中心,并已形成多元发展,分化为正统派、改革派、保守派和重建主义派等重要派别。其中正统派以欧洲犹太教徒为主,美国正统派则分为极端正统派、现代正统派和恰西迪教派(Chasidim,意为"虔敬",源自18世纪在欧洲兴起的犹太神秘主义教派)这三派。改革派亦称开明派或进步派犹太教,19世纪20年代源自德国,后在美国得到较快发展,该派认为犹太人盼望救世主乃是渴求在人间实现和平、真理、正义和仁爱,因此在政治上支持反对种族歧视和争取民权的运动。保守派即介于正统派与改革派之间的开明派，于19世纪中叶产生在德国，主张协调犹太教与现代科学的关系，但仍强调其宗教仪式的象征意义。重建主义派从保守派犹太教中发展而来，其倡导人卡普兰（M. Kaplan，1881—1983年）把犹太教视为一种不断更新、不断发展的民族文化，为此他曾著有《作为一种文明的犹太教》（1934年）一书，让处于现代社会氛围中的犹太人珍视并完善其民族文化和信仰传统。为了促进犹太文化与当今世界文化的有机结合，他提出了重建主义的神学设想，并创办《重建主义》杂志、建立"重建主义拉比学院"，对现代犹太教的发展起了巨大的推动作用。

（三）犹太教的经典、节日

犹太教规定其信徒必须遵守基于神启的犹太律法，相信弥赛亚将会拯救其民族及整个人类的预言，男孩在出生后第8日需受割礼，少年男女13岁时应去会堂行成年礼，星期六当守安息日，严禁取食和接触教中视为不洁之物（如猪肉），不许与未受割礼的外族人通婚，外族人归化该教也须先受割礼，教中禁止偶像崇拜，另有其独立使用的犹太教历。犹太教之名源自古希腊文 Ioudaismos，意指犹太人的宗教信仰及习俗。

犹太教的经典以《塔纳赫》（Tanach）为主，即现在基督教《圣经》中的《旧约》部分。它包括"托拉"（Torah 即"律法书"）、"先知书"（Nebiim）和"圣著"（Chetubim）这三部分。此外，拉比犹太教时期编定的《塔木德》（Talmudh 意指"教学"，即"犹太教口传律法集"或"口传《托拉》"）乃仅次于《塔纳赫》的经典。《塔木德》包括《密西拿》（Mishnah 意指"复述"，即"口传律法典"）、《革马拉》（Gemara 意思是"完成"，即对《密西拿》的"注释和补编"）和《密德拉什》（Midrash 意指"阐述"，即对《塔纳赫》所作的"解说和讲道"）这三大部分。其他经典还有《马所拉》（Masora 意为"传统"，亦称《圣经译注集》）和《哈拉卡》（Halakha 意为"规则"，即"犹太教律法规则"）等。

犹太教的节日较多，主要包括"逾越节"（Passover）：犹太历 1 月 14 日，纪念上帝击杀埃及人时见有血记的犹太人之家即越门而过；"律法节"（Shabuot）：亦称"七七节""五旬节"或"收获节"，犹太历 3 月 6 日，纪念上帝带领以色列人出埃及后向其颁示十诫；"住棚节"（Succot）：犹太历 7 月 15 日，节期持续 7 天，纪念以色列人在旷野漂泊 40 年，亦称"收藏节"；"赎罪日"（Yom Kippur）：犹太历 7 月 9—10 日，被称为"安息日中的安息日"，信徒举行祈祷仪式，集体吟唱古代祷歌"一切誓约，祈求废除"（Kol Nidre），以求上帝免其未践的誓约，人们献祭、禁食，以达"树德务滋、除恶务尽"之效；"审判日"（Rosh Hashanah）：亦称"吹角节"，犹太历 7 月 1 日，按希伯来古历，此乃一年之始，圣殿和各地必须吹角，以提醒人们新年开始神对世人的审判及对其命运的决断，后虽失去"新年"之意，仍以此圣日来让人认罪悔改、洗心革面；"痛悼节"：犹太历 5 月 9 日，悼念耶路撒冷圣殿两次被毁和犹太民族的蒙难；"普珥节"（Purim）：亦称"普林节""掣签节"或"欢庆节"，犹太历 12 月 14 日、15 日，纪念以色列人从波斯宰相哈曼的屠杀阴谋中得救逃生的事件；"修殿节"（Channukah）：亦称"献身节""光明节""光复节""净殿节""再献圣殿节"或"哈努卡节"，犹太历 9 月 25 日，纪念玛喀比于公元前 165 年战败塞琉古王国、重建圣殿的壮举；以及犹太人每周一天的"圣日"——"安息日"（Sabbath）：从星期五日落至星期六日落，以纪念上帝在六天创世之工后于第七天完工休息。

（四）犹太教在中东地区民族宗教冲突的历史与现状

自公元前 10 世纪左右大卫、所罗门王朝"黄金时代"，在耶路撒冷建造第一圣殿之后，犹太民族就命运多蹇，先后在公元前 586 年"巴比伦之囚"时遭遇"第一圣殿"被毁，以及公元 70 年（犹太教历 11 月 9 日）其第二圣殿再次被毁，从此犹太民族国家被罗马帝国灭掉，犹太人亦四散各地，成为没有国度的民族，犹太教从此遂成为其精神寄托和民族象征。

公元636年，阿拉伯人征服这块土地，引入伊斯兰教，并使耶路撒冷成为伊斯兰教继麦加、麦地那之后的第三大圣地，建有阿克萨清真寺和金顶（圆顶、岩石）清真寺。犹太人获准在伊斯兰教"保护"下生活，但717年对非穆斯林的限制影响到犹太社区的生存，多数犹太人离开，当地基本上失去了犹太教的组织和凝聚力。

1917年12月，英国艾伦比将军率军进入耶路撒冷，结束奥斯曼土耳其统治时期。1922年7月，国际联盟委托英国统治巴勒斯坦，让其促进"犹太民族之家"的建立。英国在此托管地3/4的土地上建立起"阿拉伯外约旦酋长国"（哈希姆约旦王国），将约旦河以西的地方发展"犹太民族之家"。

在犹太教回归"圣地"意识和犹太复国主义推动下，大量犹太人移居巴勒斯坦，至第二次世界大战前已达26万人，主要来自俄国、波兰和德国。此间已与当地阿拉伯人发生剧烈冲突，阿拉伯人亦坚决反对英国人在当地的分治计划。第二次世界大战期间，纳粹德国迫害犹太人，全世界约900万人的犹太社团仅剩下1/3，约600万犹太人包括150万儿童惨遭杀害。此间有十多万人逃往巴勒斯坦。1947年11月29日，联合国投票通过决议：在约旦河以西地区建立两个国家，一为犹太人国家，一为阿拉伯人国家。

1948年5月14日，英国宣布结束对巴勒斯坦的委托统治，以色列国宣告成立，当时有65万犹太人。以色列国宣告成立不到24小时，即与反对分治的阿拉伯人发生战争。在美国犹太人支持下，以色列赢得这场战争，土地比联合国分治决议规定的14942平方千米多占5731平方千米而达到20673平方千米，占有耶路撒冷城市西部；战争后果也使近100万巴勒斯坦人沦为难民。1956年爆发第二次中东战争，1967年爆发第三次中东战争，以色列占领耶路撒冷东部，将东、西城合并，宣布整个耶路撒冷为以色列的首都。1973年爆发第四次中东战争。此外，1982年、1985年，以色列还与黎巴嫩多次发生战争，2006年还与黎巴嫩真主党有较大规模的军事冲突。

1978年，解决阿以冲突尝试的戴维营协议签署，开始中东和谈。

1993 年 9 月 13 日，拉宾和阿拉法特在华盛顿签署《原则宣言》，两人和佩雷斯为此获 1994 年诺贝尔和平奖。

1995 年 11 月 4 日，拉宾被犹太人保守派枪杀。

1998 年，以色列总理内塔尼亚胡和阿拉法特在美国马里兰签署怀河备忘录。

1999 年，以总理巴拉克与阿拉法特签署沙姆沙伊赫备忘录。

2000 年，以强硬派代表沙龙视察犹太教圣地"哭墙"时登上伊斯兰教圣地阿克萨清真寺领域，引起巴以局势动荡，沙龙戏剧性地战胜对手于 2001 年 2 月当选为以色列总理。

2009 年年初，以色列军队采取军事行动，进入加沙打击哈马斯武装。

目前巴以和平前景仍然模糊，迷茫。其"圣地"（巴勒斯坦地），"圣城"（耶路撒冷）之宗教原因成为解决双方冲突的死结。耶路撒冷（Jerusalem，"和平之城"）为犹太教和伊斯兰教的圣城，最初所罗门王在此建圣殿，作为供奉上帝的地方，为"圣中之圣"；其圣殿遗址被用原址石块垒起一堵长 48 米、高 18.9 米的大墙，为第二圣殿西外墙，故称"西墙"；犹太人来此祈祷、诵经、哭泣，亦称"哭墙"。而伊斯兰教传入后则将之视为其第三大圣地，阿拉伯语称为"古德斯"（al - Quds，意即"圣地"）。

在这一历史进程中，犹太教内部亦出现了以"弥赛亚主义"为旗帜的犹太极端主义思潮，并发展出相关的极端组织，如"信仰者集团"（1974 年创立，支持犹太人在被占领土定居，亦有"定居运动先驱者组织"之称）、"卡赫"（意为"就这样"，由 1968 年建立的"犹太防务联盟"发展而来）、"圣殿山和以色列之地忠诚者"（因为对以色列政府 1967 年将圣殿山的控制权交给穆斯林机构不满而建立）等，此外，"义务警察主义"思潮在犹太教社群中也广有影响。

在阿以冲突中，阿拉法特曾强调"决心建立以耶路撒冷为首都的巴勒斯坦国"，与以色列的主张针锋相对。阿拉法特去世后，主张坚决抵抗以色列的哈马斯在加沙地区赢得大选。而在 2006 年以黎冲突时，什叶派的黎巴嫩真主党在国内获得近 90% 的支持，其总书记纳斯鲁拉一度成为新闻人物，被许多阿拉伯人视为英雄。当这些穆斯林不能以常规方式与西方势力和以色列军力相抗衡时，则出现了"恐怖主义"的加剧、"人肉炸弹"的滥用，增加了世界不稳定的因素。自特朗普当选美国总统以来，阿以局势更为错综复杂，特朗普以美国总统身份访问了耶路撒冷，拜谒了犹太教圣殿遗址"哭墙"，而美国随着特朗普的上台也有着明显偏袒以色列的表态，如让美国驻以色列大使馆由特拉维夫迁往耶路撒冷，宣布对以色列占领戈兰高地的支持，并公开支持以色列在"被占领土"修建犹太人移民定居点，从而把以往联合国的原则立场甚至欧盟的态度都彻底否定，使整个中东局势更加混乱，其发展前景更不被看好。犹太教和伊斯兰教在中东的冲突是这一地区不稳定的最大因素，但因其宗教、民族问题的复杂性而迄今仍看不到根本解决的希望。

据统计，全世界目前约有犹太教徒1450万人，分布在125个国家和地区，以亚洲、北美和俄罗斯为主。

二 犹太教在中国的传播

犹太教作为犹太民族所信奉的宗教，其特点是与犹太人的生存发展及迁徙流变密不可分。因此，"知犹太族何时始至中国，即知犹太教何时入中国也"①。犹太教在中国的存在与传播，于17世纪初被来华耶稣会士利玛窦所注意。从此，中国犹太人及犹太教问题就成为中外学者悉心探究的焦点之一。

1605年6月，一位名叫艾田的中国犹太人从开封来到北京拜访利玛窦，介绍了当地犹太人的情况。为此，利玛窦曾写有报告，并于1608年派一位中国教徒去开封进行深入调查，得以带回《摩西五经》头尾几节之抄本。1613年，艾儒略亦访问开封，见到当地犹太人的礼拜寺。1628年，在华耶稣会曾于开封设立其传教据点，试图接近当地犹太人。1701年和1704年，葡籍天主教神父骆保禄（Pere Jean-Paul

---

① 陈乐素、陈智超编校：《陈垣史学论著选》，上海人民出版社1981年版，第82页。

Gozani）到开封参观犹太人的礼拜寺，看到其收藏的各种碑文和匾联，以及藏于寺内至圣所中的 13 部经卷，并获得其 1489 年与 1512 年等碑刻的拓本。他曾在开封给苏霖（P. Joseph Suarez）写信，详述其对中国犹太人的发现。此后，法国神父孟正气（P. Jean Domenge）于 1722 年在开封居住 8 个月，其间为当地犹太人的礼拜寺绘有全景图和内观图。这两图的保存使后人得知已被拆毁的开封犹太人会堂之全貌，即当今学者引以为据的开封犹太教寺外形图和内部图的原版。1723 年，法籍耶稣会士宋君荣（P. Antoine Gaubil）亦到开封访问，他曾论及当时开封尚有属于七姓的共 1000 多犹太遗民。

基督教新教传入中国后，马礼逊曾于 1815 年将伦敦犹太人托带的一封希伯来文信件寄给开封犹太人。1850 年，伦敦犹太人布道会委托英国圣公会传教士史密士（George Smith）在华展开对开封犹太人的实地调查。为此，史密士与麦都思于 1850 年派遣两位中国信徒邱天生和蒋荣基去开封访问，其调查报告发表后在欧洲引起学术界的关注。1851 年，这两位使者再访开封，买到 6 卷《摩西律法》（即《道经》），并曾带回两名开封犹太人到上海。1866 年，美国人丁韪良（William Alexander Parsons Martin）成为访问开封的第一个新教传教士。他曾见到当地七姓犹太遗民中的六家代表，带回两部经卷，此后还寄信给纽约《犹太时报》，建议组成援助中国犹太人的差会。1867 年，美国圣公会主教施约瑟（Samuel Isaac Joseph Schereschewsky）访问开封。内地会牧师密尔斯（Dennis J. Mils）亦曾于 1890 年在开封短暂逗留，并于 1897 年发表了《河南犹太人》一文。1910 年，加拿大圣公会传入开封。其首任河南教区主教怀履光（William Charles White）在开封居住达 24 年之久，获得当地犹太人的大量资料和文物。他自 1933 年退休后开始系统研究开封犹太人问题，于 1942 年在多伦多出版其 3 卷本的《中国犹太人》一书，成为海外研究中国犹太人问题的重要著作。

除上述调查研究之外，外国学者研究中国犹太教的著述还包括勃洛底耶（Gabriel Brotier）1770 年用法文撰写的《犹太人中土定居录》，其内容基于骆保禄、孟正气和宋君荣的书信，法国耶稣会士西博（Pierre Cibot）1770 年在北京出版的有关中国犹太人书信，德国耶稣会士戴进贤（Ignace Kogler）1806 年出版的中国犹太人论述，费因（James Finn）1843 年在伦敦出版的《中国犹太人；他们的会堂、经卷、历史和其他》，丁韪良 1866 年发表的《河南犹太人访问记》、1896 年发表的《中国一周》、1906 年发表的《开封府的犹太碑》，格罗勿（A. Kingsley Glover）的《1850 年在开封府发现的中国犹太人若干碑志》和 1894 年出版的《中国犹太人论集》，福斯特（Forster）1885 年发表的《十个散失了的以色列族》，施伐勃（Moise Schwab）1891 年出版的《第九世纪西班牙犹太人进入中国的路线》，高其耶（Henri Cordier）1891 年出版的《中国犹太人》，巴尔福（Frederic Henry Balfour）1894 年发表的《中国犹太人》，西班牙耶稣会士管宣穆（Pere Jerome Tobar）1900 年在上海出版的《开封犹太人碑文》，以斯拉（Edward Isaac Ezra）1902 年发表的《中国犹太人》，本勃利奇（Oliver Bainbridge）1907 年发表的《中国的犹太人》，劳弗尔（Berthold Laufer）1905 年发表的《中国的犹太人》和 1930 年发表的《一件中国的希伯来手稿——中国犹太人史料的一个新来源》，伯希和（Paul Pelliot）1921 年发表的《利玛窦的访问者犹太人艾氏》，普瑞浮（Georges Prevost）1926 年发表的《洛阳的几块闪米特碑志》，季理斐（Donald Mac Gillivray）1928 年发表的《河南的犹太人》，金斯堡（Anna Ginsbourg）1940 年发表的《上海犹太难民》，莱斯利（Donald Daniel Leslie）1972 年出版的《中国犹太人的遗存》及其与荣振华（Joseph Dehergne）合作于 1980 年出版的《中国的犹太人》，克兰茨勒（David Kranzler）1976 年出版的《上海犹太难民社区》，以及波拉克（Michael Pollak）1975 年出版的《中国犹太人的律法书经卷》和 1980 年出版的《中国官员、犹太人和传教士》等。

中国学者对中国犹太教的探讨始于 1897 年洪钧在《元世各教名考》中对中国犹太教的考证。1910 年，张相文著《大梁访碑记》，始论犹太教碑。1913 年，叶瀚发表《一赐乐业教碑跋》一文，时经训亦发表《河南挑筋教源流考》。1920 年，陈垣的著名专论《开封一赐乐业教考》问世。其文不仅全文刊载开封犹太会堂的三块碑文，而且还考证了其碑文内容，以及会堂中的匾额和楹联，对犹太人入华、其教名称等问题进行了系统的研究和论述。此后，中国学者从河南开封犹太人、中国其他地区犹太人和中国犹太人概况等方面展开了研究，其主要成果有魏维贞的《河南犹太人之概况》（1921年），张星烺的《古代中国与犹太之交通》（1930年），沈公布所译《关于开封一赐乐业教之吉光片羽》（1932年），黄义的《中国犹太人考》（1935年），魏亦亨的《开封犹太教》（1936年），关斌的《开封的犹太人》（1936年），徐宗泽的《开封犹太教概论》（1936年），方豪的《浙江之犹太教》（1936年）和《清初云南之犹太人》（1937年），翁独健的《斡脱杂考》（1941年），以及陈增辉的《关于〈利玛窦集〉中之犹太人艾氏》（1949年）和《犹太人入华年代考》（1949年）等。

1980年，潘光旦的遗作《关于中国境内犹太人的若干历史问题》发表。这标志着中国犹太教研究在国内进入了新的发展阶段。随之，江文汉的专著《中国古代基督教及开封犹太人》（1982年）和潘光旦的专著《中国境内犹太人的若干历史问题》（1983年）相继出版。此后出版的专著还有张绥的《犹太教与中国开封犹太人》（1990年），唐培吉等人所著《上海犹太人》（1992年），朱威烈等人所编《'90中国犹太学研究总汇》（1992年）等。此外，有关论文则包括金效静的《中国的犹太人》（1981年），王一沙的《开封犹太人的后裔及挑筋教遗物遗址调查访问记》（1981年），陈瑞章的《开封犹太人今昔》（1983年），沙博理编著的《古代中国犹太人：中国学者的研究》（1983年），孔易宪的《开封一赐乐业教钩沉》（1985年），高望之的《中国历史上的犹太教和犹太人》（1985年），王庆余的《旧上海的犹太人》（1987年），王明甫的《我国历史上开封犹太人同化问题》（1987年），郭文林的《中国开封的犹太人的历史》（1987年），许步曾的《纳粹屠刀下的偷生者——记二次大战中避难来沪的犹太人》（1989年），张绥的《犹太人在中国中原地区被汉化原因之探索》（1990年），林梅村的《犹太人华考》（1991年），潘光旦的《浅析第二次世界大战期间上海的犹太难民》（1991年），唐培吉的《历史之谜——上海犹太人研究之一》

(1991年)，以及傅文忠的《也谈开封犹太人文化消失的原因》(1993年) 等。与之相关的译著译文亦日渐增多，中外学者的长期努力，使犹太教在中国传播、同化及消失之谜被逐渐解开。

(一) 犹太教传入中国

犹太人约在唐代已来华经商侨寓，犹太教亦随之传入中国。入华犹太人大多从中亚经丝绸之路而至中国，然而从海上丝绸之路或经印度转道来华者亦不乏其人。犹太人入华约在中国历史上隋唐至宋元时期，因为在丝绸之路上发现的犹太人遗物遗迹等经考证亦大多属于7世纪中叶至14世纪之间的文物。关于犹太人进入中国的时间，中外学者众说纷纭。其代表性说法包括周代以前说、周代说、汉代说、唐代说和宋代说。前三说旨在证明中国犹太人乃公元前722年古代以色列国被亚述人所灭之后逃亡东来的以色列人，即在历史上"遗失"的10个以色列部落之后裔。但这种说法因缺乏史料佐证而不为学术界所公认。根据现已发现的史料，较为一致的看法是，犹太人约于唐代已进入中国，而大批犹太人在开封等地定居则始于宋代。以上五说均无普遍认可之定论，现分述如下。

1. 犹太人周代之前入华说

认为犹太人周代之前就已入华的说法以19世纪俄罗斯正教的维那格拉多夫主教为代表。这种说法的文献根据通常引自明弘治二年(1489)碑文《重建清真寺记》之言："那其间立教本至今传，考之在周朝一百四十六年也。一传而至正教祖师乜摄，考之在周朝六百十三载也。"但这段碑文只是将犹太立教及乜摄（摩西）传教大事与中国周朝作时间上的对照，而并没有言明其教于周朝时已入华。维那格拉多夫则是在其1880年左右出版的俄文《东方圣经史》中提出了犹太人来华极早的看法。他认为犹太人在摩西之前就已来到了中国，而至大卫王统治的古代以色列联合王国时期，犹太人与中国周朝的交往已甚为密切。"俄人维那古拉多夫云：以色列王时，犹太人恒旅行支那，支那犹太人古诗中，有推罗王希蓝曾将支那帝所赠品物送往陀维之语，正当中国周昭王时也。"①此典语出《旧约·撒母耳记下》第5章第11节："推罗王希兰将香柏木运到大卫那里，又差遣使者和木匠石匠，给大卫建造宫殿。"但《圣经》中这一记载并未指明香柏木是否来自中国。此说仅为一种猜测而无史实根据。所以，犹太人周代之前入华的提法往往被认为过于"大胆"而被学术界所普遍否定。

2. 犹太人周代入华说

不少西方学者提出犹太人周代入华说。他们大多以清康熙二年（1663）碑记《重建清真寺记》"教起于天竺，周时始传于中州，建祠于大梁"之句为依据，由此断定周代中国已有犹太人，并认为犹太人于所罗门王时代，或公元前8世纪左右已与中国通商，后又在东周之魏国都城大梁（即河南开封）建祠定居等。而不少中国学者则不同意周代说。陈垣认为："康熙碑所谓周时始传于中州者，似因弘治碑考之在周朝二句，及正德碑稽之周朝一句而云然，未必确有所见。"②潘光旦也指出，这一错误见解乃因康熙碑作者见弘治和正德碑"前后再三提到'周朝'"而"认为就是周朝的事"，却不知"前二碑的作家只是说明这些事迹发生在相当于中国周朝的一个时代"③。

西方学者丕尔曼（S. M. Perlmann）提出周代说的另一证据是《旧约·以赛亚书》第49章第12节的预言："看哪，这些从远方来，这些从北方、从西方来，这些从秦国来。"此处即指这些地区的犹太人将要回临本土。"秦国"原音乃作"希尼"，拉丁字母拼法为Sinim。此词在《圣经》版本中译法各异，《七十子希腊文本》译作"波斯"，《通俗拉丁文译本》译为"南方之地"，17世纪英国犹太拉比马那塞（Manasseh ben Israel）则将之译作"中国"。潘光旦为此分析说："同意'希尼'就是'秦'的人，马那塞以来，不但很多，并且可以说很一致。犹太人自己的东方学者里有缪仑道夫写过肯定的专文；天主教教士中则有诺

---

① 《陈垣史学论著选》，上海人民出版社1981年版，第82页。
② 同上。
③ 潘光旦：《中国境内犹太人的若干历史问题》，北京大学出版社1983年版，第27页。

耶终于承认'南方之地'就是中国;而在基督教新教徒,则在他们百余年来所用来传教的《新旧约全书》的中译本里,一贯的把'希尼'作为'秦国'。这些都是对'周代说'有利的。以赛亚作此预言,是在公元前第八世纪后半(一说在第六世纪后半),即相当于我国东周平王与恒王年间,则可知最迟到西周末年,中国便已有犹太人了。"①

周代说在中国学者中亦引起了一些分歧。江文汉虽没有明确支持周代说,却承认"有许多事实可以证明中国的犹太人是很早进入中国的"②。他以开封犹太人及其碑文文献为例而加以解说。其一,他指出他们不知道"犹太人"这个称呼而自称"一赐乐业"(即以色列人),在开封的几个犹太教碑文中亦没有出现"犹太人"之词。根据"犹太人"之词乃公元前6世纪以后才普遍使用而开封犹太人不知道使用此词这一事实,则可推断其祖先是公元前6世纪之前就已离开本土向东流散,并且进入中国的。其二,他根据开封犹太人只以《摩西五经》为圣书而缺少《旧约》其他经卷这一事实,进而指出"他们进入中国是在《旧约》尚未全部完成以前"③;因为《摩西五经》在《旧约》中成书较早,大约在公元前9—前4世纪完成。而上述周代说则与"遗失的以色列十支派"中有些人到了中国之说相吻合,张绥对之亦有相同的见解,因为这些以色列人都不用"犹太人"之称,而将其房获、驱散的亚述帝国国王"提革拉特·皮勒塞尔三世时期,或萨尔贡二世统治时期,都和中国周朝同期"④。此外,张绥虽不同意犹太教于周代传入中国说,却肯定"中国的丝织品等商品在周代已到达以色列,甚至希腊地区,这大约是没有争议的。犹太人很早就知道东方有一个产丝绸的国家希尼,这大约也是没有争议的"⑤。为此,他强调"商人的贸易活

---

① 潘光旦:《中国境内犹太人的若干历史问题》,北京大学出版社1983年版,第28—29页。
② 江文汉:《中国古代基督教及开封犹太人》,知识出版社1982年版,第186页。
③ 同上。
④ 张绥:《犹太教与中国开封犹太人》,上海三联书店1990年版,第17页。
⑤ 同上。

动"与"宗教的传入"不同,而"犹太人到中国"和"犹太教传到中国"亦具有不同含义。这里,张绥否认了犹太教于周代传入中国之说,却没有否认犹太人在周代已进入中国经商之论。不过,由于犹太人与犹太教的一体性,二者之间则很难区分。而且,张绥承认《旧约·以赛亚书》中"希尼"即"中国"之翻译,并认为此词乃从希腊文"赛尔"(意即"蚕丝")一词演变而来:"在'赛尔'(ser)加上后缀a,就成了'赛尼'(或'希尼')"[①]。

但对此说持异议者甚多。除上述"波斯""中国"等译解之外,现代圣经学者一般认为"希尼"指埃及古城"训"(Sin,今塞得港东南35公里处)或"色耶尼"(Syene,埃及南部阿斯旺地区旧称)。许鼎新在其《旧约原文词义研究》一文中指出:"近代旧约圣经考证学的研究,特别是1947年死海古卷的发现,已证明《以赛亚书》49:12的'秦国'并不是指中国,而是指现在埃及的阿斯旺地区。汉语圣经的'秦国',希伯来文为'希尼'(Sinim),而'希尼'与另一相似的词语'色耶尼'(Syene)两者之间,在希伯来文中只相差一个类似的辅音字母,死海发现的《以赛亚书》古卷,指出'希尼'为'色耶尼'之误。而色耶尼原来却是现在埃及南部阿斯旺地区的旧名称。色耶尼在公元前586年犹太亡国时,确有一批犹太人流徙定居于此地,并建有犹太会堂,本世纪在埃及阿斯旺地区发现的重要考古资料《象岛纸莎草纸文献》(Elephantine Papyri)对于在这段时期内流徙定居于阿斯旺地区的犹太人修建犹太会堂的情况提供了可靠的历史资料。因此根据赛49:12的上下文,先知预言将有一天,众流散之民将从世界各方回归,上句为'从北方来,从西方来',下句原为'从秦国(应作希尼)来',今则应改为'从南方来',因'色耶尼'地处埃及南部。现代中文译本译为:'从西,从北,又从南方的希尼来',另加底注为:'希尼是埃及南部的城市,该城有犹太人的一个大社区。'吕振中译本为:'有人从北方、从西方来,有人从色耶尼地来',底注为:'色耶尼在埃及南部

[①] 张绥:《犹太教与中国开封犹太人》,上海三联书店1990年版,第1页注[2]。

近代的阿斯旺。'"①由此可见，周代说在开封犹太碑记和《圣经》中都没有找到确凿可靠的证据。

3. 犹太人汉代入华说

犹太人汉代入华的论断主要根据明正德七年（1512）碑记《尊崇道经寺记》所载："至于一赐乐业教始祖阿耽，本出天竺西域。稽之周朝，有经传焉。……立是教者惟阿无罗汉，为之教祖。于是乜摄传经，为之师法。厥后原教自汉时入居中国。"勃洛底耶在其《犹太人中土定居录》中根据宋君荣的书信也提及"开封犹太人认为他们早在一千六百五十年前已经到达开封"的说法。他据此而计算出犹太人来华时间与公元 70 年耶路撒冷城被罗马军队摧毁、犹太人开始四处流浪的时间相吻合。中国学者对汉代说的见解不一。江文汉认为："如果说由于丝绸贸易的发展，犹太人由中亚更向东进入汉代的中国，那是完全可能的。"② 陈垣则对此说持怀疑态度，指出："自汉至明，千有余年，犹太人若久居中国，不应无一人一事一建筑物足述。何以弘治立碑之始，于本教传入源流，止溯于宋，而不及于宋以上？则谓开封犹太族来自汉者亦未可遽信也。故谓汉以前已有犹太人曾至中国则可，谓开封犹太族为汉代所遗留则不可。"③

而潘光旦则基本上否定了汉代说："汉代入华之说有什么具体的证据没有呢？《正德碑》与教入的传说，尽管言之凿凿，也尽管有人强调传说的可贵，都不是证据。……严格地说，说汉以前及汉代已有犹太人到过中国，具体的人证物证也还没有。"④

汉代说提出的另一证据，则是普瑞浮在其《洛阳的几块闪米特碑志》中提供的三块希伯来文碑志的照片、拓本、译文及注释。其研究

---

① 《金陵神学志》第 12 期，南京金陵协和神学院 1990 年版，第 13—14 页。
② 江文汉：《中国古代基督教及开封犹太人》，第 186 页。
③ 《陈垣史学论著选》，上海人民出版社 1981 年版，第 83 页。
④ 潘光旦：《中国境内犹太人的若干历史问题》，北京大学出版社 1983 年版，第 34 页。

之结论是：这些碑"可能是东汉年间的碑，属于公元第二世纪"①。他猜测碑文为希伯来文在当时叙利亚古商那人（Kushanas）王国首都巴尔米拉（Palmyra）所通行的书体，并将之译成法文。然而，夏鼐、季羡林等学者则认为普瑞浮完全搞错了，指出这些碑文乃是佛教僧侣所用的佉卢文，因此与希伯来文及犹太教毫不相干。

4. 犹太人唐代入华说

唐代东西交通及贸易往来已趋于频繁，各种宗教亦相继进入中国。因此，中国学者持犹太人唐代入华说者颇多。1900年，英国学者斯坦因（A. Stein）在新疆和阗东北丹丹乌里克遗址发现了一封用希伯来文书写的犹太波斯语书信。据剑桥学者马戈柳思（D. S. Margolouth）的解读，此信是一位在于阗做生意亏了本的犹太商贩写给其在泰伯里斯坦（Tabaristan，今里海南岸）的朋友的，写作年代约为718年。此亦证实了唐时我国西北地区已有犹太商人的存在。1908年，伯希和在敦煌千佛洞中发现的一件希伯来文书写的忏悔祈祷文，据考证也是8世纪左右的遗物。1962年，意大利学者图齐（G. Tuci）率考古队在阿富汗首都喀布尔以南至坎大哈途中的加兹尼贾姆村发现了大批希伯来文犹太波斯语墓志等犹太人遗物，从而为探究犹太人入华时代和路线提供了重要线索。

> 在隋唐汉文史料中，加兹尼地区又称漕国（《隋书·西域传》）、漕矩吒（《大唐西域记》），梵名一般复原为 Jaguda，或释"郁金香"，……恐怕和"犹太"有关。……唐代新罗和尚慧超在《往五天竺传》中介绍漕矩吒云："谢䫻国，彼自呼云社护罗萨他那。"后者《玄应音义》作"阇乌荼婆（娑之讹）他那"，梵名可复原为 Sahudasthana，意即"犹太之地"。……公元五世纪末，嚈哒据有喀布尔至坎大哈地区，称之为 Jawada（犹太）。或可说明犹

---

① 参见潘光旦《中国境内犹太人的若干历史问题》，北京大学出版社1983年版，第17页。

太人五世纪时已入居加兹尼。①

《大唐西域记》在介绍漕矩吒国的宗教时也曾描述说:"天祠数十,异道杂居。许多外道,其徒极盛……宗事外道,克心苦行,天神授其咒术,外道遵行多效,治疗疾病,颇蒙痊愈。"② 所指外道似与当地犹太人的宗教活动相关。此外,9 世纪中叶阿拉伯人忽尔答兹比(Ibn Khurradadhbih)在其《道里与诸国志》中曾论及犹太人开辟了从东罗马到中国的两条丝绸之路,即"沙漠之路"和"草原之路"③,从而促进了中西之间的商贸往来:"丝绸之路上发现的犹太人遗物遗迹及有关文物大都集中在七世纪中叶至十四世纪,也即我国历史上的隋唐至宋元时期,其中以和田和敦煌所出犹太文物年代最早。……如果说两汉至隋唐中西交通与文化交流的媒介是中亚粟特商人,那么,隋唐至宋元时期这个角色则逐渐被丝绸之路上新兴的商人犹太人所取代。这条东西方商业与文化交流的纽带也从中亚至中国西部延长到欧洲本土和中国沿海地区。"④

对于唐代犹太人入华亦有陆路说、海路说,以及来自中亚或印度等说法。潘光旦认为:"唐以前进入中国的犹太人……走的是从波斯一直朝东的旱路,走海路的可能性很小。从唐代起,陆海两路,都可以走。……但就开封的犹太人说,主要的一部分是从印度西南部走海路来的;宁波、杭州、南京、扬州一带的更不必说了。但开封,在这批犹太人到达前后,也曾吸收过不少从陆路而来的犹太人。"⑤ 而林梅村则强调"应把开封犹太人与中亚犹太人,尤其是阿富汗加兹尼地区的犹太人联系起来",他们经陆路而至开封,虽"不能排除部分犹太人经海上丝绸

---

① 林梅村:《犹太人华考》,《文物》1991 年第 6 期。
② 玄奘:《大唐西域记》,章巽校点,上海人民出版社 1977 年版,第 280 页。
③ 林梅村:《犹太人华考》,《文物》1991 年第 6 期。
④ 同上书,第 79 页。
⑤ 潘光旦:《中国境内犹太人的若干历史问题》,北京大学出版社 1983 年版,第 56 页。

之路来华的可能性，但其主源应是中亚"①。江文汉也指出："说有些犹太商人是从波斯由陆路经布开瑞（Bokhara）和撒玛尔干（Samarkand）进入中国的可能性更大，因为犹太人不是一个航海的民族，对航海引为畏途。早期进入中国的犹太人一般不是从犹太本土来的。在进入中国以前，他们已经在中亚甚至印度居住过。"②

唐代入华的犹太人虽然很多，其往来却大都与商贸活动相关。因此，陈垣虽曾"证明开封犹太族为非宋以前所至"，也承认"及至唐世，欧亚交通渐盛，景教、回教，皆接踵而来，犹太人亦当继至"。其为"贸易之故"来华，所以"不过侨寓一时，未必即为永住"③。

5. 犹太人宋代入华说

犹太人宋代入华之论，主要见于弘治碑所载《重建清真寺记》：

> 噫！教道相传，授受有自来矣。出自天竺，奉命而来。有李、俺、艾、高、穆、赵、金、周、张、石、黄、李、聂、金、张、左、白七十姓等，进贡西洋布于宋。帝曰："归我中夏、遵守祖风，留遗汴梁。"宋孝隆兴元年（金世宗大定三年）癸未，列微（利未）五思达领掌其教，俺都喇始建寺焉。

许多学者都承认犹太人于唐代已入中华，但陈垣等人仍强调，犹太人因贸易往来而至中国与其"永住"中国乃有质的不同，只有在"永住"意义上才能谈及犹太教之传入中国及其在华命运。他们还坚持认为，在开封定居的犹太人并非唐代入华经商的犹太人之遗续，而是宋代时才大量迁入宋朝首都开封（当时称汴梁）并定居下来的。宋代犹太人社团在开封创业建寺之举，则为犹太教传入中国留下了确证。

---

① 林梅村：《犹太入华考》，《文物》1991年第6期。
② 江文汉：《中国古代基督教及开封犹太人》，第187页。
③ 《陈垣史学论著选》，上海人民出版社1981年版，第83页。

（二）犹太教在华称谓

1. 一赐乐业教与挑筋教

犹太教在华最古老、最正式的称谓为"一赐乐业"教。开封犹太人留下的碑志中曾明确言及其教之名，如弘治碑刻《重建清真寺记》首句即论"夫一赐乐业立教祖师阿无罗汉，乃盘古阿耽十九代孙也"。正德碑文《尊崇道经寺记》亦云："至于一赐乐业教始祖阿耽，本出天竺西域。"而康熙二年碑文《重建清真寺记》也开宗明义地说："夫一赐乐业之立教也，其由来远矣。"中国学者叶瀚在1913年发表的《一赐乐业教碑跋》中最早指明"一赐乐业"即"以色列"的同音异译。时经训根据开封犹太碑文与《旧约》之对应也指出"一赐乐业""今译伊色列"。此后陈垣亦赞成此说，在其《开封一赐乐业教考》中承认"一赐乐业，或翻以色列，犹太民族也"①。

不过，原属于犹太民族的开封犹太人既不曾采用，也不知晓"犹太人"或"犹太教"之词，而称自己乃"一赐乐业"族，所信奉之教亦是"一赐乐业"教。这一事实曾被一些学者作为其断定开封犹太人乃公元前8世纪古代以色列王国灭亡后"遗失的以色列十支派"之后裔的依据。"以色列"（Israel）之希伯来文读Yisra'el，为《圣经》所载犹太人的第三代祖宗，原名雅各（开封犹太人称之为"雅呵厥勿"），因在毗努伊勒的雅博渡口与神角力获胜而被神改名为"以色列"，意即"与神较力取胜者"。从此，"以色列"成为雅各后裔之名，即犹太民族的族名。而在古代希伯来统一王国分裂后，"以色列"又曾一度成为其北部王国的国名。基于这一传统，开封犹太人视自己为以色列人，其教为以色列教，故有"一赐乐业"之称。

但当今学者对此解释亦有不同的理解。如孔宪易指出，明代弘治碑文中译为"一赐乐业"，它作为明代开封犹太人对"以色列"的音译同时也说明他们受到儒家思想较深的熏陶，即根据明太祖的指示、取其

---

① 《陈垣史学论著选》，上海人民出版社1981年版，第77页。

"抚绥天下军民，凡归其化者，皆赐地以安居乐业之乡，诚一视同仁之心"（《弘治碑》）的本意，再结合"以色列"的本音音译而成。①

一赐乐业教在中国古代民间亦有"挑筋教"之称。中国文献最早提及此名称的为明末清初阙名之著《如梦录》，言及"土街……往东，（是）线儿李家胡同，有挑筋教礼拜寺"②。1702年，骆保禄访问开封后所作记载也曾提到"开封有犹太教寺一，为豫省大府奉诏所修。教众凡二三千人，群呼为挑筋教徒"③。"挑筋"之举，亦是源自犹太民族祖先雅各与神角力时伤了腿筋的传说。为纪念此事，犹太教徒宰牛羊时挑去腿筋不食，遂有挑筋教或挑筋教徒之俗称。开封犹太人与当地伊斯兰教徒有许多相似之处，常被教外人所混视为一。如陈垣所言："回教寺名清真，一赐乐业寺亦名清真。……开封犹太族，面目与汉人特异，而习俗与回教略同：回教奉祀一神，一赐乐业亦奉祀一神；回教守安息日，一赐乐业亦守安息日；回教每日五时礼拜，一赐乐业亦每日三时礼拜；回教行割礼，一赐乐业亦行割礼；回教不食豕肉，一赐乐业亦不食豕肉；回教能书记者谓之毛喇，一赐乐业亦谓通经者为满喇；正德碑叙述先世，有阿耽（亚当）、女娲（挪亚）、阿无罗汉（亚伯拉罕）、以思哈或（以撒）、雅呵厥勿（雅各）、乜摄（摩西），回教叙述祖师，亦有阿丹、努海、易卜腊欣、易司哈格、叶而孤白、母撒：以此种种，局外人容易混视。"④二者之间较为明显的区别之一，即是否挑筋："开封以色列人，至中国千年，今犹守其故俗，拔筋而食。相传寺之庭北，原有广场，即挑筋之所。此挑筋教之名所由起，所以异乎回教也。"⑤

挑筋教之名主要在清代较为流行，其寺所在地的两条胡同亦从咸丰年间（1851—1861）起改称挑筋教胡同。但民国初年以来，开封犹太人的习俗逐渐与华人同化，不少族中之人亦不再挑筋而食，挑筋教的名

---

① 孔宪易：《开封一赐乐业教钩沉》，《世界宗教资料》1986年第2期。
② 清咸丰二年（1852）常茂徕校注《如梦录》，河南官书局本，第33页。
③ 《陈垣史学论著选》，上海人民出版社1981年版，第91页。
④ 同上书，第86页。
⑤ 同上书，第87页。

称因而渐不适用。随着原挑筋教胡同被改称北教经胡同和前教经胡同，其挑筋教名称也已被教经教之称所取代。

对于挑筋教之得名，时经训在解释开封犹太人"七姓八家"于宋真宗赵恒（997—1022）年间循天山南路经西夏而到东京贡花纹布时，亦有新说："挑筋教，当系挑经二字之转音。七姓有张姓者，为该教之挑经夫，与之同来，族人呼为滴瘤张，河南方言，溜瘤即赘疣之义，盖外之也。"①

不过，时经训并不反对上述传统说法。他在考证"河南挑筋教为纯粹犹太教"时曾补充了这一见解，即承认"犹太王子雅各，与天使战，伤股筋，犹太人悼之，食牛羊肉辄挑其筋不忍食，故名其教以作纪念"②。

2."术忽""斡脱"等称谓

按学术界习惯说法，中国史书有关犹太人在华的最早记载，始于元代。如陈垣所言："犹太族之见于汉文记载者，莫先于《元史》。《元史·文宗纪》天历二年诏僧、道、也里可温、术忽、答失蛮为商者，仍旧制纳税。术忽即犹太族也。《元史语解》易术忽为珠赫。……术忽或称主吾，又称主鹘。"③"至于一赐乐业之名，则起于明中叶。如德亚之名，则见于明末清初。犹太之名，则见于清道光以后。术忽之名见于元。《元史译文证补》又谓元《经世大典》之干脱，即犹太。"④

《元史》中对犹太人的古称最先被19世纪在华的俄罗斯正教驻北京传教士团团长巴拉第所查出⑤，他认为"术忽"乃阿拉伯文 Djuhud 之译音，即指犹太人。其希伯来文若用拉丁字母拼出则为 Yehudi。此外，在中国古籍中，还有将"术忽"写成其他形式的。如《元史语解》

---

① 孔宪易：《开封一赐乐业教钩沉》，《世界宗教资料》1986年第2期。
② 时经训：《河南地志·犹太教》。
③ 《陈垣史学论著选》，上海人民出版社1981年版，第84页。
④ 同上书，第85页。
⑤ A. Palladius, Elucidations of Marco Polo's Travels in North China drawn from Chinese Sources, *Journal of the Northern China Branch of the Royal Asiatic Society*, n. s. X, Shanghai, 1876.

将之写成"珠赫",《元史·惠宗本纪》中则用"主吾"一词,《金史·国语解》称之为"术虎",杨瑀《山居新话》将之写为"主鹘",伊斯兰教典籍中称其为"朱乎得",《元典章》中用"竹忽",清代刘智《天方典礼》(卷一四《居处》)谓"祝虎",俞正燮《癸巳存稿》(卷一三)称"祝乎德"等,均为"犹太人"之表述。明末清初来华耶稣会士也曾用"如德亚"或"如得亚"来表述犹太国名,在艾儒略《职方外纪》和南怀仁《坤舆图说》等著作中都有此语。而"斡脱"是否为"犹太"则众说纷纭,似无定论。但张星烺曾有肯定性解释:

  术忽之外,又有斡脱,亦元时犹太人之称谓也。希腊人称犹太人曰亦俄代(Ioudaios, Ioudaia)。拉丁人称之曰犹地斯(Judaeus)。今代德国人及俄国人皆称犹太人曰裕对(Jude)。斡脱之名,即亦俄代或裕对之别译,盖得自欧罗巴人者也。蒙古人侵入钦察、俄国、波兰,兵锋及于德国、匈牙利、奥国,自诸地掳获犹太人必众。其自欧洲迁来中国者,必仍曰裕对,或亦俄代,由是而讹作斡脱也。①

1930年,德裔美国学者劳弗尔(Berthold Laufer)对巴拉第关于"术忽"为阿拉伯文Djuhud之译音的解释加以修正,认为Djuhud不是阿拉伯文,而乃当时西亚流行的新波斯语对犹太人的称谓,因为阿拉伯人根据希伯来文(Yehudhi, Yehudhah)而称犹太人为Yahud,中古波斯语则称其为Yahut,在新波斯语中将Y变J,故成Juhut②。但林梅村认为,"术忽"并非最早的汉文"犹太人"译称,而乃源自唐代犹太一词的译名"石忽"③。"石忽"一名始见于敦煌石室所藏、约642年完成

---

  ① 张星烺:《中西交通史料汇编》(第三册),中华书局1978年版,第37页。
  ② Berthold Laufer, A Chinese - Hebrew Manuscript——A New Source for the History of the Chinese Jews, *The American Journal of Semitic Languages and Literature*, April 1930, pp. 189 - 197.
  ③ 见林梅村《犹太人华考》,《文物》1991年第6期。

的汉文景教文献《一神论》。其第三部分即《世尊布施论第三》中约有十处提及"石忽人",而其中"拂林向石国伊大城里,声处破碎,却亦是向量从,石忽人被煞(杀)。余百姓并被抄掠将去,从散普天下"之句,则指公元66—70年罗马军队血洗耶路撒冷、驱赶犹太人的历史。"石忽"故为"犹太"之汉译。林梅村并认为《北史·铁勒传》中的"萨忽"及其在《隋书·铁勒传》中的误称"隆忽"均为"犹太"之词的较早汉译,而"萨忽""石忽"和"术忽"这三个译名乃译自于阗语 Sahutta 或 Zahutta,由此可追溯到中古波斯语 Yahut 和希伯来语 Yehudhi。不过,中国古籍中这些"犹太"译名与开封犹太人并无直接关系,且不为其所知。

除上述"犹太"一词之汉文古译外,开封一赐乐业教还有"古教""回回古教""天教""天竺教""教经教""青回回""蓝帽回回""蓝帽回子""七姓回子""摩西教徒"等称谓,其中有些为开封犹太族人之自称,有些则为外族人对他们的称呼或解释。

(三) 中国犹太教的信仰特点

犹太教作为犹太民族的独有宗教,亦有其独到的信仰特点。入华犹太人对这些特点的保存和维护,也就维系了其宗教的生存与发展。而一旦这些特点被淡化或减少,则直接威胁到其民族及其宗教的独立生存和自我延续。得以保存的中国犹太教文献主要为开封犹太人所遗碑文。因此,人们分析中国犹太教的信仰特色,亦以这些碑文及其考证和诠释为依据。从这些文献中大体可以找到中国犹太教之教祖道统、经典、律法、礼仪和教规等基本特点。

1. 犹太教的教祖道统

作为一种民族宗教,犹太教特别强调其族其教之教宗、祖师。入华犹太教因而也形成并保存了其独特的教祖道统这一信仰体制。开封犹太人对希伯来《圣经》中所载的犹太人早期族谱非常熟悉,其所遗碑文中均包含有这些内容。据"弘治碑"记载:

夫一赐乐业立教祖师阿无罗汉,乃盘古阿耽十九代孙也。自开辟天地,祖师相传授受,不塑于形象,不谄于神鬼,不信于邪术。其神鬼无济,像态无祐,邪术无益。思其天者,轻清在上,至尊无对。天道不言,四时行而万物生。观其春生夏长,秋敛冬藏,飞潜动植,荣悴开落。生者自生,化者自化,形者自形,色者自色。祖师忽地醒然,悟此幽玄,实求正教,参赞真天。一心侍奉,敬谨精专。那其间立教本至今传。考之在周朝一百四十六年也。一传而至正教祖师乜摄,考之在周朝六百十三载也。生知纯粹,仁义俱备,道德兼全。求经于昔那山顶,入斋四十昼夜。去其嗜欲,亡绝寝膳。诚意祈祷,虔心感于天心。正经一部,五十三卷有自来矣。其中至微至妙,善者感发人之善心,恶者惩创人之逸志。再传而至正教祖师蔼子喇,系出祖师,道承祖统。

这段碑文记述了犹太教从立教祖师阿无罗汉(亚伯拉罕)一传而至正教祖师乜摄(摩西)、再传而至正教祖师蔼子喇(以斯拉)的教祖道统,从而为其信仰寻本溯源、正本归宗。

"正德碑"除继续强调"立是教者惟阿无罗汉,为之教祖。于是乜摄传经,为之师法"之外,对其道统的记载亦更为详尽:"道经相传,有自来矣。自开辟以来,祖师阿耽,传之女娲。女娲传之阿无罗汉。罗汉传之以思哈忒。哈忒传之雅呵厥勿。厥勿传之十二宗派。宗派传之乜摄。乜摄传之阿呵联。呵联传之月束窝。月束窝传之蔼子剌。于是祖师之教,灿焉而复明。"此处道统乃自阿耽(亚当)传经女娲(挪亚)、阿无罗汉(亚伯拉罕)、以思哈忒(以撒)、雅呵厥勿(雅各)、十二宗派、乜摄(摩西)、阿呵联(亚伦)、月束窝(约书亚)而至蔼子喇(以斯拉),一脉相承,清楚明确。

此外,"康熙二年碑"亦对阿无罗汉(亚伯拉罕)和默舍(摩西)立教传教之关键作用有所详述:"夫一赐乐业之立教也,其由来远矣。始于阿耽,为盘古氏十九世孙。继之女娲,继之阿无罗汉。罗汉('为盘古氏十九世孙'句应在此)悟天人合一之旨,修身立命之原,知天道无声无臭，至微至妙，而行生化育，咸顺其序。所以不塑乎形象，不惑于鬼神，而惟以敬天为宗，使人尽性合天，因心见道而已。数传而后，圣祖默舍生焉。神明天亶，颖异超伦。诚心求道，屏嗜欲，忘寝膳，受经于西那山。"

由此可见，中国犹太教不仅保持着犹太教信仰绝对一神和反对偶像崇拜这一特征，而且也严格维护着其教祖道统，视亚伯拉罕、以撒、雅各、以色列人十二个派祖（流便、西缅、利未、犹大、以萨迦、西布伦、但、拿弗他利、迦得、亚设、约瑟和便雅悯）、摩西、亚伦、约书亚、以斯拉等历代教宗为其"圣人"，并在其礼拜寺中立有香炉，以示尊崇。这种传统遂构成在华犹太人信一神、敬教祖的宗教特色。

2. 犹太教的经典、律法

犹太教以希伯来《圣经》为其主要经典。但开封犹太人所保存的《圣经》并不完全，除其收藏的"律法书"（即《摩西五经》）完整无缺外，仅保存有"先知书"中的一部分经卷和"圣录"中的少量经卷。开封犹太人在其礼拜寺的至圣所中藏有"律法书"各卷，他们对之极为尊崇。并称其为《正经》或《道经》，即取儒家"经以载道"之义。其礼拜寺亦曾以"尊崇道经"来命名。

按"弘治碑"所言，开封犹太人保存着"正经一部，五十三卷有自来矣"。希伯来文《摩西五经》通常分为 54 卷，即《创世记》12 卷、《出埃及记》11 卷、《利未记》10 卷、《民数记》10 卷、《申命记》11 卷。开封犹太人所藏《正经》只分 53 卷，是按照犹太波斯经的分卷法，将 52 卷与 53 卷合并为一卷。其"掌教"每个安息日向教众念诵一卷，一年内可将这 53 卷经文念完一遍。明天顺五年（1461 年）之前，开封仅此《正经》一部。"天顺年，石斌、李荣、高鉴、张瑄，取宁波本教道经一部。宁波赵应捧经一部，赍至汴梁归寺。"（《弘治碑》）这样使开封犹太寺所藏《道经》达到三部，并于明成化年间（1465—1487）"增建后殿三间。明金五彩妆成。安置道经三部"（《弘治碑》）。至明正德七年（1512 年），又有"俺、李、高、维扬金溥请道经一部"（《正德碑》），置于寺内，从而使其所藏道经达到四部。

清康熙年间，开封犹太寺所藏经卷有所增加。"康熙二年碑"说："殿中藏道经一十三部，方经、散经各数十册。……明末崇祯十五年壬午，闯寇作乱，围汴者三……引黄河之水以灌之。汴没于水。汴没而寺因以废，寺废而经亦荡于洪波巨流之中。教众获北渡者，仅二百余家，流离河朔。残喘甫定，谋取遗经。教人贡士高选，承父东斗之命，入寺取经，往返数次。计获道经数部，散经二十六帙，聘请掌教李祯、满喇李承先，参互考订焉。至大清顺治丙戌科进士、教人赵映乘编序次第，纂成全经一部，方经数部，散经数十册。"关于水灾后经卷修复情况，其碑文亦云："殿中原藏道经一十三部，胥沦于水。虽获数部，止纂序为一部，众咸宗之。今奉入尊经龛之中。其左右之十二部，乃水患后所渐次修理者也。其散帙方经，众各出资修补。""……高选、赵映乘订证圣经于前，李祯等修补于后，有功于经。"

其"碑阴题名"也说："殿中旧藏道经十三部。壬午胥沦于水。贡生高选捞获七部。教人李承俊捞获三部，赍至河北，聘请掌教，去其模糊，裁其漫坏，参互考订，止纂成全经一部，尊入龛中，教人宗之。其在左一部，乃掌教李祯本旧经而重修之。其在右一部，乃满喇李承先重修之。其余十部，乃渐次修整者也。教中艾惟一与同族公修一部，赵允思修一部，金应选与同族修一部，高登魁修一部，赵映乘修一部，满喇石自俊修一部，李辉同侄铳秀修一部，高登科修一部，满喇张文瑞与同族修一部，满喇艾达生同兄弟子侄修一部，至是而十三部乃全矣。"

这十三部经卷中有一部是纪念摩西的，其余十二部则为纪念以色列民族的十二宗派。开封犹太人将这些经卷供奉在寺内"至圣所"（习称"伯特利"，意指"上帝的住所"），里面置有十三张案桌，上放十三个罩有帐幔的经龛，中间一座纪念摩西，称为尊经龛，左右各六座以纪念以色列十二宗派。这些称为《道经》的经卷是用希伯来文书写在羊皮上，因而亦有"羊皮写经"之称。其高2英尺，两端有轴，上下置柄，卷起时直径约2尺，藏于金筒或红筒之中，故其纪念以色列十二宗派的经卷有"天经十二筒"之说。《散经》长11英寸，宽5英寸，亦书写在羊皮上，两端有轴可以卷舒。其内容包括《圣经》中属于"先知书"

"圣录"等部分的《约书亚记》《士师记》《撒母耳记》《列王记）和《大卫诗篇》约30册，《历代志》《以赛亚书》《耶利米书》《以西结书》《但以理书》及各小先知书等80余册，以及犹太教律、教规、礼仪、祈祷文、犹太年表、日历、节令、开封犹太族谱等50余册。但这类经卷大多残缺不全。《方经》则为《五经》的分册或部分内容，以多层厚纸编订，为方形，每边宽约7英寸。其经水灾后大都受潮霉变。

开封犹太人以《摩西五经》为《正经》或《道经》，突出体现其对摩西及其"律法书"的尊崇。其"康熙二年碑"曾专门论及摩西著《五经》、定律法的意义：

圣祖斋祓尽诚，默通帝心。从形声俱泯之中，独会精微之原。遂著经文五十三卷。最易最简，可知可能。教人为善，戒人为恶。孝弟忠信本之心，仁义礼智原于性。天地万物，纲常伦纪，经之大纲也。动静作息，日用饮食，经之条目也。冠婚死葬，一如夏礼。孤独鳏寡，莫不周赈。经之纲领条目，难以备述。而圣祖制经之义，无非此刚健中正、纯粹无私之理。斯道遂灿然明备，如皓日悬空。无一人不可见道，则无一人不知尊经矣。其中文字，虽古篆音异，而于六经之理，未尝不相同也。

经典的确立、律法的制定，使其信仰之道得以通行天下。因此，摩西律法对于开封犹太人具有特别的神圣性。其在寺中礼拜读经时，诵经者通常要蒙上一层透明的面纱，意在纪念摩西在西奈山向以色列人蒙面宣读上帝所立十诫和其他律法。对他们而言，"经有真谛，解者不敢参以支离；经自易简，解者不敢杂以繁难。自是人知君臣之义，父子之亲，兄弟之序，朋友之信，夫妇之别。原本于知能之良，人人可以明善复初。其与圣祖制经之义，祖宗尊经之故，虽上下数千百年，如在一日"（清康熙二年碑）。

开封犹太人称其《正经》亦为《道经》，旨在强调"经"与"道"的相辅相成、辩证统一。其"正德碑"曰："尝谓经以载道，道者何？

日用常行，古今人所共由之理也。故大而三纲五常，小而事物细微，无物不有，无时不然，莫匪道之所寓。然道匪经无以存，经匪道无以行。使其无经，则道无载，人将贸贸焉莫知所之，卒至于狂谈而窈冥行矣。故圣贤之道，垂六经以诏后世，迄于今而及千万世矣。……凡在天下，业是教者，靡不尊是经而崇是道也。"遵守摩西的律法，根据其所著经典来推行犹太信仰之道，并确定其行为规范和崇拜礼仪，这是中国犹太人长期以来所强调和信守的。与犹太教传统的"摩西十诫"相对应，中国一赐乐业教结合中国传统文化亦有十条戒律或诫条，即尊崇皇天（敬上帝）守斋（守安息日）、食牛羊肉挑筋、族内通婚、禁食猪肉、男子行割礼、孝敬父母、遵从三纲五常、不塑形象、不信邪术。他们认为其教旨、律法和诫条均以其经典为依据，因此特别注意保存其以《摩西五经》为主的希伯来文经典，视其具有至高权威，从而不许外人抄录和盗卖，并把"出卖圣书"视为"出卖上帝"的大罪。此后这种信念逐渐淡漠，而以其安身立命、曾维系住长久生存的这一犹太信仰团体也就趋向消散和崩溃。

3. 犹太教的礼仪、教规

有关中国犹太教之礼仪、教规的情况，也是以开封犹太教碑文为依据。因此，通常所论主要为开封犹太人曾遵守的礼仪和教规。根据其碑文记载，开封犹太人有关宗教礼仪、斋戒、祭献、禁食，以及婚、丧制度的规定往往与以斯拉之前的古代犹太教信仰风貌相似，而与现代世界各地犹太社团所遵循的礼仪规范明显有别，不同于其口传《托拉》中的某些规定。

诵经是开封犹太人礼仪活动的一个重要组成部分。开封犹太寺之正中设有"摩西宝座"其经龛用帐幔遮掩。在举行宗教礼仪时，诵经者通常头上戴有尖帽并缠上一块类似包头巾的条布，将《道经》经卷置于台上摩西宝座之中进行诵读，身旁站有一位提辞人，台下不远处还站有一位满喇，以帮助提辞人纠正错误。诵经者每周安息日诵读一卷，全年应将53卷《道经》从头至尾诵读完一遍。

开封犹太人的整个礼仪活动乃突出其"敬天礼拜之道"，并以"清真礼拜"为本。"弘治碑"对其"敬天礼拜纲领"有详尽描述：

敬天礼拜之道，足以阐祖道之蕴奥。然道必本于清真礼拜。清者，精一无二；真者，正而无邪；礼者，敬而已矣；拜，下礼也。人于日用之间，不可顷刻而忘乎天。惟寅、午、戌而三次礼拜，乃真实天道之理。祖贤一敬之修，何如必先沐浴更衣，清其天君，正其天官，而恭敬进于道经之前。道无形象，俨然天道之在上。姑述敬天礼拜纲领而陈之。

始焉鞠躬敬道，道在鞠躬也。中立不倚，敬道，道在中立也。静而存养，默赞，敬道，不忘之天也。动而省察，鸣赞敬道，不替之天也。退三步也，忽然在后，敬道，后也。进五步也。瞻之在前，敬道，前也。左之鞠躬，敬道，即善，道在于左也。右之鞠躬，敬道，即不善，道在于右也。仰焉敬道，道在上也。俯焉敬道，道在尔也。终焉而拜道，敬在拜也。噫，敬天而不尊祖，非所以祀先也。春秋祭其祖先，事死如事生，事亡如事存，维牛维羊，荐其时食，不以祖先之既往而不敬也。每月之际四日斋。斋乃入道之门，积善之基。今日积一善，明日积一善，善始积累。至斋，诸恶不作。众善奉行，七日善终，周而复始。是《易》有云，吉人为善，惟日不足之意也。四季之时七日戒。众祖苦难，祀先报本，亡绝饮食。一日大戒，敬以告天。悔前日之过失，迁今日之新善也。是《易》圣人于益之大象有曰：风雷益，君子以见善则迁，有过则改，其斯之谓欤！

这里概述了其礼仪活动的大体内容，指出犹太人在礼拜前必须斋戒、沐浴、清心、净身，而其每日寅时、午时和戌时三次礼拜的程序则是鞠躬、正立、默赞、鸣赞、退三步、进五步、向左鞠躬、向右鞠躬、仰拜、俯拜和终拜。礼拜中其"进反升降跪拜"均有具体规定，而参加礼拜者亦不能有交言、回视、分心、杂念等行为。其态度正如开封犹太寺柱上对联所总结的："仰瞻造化天，敢不起恭起敬；俯拜长生主，自宜洁体洁心。"

在开封犹太人的宗教礼仪中，包括"其大者礼与祭"和"小者如斋"等方面。就其礼拜来看，"康熙二年碑"说：

> 礼拜者，祛靡式真，克非礼以复于礼者也。礼拜之先，必斋戒沐浴，淡嗜欲，静天君，正衣冠，尊瞻视，然后朝天礼拜。盖以天无日不在人之中，故每日寅、午、戌三次礼拜。正以人见天之时，致其明畏。敬道敬德，尽其虔诚，日新又新。《诗》云："陟降厥土，日监在兹。"其斯之谓欤？其礼拜时所诵之经文，高赞之，敬道在显也；默祝之，敬道在微也；进而前者，瞻之在前也；退而后者，忽然在后也；左之，如在其左也；右之，如在其右也。无敢厌数，无敢怠荒。必慎其独，以畏明旦。《诗》云："小心翼翼，昭事上帝。"其斯之谓欤？而其行于进反升降跪拜间者，一惟循乎礼。不交言，不回视。不以事物之私，剩其入道之念。《礼》曰："心不苟虑，必依于道。手足不苟动，必依于礼。"道之在礼拜者，如此也。

开封犹太人在礼拜前须在"圣所"两旁设立的井和浴室沐浴净身，礼拜时要脱鞋、戴蓝帽，妇女不戴头巾，而且男女分开，但无边座。其掌教则头戴蓝帽，穿蓝色鞋。因此，开封犹太人被教外之人称为"蓝帽回回"。开封犹太寺坐西朝东，其教徒礼拜时均面朝西方，即面向其圣地耶路撒冷。掌教在礼拜中诵读《道经》，并朗诵《诗篇》。其礼拜活动中不使用乐器。就其献祭来看，"康熙二年碑"指出：

> 祭者，尽物尽诚，以敬答其覆载之恩者也。春月万物生发，祭用芹藻，报生物之义也。仲秋万物荐熟，祭用果实，报成物之义也。凡物之可以荐者，莫不咸在。不加调和，即所云大羹不调者也。而总以尽其诚信。《礼》曰："外则尽物，内则尽志。"此之谓也。东夏各取时食，以祀其祖先。祭之时以礼自持。堂上观乎，堂

下观乎上。既祭之末，均享神惠，而犹以其余畀之。道之在祭祀者，如此也。

犹太教传统献祭活动按其方式包括燔祭、血祭和素祭，按其目的包括平安祭、赎罪祭、赎愆祭等。犹太人按其律法只能在耶路撒冷圣殿举行对其上帝的献祭，而流散各地的犹太人多以祈祷来代替献祭。因此，开封犹太人之"'祭'主要是'祀其祖先'，目的在于报恩"①。这样，其祭天祀祖乃并行不悖，正如其寺中匾联所言："春祭采生，秋祭报成，不敢忘天地生成之义；尊祖于殿，祀宗于堂，亦以尽侑享祖宗之恩。"开封犹太人祭天方式乃春用芹藻，秋用果实，以原物荐，不加调和，属于素祭；祭祖则有春秋和冬夏祭祖，均用牛羊时食，旨在敬拜犹太教祖、其远古族长、先知及本族祖先。开封犹太寺前殿两侧设有"教祖殿"和"圣祖殿"，以敬亚伯拉罕和摩西。其诵经堂外亦有祠堂。开封犹太人设的"祖堂"供有中国式牌位，被尊为圣人的历代教宗均供有香炉。其祭祖行为因而与其信仰中的教祖道统密不可分。就其斋戒来看，"康熙二年碑"亦云：

斋者，精明之志也。七日者，专致其精明之德也。斋之日，不火食。欲人静察动省，存诚去伪，以明善而复其初也。《易》曰："七日来复，复其见天地之心乎？"犹惧人杂于私欲，浅于理道，故于秋末闭户，清修一日。饮食俱绝，以培养其天真。士辍诵读，农罢耕芸，商贾止于市，行旅止于涂，情忘识泯，存心养性，以修复于善。庶人静而天完，欲消而理长矣。《易》曰："先王以至日闭关，商旅不行，后不省方。"其斯之谓欤！

开封犹太人把"斋"视为"入道之门，积善之基"，所守斋戒以守安息日和赎罪日为主。其"弘治碑"所云"每月之际四日斋"，即七日

---

① 江文汉：《中国古代基督教及开封犹太人》，第179页。

一次的安息日,这一天禁止火食和烹饪,教徒必须停止一切劳作。而赎罪日则为"秋末闭户清修一日"之斋戒,"此即犹太教中最古最重之赎罪节也。其礼严肃异常。其期为犹太历七月十日。自届期之前一日日入时起,至本日日入时止;诸守节者咸避静禁食,默思罪恶为万不可有之事,深自刻责以求上帝之赦宥。近今犹太人虽无圣殿,不能守此节,犹以此日为禁食悲伤之日,不敢或渝"[①]。其意义也就是"弘治碑"所言"一日大戒,敬以告天。悔前日之过失,迁今日之新善也"。此外,开封犹太人亦守7天住棚节之戒,以纪念以色列人出埃及进入迦南前在旷野漂游40年中住帐篷的艰难生活。这就是"弘治碑"中"四季之时七日戒。众祖苦难,祀先报本,亡绝饮食"之说。

开封犹太人与世界犹太教教规、礼仪相同之处,包括奉行割礼,坚持一神崇拜,反对敬拜偶像,禁止与外邦人通婚,禁食猪肉、带血食物、牛羊蹄筋等其饮食戒律所禁食物,同时亦信守逾越节、除酵节、五旬节、普珥节、转经节等节日及其礼仪。与其他犹太人不同之处,则是开封犹太人不守纪念公元前165年犹太哈斯蒙尼家族战胜塞琉古王朝而清洗圣殿的哈努卡节(即"光明节"或"净殿节"),其采用的历法"契元法"亦与西方犹太人自1019年以来所用之"创元法"相异。

(四) 开封犹太教

开封乃中国古都之一,战国时称大梁,魏国于公元前361年迁都于此。后来五代时之后梁、后晋、后汉、后周以及北宋都在此建都。其在3世纪时已称开封府,宋时称汴京,元时称汴梁,而明时又复称开封府。中国历史上的犹太教乃以开封犹太教为主。这批来开封定居的犹太人在此建立起犹太会堂,保持其传统习俗和宗教礼仪,维系其族内婚、行割礼、不食猪肉、宰杀牛羊挑出腿筋等特有规定,从而留下了犹太民族在中华大地上生存、发展的历史痕迹。但至清代末年,开封犹太人因

[①] 潘光旦:《中国境内犹太人的若干历史问题》,北京大学出版社1983年版,第186页。

其会堂遭水淹所毁而失去其礼仪活动之基，因其最后一个掌教去世而不再有人识辨希伯来文，因其族内婚风俗废弛而逐渐与汉、回、满等民族融合同化，以及因作为其聚居地的开封寺毁经散、失去其原有的民族凝聚力而使其族人迁往他地或移居海外，其结果使作为一个民族社团而生活的开封犹太人不复存在，他们所独有的犹太民族宗教亦湮灭、消失。只是因其在开封留下的"清真寺"遗址、其纪念教寺重修的石碑，以及流散在外的有关碑文拓片、经卷等文献和文物，才使人们得以探赜索隐、钩沉抉微，对开封犹太人和犹太教这一史实重加捕捉和描绘，以解开其给历史留下的这个谜团。

1. 犹太人进入开封的年代

关于犹太人进入开封的年代，有人认为，"犹太人在唐中叶后进入汴州际，在土市子他们所营业的行栈铺席后面，已经建立了祠庙，但不像其他宗教庙宇，呈诸于广大群众面前而已"①。必须承认，这一说法尚未找到确切的历史证据。不过，"开封族人所有的文献里，虽始终没有一个字说到他们，或至少他们中间的一部分，是唐代来的。但口头传说是有的"②。

然而，多数学者认为"宋来说"较为可靠和具有说服力，强调犹太人比较集中地进入开封当是在北宋年代。如时经训之言："宋真宗时，犹太人循天山南路道经西夏到汴，贡西洋花纹布于宋"③；潘光旦也指出："进入开封的犹太人，先后大概不止一批，而最主要的一批也就是对于定居的要求与实现、庙宇的修建、宗教生活的正规化等问题，发生决定性作用的一批，大概是在北宋年代进入开封的。"④ "就开封的犹太人而言，至少就其中不会太小的一部分而言，是在北宋中叶以后，南渡（1126）以前，约五六十年间，到达开封而定居

---

① 孔宪易：《开封一赐乐业教钩沉》，《世界宗教资料》1986年第2期。
② 潘光旦：《中国境内犹太人的若干历史问题》，北京大学出版社1983年版，第36页。
③ 孔宪易：《开封一赐乐业教钩沉》，《世界宗教资料》1986年第2期。
④ 潘光旦：《中国境内犹太人的若干历史问题》，第13页。

下来的。"①

"宋来说"的主要根据,是前已引述的开封犹太教碑刻遗存中最早的"弘治碑"。其记载说:"宋孝隆兴元年癸未,列微五思达领掌其教,俺都喇始建寺焉。元至元十六年己卯,五思达重建古刹清真寺。坐落土市字街东南,四至三十五杖。"

此外,"正德碑"与之相呼应的记载为:"宋孝隆兴元年癸未,建祠于汴。元至元十六年己卯重建。其寺古刹也,以为尊崇是经之所。"

"康熙二年碑"曰:"其寺俺都喇始创于宋孝隆兴元年。五思达重建于元至正(应为'至元'——陈垣注)十六年。"其"碑阴题名"亦云:"清真寺之修,始于宋孝隆兴元年,迄今已数百年于兹矣。"依据这些碑文记载和有关考证,大批犹太人进入开封大体在北宋时期(960—1127)。他们经过长年跋涉、迁徙后终于在北宋之东京(开封)得以定居,随之于南宋宋孝宗隆兴元年即金世宗大定三年(1163)在已被金人统治的开封始建其犹太会堂,后称"清真寺"或"道经寺",从而构成其在中国的社团生存和宗教发展。

2. 开封犹太人族系及人物大略

中国犹太人族系与其"由来时地"密切相关。但因众说不一、尚无定论,有些学者只好对开封犹太人之来源加以模糊概括。就开封犹太人留存之碑文来看,"弘治碑"称其"出自天竺,奉命而来";"正德碑"则补充说其"本出天竺西域";而"康熙二年碑"也强调其"教起于天竺"。这些碑文对开封犹太人的"由来时地"提供了"天竺"和"西域"两种说法:"西域说就是波斯说,天竺说就是印度说。"②持犹太人唐代入华说者,一般认为其乃从波斯经陆上丝绸之路而来中国,而其族系则与波斯犹太人密不可分。另有人"证以弘治碑贡西洋布之说,则谓为由海道而来,较有根据"③。即认为犹太人乃

---

① 潘光旦:《中国境内犹太人的若干历史问题》,第15页。
② 同上书,第48页。
③ 《陈垣史学论著选》,上海人民出版社1981年版,第85页。

从印度而至中土。这些学者大多否认古代犹太人从其国土直接来华，而认为"早期进入中国的犹太人一般不是从犹太本土来的。在进入中国以前，他们已经在中亚甚至印度居住过"①。尤其是"当回教据巴勒斯坦后，犹太人之散居于印度及中部亚细亚者，所在多有"；"宋时犹太本土，为回教徒所据，三百余年，待犹太人至虐。阿剌比人之后，又据于土耳其人……十字军未兴之前，犹太族多已出亡在外。其永住中国，当在此时也"②。

此外，这些犹太人是在亚述灭古代以色列国时就已离开巴勒斯坦而漂流东方，还是罗马帝国灭犹太国后才向东迁徙，学者们对此亦无定论。因有人坚持前者之说，故有开封犹太人乃古代以色列王国"散失之十部落之孑遗"的传闻。而坚持后者之说，则肯定了开封犹太人与中古乃至近代世界各地犹太教的更多相似和联系。

认为开封犹太人从中亚而至中国的学者，亦强调其与中亚可萨汗国（Khazar）（亦称"可萨突厥"或"突厥可萨"）犹太人及其喀拉派或塔木德派的关联。"喀拉"（Kara）希伯来文意为"读者"，该派强调恪守希伯来文《圣经》而否认《塔木德》的解释。"塔木德"（Talmud）希伯来文意指"研习"，该派主张改革和对《圣经》原有教义作新的解释。主张开封犹太人属喀拉派的理由是："（1）他们有一部分人来自中亚的可萨汗国（Khazar），可萨汗国信仰犹太教，属喀拉派。（2）开封犹太人进清真寺须脱鞋，这是喀拉派的习惯。（3）开封的犹太教又称挑筋教，吃肉须先挑出大腿窝的筋的传统只有喀拉派尚存。"而主张其属塔木德派的也有下述根据："（1）可萨汗国所信仰的犹太教，并非只是喀拉派，也有塔木德派。（2）脱鞋进清真寺原来是穆斯林的习惯，开封犹太人有此习惯只能说明他们已早与回族同化了。（3）吃肉先挑取腿筋，并非塔木德派不清楚《创世记》中有此规定，由于此类肉食

---

① 江文汉：《中国古代基督教及开封犹太人》，第187页。
② 《陈垣史学论著选》，第85页。

品经此手续后售价高昂，所以抛弃了这项仪式。"①一般认为开封犹太人中可能已包括这两个教派，而且其分歧主要是在教义、神学理解上，与其族系已无直接关联。

开封犹太人共有70姓，即"弘治碑"所言及的"有李、俺、艾、高、穆、赵、金、周、张、石、黄、李、聂、金、张、左、白七十姓等"。这70姓实指开封犹太人的70个家族。而赵氏《祠堂述古碑记》中更有"教人七十有三姓，五百余家"之说，遂补充了"弘治碑"中"七十姓等"的含义。因此，开封犹太人曾有"七十姓""七十三姓""七姓八家"等说法。但"弘治碑"列举了17姓，所以陈垣、潘光旦等人认为"七十姓"乃"十七姓"之误。而孔宪易、王一沙等人则坚持70姓之说，认为不可能出现此类刻写错误。此外，碑文所列17姓中有李、张、金三姓重复，故实际上只列有14姓。基督教传教士季理斐（Donald Mac Gillivray）曾试图用希伯来文名来解释开封犹太人的中文姓名，如认为"李"即利未（Levi），"艾"即以斯拉（Ezra），"周"即犹大（Judah），"石"即撒母耳（Samuel），"高"即雅各（Jacob），"金"即便雅悯（Benjamin）等。②但其做法并未得到学术界的公认。明永乐二十一年（1423），皇帝赐犹太医生俺诚姓"赵"，此乃在华犹太人改汉姓之始。到明神宗年间（1573—1620），开封犹太人约剩有10—12个家族。崇祯十五年（1642），开封遭水淹，"教众获北渡者仅二百余家，流离河朔"（康熙二年碑）。而清顺治十年（1653）犹太人返回开封时只剩有李、赵、艾、张、高、金、石七姓，即所谓"清初七姓"，但因赵姓有两支故被称为"七姓八家"。

据明末（1642年左右）留存的开封犹太人七姓《登记册》记载，当地犹太人中有李姓109人，高姓76人，赵姓74人，张姓73人，艾姓56人，金姓42人，左姓23人；这七姓男人共约453名，另有妇女

---

① 龚方震：《关于对中国古代犹太人研究的述评》，载朱威烈、金应忠编《'90中国犹太学研究总汇》，上海三联书店1992年版，第301页。

② 江文汉：《中国古代基督教及开封犹太人》，第192页。

259人，册上所列犹太人数达712人。① 在开封犹太教古碑所列的17姓中，曾载有姓名者包括李、艾两姓各14人，赵姓10人，高姓9人，金姓8人，俺、张两姓各3人，石姓2人，左、周两姓各1人。② 不过，"一赐乐业人物，明以前无闻，清康熙以后亦无闻"③。其人物记载，多以开封犹太教各碑为依据，而较有影响之人亦多出于明朝。"弘治碑"曾提及"惟李诚、李实、俺平徒、艾端、李贵、李节、李昇、李纲、艾敬、周安、李荣、李良、李智、张浩等，正经熟晓，劝人为善，呼为满剌"。并列举俺诚"钦赐赵姓"，李荣、李良、高鉴、高锐、高铉等自备资财、增建教寺，金瑛与金钟托赵俊置碑石，石斌、李荣、高鉴、张瑄、赵应等取经捧经归寺，以及高年、艾俊和金瑄先祖为官任职等人等事以显示其教的影响。而"正德碑"也记述当时其教"若进取科目，而显亲扬名者有之；若布列中外，而致君泽民者有之；或折冲御侮，而尽忠报国者有之；或德修厥躬，而善著于一乡者亦有之矣。……工精于艺……商勤于远，而名著于江湖。贾志于守，而获利于通方者，又有之矣"。凡此种种，"则有明中叶一赐乐业之盛，可以想见"④。

根据陈垣、潘光旦等人的考证，中国犹太人诸姓中举其名者十余姓。其中李姓由"利未"转译而来，古称"列微"。"明初李氏最盛"，"弘治碑"中所列14个满喇中，仅李姓就占了9位。此外，"弘治碑之十七姓，康熙碑之七姓，均以李氏为魁首"⑤。有关碑文及文献留其名者包括李诚、李实、李贵、李节、李昇、李纲、李荣、李良、李智、李荣、李祯、李承先、李法天、李辉、李承俊、李毓秀、李似梓、李光圻、李光座、李光墼、李锦、李銮、李为淦、李承爱等。艾姓留名者有艾端、艾敬、艾俊、艾显生、艾应奎、艾丛生、艾永胤、艾达生、艾复生、艾生枝、艾世德、艾惟一、艾世芳、艾田、艾文、艾少元、艾淮、

---

① 江文汉：《中国古代基督教及开封犹太人》，第193页。
② 《陈垣史学论著选》，第90页。
③ 同上书，第87页。
④ 同上。
⑤ 同上书，第88页。

艾成功等,"康熙碑阴题名,捐赀者艾姓人特多"①。犹太人赵姓始于明永乐二十一年(1423)俺诚以功而获钦赐姓赵氏,该姓明初不甚显,但清初大显,其留名者有赵应、赵俊、赵映乘、赵承基、赵映斗、赵允中、赵允成、赵映衮、赵元鉴、赵允思、赵良荆、赵子才、赵光裕、赵作梅等。而俺姓留名者除俺诚之外还有俺都喇、俺平徒等。金氏家族人虽不多,却分布最广,金姓留名者包括金瑄、金胜、金瑛、金钟、金礼、金溥、金润、金之风、金应选、金玫等。弘治碑之所立及其碑文之撰写,乃出自金氏人家,而正德碑亭之所立,以及道经的请取和修复等也都有金姓的积极参与。高姓之人在增建、重修教寺,请取、安置道经,归觅漂没遗经并对之订证、修纂等方面亦多有作为,"厥功甚伟";其留名者有高鉴、高锐、高铉、高年、高选、高东斗、高维屏、高登魁、高登科、高浡、高铨等。张姓留名者有犹太教满喇张浩和张文瑞,参与请取宁波道经的张瑄,以及为正德碑镌字的张鸾和张玺等。其他姓氏留名者还有周姓中的满喇周安,石姓中有参与请取宁波道经的石斌,以及左姓中为正德碑撰文的左唐等。

3. 开封犹太教会堂——清真寺

开封犹太教会堂按其"道必本于清真礼拜","清者精一无二,真者正而无邪"(弘治碑)的思想而多称"清真寺",故常与伊斯兰教寺名相同。据"弘治碑"记载:"宋孝隆兴元年癸未,列微五思达领掌其教,俺都喇始建寺焉。元至元十六年己卯,五思达重建古刹清真寺。"由此开始开封犹太教会堂多次修建的漫长历史,前后达七百多年之久。对于开封犹太人清真寺的历史沿革,陈垣曾说:"寺始建于金,始修于元,历明迄清,凡五百年。修建者凡十次,大抵与河患有关,与本教之兴衰亦有关。"②根据史料统计,开封犹太人这座清真寺自金代始建以来,后又重新修建达10次之多,因而有11次建寺的历史。

开封犹太清真寺于金世宗大定三年(1163)始建时,宋朝已南渡

---

① 《陈垣史学论著选》,第88页。
② 同上书,第90页。

并在临安（杭州）建都达40余年，开封亦被金人占据约37年之久，成为金朝五京之一的南京。但"弘治碑"记述此段历史乃在明朝驱逐鞑虏、再度统一中华之后，故用南宋的正朔，即以宋孝宗隆兴元年之说来载入其碑记，以后各碑亦沿袭此说。开封犹太教清真寺第一次重建于元至元十六年（1279），并曾定其名为"古刹清真寺"。其第二次重建于明永乐十九年（1421），当时"就藩开封"的周定王传令开封犹太人俺诚医士赐香修葺，并在寺中奉大明皇帝万万岁牌。俺诚随之"以奏闻有功"而获"钦赐赵姓，授锦衣卫指挥，升浙江都指挥佥事"（弘治碑）。其第三次重建于明正统十年（1445）。第四次重建于明天顺五年（1461）其寺遭河水淹没之后。第五次重建于明成化年间（1465—1487），并"始增建藏经殿"。第六次重建于明弘治二年（1489），立有碑记《重建清真寺记》，叙述一赐乐业教之历史、传承、教义、礼仪及在华的传播等。第七次重建于明正德七年（1512），其寺改名为"尊崇道经寺"，以示对其《道经》之敬重，亦立有碑记《尊崇道经寺记》。第八次重建于清康熙二年（1663），定名"清真寺"，并立碑撰有《重建清真寺记》。据该碑所言，此次重修时值明末"汴没于水"而寺废经散之后，开封犹太人于清顺治十年（1653）返回开封，"教众虽安居于垣，终以汴寺之湮没为歉"，因此他们在考订和缮修其遗经之后又"公议捐资修寺……呈各衙门请示，按照古刹清真寺准复修理"；这样，"赵承基等首捐俸资，李祯、赵允中等极力鸠工，出前殿于黄沙，由是前殿始立。进士赵映乘分巡福建漳南道，丁艰旋里，捐俸资独建后殿三间。至圣祖殿三间，教祖殿三间，北讲堂三间，南讲堂三间，大门三间，二门三间，厨房三间，牌坊一座，行殿九间，殿中立皇清万万岁龙楼一座，碑亭二座。焚修住室二处，丹垩黝漆，壮丽辉煌"，至康熙二年（1663），"寺之规模，于是乎成。较昔更为完备矣。见者莫不肃然起敬"（康熙二年碑）。第九次重建于清康熙十八年（1679），据陈垣考证："教士某曾在寺中搜得残碑一，碑额题曰《祠堂述古碑记》，碑起处清真寺赵氏重建云云，碑末行康熙十八年云云，尚可辨，参以扁联，是年应修寺一次。"①第十次重建于清康熙二十七年（1688），此次重修新增楹联甚多。历次重新修建犹太教寺的费用大多由犹太人自己筹措捐输，而且教徒"众皆乐输"，"或出自教众之醵金，或出自一人之私囊"（康熙二年碑）。这种状况反映了开封犹太人当时奉教之热忱及其教业之兴盛。

康熙四十一年（1702），骆保禄在开封对当时犹太教寺之状曾有所记述："寺中央供万岁牌，两旁有希伯来文，其左书曰以色列族听之哉，尔之上帝耶和华惟一而已；其右书曰尔之上帝耶和华，乃诸神之主，万王之王，巨能可畏，不偏视人，不受私献。……万岁牌之前有高椅，曰摩西椅，上敷绣缛，为掌教说教时安置教经之用。寺中藏有摩西五经及先知马拉基撒加利亚之书。"②

康熙六十年（1721），孟正气在开封居留期间所绘两张开封犹太人寺线条图，为后人了解该寺全景的主要依据。其图一为寺之全形，二为后殿内观。"据图，全寺深约四百尺，广约百五十尺，东向。四周大围墙。进东街栅门，则见有大牌坊，坊有敬天祝国匾，是为大门。大门左右有花墙。大门内有甬道至二门。二门内为大院，中亦有牌坊，左右有碑亭。亭庋弘治正德碑。两旁有横门，门通焚修住室。碑亭后有石狮铜炉之属，是为前殿。殿前月台石栏极壮观。殿旁两厢南北向者为诵经堂，亦名讲堂。北讲堂之西为厨房。殿左右东向者为教祖、圣祖殿。殿后有行廊通后殿。殿深六十尺，两壁皆窗，前有烛台供桌，旁有盥手盘。中有坛，坛置高椅。椅后为万岁龙楼。楼后最深处为尊经龛。龛藏新纂而最古之摩西五经一部。龛前有幔，极丽。两楹有经橱，橱置续修之摩西五经十二部。壁左右有金字希伯来文，书摩西十诫。殿顶有通天之牖。"③开封犹太人清真寺较为精确的全貌详情已无从稽考，但根据孟正气所绘之图，以及邱天生、蒋荣基访问

---

① 《陈垣史学论著选》，第91页。
② 同上。
③ 同上书，第92页。

开封后所作的翔实记载，加之怀履光、陈垣、潘光旦等人的考证研究，其全貌大体可作如下勾勒：

该寺为典型中国寺庙样式，坐西朝东，共分三进，四周有大围墙，墙顶用琉璃瓦装饰。在其东面的正门即面对挑筋教胡同的临街门前有一小池，门上名匾书有"清真寺"三个金字，为开封犹太教寺之名。其门两侧各有一只石狮。进入正门有甬道至大门，其间为高约15英尺的赵氏牌坊，牌坊东匾上书黑地金字"敬天祝国"，其右方载有"大清康熙拾柒年孟冬之月吉旦"小字，左方则为"文林郎知云南云南府诰赠宜良县知县奉政大夫赵光裕立"等字之落款。牌坊西匾则书"尊经修纪"四字，左右落款亦有"大清康熙拾柒年孟冬之吉""文林郎知云南府诰赠宜良县知县奉政大夫赵光裕立"等字。但对此匾在犹太会堂确切之位，学界仍然存疑。牌坊两旁种有几棵树，以起对称作用。

大门由中门和两侧边门构成，其门两旁有斜插之花墙左右拱卫。门内即为大院，此院两旁是横门，通焚修住室。院内亦有甬道通二门。二门门上横匾书有"敬畏昊天"，两旁小字分别为"康熙九年岁次庚戌季春吉旦""文林郎知云南府宜良县赵映斗谨题"；另有一副对联题为"自女娲嬗化以来西竺钟灵求生天生地生人之本""由阿罗开宗而后中华衍教得学儒学释学道之全"，落款为"云间沈荃敬书"。此联被视为康熙十八年（1679）的作品。

二门两侧各有边门，门内又是一个大院，院中为高约4米的艾氏牌坊，顶部有绿瓦，石基上为红漆大柱，牌楼上有"奉旨创建"的四块匾，于清顺治十五年（1658）所立。中间之匾写有"钦若昊天"，左、右两匾分书"日监在兹""昊天上帝"等字，各自标明"顺治岁次戊戌三月榖旦创建"。在"钦若昊天"之匾的下方为"灵通于穆"之匾，而在其上方即牌楼中轴线最高点则为书有大字"福"的红漆竖匾，"福"字上又有一个很小的"献"字，题为"嘉庆二年九月吉日立""弟子艾成功沐手敬书"。

艾氏碑坊左右各有一座灰瓦为顶的碑亭，其中一亭有弘治二年碑和正德七年碑相背而立，另一亭中则立有康熙二年碑。此院两边为南北讲经堂，习称"讲堂"。其中一堂名匾为"明镜堂"，两旁题有"康熙丙辰仲春吉旦""祥符令钱江沈叙题"；堂中挂有一副对联"天经五十三卷口诵心维祝皇图于巩固""圣字二十七母家喻户晓愿社稷以灵长"，上联落款为"奉教弟子艾田沐手撰"，下联则为"本支孙艾显生敬述重刊"。明镜堂对面讲堂亦有对联"统天地人物而著经纲常伦纪秩然千古道德居名象之先""合干支五行以成字礼乐文章灿乎百代点画在图书之始"，题为"戊辰秋菊月上浣之吉""尊教弟子艾复生沐手敬题"。两讲堂后还有两个小院，北边小院为李氏祠堂，南边小院是赵氏祠堂，据传曾于赵氏祠堂之围墙中发现康熙十八年（1679）所立"祠堂述古碑记"。北讲经堂西边为厨房，用于宰牲挑筋。

艾氏牌坊之后为六面体塔形铁鼎，其上铭文注明此鼎铸于明万历年间。鼎之两侧有一对石狮，其后则有一对带底座的雕花石缸。石缸后即开封犹太寺大殿之前的月台，长约14米、宽约11米，周围有雕刻精致的石栏杆，其北侧有一石栏井。大殿北侧有教祖殿，南侧有圣祖殿，设有亚伯拉罕、以撒、雅各、摩西、以斯拉等以色列民族先祖牌位，以示纪念。

大殿分为前殿和后殿，屋顶盖有绿瓦。两殿均宽约14米、长约24米，前殿有前廊通往后殿。前殿即为犹太教会堂之"圣所"，被开封犹太人称为"一赐乐业殿"。其殿前有一走廊，三面有窗，前面亦为槅子门。前殿名匾为"至清殿"，殿上还有一匾，上书"敬天祝国"四字，两旁题有"开封府知府席式题""顺治丙申孟冬月吉旦"之字。殿之窗旁还有一副对联"识得天地君亲师不远道德正路""修在仁义礼智信便是圣贤源头"，落款是"文林郎宜良令赵映斗谨题"。

后殿则为犹太教会堂之"至圣所"，亦称"伯特利"。后殿名匾为"至教堂"，殿上还有一匾，上书"清真教主"四字，两旁题有"康熙己未夏日""华亭沈筌书"。后殿两壁为窗户槅扇，前面供桌上有铜炉置于中央，两侧各有水瓶、烛台和铜灯。桌旁有石盥手盘。供桌之后正中有坛，四周围有栏杆，坛上置有"摩西椅"（即摩西宝座）。椅后供有"大清皇帝万岁万岁万万岁"牌位。（即"大清万岁牌"）和"大明万岁"牌位。在大清皇帝万岁牌上方挂有希伯来文金字匾额，上刻《西玛》（Shema）祷文，其内容基于《圣经·申命记》第6章第4节："以色列啊，你要听，耶和华我们上帝是独一的主，福哉其名，荣哉其鉴，临于永远。"皇帝万岁牌后为"皇清万万岁龙楼"。

龙楼之后则为经楼牌坊，其后最深处为尊经龛，藏有最古的《摩西五经》1部。龛前挂幔，两橂经橱分置续修的《道经》（即《摩西五经》）12部，称"天经十二筒"。据骆保禄记载，1704年时后殿内有13张案桌，上置13个经龛，收藏13部经卷，其外则以帐幔相罩。尊经龛前有"教法天真"之匾，落款为"河南分守大梁道左参政王原膴题""顺治丙申孟冬月榖旦"；其右边则有"奉天宣化"之匾，落款为"顺治辛丑孟冬之吉""晋阳贾汉复题"。尊经龛前亦有一副对联"对太空以爇搏檀都忘名象""遡西土而抗嗜欲独守清真"，为"华亭沈筌敬题"。在尊经龛前牌坊上还刻有希伯来文金字，其内容出自《申命记》第10章第17节："耶和华你们的上帝他是万神之神，万主之主，至大的上帝，大有能力，大而可畏。"其左右两旁各为方经笼和散经笼，收藏各种方经和散经。其上亦有希伯来文匾，各刻有《西玛》祷文。左边方经笼前有一石匾，上刻中文"至教堂"；右边散经笼前亦有一石匾，上刻希伯来文和波斯文经文。此外后殿西墙左右壁上还刻有希伯来文金字，记载摩西十诫。后殿之顶有通天之牖，使后殿建筑得以象征外方内圆的古代犹太"会幕"。

后殿中饰有许多对联，其大柱上之联为"有不滞象无不沦虚道更在有无之外""礼自尊天义惟法祖心常存礼义之先"，题曰"丙辰冬月上浣吉旦""教人艾世德沐手敬书"；前柱上之联为"祖独承天敬天因而念祖""生能止杀戒杀所以存生"，落款"华亭沈筌敬题"；旁柱上之联为"帝命曰明曰旦银烛煌煌仰若照临之有赫""纯嘏维馨维清紫檀袅袅肃将芳烈之寅修"，落款"尊教弟子赵映斗沐手敬书"；其横窗之联为"仰瞻造化天敢不起恭起敬""俯拜长生主自宜洁体洁心"，落款"秀才赵作梅敬书"。

此外，在开封犹太教寺之中还有"教本于天""昭事上帝""教宗无相""无象法宗""洁清教主""皇穹净业""西来至道""敬天畏人"等匾,以及艾应奎的对联"生生不已常生主""化化无穷造化天";亦有艾复生所书众多对联,如"统天地人物以为道不尚名象""合君亲师友以立教非涉空虚";"教学合尼山人物本乎天祖冬至而修恪守先王闭关之典""字画宗庖羲义理包乎法象七日而斋得其复见天地之心";"道源于天五十三卷备生天生地生人之理""教宗于圣二十七字得传心传道传学之微";"由阿罗而立教法宗无象""自默舍而传经道本一中";"曰明曰旦昭事唯严""本天本祖奏格匪懈";还有"为化为育理备化育之全""积气积形道居形气之先"等。但这些匾、联在寺中位置尚不为人所确知。

开封犹太教寺的负责人即其教长"掌教",与一般犹太教会堂的拉比地位相同。"掌教"全权管理开封犹太人的宗教生活,负责主持守斋、举戒、礼拜、祭天、祀祖、行割礼、挑宰、讲经、注仪等礼仪活动,主礼时戴蓝帽、穿蓝色鞋,并有权进入其会堂的"至圣所"。其最早的掌教为"弘治碑"所载金朝大定年间(1161—1189)的"列微五思达",列微(即利未)之姓在华后改为李姓。开封一赐乐业教掌教世代由利未氏沿袭,清顺治时(1644—1661)的掌教为李祯。其最后一个掌教于嘉庆至道光年间(1796—1850)去世,此后开封犹太人不再有掌教之位。

辅助掌教的开封犹太教神职人员还有"满喇"。他们通晓希伯来文,负责讲经、从事宗教教育等。按其分工,负责青少年读经启蒙的为"新学满喇",根据礼仪规定宰牲挑筋的为"挑宰满喇",辅导教众熟晓《道经》及其礼仪戒律的为"焚修满喇"等。担任"满喇"者以李姓为多,亦有俺、艾、周、张、石、高等姓成员。但至嘉庆和道光年间,开封犹太教的"满喇"之职也失传。这样,到清咸丰四年(1854)时,开封犹太人清真寺终因久未维修而毁废,由此出现了"康熙二年碑"所忧所惧的"寺废而教众遂涣散莫复也"之局面。

4. 开封犹太人的汉化及犹太教在华之湮灭

犹太人来华后入境从俗,主观上为其适应中华文化创造了有利条件。而宋、金、元、明、清各代对犹太教都持尊重、优待态度，客观上也为犹太人在华生存提供了良好的外部氛围。犹太人进入开封后，宋朝皇帝对其态度是"归我中夏，遵守祖风，留遗汴梁"（弘治碑）。金代时开封犹太人始建其寺，也势必得到了金朝官府之允准。元代统治者对"僧道、也里可温、术忽、答失蛮"同等看待，不分厚薄。明代太祖皇帝开国伊始，即"抚绥天下军民，凡归其化者，皆赐地以安居乐业之乡，诚一视同仁之心也"（弘治碑）。而清朝建立后，开封犹太教众亦得以"旋汴复业""捐资重修"其寺。清代犹太人中举为官者甚多，其重修教寺所立之匾中曾书有康熙皇帝所题"敬天祝国"四字。总之，中国"历代王朝在异族人不干预其政治的前提下，基本上都提倡'中外一体'，对异族、异教一般都兼容并蓄，对犹太人集团亦不例外"①。

这一外部环境，使来华犹太人获得了与犹太人在其他地区受歧视、遭排挤所截然不同的待遇。他们在华没有遇到任何针对其族其教的侮辱性或排斥性规定，享受到充分的自治权利。这样，定居开封的犹太人逐渐消除了其对中华民族的隔膜、猜忌和敌意，从而自觉地、非强迫性地经历了其对中华文化适应融合的过程，最终形成了开封犹太人的基本汉化，从而导致中国犹太教的消失。

开封犹太人在华从其文化披戴、适应到文化融入、同化之过程，反映了犹太人在华进入中国社会，参与其政治、经济及思想、文化生活的种种努力。这一过程带来了在华犹太人价值观念、信仰观念，以及社会、文化观念的改变。因此，他们主动地从其自我封闭的民族、宗教生活圈中走出，在接触、接受、吸收中华文化中逐渐淡化、模糊和消除了这两种文化之间的界限。开封犹太人在这一漫长的历史进程中也曾感到过自身会被汉文化所同化的威胁，但因这种汉化倾向乃来自犹太人内部而使之无法抗拒。在适应、融入中华民族的同时，在华犹太民族的独特性及其内部凝聚力则愈益减少。这种根本性变化，主要反映在开封犹太人对儒家思想的认同、受中国古代科举制度的吸引，以及与中国其他民

---

① 潘光旦：《中国境内犹太人的若干历史问题》序，第9页。

族的通婚等方面。

开封犹太人在其宗教生活中,接触到儒释道等中国传统宗教。其"弘治碑"曾描述了各教在礼拜、尊崇上的不同特点:"愚惟三教,各有殿宇,尊崇其主。在儒则有大成殿,尊崇孔子。在释则有圣容殿,尊崇尼牟。在道则有玉皇殿,尊崇三清。在清真,则有一赐乐业殿,尊崇皇天。"

在其宗教表述中,开封犹太人曾用到"天相""净业""古刹""道""天真""幽玄""参赞""至妙"等佛、道术语。在相互了解和沟通之中,开封犹太人感到其一赐乐业教与儒教不过大同小异而已,认为两者在许多方面都是相同相通的:"其儒教与本教,虽大同小异,然其立心制行,亦不过敬天道,尊祖宗、重君臣,孝父母,和妻子,序尊卑,交朋友,而不外于五伦矣。噫嘻!人徒知清真寺礼拜敬道,殊不知道之大原出于天。"(弘治碑)为此,开封犹太人认同了儒家敬天、尊祖、崇孔、忠君等思想,表示"其教道相传,至今衣冠礼乐,遵行时制。语言动静,循由旧章。人人遵守成法,而知敬天尊祖,忠君孝亲者,皆其力也","受君之恩,食君之禄,惟尽礼拜告天之诚,报国忠君之意"(弘治碑)。他们不仅参加每年春秋两季的孔庙祭孔活动,而且在其清真寺中还专门设有皇帝"万岁牌"。对于儒家"三纲五常"和"天地君亲师"等思想伦理规范和崇敬行为,开封犹太人亦尽量与其传统信仰相结合、相协调。其"正德碑"曰:"然教是经文字,虽与儒书字异,而揆厥其理,亦有常行之道,以其同也。是故道行于父子,父慈子孝;道行于君臣,君仁臣敬;道行于兄弟,兄友弟恭;道行于夫妇,夫和妇顺;道行于朋友,友益有信。道莫大于仁义,行之自有恻隐羞恶之心;道莫大于礼智,行之自有恭敬是非之心。道行于斋戒,必严必敬;道行于祭祖,必孝必诚;道行于礼拜,祝赞上天。生育万物,动容周旋之际,一本乎诚敬也。至于鳏寡孤独、疲癃残疾者,莫不赒恤赈给,俾不至于失所。贫而娶妻不得娶与葬埋不能葬者,莫不极力相助。凡婚资丧具,无不举焉。及至居丧,禁忌荤酒。殡殓不尚繁文,循由礼制,一不信于邪术。下至权度斗斛,轻重长短,一无所敢欺于人。"

这里，开封犹太人制定了极为具体的13条"日用常行之道"，作为其生活准则。其内容即"畏天命，守王法，重五伦，遵五常，敬祖风，孝父母，恭长上，和乡里，亲师友，教子孙，务本业，积阴德，忍小忿"。（正德碑）这13条"日用常行之道"不仅包括仁、义、礼、智、信之"五常"亦有父子有亲、君臣有义、夫妇有别、长幼有序、朋友有信之"五伦"，而且还强调了对祖先规定的礼仪习俗之遵守等，因而已集中体现出中国传统文化的核心及精髓。开封犹太人对之评价极高，认为"戒饬劝勉之意，皆寓于斯焉。……天命率性，由此而全；修道之教，由此而入；仁义礼智之德，由此而存"。（正德碑）

在"康熙二年碑"中，开封犹太人也称其教祖摩西著经立论乃"教人为善，戒人为恶"之举，强调"孝弟忠信本之心，仁义礼智原于性，天地万物，纲常伦纪，经之大纲也"。他们对其宗教生活中的礼、祭、斋等行为，都从儒家经典中寻找根据。如其所撰碑文多在《诗》《礼》《易》中引经据典，对之细加说明和诠释。他们认为其"冠婚死葬，一如夏礼"，而其传承的经卷"虽古篆音异，而于六经之理，未尝不相同也"（康熙二年碑）。其信仰理论上对儒家的认同，从根本上扫清了开封犹太人汉化过程中的思想障碍和心理障碍。

除了思想信仰上的汉化，开封犹太人通过参与科举考试、跻身中国社会政治生活而加深了其在社会层面上的汉化。开封犹太人家族中"进取科目而显亲扬名者"颇多。他们自幼攻读诗书，求取功名，通过中举、出仕而成为高官显爵。据开封犹太教各碑记载，其教人俺诚医士"永乐二十一年，以奏闻有功，钦赐赵姓，授锦衣卫指挥，升浙江都指挥佥事"（弘治碑）。其后裔中有赵承基于清顺治初担任"大梁道中军守备"，后又任"陕西固原西路游击"；有赵映乘于清顺治二年（1645）由廪膳生中式为举人，次年为丙戌科进士，顺治七年（1650）由刑部郎中升福建汀漳兵巡道按察司副使；他曾作《圣经记变》，在乾隆续修《河南通志》和道光《福建通志》中均有其传，因其显贵而得到清朝皇帝给其父赵光裕封典，在开封犹太教清真寺中所立赵氏碑坊上为其立"敬天祝国"之匾；还有著《明道序》的赵映斗亦曾任云南宜良县知县。此外，"弘治碑"还载有"高年由贡士任徽州歙县知县,艾俊由举人任德府长史。宁夏金瑄,先祖任光禄寺卿,伯祖胜任金吾前卫千兵"。"正德碑"中亦列举了弘治丙辰进士左唐为"朝列大夫、四川布政司、右参议",后任广东参政;进士出身的高浡亦为"徵士郎、户科给事中、前翰林院庶吉士"。而"康熙二年碑"也记有清顺治己丑(1649)进士李光座乃"钦差、进士、提督、学政、云南按察司副使",以及"游击赵承基,大参赵映乘,医官艾显生"等出仕为官的犹太人。

开封犹太人中的这批知识分子受中国汉族社会科举制度的吸引、影响而"从小思想就为孔孟之道,以及中国封建社会的伦理纲常所束缚,惟恐学得不精、理解不透,他们按照中国封建社会的伦理规范,循规蹈矩。……他们很早就用汉族的思维方式考虑问题,用汉族的价值观念来建立自己的处世哲学"①。他们希望能靠学而优则仕来光宗耀祖、福荫其族,但其结果是使开封犹太人中的精英均转向科举、功名这种仕宦之途,而其宗教社团之掌教、满喇等神职人员的素质则日渐降低,最终甚至出现了其后继无人的悲剧局面,从而导致其教其族之衰败湮灭。自14世纪以后,开封犹太人中的聪慧之辈已纷纷立志于应试赶考,以金榜题名、出仕升官为其奋斗目标和荣耀之所在。"而这种迫切愿望,纵观整个开封犹太人的历史来看,恰恰就是开封犹太人瓦解本民族'主体文化'最强力的溶解剂。由于这种溶解剂来自于它自身的'需要',因此在心理上也就没有任何一点防范的准备。"②

另外,开封犹太人后来由于与当地汉族和回族通婚,破坏并最终结束了在华犹太人得以自我维持的婚姻关系,因而也促成了其汉化和导致其民族社团在开封的消失。犹太人自宋代进入开封后,其最初几个世纪是不与外界通婚的,尤其严禁犹太妇女嫁与外族男人。但经过几百年的发展,开封犹太社团因长期实行其自我封闭的族内婚制度等原因而使其出生率逐渐下降,本民族人口日益减少。在此过程中,开封犹太人的婚

---

① 张绥:《犹太教与中国开封犹太人》,上海三联书店1990年版,第111页。
② 同上书,第110—111页。

姻禁律则慢慢松弛，随之允许外界妇女与犹太男子通婚，犹太家庭亦可收养外界的女孩。通过几代之同化，开封犹太人的民族观念日渐淡化，甚至犹太妇女亦可外嫁汉族男人。这种相互通婚使开封犹太家庭及整个社团在文化、教育上出现了潜移默化的改变，犹太民族固有的禁忌、规矩渐渐被淡忘、取消，而汉民族的风俗习惯和文化传统则在其中不断扩散。至19世纪中叶，由于其教寺毁废、社团联络松散，教、族领袖乏人，"开封的犹太人已不再遵行割礼，也不再在吃牛羊肉时'挑筋'，更没有人能懂希伯来文了"①。当同治六年（1867）丁韪良访问开封时，开封犹太人已处于寺圮教亡之状。丁韪良对之曾描述道："余由京师赴上海，特绕道至开封，访犹太教之遗迹。有回民引至一空地，则寺已倾圮，片木无存，只见二碑矗立。犹太人闻余至，纷来聚观。询之，曰：迭经水患，寺久失修，无力重建，已将木材变卖，石碑外只存古经数卷而已。无师讲诵，亦无礼拜，亦无所谓割礼。遗民七姓，人约四百，贫苦不堪，归回教者有之，与汉人同化者有之。"②

而宣统二年（1910）张相文所著《大梁访碑记》亦说其访问开封时，"遍询汴人"竟莫能言开封城内犹太遗民之所在；当他找到其教寺原址后也只见"瓦砾丛杂，不见有所谓犹太教碑者"。最后他所遇到的犹太后裔则告之曰："我辈之去祖国，年代渺远，不可知矣。始来此凡七姓，曰赵、金、张、艾、高及二李，都八家，继而张姓不知所往。现存六姓，人口约近二百，多操小本营业。婚嫁固必取同教，然以贫富相悬，不能尽拘也。"③至此，昔日开封犹太人"经之所以不失，而教之所以永传"（康熙二年碑）的光景已逝而不见，仅存追忆。

（五）犹太教在中国其他地区的传播

1. 犹太教在中国古代各地的传播

据开封犹太教各碑和其他有关历史文献记载，除开封之外，犹太教

---

① 江文汉：《中国古代基督教及开封犹太人》，第193页。
② 《陈垣史学论著选》，第105—106页。
③ 同上书，第106页。

亦曾在古代中国其他地区有所传播和影响。如"正德碑"所言："业是教者不止于汴。凡在天下，业是教者，靡不尊是经而崇是道也。"

犹太人至少在唐朝就已入华活动。元朝时因在华犹太人较多，元朝政府曾于至元四年（1267）另立"翰脱总管府"来专事其管理。据传元世祖忽必烈曾在犹太人节日时"亲临行礼"，并说"世界圣人有四""犹太人以摩西为圣人"①。至正十四年（1354），元朝曾募"各处回回、术忽殷富者赴京师从军"（《元史·顺帝本纪》），可见犹太人已散居中国"各处"。自宋以来，犹太人在华定居者日渐增多，犹太教的活动亦开始引人注目。直接论及中国各地犹太教活动情况的史料极少，但根据犹太教作为犹太民族宗教而与其民族密不可分的独特性，可以推测"其种族所至之处，即为其宗教所布之处"②；而犹太人在中国古代各地的活动则能在有关文献中觅其吉光片羽。由此而论，犹太教在杭州、广州、洛阳、敦煌、宁波、北京、泉州、宁夏、扬州和南京都留下了其存在或传播的行踪。

(1) 犹太教在杭州

犹太教在古代杭州的情况未见于史书记载，但犹太人在杭州之存在则自元代以来已有可考的文献。元代杭州人杨瑀在其笔记体著述《山居新话》中曾提及"杭州砂糖局……糖官皆主鹘、回回富商"，反映了犹太人在当地从事商贸活动的情况。马可·波罗在其《游记》中亦说当时京师（即杭州）犹太人甚多，在商业和政治上均有较大影响。他还特别提到杭州海港澉浦是当时极为重要的市舶口："距城（Kinsai，即京师，亦即杭州）二十五里的远近，向北转东，就是大海；近海有市叫澉浦（Gan‑pu），是一个极好的港口，从天竺来的一切货船都停在这里。"③

从海路来华的犹太人有不少是在此入境，因而当时往来或定居在澉

---

① 参见张星烺《中西交通史料汇编》（第三册），中华书局1978年版，第36页。
② 参见《陈垣史学论著选》，第82页。
③ 转引自潘光旦《中国境内犹太人的若干历史问题》，第19页。

浦、杭州的犹太人自然亦甚多。此外，据 14 世纪中叶伊斯兰教著名旅行家伊朋·拔都达（Ibn Batuta）的《亚非两洲游记》所载，其在杭州时曾看到许多定居当地的犹太人："我们进入京师的第二个城市，通过一道城门，称为犹太人的门。这城里住着犹太人、基督教徒和拜太阳的突厥人，人数很是众多。"①

犹太人在杭州的存在一直维持到明代末年。明永乐年间（1403—1424），开封犹太人俺诚医士曾因"升浙江都指挥佥事"而至杭州任职。17 世纪初，开封犹太人艾田曾告诉利玛窦说："在浙江省会杭州，信仰他们宗教的人家更多，那里也有一所礼拜堂。其他地方也有信仰他们宗教的，但没有礼拜堂，因为他们的信仰正在逐渐消失。"②清代以来，杭州犹太人渐趋没落并最终消失，犹太教在杭州的存在及传播亦告中止。

（2）犹太教在广州

广州在唐代时已成为中国对外贸易的重要港口，来往此地的外商甚多。持犹太人唐代入华说者，也主要是把广州视为犹太人唐时活动及栖居之地。关于犹太教在广州的存在，人们则是依据唐朝末年即 9 世纪时伊斯兰教旅行家阿布·赛义德·哈桑所著《中国印度见闻录》。书中提到唐末黄巢起义军攻陷广州后曾杀死侨寓当地的众多伊斯兰教徒、犹太教徒、基督教徒和拜火教徒。不过，史学界对此说仍存疑。但据各种零散史料推测，一般认为犹太人在唐、宋、元各代都曾寄寓广州，从事商贸活动。因此，犹太教亦随犹太商人而一度传入广州。

（3）犹太教在洛阳

洛阳作为中国历史上九朝古都，曾成为古代东西文化及商贸交流中心，亦"可能是犹太人曾经寄居过的最早的一个城市"③。在东汉年间

---

① 潘光旦：《中国境内犹太人的若干历史问题》，第 20 页。
② [英]阿·克·穆尔：《一五五〇年前的中国基督教史》，郝镇华译，中华书局 1984 年版，第 3 页。
③ 参见潘光旦《中国境内犹太人的若干历史问题》，第 17 页。

即 2 世纪左右,"当时西亚细亚的叙利亚一带已经和中国发生通商和'朝贡'的关系,而来往的商人中间便有居住在叙利亚的犹太人"①。这些犹太人自西域东来,主要沿古代丝绸之路。但犹太教曾传入古代洛阳之说尚属揣想而无史料确证。从前学界曾有人以 1926 年法国人普瑞浮在洛阳发现东汉时期的三块希伯来文残碑为据,认为碑上希伯来文乃当时叙利亚古商那人王国(即贵霜国)首都巴尔米拉所通行的书体,以此说明叙利亚犹太人在古代洛阳的存在。然而现代一些学者却认为这些碑文乃佛僧所用佉卢文(Kharosthi),如 1961 年英国学者布洛(J. Brough)曾撰文否定普瑞浮之说,指明这三块残碑的铭文乃佉卢文;1984 年中国学者马雍发表的《古代鄯善、于阗地区佉卢文字资料综考》②一文进而确认其碑文乃佉卢文,夏鼐、季羡林等人亦持此说。佉卢文自公元前 3 世纪流行于印度西北部,属印度方言,后随佛教传入中国西北地区,它与希伯来文和古代犹太人毫无关系,从而推翻了这一孤证,使犹太教传入洛阳之说至今仍存疑待考。

(4) 犹太教在敦煌

唐时敦煌已有犹太人寄居和从事商贸及宗教活动的踪迹,这通过 20 世纪初斯坦因在和阗东北发现的 8 世纪犹太商人信件,以及伯希和在敦煌千佛洞发现的 8 世纪犹太教忏悔祷文而得到了证实。中唐时期,犹太人在西北地区丝绸之路沿线已非常活跃。他们在敦煌、新疆等地居住或经商,从而使犹太教亦曾在这些地区存在。从有关史料分析,这些犹太人与波斯犹太人有着密切的联系和频繁的来往,他们的经商活动及宗教生活均得到过波斯犹太教社团的关照和支持。自唐以来,从陆路经西域而至中国本土的犹太人曾散居各地,其成员不仅在敦煌、新疆、开封等地留下过其存在的痕迹,而且也可能沿着这一中西交通路线到过长安、洛阳乃至青海、西藏和四川等地。

---

① 参见潘光旦《中国境内犹太人的若干历史问题》,第 17 页。
② 载《中国民族古文字研究》,中国社会科学出版社 1984 年版。

(5) 犹太教在宁波

宁波曾有犹太人聚居及犹太教活动,乃有史料可查。明代时,宁波犹太人已与开封犹太人有了密切的交往。据"弘治碑"记载:"天顺年,石斌、李荣、高鉴、张瑄取宁波本教道经一部,宁波赵应捧经一部,赍至汴梁归寺。"中国犹太教非常珍视其经卷,一般都将之收藏在其教寺之中。因此,宁波犹太人既然有多部经卷,则表明他们必曾有其犹太教会堂及相应的读经、礼拜活动。

(6) 犹太教在北京

关于犹太人定居北京及其活动,元代史料较多。在《马可·波罗游记》中曾两次提及元世祖忽必烈与犹太人的接触。一次是在基督教徒乃颜指挥其旗帜上有"十字架"标记的军队叛乱失败后,"当地回教徒、偶像崇拜者、犹太人以及其他许多不信上帝之人,尽皆耻笑乃颜所持旗上的十字架……他们甚至来到大汗面前大肆讽刺讥笑基督教徒。大汗听到后斥责在他面前揶揄基督教徒之人"①。另一次则谈到忽必烈对基督教、伊斯兰教、犹太教和佛教节日的尊重,"在逢回教徒、犹太人和偶像崇拜者的主要节日时,大汗执礼也同"②,对包括犹太人先知摩西在内的四教先知皆表敬奉。此外,14世纪中叶意大利方济各会传教士马黎诺里作为教宗专使来到北京,也与京城犹太人多有接触。在其《游记》中,他曾说起其"留汗八里时,常与犹太人及他派教人,讨论宗教上之正义,皆能辩胜之"③。由此可见当时北京犹太教徒颇多,而且其宗教活动亦极为活跃。至16世纪末叶,仍有来京商人看到北京"摩西教徒"即犹太人的存在。17世纪以来,聚居北京的犹太人日渐减少,且多与他族同化或改归他教。

(7) 犹太教在泉州

泉州是中国古代重要海港,天主教、伊斯兰教和印度教在此都有过

---

① [英]阿·克·穆尔:《一五五〇年前的中国基督教史》,郝镇华译,中华书局1984年版,第154页。

② 同上书,第155页。

③ 参见张星烺《中西交通史料汇编》(第一册),第252页。

存在及传播的历史。泉州作为古代中西海上交通和贸易往来的重镇,自然会吸引各国商贾、流传各种宗教,犹太教亦可能随来此经商的犹太人而传入。据 14 世纪天主教泉州主教安德鲁的书信,元代泉州确有犹太人及犹太教的存在。他说:"在此大帝国境内,天下各国人民,各种宗教,皆依其信仰,自由居住。盖彼等以为凡为宗教,皆可救护人民。……吾等可自由传道,虽无特别允许,亦无妨碍。犹太人及萨拉森人改信吾教者,至今无一人。"①

这说明当时犹太人在泉州已颇有势力,他们形成独立的民族社团,维系着其正常的宗教生活,并能抵制外教的影响而保持住其传统信仰。

(8) 犹太教在宁夏

"宁夏有族居的一赐乐业教人,弘治二年和正德七年的两个《碑记》都供给了证据"②。宁夏犹太人曾与开封犹太人有过密切的交往,尤其是宁夏犹太人金姓家族与开封犹太人关系颇深。据"弘治碑"记载,开封犹太人重建其清真寺时,宁夏金姓犹太人曾解囊相助、捐资捐物,"宁夏金瑄……置买供桌铜炉瓶烛台。乃弟瑛,弘治二年,舍资财置寺地一段。瑛与钟托赵俊置碑石"。明正德七年(1512)开封犹太寺重建为尊崇道经寺时,亦有"宁夏金润立碑亭一座"。宁夏犹太人可能与由西域经丝绸之路而入华的犹太人有着渊源关系,但因其情不详而无从追溯。大体而言,宁夏犹太人在"天顺(1457)以前,便有过相当长的历史,至少可以推到明初元末"③。

(9) 犹太教在扬州

扬州亦为唐朝商业重镇,其客旅商贾甚多,各大宗教也曾在此留下痕迹。扬州犹太教的存在,可从"正德碑"之记载推测。"此碑与维扬人极有关系:撰者、书者、篆额者,均维扬人,请经及出资修寺者,亦

---

① 张星烺:《中西交通史料汇编》(第一册),第 232 页。
② 潘光旦:《中国境内犹太人的若干历史问题》,第 23 页。
③ 同上。

有维扬人。维扬之有一赐乐业,幸得是碑为证。"①此处所指之"维扬"即扬州。当开封犹太人于明正德七年(1512)修建其尊崇道经寺时,曾有"维扬金溥请道经一部,立二门一座"。而"正德碑"所载江都左唐、淮南高浧和维扬徐昂都是扬州人或曾在扬州居住。这已说明犹太人与古代扬州的种种关联。另外,潘光旦猜测犹太教在"扬州可能还有姓高的教人"②,因康熙《扬州志》中曾论及犹太人高铨、高浧父子下狱,以及此后高浧仕至南京光禄寺少卿之事。这些蛛丝马迹使人推测古代扬州可能曾有过犹太人社团。

(10) 犹太教在南京

犹太教曾传入南京之说,主要根据1641年葡萄牙耶稣会士曾德昭(Alvarus de Semedo)的记述。他在其《中国与福音的传播》(亦称《中国通史》)一书中谈及他在南京时曾遇见一名伊斯兰教徒,从而了解到当时南京犹太教的情况。"这伊斯兰教徒告诉他,南京从前有犹太人四家,不久以前加入了伊斯兰教;这是最后的几家了,以前还多;后来人数既愈来愈少,他们的经师先生也就维持不下来了。"③南京犹太人社团曾达到一定规模,但至明末已经衰败,从而逐渐在其历史演进中消失。

2. 近现代中国的犹太教

鸦片战争以后,随着1842年《南京条约》的签订,中国开放广州、福州、厦门、宁波、上海五口对外通商,西方传教士纷至沓来,一些犹太人亦再度进入中国。这些犹太人的到来,使犹太教重新在华出现。他们曾试图与开封等地的中国犹太遗民建立联系,恢复其传统宗教生活。但其努力成效不大,许多设想亦未成功。而且,大批犹太人来华主要是在第二次世界大战期间。这些犹太难民入华只是暂住,其社团及其犹太教已与中国历史上以开封犹太人为代表的中国犹太人及其一赐乐

---

① 《陈垣史学论著选》,第80页。
② 参见潘光旦《中国境内犹太人的若干历史问题》,第23页。
③ 潘光旦:《中国境内犹太人的若干历史问题》,第23页。

业教有了许多不同，更与经过汉化过程的近现代中国犹太人后裔有着本质区别。

近代以来进入中国的犹太人主要生活在上海、哈尔滨和天津等地。其中于19世纪末20世纪初来华的犹太移民以俄罗斯犹太人和英籍犹太人为多，而第二次世界大战期间云集上海者则主要为欧洲犹太难民。这些犹太人的宗教生活主要限于本民族及其社区之内，因而对中国近现代的社会文化生活影响甚微。

(1) 哈尔滨犹太教

19世纪末叶，沙俄政府加强其对定居俄罗斯的犹太人即阿什肯纳兹人的迫害，俄罗斯犹太难民开始向中国东北迁徙。其中大部分犹太人逐渐在东北哈尔滨等城市定居，另有一部分犹太人则继续沿海南迁，分别到了天津和上海。1903年，在哈尔滨的俄罗斯犹太人已达500余人，他们随之成立了"哈尔滨犹太宗教公会"，并于1907年建成哈尔滨第一座犹太会堂，从此开始犹太教在哈尔滨的活动。1908年，哈尔滨犹太人已达8000余人。

俄国十月革命后，大批白俄迁居中国，其中亦有许多犹太人。他们聚居在哈尔滨、天津、上海等城，形成不断增强的犹太人社区力量。此间入华的犹太人以来自俄国的阿什肯纳兹犹太人为主，亦有少数来自波兰的犹太人，多在东北哈尔滨、沈阳、大连等大城市以及东北铁路沿线的小城镇定居。1919年，哈尔滨犹太人通过选举成立其社区委员会，负责管理与犹太人有关的社会及宗教事务。他们随之还建立起塔木德经学院，创办《西伯利亚—巴勒斯坦》（1920—1943，1926年曾改称《犹太通报》）等报刊，亦成立了犹太复国主义组织。至1920年，哈尔滨犹太人已多达1.3万人左右。

20世纪30年代，日本占领东北后，大批犹太人离开哈尔滨南迁，使其人口于20世纪30年代中期减至5000人。1936年，哈尔滨犹太人成立远东犹太人理事会，随之于1937—1939年在哈尔滨召开了三次远东犹太社区代表大会。1945年以后，哈尔滨犹太人锐减，大多返回苏联或移居以色列。至1955年，哈尔滨仅剩约400名犹太人，他们此后亦陆续离去。随着哈尔滨犹太人社区的解散，其犹太教活动已不复存在。

(2) 天津犹太教

1860—1870 年，首批犹太人进入天津，在此开展商贸活动。1904 年时，天津犹太人开始建立犹太社区，组成天津希伯来协会。这些犹太人大多来自俄国，亦有来自波兰和德国者。1925 年，天津犹太人学校成立。1928 年，天津又建立了"康斯特"犹太人俱乐部。日本占领东北后，许多犹太人从哈尔滨等地迁至天津落户，使其人口在 20 世纪 30 年代增至 2500 人左右。1939 年，天津犹太教会堂建成，从此使犹太教在天津日趋活跃。随之，在天津亦出现犹太复国主义组织及其活动。太平洋战争爆发后，一部分天津犹太人移居上海，从此其人数日渐减少。1948 年以色列国成立时，天津犹太人曾在犹太会堂前举行规模盛大的庆祝活动。1955 年时，天津希伯来协会停止活动，当时留居天津的 130 名犹太人随后也相继迁离。因此，天津犹太教的影响日趋衰微，并随着大多数犹太人的离去而终于消失。

(3) 上海犹太教

进入近代上海的第一批犹太人是 1842 年随英军入沪的英籍犹太军人。1845 年，英籍犹太商人大卫·沙逊（David Sassoon）在上海开办沙逊洋行。1854 年，德籍犹太商人卡贝尔格（P. Karberg）和安诺德兄弟（J. Arnhold and P. Arnhold）也在上海合资办起瑞记洋行。1901 年，原在沙逊洋行工作的犹太人哈同（Silas Aaron Hardoon）亦独资兴办了哈同洋行。随着犹太商人入沪经商，犹太教亦传入上海。1862 年，第一个犹太公墓在上海建成，称"以色列公墓"。1887 年，上海最早的犹太教会堂"埃尔会堂"兴建。1900 年，其第二座犹太教会堂"舍里特·以色列会堂"在西华德路（今永嘉路）兴建。与此同时，一所塔木德经文学校和一所涤罪浴室亦相继创办。这些犹太商人属于塞法迪姆犹太人，于 1910 年成立其社团组织"上海犹太协会"。他们在上海逐渐拥有雄厚的经济资本，出现一批巨富。1902 年，英籍犹太人亚伯拉罕（D. E. J. Abraham）和沙乐门（S. J. Solomon）办起了上海犹太学堂。1920年以后,上海犹太人又修造了两座更为华丽的犹太教会堂,即位于西摩路的"拉结会堂"和位于博物馆路的"阿哈隆会堂"。

来上海的犹太商人不久即对开封的犹太人发生兴趣。1850年,沙逊洋行曾为伦敦犹太人布道会派往开封的两名中国使者准备了希伯来文信件。伦敦犹太教拉比亦曾建议沙逊洋行从开封选犹太人来上海受希伯来文化教育,以便使开封犹太人重新有其拉比。因此,赵文魁和赵金城于1851年从开封来到上海。但赵文魁不久在上海病逝,赵金城后来返回开封。1900年,上海犹太商人埃兹拉(E. M. Ezra)召集31位上海犹太人知名人士开会,成立"援助中国犹太人协会",李伟(Simon A. Levy)当选为主席。其规定的协会宗旨是:"研究中国犹太遗民的起源、发展和历史;保存一些犹太旧址和遗物,必要时修复一些纪念遗迹;协助中国犹太家族的直系后裔恢复原有的宗教信仰。"①

此后,该协会即派人去开封建立联系。1901年,开封犹太人李庆生和其子李崇梅曾来上海短住。1902年,开封犹太人七姓的8名成员来到上海,表示要学习其祖先的宗教,并希望能在开封重建犹太教会堂。但由于上海犹太人没能提供经济援助而使开封犹太后裔的希望落空。1924年,上海"援助中国犹太人协会"改组,苏柯尔斯基(George Sokolsky)当选为执行委员会主席。不过,该协会改组后仅一年便停止了活动。

1902年,定居上海的俄罗斯犹太人也达到25户。他们建立起本民族的社团,在此后5年内进而又建成犹太教会堂,并以其教创始人摩西命名,称"摩西会堂"。这样,在上海亦出现了俄罗斯犹太人的宗教生活。1922年,上海俄罗斯犹太人集资在倍开尔路(今惠民路)兴建其"圣葬社",并在该墓地前区设立犹太教会堂,以举行其宗教礼仪。1927年,这些犹太人将摩西会堂迁往新址,即在虹口华德路(今长阳路)又新建了更大的犹太教会堂,亦称"华德路会堂"。于是,以宗教生活为核心的阿什肯纳兹犹太人社区在上海已基本形成,并且颇具影

---

① 江文汉:《中国古代基督教及开封犹太人》,第203页。

响。1931年"九·一八"事变后，原居住东北的俄罗斯犹太人大量南迁，其中不少人进入上海。1932年，在沪俄罗斯犹太人组成"上海犹太宗教公会"，从而与以英籍犹太人为主的上海赛法迪姆犹太人社团"上海犹太协会"区别开来。1941年，俄罗斯犹太人又在上海法租界拉都路建成一座可容纳千人的"新会堂"，习称"拉都路会堂"。但此会堂在珍珠港事变后不久被日军占用，直至1945年日本投降。

第二次世界大战期间，上海成为欧洲犹太难民云集之地，有"犹太移民城"之称。在犹太难民大批涌入上海之前，上海已有约5000犹太人。除上述犹太教会堂之外，上海犹太人还建有爱文义路（今北京西路）会堂和百老汇路（今大名路）会堂，使上海规模较大的犹太会堂达到6所。但是，"自1933年至1941年，约有3万欧洲犹太难民来到上海，其中5000人先后离开上海到别处去。这样，有2.5万欧洲犹太难民把上海作为他们的家园，一直生活到第二次世界大战结束"①。这一巨变使原有的上海犹太教会堂已远远不能满足犹太人宗教生活的需要。因此，上海犹太人又先后建造新的犹太会堂，使其数目增至十多所。此外，上海犹太难民还在其难民收容所中设置犹太会堂，以便进行诵读经文、礼拜祈祷、过犹太教节日等宗教活动。这一期间有多批欧洲犹太教拉比居住上海，甚至波兰密尔犹太经学院（或称"犹太宗教法典学院"）的全体师生约400人几乎都来到了上海。于是，他们在上海复兴了其犹太教教育，不仅恢复原有的塔木德经文学校、在法租界和虹口增设其分校，而且创办了一所全日制宗教学院，即"远东拉比学院"。密尔犹太经学院还办有宗教报纸《我们的生活》，以满足犹太教徒的精神需求。"这批密尔宗教学院以及塔木德经文学院、远东拉比学院的神职人员和师生，不仅大大活跃了当时的犹太宗教生活，而且后来成为美国和以色列的犹太教的骨干力量。"②

随着第二次世界大战的结束，来华避难的犹太人相继离开上海等

---

① 唐培吉等：《上海犹太人》，上海三联书店1992年版，第136页。
② 同上书，第173页。

地。他们大多去了欧美等国或以色列，仅有少数人留居中国。这样，随犹太移民及犹太难民而带入中国并在这些人之中留存、传播的犹太教，亦跟随着这批犹太人而远走他乡，在中华大地上沉寂、消失。至1958年，在"犹太联合委员会"登记的中国犹太人仅剩294人，其中包括上海84人、天津32人和哈尔滨178人。① "上海犹联"于1967年自行解散，犹太人曾经云集的上海亦由此而结束其犹太社团和宗教活动的历史。

总之，近现代中国上海等地的犹太教基本上是外籍犹太移民的宗教。它并没有在中华大地上真正立足和扎根，而是随着犹太移民的逐渐迁走而悄然离去。因此，这一特殊历史时期的在华犹太教只能是犹太教随其教民在中国的一段奇遇，而并非真正从文化沟通及交融意义上所理解的、具有本土特色的中国犹太教。

（六）中国犹太教石碑遗物及经典文献

中国犹太教以古代开封犹太教为主。它体现了中华文化与希伯来文化的有机结合，反映出其交融互渗、化为一体的历史演变。因此，中国犹太教的文献、遗物，基本上乃以开封犹太教遗存的古碑、经卷等文物为代表。它们既是这种独特宗教文化的精神积淀，也是这一漫长历史发展之实际见证。

对于开封犹太教文献文物，陈垣于1919年11月完成其《开封一赐乐业教考》专论，分载于1920年2月、3月、4月的《东方杂志》第17卷第5、6、7号上，是较早而且较系统的中国犹太教史料分析与研究著作。他在文中对其掌握的材料曾概述说："一赐乐业教碑原文二通：一为弘治二年（1489）《重建清真寺记》，一为明正德七年（1512）《尊崇道经寺记》。……二碑今犹在开封，民国元年中华圣公会购得此寺遗址，二碑因亦移置会内，筑亭覆之。前年北京圣公会史君，曾以最近拓本见赠。弘治碑残阙七十余字，即有关于考证之姓氏、地名、年号

---

① 唐培吉等：《上海犹太人》，上海三联书店1992年版，第196—197页。

亦有剥落；正德碑残阙较少。近吾人获有康熙季年两碑拓本，完全无缺；又有康熙二年碑记，并碑阴题名，亦名《重建清真寺记》；又获有康熙六十年罗马教士所绘寺内外图二帧；又有道光末伦敦会士所录寺内匾额楹联甚夥；又发现顺治间一赐乐业人赵映乘著述二百余卷；并得康熙以来中外学者关于考察此事之记载，及羊革经卷之源流。"①

陈垣的考证与探究，既有广阔的视野，亦有认真的推敲，从而为此后的学者探讨中国犹太教文献、文物提供了重要线索和思路。

1. 中国犹太教碑文

中国犹太教碑文即开封犹太教寺中的汉文碑铭。目前已知晓的开封犹太教古碑共有4座，即明代弘治二年（1489）所立"重建清真寺碑"，简称"弘治碑"；明正德七年（1512）所立"尊崇道经寺碑"，简称"正德碑"；清康熙二年（1663）所立"重建清真寺碑"，简称"康熙二年碑"；以及清康熙十八年（1679）所立"祠堂述古碑"。其上各有碑记，为研究中国犹太教尤其是开封犹太教问题的第一手资料。在这四碑之中，清康熙二年所立"重建清真寺碑"已佚，今仅存其两份拓片，一份被上海徐家汇藏书楼收藏，另一份则存留于罗马教廷。其余三碑则已被开封市博物馆所保存收藏。

（1）重建清真寺记（弘治碑）

"重建清真寺碑"于明弘治二年（1489）由开封府儒学增广生员金钟撰文，祥符县儒学廪膳生员曹佐书丹、开封府儒学廪膳生员傅儒篆刻，宁夏金瑛和祥符金礼竖立，是在已发现的中国犹太教古碑中所立最早的一块石碑，按其竖立年代而习称"弘治碑"。此碑撰文者"金钟为一赐乐业教人，正德七年，其人尚存"②，并曾为正德碑修撰碑亭。

弘治碑约高153厘米、宽80厘米、厚5厘米，其碑文和碑额连在一起，顶部呈半圆形。它最初立于弘治二年重建的开封犹太人清真寺中，此后与正德碑相背而立于此寺艾氏牌坊右侧碑亭之中。寺废以后，

---

① 《陈垣史学论著选》，第76—77页。
② 参见《陈垣史学论著选》，第77页。

两碑孤立在寺之旧址上多年。至1912年，开封犹太人赵允中、艾鸿浩、金蒂章、高占魁、石永元、李海臣打算将其教寺址及寺碑卖给中华圣公会主教怀履光（William Charles White），引起报界注意和披露。是年刚创刊的《河声日报》在其创刊号的《时评》中为此曾向社会发出呼吁，并刊出专文《景教徒之败类》加以报道："城内教经胡同西首，向有石碣二方，一在坑北沿，系方形。一在坑南壁上与常碑同。盖缘该处昔为犹太人，于唐贞观初，始入中国，相传即假此地建造寺院，授经传教……传历千有余年，寺院久已坍塌，咯无遗存，惟二碑巍然尚立，以留纪念。夙为西人所拍照，作为基督教东渐之始。……惟该教范围不广，势力亦弱，迄今该教后裔仅有赵、艾、张、李、金、马、孙、王八家。日前赵艾二家私将寺院旧址，及二石碑售与某西人（名未详，容俟访登），得银一千余两，当经该西人乘汴洛火车将二石碑运载而去。旋经张李等六家侦知，谓此地均有主权，彼不得独专此利等语。间此事已联名呈控法庭，必不能善于了结也（笔颖）。"①

次年3月，当地报纸《时事豫报·本城新闻》亦对之多加报道和追述。此事之揭露和误把犹太教认作景教，亦使当地学者时经训撰写《河南挑筋教源流考》来澄清事实，说明挑筋教乃犹太教而非景教，并进而比较挑筋教碑与景教碑的不同和其独特价值：

> 河南挑筋教碑，为西洋文明输入中国之嚆矢，各国学者均注目焉。世称此碑价值与景教碑埒，不知大秦僧景净属景教，碑文于唐太、睿、玄、肃之奖饰景教，铺张扬厉，屡以释理，传以梵语，而于景教本源之旨趣，及大秦流传中国之历史概付阙如。挑筋教碑追本溯源，阐明教旨，其内容研究之价值，确在景教上，然景教碑考，东西学者著有专书，挑筋教碑竟埋没瓦砾颓（颓）垣中，几无人知，其于中西文化有绝大关系者，余滋戚焉。（时经训：《河南挑筋教源流考》）

---

① 《河声日报》民国元年（1912年）10月20日创刊号第4版。

由此一来，赵允中被逮捕受审，而怀履光亦经协商后才将两碑移置中华圣公会内，立于其三一教堂门之南北、筑亭覆之，并保证不将之外运。1932年4月3日，怀履光在其所立《河南圣公会述原记》石碑中曾叙述此事说："1922年，挑筋教碑（犹太教碑）两块，移置于本座堂院宇两旁。此碑原置教经胡同教经寺旧址颓垣瓦砾之间，几乎淹没，嗣经该教人赵允中等，愿将两碑移送会内永久保存。兹碑得巍然无恙，为研究宗教史之一助。"

怀履光因而曾将此碑文刻成木板寄往加拿大和梵蒂冈，并按弘治碑的大小、形状、石质而仿制了一块相同的石碑带回加拿大。这两块碑直至1966年仍立于开封市圣公会三一教堂门口。此后曾友三主教请开封市博物馆将这两碑取去保存，从此收藏于该馆之中。而怀履光仿制的弘治碑则保存在加拿大多伦多"皇家安大略博物馆"的中文图书馆中。

弘治碑之碑文题为《重建清真寺记》，碑上列字36竖行，其满行约为56字，全文共1668字左右，原碑残缺者约数十字，但据邱天生、蒋荣基对原碑文的抄录和陈垣等人的考证而大体补齐。碑文内容包括对一赐乐业教之教祖道统、教义教旨、教规礼仪的叙述，对其"七十姓"来华经历及在开封发展变迁的回忆，对其建寺动因及详情的记录等。行文中多以儒家经典来解释犹太教经义，亦用犹太教教义、礼规等印证儒家思想及其伦理规范，有着鲜明的"敬天尊祖""报国忠君"等思想，反映出一赐乐业教在中国思想文化氛围中的认同和变革趋势及其渐被中国社会传统融合、同化的迹象。

（2）尊崇道经寺记（正德碑）

"尊崇道经寺碑"于明正德七年（1512）由当时任四川布政司右参议的江都左唐撰文、任户科给事中的淮南高淓书丹、任前吏科给事中的维扬徐昂篆额，三人均为进士出身。此碑按其竖立年代而习称"正德碑"。全碑高约153厘米、宽80厘米，顶部亦为半圆形，故与弘治碑大小一致。但正德碑稍厚，约8.5厘米。此碑曾与弘治碑相背共立在一个碑亭之中，其间用铁锭加固而镶合在一起，故被人误为一块两面镌刻的石碑。其合立在一起的时代不详，但至少在康熙六十一年（1722）之前。正德碑被发现和拓印时残阙较少，后因字迹脱落而使碑文斑驳不清。此碑现已由开封博物馆保存。

正德碑之碑文题为《尊崇道经寺记》，碑上刻字28行，满行达44字，全文共约1065字。与弘治碑称其寺为"清真寺"不同，正德碑则"力避清真之说，全碑不独无清真二字，且于尊崇道经四字，言之再四"。其碑文中"尊崇二字凡六见，道字凡二十三见，经字凡十五见"，比较突出对其《道经》的尊崇。而且，"此碑叙述此寺源流，至此亦削去清真二字不用，而单称为古刹，其排斥清真二字，至为明显。盖是时回教寺亦已名清真寺，故左唐特易为尊崇道经寺，以自别于回教也"①。

撰碑文者左唐乃江都人，弘治丙辰（1496）进士，撰碑时为四川参议，后任广东参政，属中国犹太人众姓之一。"嘉靖《维扬志》有传，称唐署司篆，性廉介，吏无所容奸，恨欲挠之，以出纳事陷唐，唐忿而病，拊膺曰：平生砥砺名节，顾而蒙垢若此！遂不食死。粤人伦以训为志墓，直书其冤。"②在其撰碑文风上，"唐文与《弘治碑》金钟文雅俗迥异，则进士与生员究有别"③。左唐所撰此碑之内容乃突出其宗教经典《道经》的重要，"其叙述《道经》传授源流，历举阿无罗汉以后宗派，比弘治碑加详而无误"④。而且，他的立意在于用儒家思想来重新解释其《道经》，强调其教与儒家的相同互通之处，"然教是经文字，虽与儒书字异，而揆厥其理，亦有常行之道，以其同也"。（正德碑）为此，文中明确提出并详尽阐述了"日用常行之道"和"仁义礼智之德"，将之视为一赐乐业教信众的信仰要求和生活准则。

（3）重建清真寺记及碑阴题名（康熙二年碑）

清康熙二年（1663）所立开封犹太教寺碑与弘治碑同名，亦称

---

① 《陈垣史学论著选》，第79页。
② 同上。
③ 潘光旦：《中国境内犹太人的若干历史问题》，第211页。
④ 《陈垣史学论著选》，第79页。

"重建清真寺碑",其碑记同为《重建清真寺记》。为示其区别,此碑故按其所立之年而习称"康熙二年碑"。是碑撰文者开封人刘昌为"特进光禄大夫,侍经筵,少傅,兼太子太傅",先后曾任刑部尚书和工部尚书。他虽然不属当地的犹太族,但"素知一赐乐业之教,且与游击赵承基、大参赵映乘、医官艾显生为莫逆交。巅末颇能道其详,因据其旧记而增补之"。(康熙二年碑) 文中所提其密友大梁道中军守备、后任陕西固原西路游击(即参将)的赵承基,以及福建汀漳兵巡道按察司副使赵映乘等均为当时开封犹太人领袖人物。刘昌能受他们之请而为新建的开封犹太寺撰文作记,说明他对犹太教的理解已非同一般。为该碑书丹者李光座为开封犹太人,当时是"钦差,进士,提督,学政,云南按察司副使"。而其篆额者侯良翰为教外人士,但与赵映乘同为顺治丙戌(1646)进士,亦有钦差、提督、学政、广东按察司副使等衔。

明崇祯十五年(1642)黄河水淹开封,当地犹太教寺废经散。为求"经之所以不失""教之所以永传",开封犹太人于清初重返家园,不仅谋取遗经缮修一新,而且又集资重建其犹太教清真寺,并立这一石碑。正如撰碑文者刘昌所言:"俾人知其道之由来,且以见今日经寺之修,其教中诸人之功不可泯也。是为记。"(康熙二年碑)

康熙二年碑原来立于开封犹太教清真寺内艾氏牌坊左侧的碑亭中,与其右侧的弘治碑和正德碑相对应。碑的正面刻有《重建清真寺记》,刻字33行,满行约77字,全文共约2145字。碑的背面则刻有《碑阴题名》之文,全文共约677字,为开封犹太人所撰写。康熙二年原碑已无存,其去向一说已被运至罗马教廷,一说已被开封犹太教人售给回民。但该碑拓片现存有两份,分存罗马教廷和上海徐家汇藏书楼。有关学者所用此碑文字,一般都根据陈垣1920年著《开封一赐乐业教考》所录并加以考证和注明的徐家汇藏书楼拓本。陈垣在其考证中说:"碑名《重建清真寺记》,与弘治碑同,原碑今不知所在。此据罗马教士拓本,今藏徐家汇藏书楼。"①

---

① 《陈垣史学论著选》,第81页。

据怀履光研究，《重建清真寺记》碑文拓片乃骆保禄初访开封时于1702年所获，此后耶稣会士布鲁克（Pere Brucker）在来华耶稣会士送往欧洲的记录等文献资料中发现了康熙二年碑拓片，因而断定骆保禄曾将有关开封犹太教的碑文拓片等送交罗马耶稣会总会长；《碑阴题名》则无拓片，其公布于世的文字乃管宣穆提供的抄本，他从布鲁克所掌握的文献中并没有找到原碑拓片或其摹本，而仅有录自原碑之抄本。①

康熙二年的《重建清真寺记》重述了犹太教历史渊源和教祖道统，详细阐明了中国一赐乐业教的宗旨、教义、经典、律法、礼仪、祭祀、斋戒，并回顾了开封犹太人重建清真寺、修补其经卷的历史。因此，陈垣对碑记评价颇高："此碑不啻康熙以前之开封犹太教史也。无此碑则不知正德以后至清初犹太教之盛。"②而此碑背面之《碑阴题名》作为其补充性碑文，则首次提出了开封犹太人李、赵、艾、张、高、金、石这七姓家族，并详述了他们的活动情况，补入了开封犹太人重修清真寺时捐资、捐物和承建的详情，以及他们新修《道经》13部的具体分工和完成情况，"俾后人知经寺之修，其有由也夫"（《碑阴题名》）。

(4) 祠堂述古碑记

清康熙十八年（1679）所立"祠堂述古碑"是为纪念康熙十七年（1678）在开封犹太人清真寺中建立赵氏牌坊之事，由开封犹太人"敕封文林郎知云南云南府宜良县知县加一级赵映斗"所建，开封府儒学生赵映裳撰文。此碑在开封犹太人清真寺内南边小院赵氏祠堂的围墙中发现，后被移至开封加拿大圣公会三一教堂大门的左边。碑高212厘米、宽75厘米、厚18厘米，仅一面有碑文。其上刻字24行，满行约64字，全文共千余字，但碑面已因小孩玩掷铜钱游戏而毁坏严重，现经辨认、考证，仅能恢复碑上856字。

此碑文题为《祠堂述古碑记》，载有"清真寺赵氏建坊并开基源流

---

① William Charles White, Chinese Jews, Seconf edition, University of Toronto Press, 1966, Part II, pp. 78-79, 87.

② 《陈垣史学论著选》，第81页。

序",论及开封犹太人和整个一赐乐业教的历史,但侧重于赵氏家族即自金代俺都喇经俺诚（明成祖时"以奏闻有功,钦赐赵姓"）而至赵承基、赵映乘家族建寺、修经的事迹。碑文中有关犹太人"自天竺来,汉时入中华,于汴立寺,宋孝隆兴时也",开封犹太教"教人七十有三姓,五百余家"等记载,对于探究犹太人入华时代、路线,以及在开封的家族、规模等提供了重要的线索和参考材料。此碑已被开封博物馆所收藏。

2. 中国犹太教经卷与遗物

（1）经卷

中国犹太教的经卷以《道经》为主,另有一些零散的《方经》和《散经》。开封犹太教清真寺旧存《道经》共13部。陈垣指出:"正德以后,其教浸盛。百年之间,道经由四部增至十三部,则其教众之多可知。崇祯十五年,道经尽没于水,高选捞获七部,李承俊捞获三部,然多漫漶模糊,经掌教李祯、满喇李承先,参考互订,乃得全经三部。其后艾、赵、高三姓各修二部,金、石、李、张四姓各修一部,而十三部遂复旧观。"①西方传教士所见及所购之经卷,"即崇祯十五年以后所修之本。其间最古之一本,应为弘治碑所称者。其次为宁波之二本,又次为维扬之一本。然原本经水后均散失,诸西士所见者,乃由数本凑合而成,或修补而成者耳"②。这13部《道经》经卷中有10部已被欧美人购去而分别保存在国外有关图书馆或机构之中,其余3部则下落不明。

从流散国外的10部《道经》经卷来看,伦敦犹太人布道会委派的中国使者邱天生和蒋荣基最早于1851年在开封购得6部,其中可能包括犹太人纪念其圣祖摩西的那部最古老经卷,现藏于伦敦犹太人协会。另一部由英国圣公会主教史密士于1853年赠送给剑桥大学图书馆收藏。1866年西拉（Schiller）研究此卷时曾谓其"为一恶劣书手所书,字体

---

① 《陈垣史学论著选》,第93页。
② 同上书,第93—94页。

虽端正、而讹谬极多"①。其余 4 部则分别保存在英国伦敦会、英国博物馆、英国牛津大学博得连博物馆和香港圣保罗书院图书馆，但香港藏本已佚，而据传在美国达那斯南卫理公会大学不列得韦尔图书馆却发现有一部。② 另外 4 部《道经》中有 2 部于 1866 年被丁韪良购走，其中一部赠给了卫三畏，卫三畏将之转赠耶鲁大学图书馆，一说后又转至纽约美国圣经公会收藏；另一部由丁韪良本人保存，现见于纽约美国犹太神学院图书馆。约 1870 年，奥地利公使谢尔则（Karl von Scherzer）曾购得一部《道经》寄往维也纳奥地利国家图书馆。此外，上海天主教江南教区亦曾花 400 两银子购到一部《道经》，据说此卷被寄往巴黎，但从此下落不明。

"正经散经，均用羊革书写，为上古式，两端有轴，上下有柄，以便卷舒。方经则用厚纸编订，如今书本式"③。但这些经卷在开封亦已无踪影。据传："咸丰间某教士购得方经散经八卷，其形甚旧。内有摩西五经散叶，其纸甚厚，丝面，似来自波斯；又有教经抄本，及新抄教经散篇，又有教礼，及开封犹太人族谱；又见有方经五十七卷，尺寸甚小，其纸乃数层薄纸所粘叠，字体不甚端正。"④怀履光在其著述中曾论及多伦多皇家安大略博物馆中文图书馆中收藏有部分《方经》和《散经》卷页。但大部分经卷已散佚殆尽。

(2) 其他遗物

中国犹太教的其他遗物保存至今者亦不多，且散见于各处。它们主要包括中国犹太人的著作、题联、谱谍、辑录，以及原来开封犹太教清真寺中的一些历史文物等。

中国犹太人著作共 5 部，包括清代赵映乘所著《圣经纪变》《四竹堂记异》和其绘制的《劫难图》，清初赵映斗所著《明道序》，以及今

---

① 《陈垣史学论著选》，第 95 页。
② 参见江文汉《中国古代基督教及开封犹太人》，第 183—184 页。
③ 《陈垣史学论著选》，第 96 页。
④ 同上书，第 96—97 页。

人整理的《古代中国犹太人文集》。其中《圣经纪变》录有开封犹太教清真寺所藏经卷在明崇祯十五年（1642）被洪水淹没，以及被其教人抢救、修复、订正的过程。其文稿虽已散佚，却能在《祥符县志》等地方志中见其著录。《四竹堂记异》共 240 卷，原著已佚，但在《开封府志》和《祥符县志》中存其著录。四竹堂即赵氏家族之堂号。《劫难图》30 册，是赵映乘出任福建汀漳兵巡道按察副使时为围剿地方割据势力作准备所绘写实图录，亦已佚。《明道序》共 10 章，论及开封一赐乐业教教义和戒律，现已散失。《古代中国犹太人文集》则为王一沙编辑、整理的古代中国犹太人如明代金钟、左唐、艾田，以及清代赵映乘、赵映斗、赵应衮、艾应奎、李起唐等人所撰碑记、祷词、书札和题联等。开封犹太教清真寺中的题联包括匾额 23 方和联语 17 副，反映出开封犹太人与中华文化的融合。其中匾额大多为当时在河南任官职者所题，包括犹太教外之人，而联语则皆出自中国犹太人之手。

古代中国犹太人谱牒包括中国犹太七姓的《登记册》《石氏家谱》和《赵氏家谱》等。《登记册》乃由中文和希伯来文对照写成，包括明末清初之际中国犹太人李、赵、艾、张、高、金、石七姓家族之男女姓名，共列 712 人之多。陈垣、怀履光、江文汉等人曾认为这是中国犹太人"七姓家谱"，但有不少人则推断它可能是这七姓家族家人死后入葬公墓的记录，故亦称其为"死人登记册"。全册共 106 页，其中 72 页载有中文与希伯来文对照的中国犹太人名字。该册原藏开封犹太教清真寺，1851 年被英国伦敦犹太人布道会派遣的使者买走，现存美国俄亥俄州辛辛那提希伯来联合大学图书馆。《石氏家谱》3 部，分存在开封、郑州和尉氏县。其中最近的续谱在 1949 年，续至"育"字辈。《赵氏家谐》亦有 3 部，其中有一支家谱用中文和希伯来文对照写成；此家谱原来分存于赵氏两家，现已焚毁和丢失。中国犹太人辑录则包括清末李起唐辑录的《中医验方汇集》和《百禄会文抄》，以及石维峋家族辑录的石氏《中医验方汇集》等。李氏《中医验方汇集》收录了民间药方 234 个，其《百禄会文抄》收录有"百禄会"（即清末民初开封民间公益、互助性团体）的启白（即书信）77 篇，文章 87 篇和杂记 10 篇。

这两种辑录均已由王一沙校注成册。石氏《中医验方汇集》也收录有民间药方 122 个。

开封犹太教清真寺留存的历史文物有一部分已被怀履光收集运走，现保存在多伦多博物馆中。此外在开封博物馆中亦收藏有一些开封犹太人遗物。其在多伦多皇家安大略博物馆中可查找者包括石盥手盘、灵阳玉磬、藏经金筒、铜香炉、石头莲花盆等。石盥手盘高约 7.5 英寸，原置开封犹太教清真寺后殿供桌旁，为教徒礼拜时洗手之用，后经赵允中之手而被西方传教士所获。灵阳玉磬乃开封犹太教召集信徒礼拜之用，为黑色硬石制成，上刻"灵阳玉磬"四字，其直径约 12 英寸，亦经赵允中之手而流失。藏经金筒为开封犹太教珍藏其《道经》经卷之物，高约 30 英寸，直径约 11.5 英寸。三脚铜香炉高约 4 英寸，但其外观铸造图案颇似天主教耶稣会士在华所用之物。石头莲花盆高约 4 英尺，原放于开封犹太教清真寺第三进大院里，1912 年被移入开封中华圣公会三一教堂之中，以作施洗盆之用。此外，多伦多皇家安大略博物馆还收藏有原开封南门上的一对高约 12 英寸、雕有莲花的石缶，美国华盛顿圣公会座堂伯利恒小礼堂内保存有原开封犹太教寺中的小型石头莲花盆等。而开封博物馆亦收藏有高约 4 英尺的石头莲花盆、开封犹太人无题记碑等中国犹太教遗物。

（原载卓新平《宗教理解》，社会科学文献出版社 1999 年版；《基督教犹太教志》，上海人民出版社 1998 年版。）

第六章

基督教研究

引　言

　　基督教是世界三大宗教之一，已有约两千年的历史。基督教亦称为"基督宗教"，共分为三大派系：天主教、新教和东正教。此外还有一些独立的教派，形成其复杂、多元的发展。天主教的全称为"罗马天主教会"，亦称"罗马公教"，简称"公教"，或音译为"加特力教"。新教的正式名称为"抗议宗"，亦译"抗罗宗"，源自德文"抗议者"（Protestanten），本意是指路德派新教诸侯和城市代表对1529年德意志帝国会议做出恢复天主教特权之决议案的抗议。因此，新教是16世纪欧洲宗教改革的产物，"新教"之名即表示与作为"旧教"的天主教相区别，亦称"更正教"或"改革教会"。新教在中国习称为"基督教"或"耶稣教"，现基本上统称为"基督教"。东正教的全称为"东方正教会"，简称"正教"，源自古代东罗马帝国的基督教。1054年，基督教东西教派正式分裂，东派教会形成与罗马天主教相抗衡、以君士坦丁堡为中心的"东正教"，中世纪时曾作为拜占庭帝国国教，因其宗教礼仪用希腊语，故称希腊正教，后又逐渐形成使用斯拉夫语的俄罗斯正教及其他东正教会。

　　基督教是一种信奉耶稣基督为救世主的宗教体系，相信上帝作为圣父、圣子和圣灵的三位一体，人死后复活和末日审判，以及基督的复归和对人世的拯救。基督教源自古代巴勒斯坦地区，本为属于亚洲的精神传承，但其成熟于古罗马帝国，在欧洲中世纪时被奠立为西方宗教思想体系的代表，由此跨越亚、欧，而近代以来则更是获得其全球发展。目前，基督教按其信仰人数和地域分布来看已发展为世界上最大的宗教。其信徒总人数约为22.9亿人，分布在全世界239个国家和地区，约占世界人口的33.2%和世界宗教徒总数的38%，其中天主教徒约12亿人，新教徒约8.7亿人，东正教徒约2.74亿人；[1]其大小教派共约三万个，各种教会社团达三百多万个。[2]因此，基督教对人类社会、思想、文化、政治、经济等有着广泛而深入的影响。

一 基督教的形成与发展

（一）基督教的起源及早期教会

1. 基督教的思想文化渊源

基督教在其起源及形成上乃直接继承、吸收了古希伯来文明和古希腊文明的重要因素，受到希腊化时期古代地中海周边地区希腊文化和罗马文化的影响。基督教最初产生于犹太教，并从犹太教中承袭了源自古希伯来文明及与之相关的古巴比伦、古埃及、古波斯和古希腊罗马等文明中的一些宗教观念和神话传说。这些宗教思想文化因素被基督教继承、发扬，在其历史发展中被改造、革新，从而形成了体现在基督教思想和神学、礼仪及宗教生活中的一些基本观念。

第一，源自古巴比伦文明的因素。

基督教最初在犹太民族中形成，古犹太人所属的希伯来人本为古代闪族的一支，而迦南人、叙利亚人、亚述人、巴比伦人和阿拉伯人均属古代闪族。公元前4000—前3000年，游牧的闪族部落从西部叙利亚草

---

[1] *International Bulletin of Missionary Research*, Vol. 34, No. 1, January 2010, p. 36.

[2] David B. Barrett, George T. Kurian, Todd M. Johnson eds, *World Christian Encyclopedia*, Oxford University Press, 2001, Vol. 1, p. 10.

原移居两河流域，随后与当地居民混居。犹太人传说中移居乌尔的亚伯拉罕时代可能就属于这一时期。因此，犹太教的远古传说中有许多因素与古代两河流域的各种宗教及神话观念相关。而公元前722年亚述人灭掉以色列王国和公元前597年、公元前586年新巴比伦国王尼布甲尼撒率军灭掉犹大王国，掳掠大批犹太人去两河流域，则使犹太人更直接地受到古巴比伦宗教文化的影响。这些信仰因素逐渐融入犹太教，并作为其传统材料而被基督教所继承。如基督教传统中的创世神话、伊甸乐园和洪水传说等皆受到古巴比伦宗教的影响，其素材直接来自古巴比伦文明，甚至一周七天之说亦与古巴比伦宗教信仰相关联。此外，基督教中关于基督受难、复活，以及圣母之说，也有一些古巴比伦传说的印痕。所以说，在基督教信仰观念中乃有着源自古巴比伦文明的因素和启迪。

第二，源自古埃及文明的因素。

据《圣经》记载，"以色列人住在埃及共有四百三十年"[①]。古希伯来人离开两河流域后曾居留埃及，并遭受奴役，后来才由其民族英雄摩西领出埃及。此外，公元前332年马其顿国王亚历山大率军攻克耶路撒冷、公元前301年埃及总督托勒密占领巴勒斯坦，都曾掳以色列人到埃及；而古罗马帝国统治时期，犹太教徒和早期基督徒也与古埃及文明有过广泛的接触。古埃及宗教信仰神对死者的审判和死人的复活，相信死者灵魂要进入阴间接受审判，并获得来世生活。这些观念曾为基督教的末日审判和地狱之说提供相应材料。此外，古埃及宗教中女神伊西丝与圣婴荷鲁斯的形象，亦对基督教信仰传说中圣母圣子形象的构设有过影响。从总体来看，古埃及文明中对基督教影响较大的诸因素主要包括其创世说、奥西里斯死而复活的观念、对死后审判的描述、对阴间地界的叙说以及有关救世王来临等信仰传统。

第三，源自古代波斯文明的因素。

公元前539年，波斯王居鲁士率军灭掉巴比伦王国，使被掳的犹太人结束其"巴比伦之囚"而重返家园。由此至前333年波斯帝国灭亡

---

① 《旧约·出埃及记》第12章第40节。

这两百多年间，犹太民族处于"波斯统治时期"，与古代波斯宗教有过深入接触，犹太人的宗教观念故受到古波斯文化潜移默化的影响。古代波斯宗教中对天使、魔鬼的描述，其末世观念和末日审判之说，其"光明"与"黑暗"这一善恶之争的观念，以及其太阳神密特拉崇拜等，都通过犹太教而影响到此后的基督教。而波斯宗教历史发展上的摩尼教，更是对基督教有过直接影响。波斯宗教观中的魔鬼论后来在犹太教、基督教中发展为天使堕落沦为魔鬼、引诱人类犯罪的理论。其善恶二元论在基督教中则衍化出人的原罪和尘世邪恶之说。而其关于世界末日、最后审判、死后复活及救主降临的说法亦在基督教中得以充实和完善。甚至当基督教发展成为世界性宗教之后，古代波斯宗教的一些影响仍以基督教异端思想形式而长期存在。

第四，源自古希伯来文明的因素。

古希伯来文明乃基督教最重要和最直接的孕育、发源之地。基督教产生于犹太教，其不少宗教观念乃直接从古希伯来文明继承而来，如其上帝观、救世观、选民观、原罪观、救赎观、末世观、圣经观和圣史观等。西方哲学家罗素曾指出基督教中存在犹太教的下述六要素：（1）一部圣史，显明公义之神；（2）有一部分为上帝所特别宠爱的人，对犹太教而言即"上帝的选民"，对基督教来说为"蒙拣选的人"；（3）关于"公义"的新概念，如推崇施舍、慈善等美德；（4）宗教律法戒规的确立，如承袭希伯来律法"十诫"；（5）弥赛亚的观念，基督教的救主即"历史上的耶稣"与希腊哲学中的"道"（逻各斯）之结合；（6）天国与来世的意义，弥赛亚战胜敌人在天国而不在地上，来世时善人享永恒的喜乐、恶人则遭永劫的痛苦。[①]基督教的起源和早期发展主要与公元135年之前的古希伯来文化密切相关，它最早乃为犹太教中的一个异端教派，后因克服了犹太教"特殊神宠论"和"神之选民论"等观念的排他性和自我封闭性，允许不施"割礼"的外邦人参

[①] 参见［英］罗素《西方哲学史》（上册），何兆武、李约瑟译，商务印书馆1976年版，第383—384页。

加其教会活动，从而演变、发展成为一种全新的世界性宗教。

第五，源自古希腊罗马文明的因素。

基督教在其形成时期直接受到希腊化时代的希腊文化及随后的罗马文化的影响。基督教在古希伯来文明中主要继承了其信仰传统，而在古希腊文明中则更多继承了其理性传统。古希腊精神中的"智慧"与"思辨"特征，成为基督教所吸纳的重要因素。由此，基督教发展出其信仰与理性交织共存的文化传统，并在其思想观念和认知方法上确立起一种独特的神学形而上学思辨体系。在基督教思想史上著名的上帝存在证明、唯名唯实之争，以及灵魂与不朽、相对与绝对、时间与永恒、观念与实在等问题的分析诠释，均与古希腊的"爱智"（哲学）精神密切关联。此外，古希腊文明中的神灵观念、崇拜形式、宗教体系、政治学说、人生体验、价值准则和悲剧意识等，亦对基督教思想文化体系的形成有着不同程度的影响。

古罗马文明在很多方面承袭了古希腊文明，其哲学在很大程度上亦为古希腊哲学传统之延续。古罗马帝国时代乃古代希伯来文明和希腊文明汇集、互融的时代，它为基督教的诞生直接提供了温床。在古罗马文明中，其律法精神、团队精神、共和精神及其宗教融合、政教关系的处理等，也曾给基督教留下了宝贵的文化遗产。

2. 基督教的产生及早期发展

基督教产生于公元 1 世纪中叶古罗马帝国统治下的西亚巴勒斯坦、小亚细亚等地，最初为犹太教的一个异端教派。当时犹太教的主要派别包括以古代以色列王国地域为活动范围的撒马利亚派，以祭司贵族为主的撒都该派，墨守成规和强调传统的法利赛派，主张希伯来文化与希腊文化结合的亚历山大派，坚持圣洁并渴求弥赛亚降临的艾塞尼派，以及主张武装反抗的激进派奋锐党派等。据传耶稣本人可能曾为艾塞尼派分支"拿佐勒"（"拿撒勒"）教派的成员，原始基督教也主要是从艾塞尼派衍化而来。按照基督教传统说法，其宗教是由耶稣基督及其门徒在巴勒斯坦创立，耶稣在古罗马皇帝奥古斯都统治时代（公元前 27 年至公元 14 年）出生于犹太耶路撒冷南部的伯利恒，其养父约瑟为加利利南部拿撒勒的木匠，传为古代犹太民族大卫王的后裔，因此耶稣有"拿撒勒人耶稣"之称。教会传统亦强调耶稣之母玛利亚为童贞女受"圣灵降孕"而生耶稣，即"纯洁受孕"所致。因此，耶稣并非约瑟的亲生儿子，而是"神的独生子"，其降生人世乃为拯救世人，故乃"救世主"。耶稣30岁时开始宣传上帝的"福音"，招收了彼得、安德烈、长雅各（西庇太之子）、约翰、腓力、巴多罗买、多马、马太、幼雅各（亚勒腓之子）、达太、西门和加略人犹大共12个门徒。其在传教中施行神迹奇事、治病救人，吸引了众多人追随，亦引起犹太教祭司和罗马统治者的反对。耶稣在与其门徒举行告别性"最后晚餐"后被加略人犹大出卖，并被犹太教祭司交给罗马总督彼拉多处以死刑。耶稣于星期五被钉十字架受难而死，但于第三天（星期日）复活，然后在地上向其门徒及信众显灵布道40天，于第40天升天，第50天差遣圣灵降临。门徒领受圣灵而开始传教，建立早期教会。耶稣的第一个门徒彼得原为渔夫，名西门，耶稣收其为徒时替他改名彼得，意为"磐石"。彼得被视为罗马教会的第一任主教，其继承人后有"教宗"（即"教皇"）之称。早期教会另一领袖保罗为法利赛人，原名扫罗，生于基利加的大数，享有罗马公民权，最初并不信基督，且参与迫害基督徒，但于37年在去大马士革途中受耶稣"灵召"而转宗受洗，并多次去外邦传播福音，率先将基督教传入犹太人以外的罗马公民和其他民族。保罗的许多神学著述构成了《圣经》《新约全书》中"保罗书信"的主要内容，为基督教的许多重要教义及信仰理论奠定了基础。

基督教的早期发展大体经历了原始基督教、早期基督教和古代公教会等阶段。原始基督教即教会在公元1世纪30—70年代之间的发展，其宗教体态尚不完备，没有系统化的神学、定型化的礼仪和固定化的机构，仍保留着浓厚的犹太文化色彩，其成员亦是巴勒斯坦和东部地中海沿岸各地的犹太人，且都为受苦受难的被压迫者。早期基督教则指开始定型化的教会，社会中的上层人士逐渐加入其中，教会通过辨析、吸收当时流行的犹太教"启示文学"和"智慧文学"思潮、东方一些神秘教派的思想认知和礼仪形式，以及晚期希腊哲学中犹太化的新柏拉图主义和罗马化的新斯多葛主义等，铸就了其主要信仰和早期神学的基本形式。古代公教会为2、3世纪至5世纪之间以主教制为主体的古代教会之形成，各地正统派教会在主要教义和主教制上大体取得一致，但仍各自独立而无明确的统一体制，不被正统派所承认的教会组织则被斥为"异端教派"。教会在其思想理论上开始发展出以"教父学"为代表的神学及哲学模式，并在奥古斯丁的理论体系上集其大成，由此奠定了对西方思想文化产生广远影响的基本认知模式和理论框架。基督教思想家一方面竭力为基督教信仰辩护，另一方面则努力劝说罗马帝国当局改变其迫害基督教的政策。在基督教的早期发展中，教会逐渐形成了体态较为完备的五大教会，其中包括后来属于西派教会的罗马教会，以及属于东派教会的亚历山大里亚教会、安提阿教会、耶路撒冷教会和君士坦丁堡教会。

基督教在其早期发展中曾经历了罗马帝国皇帝的残酷迫害和多次镇压。基督教思想家奥古斯丁曾列举了罗马帝国自尼禄皇帝以来对基督徒的十次大迫害：第一次为64—68年尼禄皇帝的迫害，早期教会领袖彼得和保罗等人殉教；第二次为94—96年图密善皇帝的迫害；第三次为98—117年图拉真皇帝的迫害，耶路撒冷主教西门和安提阿主教依格纳修殉教；第四次为160—180年马可·奥勒留皇帝的迫害，护教者查斯丁殉教；第五次为202—211年赛普梯米乌·赛佛鲁皇帝的迫害，里昂主教伊里奈乌等人殉教；第六次为235—238年马克西密皇帝的迫害；第七次为249—251年戴修斯皇帝的迫害，教宗法比昂等人殉教；第八次为257—260年瓦勒里安皇帝的迫害，教宗西斯克特二世等人殉教；第九次为275年奥勒良皇帝的迫害；第十次为303—305年戴克里先皇帝的迫害，圣塞巴斯蒂安等人殉教。但基督教虽屡遭迫害，却仍在下层人民中得到迅速发展，并且影响到罗马军队和上层贵族，形成一股愈益强大的信仰力量。

随着基督教影响的不断扩大，罗马帝国统治者开始改变其策略，即从迫害、镇压基督教改为对之利用和扶植。4世纪初，罗马大将君士坦丁为争夺帝国统治权而寻求基督徒的支持，利用基督教信仰来鼓励士气、争取人心。据传君士坦丁在与马克森提争夺罗马帝国西部地盘时，向其军队宣称看到了天空中显现的火十字架及其题词"在这个标帜下你将获胜"，并展示了他从基督"显灵而得到的"一面带有十字架的旗子，其顶端安有两根X形十字架组成的星形花押，象征"基督"的希腊文缩写。他让军队打着这一旗帜参战，在312年10月底的决战中打败马克森提，顺利进入罗马城。从此，基督教信仰在罗马军队中迅速传开。313年，君士坦丁与东部罗马大将莱西尼乌在米兰联合发表了著名的《米兰敕令》（亦称《宽容敕令》），第一次在罗马法律上承认基督教的合法权利。君士坦丁统一罗马帝国后，于325年主持召开了基督教第一次世界性主教会议，即尼西亚公会议，确定了《尼西亚信经》。此后，君士坦丁本人亦于337年复活节后受洗入教。380年，罗马皇帝狄奥多西正式宣布基督教为罗马帝国的国教。392年，他又颁布帝国法令，禁止其他宗教的活动。这样，基督教从此成为在西方世界占主导地位的宗教信仰。

（二）中世纪教会的鼎盛及其思想文化的发展

1. 中世纪教会的发展

公元476年，西罗马帝国灭亡，曾作为其国教的基督教却得以保存，并在欧洲中世纪发展中为其社会及思想文化的重建发挥了重要作用。基督教能在欧洲古代至中世纪转型时期存活下来并起到欧洲重建的主导作用，乃有其本身所具有的特殊原因：第一，基督教作为一种社会意识形态有其独立性和其传统的延续性，要比政治、法律等更加远离社会的物质经济基础，因而并非与古罗马帝国的社会结构密不可分。第二，基督教本身有着与广大群众直接联系的教会组织形式，其社会网络及其与基层群众的凝聚，使其并不因为罗马帝国社会政治体系的崩塌而受到致命打击。第三，基督教拥有当时欧洲文化发展上的优越性，而推翻罗马帝国的日耳曼等"蛮族"当时仍属原始社会末期的发展阶段，其社会重建、政权巩固都需利用基督教这一文化体态及其文化优势，故其并不直接与教会为敌，反而自觉接受其思想文化体系。第四，基督教当时已发展成为欧洲人普遍信仰的宗教，甚至推翻罗马帝国的日耳曼等部族亦早已信奉基督教或其异端教派，故此他们仍将基督教作为其精神支柱和文化标志，保持与教会的密切合作。这些特殊原因使基督教在欧洲转型和重建的过程中处于得天独厚的地位，因而也给西方文化打上了"基督教信仰文化"的烙印，教会由此亦开始全面发展，并曾达到在欧洲"万流归宗"的鼎盛。

（1）"教宗"制的确立和"教宗国"的形成

早在罗马帝国后期，罗马教会主教在罗马皇帝的支持下已获得不少特权。西罗马帝国灭亡后，罗马教会在西欧封建君主势力的帮助下逐渐摆脱东罗马帝国的控制，开始独立发展。罗马主教亦根据彼得乃耶稣首席门徒而提出"彼得优越论"，并以罗马主教乃彼得的继承人而强调其在整个教会中的领袖地位，从而发展出西派教会的"教宗"制。

"教宗"亦称"教皇"，译自拉丁文 papa，源自希腊文的"爸爸"（pappas），最初仅为古代基督教对其神职人员的一般尊称，后来古代五大教会的主教均用此称谓来表示其宗主教之衔，西罗马帝国灭亡后才逐渐用作西派教会的最高首领，为罗马主教所独有，由此具有"教宗"之义。11世纪时，罗马主教格列高利七世完全独占"papa"之称，从而正式形成西方罗马天主教会的"教宗"制度。这样，罗马主教既是罗马城的主教，亦为全世界天主教会的最高首领，其全称即"罗马城主教、罗马教省都主教、西部宗主教、梵蒂冈君王，教宗"，亦称为"宗徒彼得的继位人""基督在世的代表"等。

在西欧中世纪的发展中，罗马教会在5世纪末就开始积极支持征服西欧的法兰克王国，由此亦获得自身权力的发展。至6世纪末，罗马主教不仅控制了整个西方教会，而且其在政治上的管辖范围亦已包括意大利中部和西西里、撒丁尼亚和科西嘉等地，其影响还扩大到西班牙、高卢和不列颠。751年，矮子丕平成为法兰克国王，教宗卜尼法斯即承认其合法性，为其行傅油礼。753年，教宗司提反二世又封丕平为罗马保护人，以抵抗伦巴人对罗马地区的入侵。丕平曾两次率军远征意大利，使伦巴王不得不退让。丕平于756年从伦巴人手中夺回的意大利半岛拉文纳至罗马的大片土地赠予教宗,史称"丕平献土"。教宗基于这些土地而在意大利中部建立起"教宗国",形成政教合一的体制。774年,查理大帝亦将贝内文托、威尼斯等城市赠予教宗。962年,德皇鄂图一世也赠给教宗若干城市。从此,教宗国日渐强大,在12—13世纪达到其发展的鼎盛阶段。这样,基督教与欧洲政治的关联也形成高峰。此后,教宗国由于受到地方封建主的挑战和天主教会内部的分裂而开始衰弱。教宗国中出现了一些地方自治政权,教宗对许多城镇仅有名义上的统治,而教宗本人及其教廷此间亦经历了迁居阿维尼翁的变故。虽然教宗国在15世纪中叶曾一度复兴,但至16世纪末又缩小为一个小国。1798年拿破仑占领罗马,成立罗马共和国,教宗的世俗权力被取消。教宗国于1800年重建,但又于1809年被拿破仑并入法国版图,1815年曾一度恢复并受到奥地利保护。但奥地利于1859年被意大利战败,教宗国的大部分土地并入意大利人当时建立的撒丁王国。1867年拿破仑三世应教宗请求而派兵阻止意大利的统一,但1870年普法战争爆发后法国军队撤出罗马,意大利军队攻入罗马城,最终统一了意大利。尽管意大利人绝大多数信奉天主教,但在其政治选择上,意大利人仍然毫不犹豫地将原属教宗国的绝大部分土地都收归为意大利所有,并以罗马城作为意大利的首都。自1870年起,教宗退居罗马城西北角的梵蒂冈,教宗国名称不再延用,而以梵蒂冈城国来代之。

(2)"异端"教派的兴起和异端运动的发展

基督教在成为罗马帝国的国教后,曾以召开大公会议通过"信经"的方式来确立其神学教义的正统标准,而将教会内违背或拒绝遵守这些标准的派别及个人斥为"异端",对其代表人物加以谴责和打击。"异端"一词在希腊文原义中本指"选择",此时遂被用来表示那些被斥为非正统的思想观念及相关派别或人物。4、5世纪时,正统教会主要谴责了在教义上有关"神论""人论"和"基督论"这三个方面的异端。

在神学上,正统教会的"上帝论"强调"三位一体"的教义,宣称"圣父、圣子、圣灵三位一体",三者乃"同质""同体""同具神性"。但教会内仍有人或相关教派对之质疑,提出异议。其被斥为异端者包括阿里乌派、半阿里乌派、普里西利安派和马其顿尼派。"阿里乌派"由北非亚历山大城的阿里乌所创,反对三位一体教义,认为基督作为"被造者"而低于圣父,并不与上帝同质、同性、同体,故亦被称为"异质派",并因其追随者中有尼科米底亚主教优西比乌而也被称为"优西比乌派"。"半阿里乌派"指调和阿里乌派主张的理论,认为圣父、圣子虽不是同性同体的"同一实体",但也非异性异体的"不同实体",二者乃"同质"而彼此相像的"相似实体",故亦称"同质派"。"普里西利安派"于4世纪末在西班牙由阿维拉主教普里西利安所创,否定上帝三个位格间的实质区别,而认为三者只是一位上帝的三种不同形态,其思想与以撒伯里乌为首的"神格唯一论派"接近。"马其顿尼派"以4世纪时君士坦丁堡主教马其顿尼为代表,认为圣灵只是受造者,故此否认圣灵的神性,被斥为"圣灵之敌"派。

在人学上,正统教会坚持人因"原罪"而失其自由,必须靠神恩才能得救。与此持相悖观点的异端则包括贝拉基派、半贝拉基派和宿命论派。"贝拉基派"指5世纪初不列颠隐修士贝拉基的观点,他强调人拥有自由,反对"原罪"之说,故认为基督的救赎及恩典并无必要,人靠自身力量也能过一种无罪的生活,得到永恒的解救。"半贝拉基派"在人的意志自由与神恩关系上有所折中,但仍认为人因有向善意志而可自立,即使没有神恩亦能持有其正当的行为,故而对人仍然持肯定之态。"宿命论派"则走向另一极端,对人的意志自由彻底否定,认为神恩决定一切,上帝已预定了人能否得救,故而不需要人的任何努力。

在基督论上,正统教会认为基督具有一体两性,体现出神、人的双重特征。对此持否定态度的异端乃有聂斯托利派、阿波利拿里派、一性论派和一志论派。"聂斯托利派"即君士坦丁堡大主教聂斯托利所主张的基督二体二性说,否认基督为一个本体却同具神性和人性的正统观点,而认为基督乃分为神体神性和人体人性,玛利亚只是作为人的耶稣之母,而非作为神的基督之母。该派被斥为异端后被迫流向东方发展,7世纪中叶曾传入印度、中国,在华称为"景教"。"阿波利拿里派"

则认为基督乃二体一性,只有完全的神性而无完全的人性,其心灵乃神性逻各斯,而其人的魂与体则无本质意义。"一性论派"以君士坦丁堡修道院院长优迪克为代表,故亦有"优迪克派"之称,其强调基督的一体一性,即神性,认为这一神性像海洋吸收一滴奶水那样同化了人性。该派后在埃及发展出"柯普提教会",在美索不达米亚发展出"雅各比派"。"一志论派"则是7世纪君士坦丁堡大主教塞尔基乌的改良观点,即认为基督虽具神、人两性,却只有一种意志和作用,即神的意志和作用。

西罗马帝国后期出现的异端教派还包括在北非反对教会与罗马帝国结合、主张回到原始基督教状态的阿哥尼斯特派,以及在亚美尼亚和小亚细亚反对正统教会教阶制、隐修制和圣像崇拜,主张摩尼教善恶二元论和以清洁的神秘礼仪来解救世界众生的保罗派等。这些异端教派的出现,一方面说明罗马教会上层对思想控制的加强,另一方面也反映其信徒因所处社会地位的各不相同而出现分歧、产生分化。

进入中世纪以来,各种异端运动仍在基层继续发展,包括鲍格米勒派、阿尔比派、韦尔多派、鞭笞派等。它们多为社会底层穷人们的运动,抗诉官方教会的权势和教会内部出现的腐败。因此,官方教会曾设立异端裁判所来对之进行处罚,甚至组织过十字军对之讨伐。在这些异端中,"鲍格米勒派"流行于10—15世纪的保加利亚等地,意指"爱上帝者",认为上帝本来生有撒旦和基督,撒旦堕落成为恶的代表,而基督降生则是作为善的代表来向撒旦宣战,故具有善恶二元论的特色。"阿尔比派"于11世纪至12世纪在法国南部和意大利北部传播,亦相信善恶二元,因以法国阿尔比城为中心而得名。上述两派都强调持守清洁、反对腐败,所以统称为"卡特里派",即清洁派。"韦尔多派"于12世纪由法国里昂韦尔多创立,因其捐献财产救济穷人而有"里昂穷人派"之称,而其追随者习穿木鞋,故而也称"木鞋派"。该派曾在法国、瑞士、西班牙、伦巴第和波希米亚等地传播,并对宗教改革家威克利夫、胡斯等人产生影响。"鞭笞派"于13世纪中叶在意大利北部由拉纳里创立,其信徒常手举十字架结队游行,口唱圣诗,并以皮鞭自笞直至流血，故有此名。其倾向也是反对教会权力的滥用和教会内部及其教士的腐败。这些异端都相继遭到镇压。罗马教会自12世纪开始设立异端裁判所，1220年通令由多明我会和方济各会直接负责审判异端的活动。直至16世纪，这种异端裁判所才改为罗马审判部，以公布、增补"禁书目录"来处罚异端邪说。

（3）隐修制的建立及修会的影响

基督教的隐修制度始于3世纪，埃及的安东尼被视为这一制度的首创者。4世纪时，埃及的帕科米乌率先倡导集体隐修生活，从而使隐居独修发展为修会生活。此后，亚大纳西将隐修制传入西方，各种修道院在意大利、法国、英国等地建立。这一制度成熟的标志为6世纪由意大利人本笃在罗马郊区卡西诺山创立的"本笃会"。该会定有详尽的修会规章制度，其修士必须发绝财、绝色、绝意"三愿"，而其隐修内容则包括将敬主虔修与生产劳动相结合。本笃会由此成为西欧各修会的楷模。在中世纪的发展中，本笃会形成了庞大的修道体系。历史上属于这一体制的修道院达到6万多个，从其修士中曾选出了30个教宗、200多名红衣主教、4000多名主教，对天主教教阶体制及教会结构产生过巨大影响。

910年，法国公爵威廉三世在克吕尼创立修道院，形成"克吕尼修会"。该修会曾掀起克吕尼改革运动，要求教会摆脱世俗政权的控制，反对教会内部神职买卖等腐败现象，主张神职人员独身，以防范教职人员的腐败以及教会财产的流失；修会在遁隐修行的同时，亦提倡推动神学教育。11世纪，法国本笃会修士罗贝尔在第戎附近的西多旷野建立"重整本笃会"，亦称"西多会"。德国人布鲁诺亦在法国的加尔都西山创立了"加尔都西会"。1073年，本笃会克吕尼派修士希尔得布兰德当上教宗，称格里高利七世。他提出了严格的僧侣独身制度，从此真正形成天主教神职人员禁止结婚的传统。

十字军东征期间，西欧基督教曾组织军事修会参与东征，比较著名的有12世纪前后成立的法国圣殿骑士团、意大利圣约翰医护骑士团、德国条顿骑士团、西班牙卡拉特拉瓦骑士团等。这一历史发展曾导致中世纪欧洲"骑士文化"的诞生及发展，成为其冷兵器时代重要的社会文化现象。此外，在反对异端运动的过程中，基督教亦出现了托钵修会，如1209年意大利阿西西的方济各创立的"方济各会"，即"小兄弟会"或"灰衣修会"，以及1215年西班牙人多明我创立的"多明我会"，即"布道兄弟会"或"黑衣修会"。在中世纪基督教的发展中，较有影响的修会还包括1156年意大利人伯尔刀都在巴勒斯坦加尔默罗山创立的"加尔默罗会"，亦称"圣衣会"或"白衣修会"，以及1256年教宗亚历山大四世统一古代奥古斯丁各修会而建立的"奥斯定修会"等。

(4) 东西教会大分裂

395年罗马帝国分裂为东西罗马帝国后，基督教亦逐渐分为以罗马为中心在拉丁语地区传播的西派教会和以君士坦丁堡为主在希腊语地区等传播的东派教会。西罗马帝国灭亡后，罗马主教不仅成为西派教会的首领，而且还以"彼得优越论"来宣称其在整个教会中拥有首要地位的"教宗"权力。东派教会则在东罗马帝国皇帝的支持下与西罗马教会相抗衡。不过，东罗马帝国首都君士坦丁堡教会首脑虽享有"普世"牧首的尊号，但仅有"荣誉上的首席地位"而并无任何实权，虽然同属于东派教会，亚历山大里亚、安提阿和耶路撒冷教会却都相对独立存在，且保持着相应的自主权力。

此外，东西教会在教义上亦有重大分歧。在"三位一体"教义中关于"圣灵"的解释，381年召开的君士坦丁堡公会议曾给《尼西亚信经》加了一句措辞，指出"圣灵"乃"从父出来"。但西派教会于589年西班牙托莱多会议上在此条中又加上了"从父'和子'出来，与父子同受敬拜"的字句，这引起了不同意视"圣灵"从"圣子"而出的东派教会的强烈反对，由此形成了中世纪神学史上著名的"和子句"纠纷，并为东西教会的最终分裂埋下了教义上的伏笔。

东西教会的正式分裂始于9世纪下半叶。858年，东罗马帝国皇帝米歇尔三世任命佛提乌为君士坦丁堡牧首，并要教宗尼古拉一世来君士坦丁堡开会。尼古拉一世拒绝赴会，并于863年在罗马开会绝罚佛提乌。佛提乌则于867年绝罚尼古拉一世。这一事件史称"佛提乌分裂",为东西教会分道扬镳之始。至1054年,君士坦丁堡牧首色路拉里乌再次与教宗利奥九世发生冲突。色路拉里乌指责西方教会用无酵面饼祝圣圣体乃背离传统之举,教宗则派红衣主教洪贝尔出使君士坦丁堡以试图协调。洪贝尔在君士坦丁堡受到冷遇后当即绝罚色路拉里乌,而后者亦召开宗教会议,宣布绝罚教宗及其使臣。由此,东西两派教会断绝往来,各自发展,史称"东西教会大分裂"。西派教会形成其以教宗为核心的天主教传统,而东派教会则构成东正教体系。但随着此后东罗马帝国的衰落和解体,东正教亦逐渐分化、各自独立,于9世纪发展出保加利亚正教会,16世纪形成俄罗斯正教会,后又形成十多个自主正教会及其自治正教会多元并存的局面,虽然各东正教会沿袭古代东罗马帝国传统而形式上承认君士坦丁堡大牧首具有"首席牧首"的地位,但没有给其"首席"留有任何实际权力,因而并无严格意义上的东正教一统建构。

(5) 十字军东征

随着中世纪西欧的重新崛起和天主教会的不断强大,罗马教会曾一度重新染指地中海东部地区,以从信奉伊斯兰教的塞尔柱土耳其人手中解放"圣地"耶路撒冷为名,1096—1270年先后组织了八次"十字军东征"。1095年11月,教宗乌尔班二世在法国南部克勒芒城召开会议,号召组织十字军,以夺回被"异教徒"所占领的"圣地"。第一次十字军东征开始于1096年秋天,由法国、意大利和德国西部的封建主和骑士组成约三四万人的十字军分四路东进,次年6月占领尼西亚城,10月抵达安条克,攻城7个多月后于1098年6月攻陷此城,最后于1099年7月15日攻克耶路撒冷,建立起"耶路撒冷拉丁王国"。第二次十字军东征始于1147年,旨在响应耶路撒冷国王的求援,以夺回被土耳其人收复的埃德萨。但这次东征到1149年以失败告终。此后,塞尔柱土耳其人军事首领萨拉丁率军6万于1187年7月初在提庇利亚湖附近击溃十字军主力,并于10月2日攻占耶路撒冷。这样,西欧以英、法、德封建主为首于1189年组织第三次十字军东征。东征途中德国皇帝红胡子腓特烈淹死河中,德国十字军陷入瘫痪;法国十字军后亦撤回,只剩下英国国王狮心王理查孤军深入，但遇萨拉丁军队的顽强抵抗，征战一年多毫无结果，只好于1192年与萨拉丁停战撤军。第四次十字军东征始于1204年，原本以埃及为进攻目标，但在威尼斯商人怂恿下却转而进攻同样信奉基督教（东正教）的东罗马帝国首都君士坦丁堡，并于4月12日将之攻陷，然后在此建立拉丁帝国以取代原来东罗马的拜占庭帝国。但1261年拉丁帝国被推翻，拜占庭复国，这次东征以失败结束。1217—1221年的第五次东征、1228—1229年的第六次东征、1248—1254年的第七次东征，均以埃及为进攻目标，但都遭到失败。1270年的第八次东征旨在进攻突尼斯，但也遭到失败。被十字军占领的地区亦先后被伊斯兰教徒夺回，至1291年，十字军所占领的最后一个据点阿克城也被伊斯兰教徒夺取，十字军东征遭到彻底失败。

（6）教权与王权之争

在中世纪西欧封建王国和罗马教会的发展过程中，二者曾形成既合作，又竞争的局面。天主教会在11世纪初至13世纪末达到其发展的全盛时期，以罗马教宗为首的天主教会遍及西欧各地，形成涵括整个西欧封建社会的网络体系。而封建王权则因领主土地制及其导致的封建割据而被削弱，因此在教权与王权之争中常处于劣势。但这种较量在中世纪后期出现转变，王权因与新兴的西欧城市结盟而逐渐强大，罗马教会的势力则不断减弱。

这种教权与王权之争往往表现为"主教叙任权"之争。由于西欧封建领主土地制的特点，天主教会仿用封建主对其附庸授以领地的权力来叙任主教或修道院长，以授予指环和权杖象征其在封地上拥有宗教权力，而世俗政权同时对之授以权标，以象征其在封地上亦拥有世俗权力。而教宗与封建君主之间就主教或修道院长的叙任权之授予，则常常出现冲突和斗争。这一争斗在11世纪下半叶至12世纪初教宗与德皇的冲突上得到典型体现。1075年，教宗格里高利七世谴责德皇亨利四世出售神职，并将之绝罚。亨利四世则于1076年在沃尔姆斯召开会议，宣布废除格里高利七世。但因德国许多封建主叛离亨利四世，站在教宗一边，亨利四世陷于孤立而不得不于1077年1月亲赴当时教宗驻地卡诺沙城堡向教宗请罪，由此使"卡诺沙"有了"屈辱之行"的历史蕴含。他在获得教宗赦免、恢复教籍后重新巩固王权，并于1084年进军罗马，另立新教宗即对立教宗克雷芒三世，而逃离罗马的教宗格里高利七世则在流亡中于1085年去世。但政教冲突并未结束。1110年德皇亨利五世进军罗马，与教宗帕斯夏二世达成协议，德皇放弃统治教会的权力，而教宗则为之加冕，承认其皇权。此后双方冲突再起，亨利五世出兵推翻帕斯夏二世及其后继教宗，另立卡立克斯特斯二世为教宗，双方并签订沃尔姆斯宗教协定以解决冲突。

教宗英诺森三世统治时期，教宗权势曾达到顶峰。当时英诺森三世曾用"教宗是太阳，皇帝是月亮"这一名言来表达教宗与世俗君王的关系，认为后者只有得到教宗的认可才能掌握政权。但自14世纪以来，教宗权力下降，教宗卜尼法斯八世与法王腓力四世之争失利，从此教宗曾一度听命于法王，教廷也不得不于1305年迁至法国边境的阿维尼翁，故有教宗的"阿维尼翁之囚"等说法。教廷于1378年迁回罗马，但教会内部仍处于分裂之状，长期出现两个或多个教宗并存的局面。而随着西欧社会由封建制度转向资本主义制度，教会权力则更为减弱。

2. 基督教对中世纪西欧思想文化发展的促进

基督教作为从古代世界保存下来的唯一较为完备的文化体系，对中世纪西欧的重建起过关键作用。《欧洲文学与拉丁中世纪》一书的作者库尔提乌斯（Ernst Robert Curtius）曾说，"西方思想的中世纪基础是什么？西方思想的基础是古典的古代（classical antiquity）与基督教。中世纪的作用是接受这份财富，然后将其传播，将其改头换面。在我看来，中世纪最珍贵的遗产，是它在完成这项任务的过程中创造的精神"①。一方面，基督教会在西欧社会重组中发挥了其得天独厚的整合功能；另一方面，基督教的思想文化为西方文化的兴起提供了基本模式和重要内容。因此，"西方文化"的基本定型乃在这一时期，而其特色

---

① ［德］库尔提乌斯：《欧洲文学与拉丁中世纪》，林振华译，浙江大学出版社2017年版，第567页。

则基本上为一种基督教文化。西欧中世纪的文化复兴,乃与基督教有着不解之缘。

(1) 加洛林王朝文化复兴

加洛林王朝为欧洲中世纪初期法兰克王国王朝,因其创建者丕平的儿子查理(拉丁文即"加洛林")大帝而得名。加洛林文化复兴代表着中世纪千年历史上西欧的第一次文化觉醒,也是基督教参与西欧在中世纪的文化重建所获得的首次成功。

查理大帝深受基督教影响,其执政后决定依靠教会的力量来把国家与教会融合为一个包罗万象的基督教帝国。为此,他曾微服私访,广招教会人才,在其宫廷内集中了来自欧洲各地的教会学者,包括英国教士阿尔琴等人。以阿尔琴为代表的这些教会学者创办法兰克宫廷学院,翻译整理古希腊罗马文献,开展哲学、文学、艺术等研究活动,因而很快就兴起了中世纪西欧学术研究之风,开始了西欧修院及宫廷的教育活动,形成了9世纪前后加洛林王朝思想、文化及教育的迅速发展。

查理大帝去世后,在其孙子秃头查理的支持下,加洛林王朝文化复兴得以延续,整个欧洲社会亦开始恢复活力。在拉特兰努、埃里金纳等人的倡导下,人们继续兴办学校,制定管理守则、设定学科门类,而抄录《圣经》及古代文献,对之加以翻译诠释,并进而开展系统的哲学探究等活动也得到进一步发展。此间加洛林王朝宫廷及修院学校确立了其"七艺"(Septem Artes Liberales)课程,即文法、修辞、逻辑、算术、几何、音乐、天文,其内容均与基督教知识体系相关,也是西方教育体系中最早的系统学科分类。对此,当代基督教思想家道森指出,由查理大帝倡导、以基督教教士为主体、将基督教知识用作其内容的加洛林王朝文化复兴乃"标志着欧洲文化从诞生前微弱的曙光进入实际生活意境的第一次涌现"[①]。

[①] [美] 沃伦·霍莱斯特:《欧洲中世纪简史》,陶松寿译,商务印书馆1988年版,第99页。

(2) 12世纪文化复兴

继9世纪加洛林王朝文化复兴之后，西欧社会在12世纪又达到其文化发展的一次高潮，后世学者称之为"12世纪文化复兴"。其实，此说来自20世纪美国哈佛大学教授、著名历史学家哈斯金斯（Charles Homer Haskins）。"当哈斯金斯试着让更多读者对'12世纪文艺复兴'产生兴趣，他发现必须考虑中世纪是否是'进步的'（progressive）这个问题，而他大胆给出了肯定的答案。"[①]这一"复兴"实际上乃中世纪西欧社会基督教文化的再次复兴，但它不仅说明基督教文化体系在欧洲的真正确立、其思想影响在社会各领域的全面展开，而且也标志着中世纪欧洲社会文化制度的完全成熟。

12世纪文化复兴的主要特点是欧洲文化教育的复兴及繁荣发展。在12世纪前后，欧洲各地创办了众多的大学。这些由基督教修道院学校和大教堂学校发展出来的综合性大学标志着欧洲文化史上高等教育的真正形成及其大学体制的奠立。"大学的诞生"使欧洲社会形成了百家争鸣、百花齐放的学术氛围，而其知识及教育的力量则影响到欧洲社会思想、文化、政治、经济的发展上升到一个新的台阶，为其近代社会出现的突破埋下了伏笔、打下了重要基础。

在1100—1200年之间，各种新的知识通过西班牙、意大利及其西西里等地而涌入西欧，使欧洲人接触到亚里士多德、欧几里得、托勒密和古希腊医生们的各种著述，促成了哲学、物理、数学、天文、医学和法律等学科发展。欧洲最早的大学于11世纪末在意大利博洛尼亚创立，以教会法典和罗马法典的教学见长，故曾为欧洲中世纪法律知识复兴的标志。但真正的综合性大学则始于12世纪初法国巴黎的圣母院大教堂学校，巴黎大学即圣母院学校的直接产物。巴黎大学最初的建构乃神学、艺术、法学、医学这四个学院，其中索邦神学院最有名，故此"索邦"曾为早期巴黎大学的代名词。12世纪时法国已有修道院学校70多所，其中许多学校代表着当时欧洲学校的第一流水平，尤以夏特

---

① [德]库尔提乌斯：《欧洲文学与拉丁中世纪》，林振华译，第556页。

大教堂学院最为出名，曾吸引许多著名学者如圣伊夫斯、伯尔纳、蒂尔里和索斯伯里的约翰来此任教讲学。但巴黎的学校则后来居上，因其处于欧洲的心脏和交通要道、作为法国君主制的首都所具有的政治、经济地位而一跃成为欧洲思想文化的荟萃之地，拥有全欧学术教育中心的声望。法国大学教育在12世纪的兴盛吸引了各国学者前来讲课，各地青年亦纷纷来此求知求学、负笈从师。因此，法国当时乃成为欧洲文化的缩影，巴黎亦被视为欧陆的文化都市。其文化教育的鼎盛在当时流行的一句名言中得到绝妙反映："意大利人有教宗，日耳曼人有皇帝，而法国人则有学问。"

12世纪文化复兴所体现的学术、思想探究的自由，也带来了基督教思想体系中人文主义思潮的兴起。这种对人的关注、对人的本性与命运的探讨开始了神学从"神本"到"人本"思想的过渡，引发了对人性及其精神的重视。可以说，12世纪的文化复兴直接迎来了13世纪欧洲经院哲学的鼎盛发展，亦为中世纪与近代之交的欧洲文艺复兴运动创造了条件、做好了准备。

（3）中世纪经院哲学的发展

"经院哲学"（Scholasticism）本指在学校讲授的知识学说，后成为中世纪欧洲大学中讲解、流传的哲学思潮之专称。它产生于11—14世纪，其特点是运用理性形式、逻辑方法来论证基督教信仰，因而乃思辨性的基督教哲学。经院哲学的产生，使基督教神学从其原初的《圣经》注释和教义信条阐述发展到运用理性、基于逻辑来探究神与人、思维与存在的关系，从而形成其神哲学的思想传统。

中世纪经院哲学的讨论核心乃共相与个别、信仰与理性的关系问题，由此形成唯名论和实在论两大派别，以及从信仰达理解或以理解求信仰的两大认知路径。早期经院哲学乃围绕基督教圣餐中"实体转化"的信条而展开讨论，从而开始唯名、唯实之别。从唯名论传统来看，贝伦迦尔（1000—1088）以逻辑判断等辩证方法来质疑"实体转化说"，认为个别事物才是真正实在，共相仅是其名称而已；罗色林（1050—1112）亦坚持个别具体事物才是真实的，"一般"则是代表众多事物的名词，并无客观存在；阿伯拉尔（1076—1142）则以亚里士多德哲学来论证共相不是实体，而乃判断种、属内同类事物所具共性的词语，他进而强调"理解才能信仰"，曾为唯名论的重要代表。从实在论传统而论，兰弗朗克（1005—1089）反对以个别性命题来得出普遍性结论，由此突出共相的实在性；安瑟伦（1033—1109）亦把共相看作可离开个别事物而独立存在的第一性实体，他还主张"先信仰，后理解"，并以形式逻辑的三段论式来证明上帝的存在，从而创立了中世纪的正统经院哲学；而香浦的威廉（1070—1121）更是坚持真实存在的只有共相，认为这一共相则可毫无差异地存在于每一个别事物之中。早期经院哲学较侧重柏拉图主义，多继承奥古斯丁思想传统，这一传统后在波拿文都拉（1217—1274）的学说理论上达到集中体现。但随着12世纪下半叶亚里士多德哲学的引进和广泛运用，中世纪经院哲学在13世纪达其鼎盛。这一走向经大阿尔伯特（1200—1280）而在托马斯·阿奎那（1225—1274）的理论体系上达到完善，形成具有综合、包容特征的温和实在论，即强调共相乃存在于物之前（ante rem）、物之中（in rem）和物之后（post rem）。阿奎那的理论最终以"托马斯主义"之名而被作为天主教会的官方神哲学，其影响因"新经院哲学"，尤其是"新托马斯主义"的出现而延至当代。

在其后期，经院哲学产生了以罗吉尔·培根（1214—1294）为代表的经验论，以邓斯·司各特（1264—1308）为代表的"二重真理"说，以及以库萨的尼古拉（1401—1464）为代表的"对立统一"之辩证学说。库萨的尼古拉的学说已在跨越中世纪思想之限，开始在孕育新的时代的理论学说。自14世纪始，中世纪的神学逐渐与哲学分离，从而为欧洲近代新的思想变革准备了温床。经院哲学家奥卡姆（1300—1350）以清算中世纪认知范畴、要将无现实根据的"共相""形式""概念"一剃而光的"奥卡姆剃刀"来结束中世纪的思维进路，而结合奥卡姆和司各特基本思想的比尔（1410—1495）则成为"最后一个经院哲学家"。中世纪经院哲学的发展，为欧洲乃至整个西方近现代思想的厚积薄发准备了极为丰富的资源。

(4) 欧洲文艺复兴运动

欧洲文艺复兴运动是 14—16 世纪即欧洲中世纪后期至近代初期所兴起的一场席卷整个欧洲、产生广远影响的人文主义思想文化运动。这一运动虽然以"古典文化的再生"为旗号，实际上却是欧洲基督教文化本身的革新运动。它起着承前启后的作用，既是对中世纪传统模式的突破和扬弃，也是代表欧洲近代思想精神的萌芽和诞生。在这种联结中，基督教思想文化体系乃起到了重要的纽带作用。

文艺复兴运动率先在欧洲基督教社会的心脏地带意大利兴起，不少人文主义者乃基督徒，甚至为教会神职人员。文艺复兴运动在文学、绘画、雕塑、建筑等领域的成就，亦与基督教文化及其社会生活相关。此后，文艺复兴运动扩展到英国、法国、德国、西班牙、尼德兰等地，成为欧洲社会变革和文化更新的普遍现象。

这些文艺复兴运动的共有特点，乃对"人文"精神的高扬和人文主义思潮的发展。这种人文精神虽以"人"之主体意识来对抗中世纪流行的"神本主义""神权至上"的客体意识，却没有从根本上脱离基督教文化体系，因为人文主义不是要以"人"来取代"神"、不是主张"人""神"平等或并重，而是强调人的自知、自觉、自主，唤醒人的自我意识。在此，人文主义仍然强调基督教信仰所肯定的人的"灵性"，认为人具有"上帝的形像"，拥有来自上帝的"自由"与"权力"，并享受到上帝的仁爱与恩典。所以说，文艺复兴运动乃欧洲基督教思想文化体系内的一种调整、一种更新、一种变革，它由此而达到了"人"在基督教文化中的一次"新生"，并迎来了西方近代思想文化发展的"新纪元"。

(三) 宗教改革运动与基督教的近代发展

1. 宗教改革运动与新教的诞生

16 世纪，在欧洲各地先后出现了宗教改革运动。这一运动是西方社会政治史及基督教思想文化史上的重大事件，它亦表明欧洲在中古与近代之交时其社会文化和价值观念体系在结构、组织、思想、心态等方面发生了根本性变革，由此而步入近代基督教多元化及地域化的复杂发展。从社会政治意义上来看，宗教改革运动标志着欧洲新兴资产阶级掀起了广泛而深入的反封建的社会政治运动，它导致了欧洲中古封建制度的终结，迎来了其资本主义近代发展的全新历史。从宗教信仰意义上来看，宗教改革运动推动了基督教会内部的革新，它动摇了天主教会及其教阶体制的权威地位，导致了基督教三大教派中新教的诞生，并形成基督教在近代社会民族化、区域化发展的多元景观。

宗教改革运动最早在德国出现，由此在整个欧洲形成连锁反应。1517年，教宗利奥十世以修建罗马圣彼得大教堂为理由派其特使台彻尔到德国兜售赎罪券，遭到以马丁·路德（1483—1546）为代表的德国神学家及教会人士的坚决反对，从而引发宗教改革运动。1517年10月31日，路德公开贴出题为《关于赎罪券的辩论》之"九十五条论纲"，揭开这一改革的序幕。其对教宗权威的挑战及在信仰上自主自治的主张使之与罗马天主教会彻底决裂。他在此期间用德语翻译了《圣经》，号召人们直接阅读《圣经》，以《圣经》的权威来抵制教宗的权威，用"因信称义"来反对神职人员的行政干涉及思想压制，并建立起不受天主教会控制的民族性"廉俭教会"，因而宣布了新教的产生，并形成其路德宗传统。1525年，路德与修女迦他林波娜结婚，开了新教神职人员可以结婚的先例。1529年4月6日，新教诸侯向德意志帝国会议恢复天主教特权表示抗议，从此新教在西方语言中便被称为"抗议宗"（Protestant）。

在瑞士，慈温利（1484—1531）在1518年担任苏黎世大教堂的神父后开始推行宗教改革运动，并曾形成一定规模，后因其于1531年阵亡而导致这一改革的夭折。1534年，法国宗教改革家加尔文（1509—1564）来到瑞士巴塞尔，继续从事改革活动。他于1536年发表其神学名著《基督教原理》，随之在瑞士、法国等地创立加尔文宗，进而发展出多个教派，并自1541年在日内瓦建立欧洲第一个由新教执政的资产阶级共和国。加尔文提出了"谋事在人，成事在天"的预定论神学思想，并倡导其信徒过"廉俭""克制"和"清贫"的生活，形成一种

"清教"伦理。其主张曾对西方资本主义精神的形成起过关键作用,其"清教"身份亦成为17世纪英国资产阶级革命时所用的旗帜。

英国宗教改革则是由国王亨利八世自上而下来推动。他反对教宗在政治、经济上对英国教会的控制,不满其凌驾王权之上对王室事务的干涉。当教宗出面拒绝亨利八世解除与阿拉贡的凯瑟琳的婚姻、反对他同安妮·博林结婚时,他发动了英国宗教改革,不仅自己与教宗决裂,而且强迫英国教会彻底结束对罗马教廷及教宗的臣服和隶属关系。1529年,亨利八世免除教廷在英国代表乌尔西的职务;1531年,他以罚款、惩办等手段迫使英国神职人员承认英王乃英国教会唯一首领;1532年,他又假手国会通过法令,宣布英王在英国教会中至高无上的地位,规定教会立法须由国王批准、主教当选须经国王提名任命,并让神职人员向国王宣誓效忠。1534年,英国国会通过"至尊法案",授予英王以英国教会元首的称号。由此,英国国教会即圣公会诞生,它不再服从教宗管辖,但保留了天主教会的主教制以及其主要教义和宗教礼仪。

这样,以民族性和地域性为特征、不再隶属天主教会的新教各派就在宗教改革的浪潮中相继产生。其中路德改革形成了新教信义宗(路德宗)体系,加尔文等人的改革发展为新教归正宗(加尔文宗或长老宗)体系,英王的改革则建立起圣公宗(安立甘宗)体系。在此后的发展中,这几大教派又分化或衍生出清教、公理宗、浸礼宗、贵格宗、卫斯理宗、神体一位论派、莫拉维亚弟兄会等众多派系。

2. 天主教的改革运动及海外传教

欧洲各国风起云涌的宗教改革运动给天主教会带来了巨大冲击和震撼。为了迎接挑战、摆脱危机,天主教随之亦掀起了一场对外维护天主教权威、对内纠正其传统弊端、激发天主教信仰热诚的改革运动。这一天主教革新因乃回应欧洲宗教改革而在历史上被称为"反宗教改革运动"。

1545年,天主教召开特兰托会议,分析宗教改革运动对天主教会带来的冲击和影响,商讨解决其内部教义争端和整顿教会秩序及纪律的相关革新措施,由此颁布了天主教内部的各种改革法令,使教会生活及其行政管理出现焕然一新的面貌。1566年，天主教刊印发行阐明其教理的《罗马教理问答》，以便对抗新教印行的各种通俗教义问答书，争取信教群众。《罗马教理问答》清楚阐述了天主教的神学理论和道德观念，成为当时广为人知的天主教正统教义的标准范本。此外，天主教的改革运动还包括以倡导神秘主义、禁欲主义的灵修及虔敬生活来抵制欧洲社会世俗化的倾向和新教神职人员取消独身制的做法，以开展"巴罗克"艺术活动来宣传天主教会的宏伟、威严、华丽和壮观，从而与新教鼓吹的"廉俭教会"相抗衡。这些改革活动在欧洲大陆发展出一种以南欧地区为主的天主教文化传统，并使欧洲近代发展更具有戏剧性和多样性。

　　天主教近代发展的一大特色，即其海外传教活动。自15世纪末哥伦布"发现"美洲大陆以来，葡萄牙和西班牙传教士就已利用本国的殖民扩张势力而将天主教传入南美洲。罗马教廷随之以教宗通谕等形式让从欧洲出发的传教士取道里斯本以获得葡萄牙国王的批准，后来甚至发展到由葡萄牙国王提名葡属殖民地的主教人选，此即所谓"皇家保教权"或"葡萄牙保教权"（Royal Patronage）之由来。为了避免葡萄牙和西班牙两国在扩张中的纠纷与冲突，教宗亚历山大六世曾于1494年出面仲裁，使之签订《托尔德西里雅斯条约》，设立"教宗子午线"来为之划界。随之，欧洲各国天主教又向世界更大区域派遣其传教士，影响波及亚洲、非洲、大洋洲等地，使基督教真正具有世界宗教的规模。欧洲宗教改革运动之后，天主教海外传教的意识更为强烈。天主教会试图以其海外传教的势力来弥补宗教改革运动在欧洲对之带来的损失，扭转被动局面。为此，天主教会甚至提出了"在欧洲所失，要在海外补回"的宣教口号。

　　天主教改革运动及其海外传教努力中的一大发展，便是其新型修会耶稣会的创立。1534年，西班牙天主教徒罗耀拉组建起耶稣会，制定其"章程"和"神操"规则。创建这一修会的宗旨是重振罗马教会的信仰精神、重树罗马教宗的绝对权威。该修会仿效军队组织而管理严格，但其修士可不穿僧衣、不住修道院，以便能深入社会、影响各阶层民众。耶稣会在其后的发展中以其欧陆和海外宣教来掌握群众，以担任各国宫廷要职或宗教顾问来影响政治,以从事学术研究和创办大学来进入教育领域,因而恢复天主教在政治、思想、社会、文化、教育等领域的作用及影响上扮演了极为重要的角色。由于它经常卷入政治冲突而曾被欧洲各国禁止和取缔,并一度被教宗所解散。但因其在社会影响、海外传教上不可取代的作用,耶稣会不久便得以恢复,并保持其独特影响至今。

3. 新教向北美等地的传播

在欧洲新教的发展中,新教徒对自由宗教生活的追求和在欧洲所遇到的宗教迫害,形成了17世纪上半叶向北美移民的潮流。而这一发展则与英国清教运动直接相关。"清教"乃16世纪下半叶在英国教会内部受加尔文神学思想影响而出现的改革运动,因其主张"清除"国教会残存的天主教旧制、提倡一种"清俭廉洁"的生活而得名。当清教运动受到压制和打击后,其清教徒决定移居海外,到北美寻找其宗教自由的乐土,由此形成了北美文化的基督教特色。这也标志着西方海洋文化经"大航海时期"在南美的最初推进之后,随之深入北美的全新拓展。

1620年9月12日,一百多位清教徒在长老威廉·布卢斯特带领下乘"五月花"号商船开始其北美之旅。航行途中,他们在船上拟定了名为《五月花公约》的政治纲领,希望能在新大陆组建清教徒的"公民团体",以制定公正、平等的法律来保障新大陆上的社会新秩序。《五月花公约》明确对其签名者宣告:"谨在上帝和彼此面前,庄严签订本盟约,结成国家,以便更好地建立秩序,维护和平,为促进上述目的而努力;并随时按照最适宜于殖民地普遍福利之观点制定公正平等之法律、法令、宪法并选派官吏,誓当信守不渝。"① 这一公约因而被视为美国历史上最早的政治纲领,其基本精神亦对美国《独立宣言》和《美国宪法》的制定有过影响。

本来,"清教"是一种宗教运动而非政治运动,是神学学说而非政

---

① [美]梅里亚姆:《美国政治学说史》,朱曾汶译,商务印书馆1988年版,第11页。

治学说。但其在北美的发展却由宗教精神转化为政治原则，由神学理想变成了社会实践。例如，清教神学乃突出原罪论、契约论、圣经论和选民论；而在北美的政治建国实践中，这种"原罪论"衍化为有限之人在上帝面前一律平等的民主精神；这种"契约论"则使参与者的自愿同意、社会契约成为其立国的基础和原则；这种圣经论乃以圣经的权威来制止政府等世俗权力的滥用，以一种超越之维的监督来使现实政治三权分立、相互制约；而这种选民论也鼓励其信众争取在现实中的成功，由此亦孕育出美国人的使命感，以及与其"光荣与使命"相关联的"美国梦"。从此，美国政治遂有了基督教政治色彩，如美国当选总统就职要按着基督教《圣经》宣誓，美国国会亦有着各种基督教背景的活动要求等。自17世纪始，大量新教徒从欧洲移居北美，在当时英属北美十三个州中有着广泛的分布。正是在其清教精神的"美国梦寻"中，我们可为当今美国"公民社会"之"公民宗教"，及其神学的"公共性"等寻根溯源。

（四）基督教的现代发展

1. 天主教会的"跟上时代"

自欧洲宗教改革运动以来，天主教会的影响被不断削弱。英国和法国等爆发的资产阶级革命，更使天主教会的权威被质疑、遭挑战。1804年年底，拿破仑登上法国皇帝之位时在加冕仪式上自戴皇冠之举，亦使天主教的威信受到沉重打击。为了巩固其信仰地位和教会权威，教宗庇护九世于1869年年底在梵蒂冈主持召开了第一次梵蒂冈大公会议，提出了"教宗首席地位"和"教宗永无缪误"之说。但会议尚未结束，意大利军队于1870年攻入罗马，将教宗国并入意大利世俗国家的版图，教宗不得不退居梵蒂冈，自称"梵蒂冈囚徒"，并宣布无限期休会。此后几任教宗亦不接受意大利国会通过的《教宗保障法》，蛰居教廷而不出梵蒂冈一步，直至1929年2月才与意大利政府达成政教协议，签订《拉特兰条约》。在其思想理论上，教宗利奥十三世于1879年发布《永恒之父》通谕，宣布托马斯·阿奎那的神学体系乃天主教唯一真正的哲学，由此形成现代"新托马斯主义"思潮。天主教这种自我保护及自我封闭的举措，也使其与社会的主流发展形成隔阂和反差，从而显得保守和滞后。

为了打破这一僵局，教宗约翰二十三世和保罗六世于1962—1965年先后主持召开了第二次梵蒂冈大公会议（以下简称"梵二会议"），约翰二十三世并为此提出了"跟上时代"的口号，从而使天主教迈出了改革和现代化的关键一步。这次会议以天主教教会内部改革和基督教各派"合一"为主题，呼吁教会赶上形势发展，紧跟时代进步。会议共通过了16个文件，包括4个宪章、9个法令和3个宣言，并对教廷机构加以改组，增设了"基督教合一秘书处""非基督徒宗教联络秘书处"和"非宗教信仰者联络秘书处"等建构，表明了其开放、对话之姿态。这次会议从理论上和构建上均加以更新，以解决天主教会对内实行改革、对外向世界开放等重大问题。

概言之，"梵二会议"带来了天主教会在现代社会如下几个方面的突破：在神学上，天主教结束了会议之前新托马斯主义一统天下的局面，开始了当代天主教神学的多元发展，涌现出拉纳尔、巴尔塔萨、普茨瓦拉、吕巴克、歇努、龚加尔等杰出神学家，展示了其神学思想的活跃和深化。在宗教上，天主教不再强调"教会之外无拯救"，而是与各种宗教展开积极对话和交流。1964年1月，教宗保罗六世出访耶路撒冷，会见希腊东正教牧首阿德那哥拉一世，从而成为自1914年以来首位离开意大利、访问圣地的教宗，并以这次出访而促成了500多年来东西教会领袖的第一次历史性会晤。1965年12月，教宗公布自动诏书，将教廷圣职部改组为"信仰理论部"，宣布自1559年以来历次发表的《禁书目录》不再具有法律效力，并对1054年东西教会的分裂表示遗憾，承认罗马教会负有责任，宣布当时教宗开除东方教会牧首的决定无效。1978年，教宗约翰·保罗二世登基后继续开展宗教对话活动，频频出访，并在访问耶路撒冷时专程拜访犹太教会堂，会见犹太教领袖，以争取清除两千年来天主教与犹太教的紧张关系。在当代发展中，天主教人士亦积极促进宗教理解、寻求世界和平，如天主教神学家孔汉思、斯威德勒等人在倡导"世界伦理"、争取"通过宗教和平达到世界和平"上均有积极作为。在政治上，天主教采取了灵活、务实的政策，在政教关系上不再强调政教合一，正视并承认许多国家政教分离的现实。1984年，梵蒂冈和意大利政府签署新的协定以取代1929年的拉特兰协定，宣布国家和教会"相互独立，各自享有主权"，天主教不再为意大利的国教，罗马亦不再是其"圣城"。1991年，教宗发表"百年"通谕，表明天主教会对共产主义、社会主义和资本主义等社会政体的态度。在科学上，天主教亦积极寻求科学与宗教的协调，承认科学的价值和意义。1936年，梵蒂冈成立"罗马教廷科学院"，聚集各国优秀科学家开展研究。1966年，教廷宣布取消《禁书目录》。1992年，教宗约翰－保罗二世发表演说，公开为伽利略平反。1994年，教廷亦成立其社会科学研究院。

当然，现代天主教在其发展中亦面临着来自激进和保守两个方面的挑战。激进派的"解放神学"和"政治神学"等打破了教会内部的平衡，为此，教廷公开声明对"解放神学"的否定，于1979年传讯了荷兰神学家施莱毕克斯，停止了瑞士神学家孔汉思在德国图宾根大学的神学教席。保守派代表为"回归传统"而在法国大主教利费布维的带领下，于1988年不顾教宗反对而擅自祝圣主教，结果被教宗绝罚，导致20世纪天主教会内部"最大的一次"宗教分裂。因此，天主教在其现代进程中仍面临着"改革"还是"复旧"的艰难选择。

在2000年10月1日梵蒂冈"封圣"之前，中梵接触曾取得相关进展，在"封圣"事件发生后，中国对之加以批评和谴责，但北京在2001年仍有纪念利玛窦进京四百周年的相关活动。2005年4月2日，约翰·保罗二世去世，外交部发言人刘建超称其某些提法"对改善中梵关系有益"；2005年4月19日，德国神学家拉辛格当选为新教宗（4月24日正式就任），选号为本笃十六世；他上任后对罗马教廷进行了改组，亦更加关注与中国的交往，并试图加强对中国天主教的控制。2007年教宗本笃十六世致中国天主教"牧函"，受到中方指责批评，但2008年5月7日，中国爱乐乐团、上海歌剧院组织梵蒂冈音乐会，教宗会见了邓榕、孙玉玺、刘海星等人；但本笃十六世从2011年起对中国自选自圣主教处以"绝罚"，中梵关系再度紧张。本笃十六世于2013年2月11日宣布2月28日辞职后，阿根廷布宜诺斯艾利斯大主教豪尔赫·马里奥·贝尔高利奥（1936年12月17日生于阿根廷首都）于2013年3月13日当选为第266任教宗，称为方济各，被视为方济各一世。他是耶稣会背景，且来自拉美，故其上任后明显有着亲近中国大陆的态度。2015年10月29日，教廷国务卿帕罗林枢机宣称梵蒂冈代表团于十月中旬（6位成员，11—16日）到过北京，表明中国和圣座正在展开"非常积极的"对话，而"能够对话本身就是意义深远的"，教宗表示愿意到中国访问，甚至"明天也行"，"中国在我心里，永远在我心里"。随着中梵关系有所改善，梵蒂冈允许中国艺术家在梵展览，中国退休高官亦以私人身份访梵，以及有梵蒂冈博物馆与中国故宫博物院的互展等安排。2018年9月22日，中国外交部副部长王超同梵蒂冈教廷与各国关系部副秘书长卡米莱利在北京就主教任命问题签署了相关临时性协议，随之有8位中国主教被取消"绝罚"、获得承认。2019年梵蒂冈得以参加北京世博园展，并在故宫办展。这些进展已说明天主教由此而进入其当代发展的新阶段。

2. 新教的多元发展

自马丁·路德、加尔文和英国国教会宗教改革以来，新教的近现代史乃与各教派的分化、重组、合并、独立等密不可分。新教从此不再存有大一统的世界教会，而乃基于"教随国定"的原则呈现民族教会、国家教会等多元发展。在现代社会，新教主要包括路德宗、加尔文宗、圣公宗、公理宗、浸礼宗、卫斯理宗这六大教派，从中再分化、组合而为近百个宗派、成千上万个独立教团。据统计，目前全世界基督教的从属教派达33820个，所包含的教会社团达3445000个；[①]其中大部分属新教各派。而随着新教现代福音派、灵恩派的发展，传统教派的格局已被

---

① David B. Barrett, George T. Kurian, Todd M. Johnson eds, *World Christian Encyclopedia*, Oxford University Press, 2001, Vol. 1, p. 10.

打破，出现了许多由跨教派构成的后教派组织及其教会。这样，在上述教派及其教会社团中，传统教派约11830个，占其总数的35%，其所属教会社团约1654000个，占其总数的48%，但其所属信徒仍占基督徒总人数的80%；而后教派组织则已达21990个，占基督教教派总数的65%，其所属教会社团约1791000个，占其总数的52%，其所属信徒则仅占基督徒总人数的20%。①现具体分析如下②：

路德宗因其教义核心为"因信称义"而又称信义宗，共有10万多个下属教会或教堂，信徒约8450万人，分布在世界100多个国家和地区，其中2/3在欧洲，占其信徒总人数的67%（而欧洲路德宗信徒的59%则在德国），1/6在北美，占其信徒人数的17%；此外，其信徒人数约7%在非洲，6%在亚洲，2%在南美，1%在大洋洲。1947年，路德宗世界联盟在瑞典成立。该教派自1957年提出了教派在现代世界中"自由、团结、改革、服务"的主题，20世纪70年代以来亦在普世合一运动中提倡"和解的多样性"，主张在承认和保持不同教派特点的前提下开展对话及联合。路德宗保留了主教制，自20世纪60年代开始在一些国家推行任命女牧师的改革。

加尔文宗即归正宗，并因其实行长老制而亦称为长老宗，它共有10万多个下属教会或教堂，信徒约4800万人，分布在世界80多个国家和地区，其中约1/3在亚洲，占其信徒总人数的30%（而亚洲长老宗信徒的45%则在韩国），其余26%在欧洲（欧洲归正宗信徒约29%在荷兰，21%在英国，16%在匈牙利），23%在非洲，17%在北美，2%在南美，2%在大洋洲。1970年，归正宗世界联盟成立，其主体为1875年在伦敦成立的世界归正宗联盟和1891年在伦敦成立的国际公理宗协会。该派强调信仰的伦理道德意义，亦关注当代迫切的社会问题如

---

① David B. Barrett, George T. Kurian, Todd M. Johnson eds, *World Christian Encyclopedia*（《世界基督教百科全书》），Oxford University Press, 2001, Vol. 1, p. 10.

② 有关统计数字参见 *UK Christian Handbook*：*Religious Trends*（《英国基督教手册》），No. 1, 1998/1999 Edition, Christian Research, London, 1997, pp. 1.6 – 1.8.

世界和平、妇女解放等，在其现代发展中也积极参与各教派、各宗教之间的对话。

圣公宗即安立甘宗，亦称英国国教会，它共有29个自治教区，并发展为43个教省或独立教区，包括8万多个下属教会或教堂，信徒达7566万人，分布在世界160多个国家和地区，其中48%在欧洲（欧洲圣公会信徒的99%在英国），34%在非洲，10%在大洋洲，7%在北美，1%在亚洲。圣公会在教义和礼仪上与天主教传统比较接近，其教会内部保持着"松散的权威"，在其历史上规定英王为其教会元首，但实际上的教会首脑乃坎特伯雷大主教，其职责主要为召集每十年一次的兰柏特世界圣公会主教会议，首次会议于1867年召开，1998年召开了其第13次会议，约有770名主教与会。回溯其历史的发展演变，最初于597年，罗马派往英国传教的圣奥古斯丁成为首任坎特伯雷大主教；2002年，英国神学家罗旺·威廉斯当选为第104任坎特伯雷大主教。罗旺·威廉斯辞职后，由贾斯汀·韦尔比于2013年3月接任为第105任坎特伯雷大主教。圣公宗在20世纪下半叶开始关注并参与社会政治，涉及贫穷、移民、工会和国有化等问题。它支持普世教会运动，反对种族主义和军备竞赛。其在南非的黑人主教图图因积极参与并领导南非人民清除种族隔离和歧视的斗争而曾获诺贝尔和平奖。其教会内部争议最大的问题之一即妇女能否担任圣职。据传曾有女性在第二次世界大战期间在香港担任圣公会牧师，但这一举措此后长期没有得到教会公认。美国圣公会于1974年在费城祝圣第一批女牧师，于1976年宣布妇女可以担任包括主教级的全部圣职。1988年，费城黑人妇女巴巴拉·哈里斯当选为主教，并于1989年被祝圣，因而成为圣公会历史上第一位女主教。英国圣公会于1992年正式表决通过允许妇女担任牧师等圣职。其第一位女牧师于1994年祝圣任职。

公理宗乃从英国清教（加尔文宗）中分离而成，以其公众治理的教会制度为特征，主要分布在英美及英联邦各国，约250万信徒。该宗曾于1891年在伦敦成立国际公理宗协会，后于1970年并入归正宗世界联盟。其关注普世教会运动，并积极参与跨教派的教会联盟，先后于

1925年在加拿大、1947年在南印度、1948年在菲律宾、1957年在美国、1965年在牙买加、1970年在印度、1972年在英国、1977年在澳大利亚等地投入其跨教派的教会联合行动，形成其广泛影响。

浸礼宗也是从英国新教中分离而成，以其施洗方式为全身浸入水中为特征，共有19万多个下层教会或教堂，信徒约6710万人，分布在世界160多个国家和地区，其中约2/3在北美，占其信徒总人数的66%（北美浸礼宗信徒的96%在美国，占美国新教徒人数的1/3，是其最大的新教教派；美国浸会分为南北浸会两派），约13%在非洲，12%在亚洲，4%在欧洲，4%在南美，1%在大洋洲。浸礼宗世界联盟于1905年建立，在其发展中已形成6个地方团契，包括188个联盟组织，影响遍及世界各地。

卫斯理宗则从英国圣公宗分化而成，其名称来自18世纪英国神学家约翰·卫斯理。该派因强调遵循道德规范、主张过严格的宗教生活而又被称为循道宗，而其教会管理实行监督制，故又有监理宗之名。其下属教会或教堂达10多万个，信徒约4000万人，分布在世界130多个国家和地区，其中51%在北美（北美卫斯理宗的信徒96%在美国），28%在非洲，12%在亚洲，6%在欧洲，2%在大洋洲，1%在南美。1881年，世界循道宗联合会成立，原称循道宗普世会议，1948年因支持并参与世界基督教联合会的成立而改为今名。其下属教会成员达79个，其中有9个乃直接源自卫斯理信仰传统。卫斯理宗在其现代发展中亦特别关注各教派、各宗教之间的对话，先后参与了与天主教、路德宗、归正宗、圣公宗以及东正教的对话。

除上述六大教派外，新教还分化为众多的小教派和教会社团。自19世纪下半叶，跨越传统教派的福音派教会异军突起，形成巨大影响。1846年，来自欧美各地的800多名福音派代表在伦敦开会，成立世界福音派联盟。其信仰核心包括《圣经》的启示和权威、三位一体的神性统一、人性的堕落与犯罪、耶稣基督的道成肉身和替人赎罪，以及因信称义、人的复活和末日审判等。该联盟支持1910年在爱丁堡召开的世界宣教会议，于1908年组成教会联合议会。20世纪40年代以来，美国福音派开始联合，促成了世界福音派团契的诞生，亦形成各种新福音派的发展。新教在20世纪的另一大发展则是灵恩运动高涨，属于"五旬节"灵恩运动的地方教会已达47万之多，其信徒已逾1亿多人，分布在世界各地，尤其在南美发展迅速，占其信徒总人数的36%（南美灵恩派信徒有81%在巴西），其余有28%在北美，20%在非洲，12%在亚洲，3%在欧洲，1%在大洋洲。新教各派的复杂发展，已形成当代新教的多元景观。

3. 东正教的现代发展

1054年东、西教会大分裂之后，东罗马帝国地区的君士坦丁堡、亚历山大里亚、安提阿和耶路撒冷成为东正教最早的四个教会。9世纪时，保加利亚人皈依基督教，由此发展为保加利亚正教会。10世纪下半叶，俄罗斯人也开始信奉基督教。988年，基辅大公弗拉基米尔宣布基督教为基辅罗斯国教，令所有罗斯人到第聂伯河受洗入教，史称"罗斯受洗"。1589年，俄罗斯正教会建立牧首制，宣布脱离君士坦丁堡牧首的管辖，此后发展为最大的东正教会之一。至20世纪90年代时，全世界已发展有君士坦丁堡正教会、亚历山大里亚正教会、安提阿正教会、耶路撒冷正教会、塞浦路斯正教会、塞尔维亚正教会、罗马尼亚正教会、希腊正教会、保加利亚正教会、阿尔巴尼亚正教会、波兰正教会、捷克斯洛伐克正教会、美国正教会、格鲁吉亚正教会和俄罗斯正教会这15个自主正教会，以及芬兰正教会、日本正教会和西奈正教会等自治正教会。这些正教会中以君士坦丁堡正教会的牧首享有"普世"的尊号，居各正教会中"荣誉上的首席地位"。

东正教在现代发展中通过参加普世教会运动成为世界基督教联合会成员等方式，积极参与教会及社会的发展和变革。自1986年以来，各东正教会在其普世牧首的主持下亦多次召开其普世主教会议，讨论其教会的教历、礼仪、斋戒、婚姻、传教、对话、自治等问题，亦关注世界和平、自由、博爱、人权等议题。苏联解体和东欧剧变后，这些地区的东正教会重新活跃。为加强各教会之间的联系和沟通，东正教高峰会议于1992年3月在其普世牧首府第——土耳其伊斯坦布尔金角湾海岸的法纳尔（亦译"白光塔"）召开。与会者讨论了东欧局势的新变化及其带来的东正教发展机遇、东仪天主教会的独立倾向以及世界基督教联合会的现实作用等问题，达成了一些基本共识。

在苏联的解体过程中，俄罗斯正教会开始其现代的崛起。1988年，其在莫斯科等地展开声势浩大的基督教传入俄罗斯一千年纪念活动，产生深远影响。1991年，它与其他全国性宗教团体发表"倡议小组声明"，关注其国内局势的发展。"8·19"事件后，俄罗斯正教会的政治地位日益提高，宗教影响不断扩大。至1997年年初，俄罗斯正教会注册团体已达7440个，其信徒人数约占俄罗斯信教者的75%。但在苏联解体过程中，俄罗斯正教会内部亦出现了分裂，其中影响较大的即1992年乌克兰正教会成立基辅牧首区，宣布要脱离莫斯科牧首区的管辖而独立，乌克兰正教会由此而一分为二。此后俄罗斯正教会抗议君士坦丁堡大牧首于2018年10月承认乌克兰正教的独立；12月15日乌克兰正教表决通过、正式成立其独立教会，从而彻底终止其300年来从属俄罗斯正教的关系。随着其民族矛盾的凸显和激化，东正教会亦卷入其复杂的局势之中。

4. 普世教会运动

普世教会运动是20世纪以来基督教内部提倡所有教派重新合一、达成联合的运动，亦称"教会再合一运动"。其关键词"普世"源自希腊文Oikoumene，意指"整个有人居住的世界"。运动最初由新教所发起，以1910年在英国爱丁堡召开的世界宣教大会为开端。这一运动的全面兴起则主要由"国际宣教运动""教会生活与工作运动"以及"教会信仰与体制运动"等合流而成，其结果即导致了世界基督教联合会的成立。

"国际宣教运动"始于1910年在英国爱丁堡召开的世界宣教大会。大会还成立了"续行委员会"，以协调各教会之间的关系及活动。1921年，国际宣教协会在纽约莫洪克湖地区正式成立，美国人穆德当选为首任主席。此后协会又于1928年、1938年、1947年、1952年、1957年先后在耶路撒冷、马德拉斯、奥斯陆等地召开会议，建立起各教派在传教中的合作关系。

"教会生活与工作运动"由司墨克领导的美国各宗派教会联合运动发展而来。其关注重点在于教会与世俗社会的关系、世界和平等问题。1914 年，欧美的一些教会人士在康斯坦茨召开和平会议，并建立起"教会促进国际友谊世界同盟"。自 1919 年，瑞典乌普萨拉大主教索德布鲁姆着手筹备普世基督教生活与工作大会。该会议于 1925 年在斯德哥尔摩正式举行，会议口号"教义造成分裂，工作有利合一"成为当时震撼教会的警句。1937 年，这一运动的第二次大会在牛津召开，其主题为"基督教信仰与当代世俗和异教趋势的生死斗争"，大会选出穆德为主席，并提出了成立世界基督教联合会的设想。

"教会信仰与体制运动"则由曾出席爱丁堡世界宣教大会的美国圣公会主教布兰特发起。该运动自 1920 年开始在日内瓦进行大会筹备工作，于 1927 年在洛桑召开了第一次大会，1937 年在爱丁堡召开了第二次大会。在爱丁堡会议上，与会者决定响应 1937 年"教会生活与工作运动"牛津会议的号召，参与成立世界基督教联合会的筹备工作。爱丁堡会议还通过了"合一声明"，由此形成"教会生活与工作运动"和"教会信仰与体制运动"的逐渐合并。

自 1938 年，上述两个运动在荷兰乌德勒支成立世界基督教联合会筹备委员会，由英国圣公会约克大主教威廉·汤朴负责整个工作。1948 年 8 月 22 日至 9 月 4 日，世界基督教联合会（以下简称"世基联"，亦译为"世界基督教协进会"）在荷兰阿姆斯特丹召开第一次大会，正式成立了普世教会运动的这一核心机构。当时与会的有来自 44 个国家 147 个教会的 351 名代表，以"人的动乱与上帝的计划"为中心议题。大会选举穆德为名誉主席，博格纳尔、费希尔、赵紫宸、奥克斯南姆、杰曼诺斯和艾登姆为主席，胡夫特为总干事。此后，世基联中央委员会于 1950 年在多伦多举行会议，发表其第一个纲领性文件《多伦多声明》，宣布世基联的性质为促进合一的教会联谊会。

1948—2006 年，世界基督教联合会共召开了九次大会。其中第二次大会于 1954 年 8 月 15—31 日在美国伊文斯基召开，以"基督是世界的希望"为中心议题,来自161个教会的502名代表与会;第三次大会于1961年11月19日至12月5日在印度新德里召开,以"耶稣基督是世界的光明"为中心议题,来自197个教会的577名代表与会;第四次大会于1968年7月4—20日在瑞典乌普萨拉召开,以"看!我使万物都更新了"为中心议题,来自235个教会的704名代表与会;第五次大会于1975年11月23日至12月10日在肯尼亚内罗毕召开,以"耶稣基督使人得自由、相联合"为中心议题,来自285个教会的676名代表与会;第六次大会于1983年7月24日至8月10日在加拿大温哥华召开,以"耶稣基督,世界的生命"为中心议题,来自301个教会的847名代表与会;第七次大会于1991年2月7—20日在澳大利亚堪培拉召开,以"圣灵,请来,将整个创造更新"为中心议题,来自317个教会的842名代表与会;第八次大会于1998年12月3—14日在津巴布韦哈拉雷召开,以"转向上帝,在希望中欢乐"为中心议题,来自336个教会的966名代表与会;第九次大会于2006年2月14—23日在巴西阿雷格里港召开,以"上帝,在您的恩典中转变世界"为中心议题,来自340个教会的700多名代表与会;第十次大会于2013年10月30日至11月8日在韩国釜山召开,以"生命的主,引领我们迈向公义与和平"为中心议题,来自345个教会的约1000名代表与会。此外,其第十一次大会则计划于2021年9月在德国卡尔斯鲁厄召开,以"基督的爱使世界走向和好与合一"为中心议题。

中国基督教会从一开始就参与了普世教会运动。中国教会代表诚静怡曾在1910年爱丁堡世界宣教大会上发言,表达了建立"一个统一的、不具任何宗派特征的基督教会"的希望。中国教会代表赵紫宸曾于1948年世界基督教联合会成立大会上当选为其六主席之一,后因抗议世基联对1950年爆发的朝鲜战争的态度而于1951年辞去其主席一职,中国基督教会亦随之停止与世基联的联系。1991年,中国基督教协会派代表出席世基联在堪培拉召开的第七次大会,并于同年2月18日会议期间重新成为世基联正式成员,回到普世教会运动之中。

（五）基督教在中国的历史

1. 唐朝景教

据历史记载，基督教首次传入中国是唐太宗贞观九年即635年时景教的东来。"景教"字面理解为"日大教"，是中国唐代对基督教"聂斯托利派"的称呼。该派从叙利亚传入阿拉伯、波斯和印度，因经波斯传入中国而被视为"波斯教"，后才有"强称"的"景教"之名。唐人由此称景教教祖为"景尊"、其信徒为"景众"或"景士"、其教会为"景门"、而其宗教感染力则为"景风"或"景力"。景教入华的主要记载为唐德宗建中二年（781）所立、明天启三年（1623）在陕西盩厔被发现的《大秦景教流行中国碑颂》。其碑额作《大秦景教流行中国碑颂并序》，碑文由景教士景净所写，共1780字，乃为记载景教传入中国的最主要文献。

景教由阿罗本传入中国时受到唐太宗的欢迎，其宰相房玄龄曾亲率仪仗队到长安西郊迎接。唐太宗下令准许景教在华传播，并让其传教士在皇帝的藏书楼译经著文。但景教在唐朝的影响并不深入，人们亦易于将景教与其他西域宗教相混。至会昌五年（845）唐武宗崇道毁佛，景教亦被作为"夷教"遭禁，其在唐朝的存在仅有210年的历史。

2. 元朝"也里可温"

"也里可温"乃蒙古语"有福缘之人"的音译，即元朝时蒙古统治者对基督教的理解。但也有学者指出"也里可温"是"阿罗诃"的转音，意为"信奉上帝之人"。元朝蒙古人入主中原，基督教第二次传入中国。而"也里可温"既包括景教在元朝的复兴，也指罗马天主教首次入华传播。

唐武宗"灭教"后，景教在边境地区的一些少数民族中保存下来，如外蒙的克烈、乃蛮、蔑里乞以及内蒙古的汪古等部落都崇奉景教。元世祖忽必烈的母亲鲁忽贴尼即别吉太后就是景教徒。因此，蒙古人南下中原建立元朝后，景教自然在中国本土得以再现，而"也里可温当即景教之维绪"。忽必烈曾于1289年设立"崇福司"，以"掌领马儿哈昔列班也里可温十字寺祭享等事"。忽必烈所委派的镇江府路总管府副达鲁花赤马薛里吉思亦曾在其所辖之地推广景教，并于1278年后"休官务建寺"，先后建成镇江的大兴国寺、云山寺、聚明山寺、丹徒县开沙的四渎安寺、黄山的高安寺、大兴国寺侧的甘泉寺和杭州荐桥门的大普兴寺这景教"七寺"，在历史上颇有影响。

这一时期，天主教亦派遣其传教士东来传教。1245年，方济各会修士柏郎嘉宾受教宗派遣出使蒙古都城和林，曾向定宗贵由呈交教宗致蒙古大汗的书信，并得到定宗复信而返回欧洲。他曾撰写《蒙古史》来描述其东方之旅的见闻。此后，方济各会修士鲁布鲁克受法王派遣亦前往和林，曾获宪宗蒙哥召见。1289年，意大利方济各会修士约翰·孟德高维诺作为教廷使节前来中国，于1294年从印度到达汗八里，成为天主教入华的首位传教士。1307年，孟德高维诺被任命为总主教，并在汗八里设立总主教区。但孟德高维诺于1328年在华逝世后，元朝天主教开始衰落。元朝天主教和景教曾有传教之争，但两派均随着1368年元朝的灭亡而不复存在。此外，据传元朝时东正教一度也曾从中亚随俄罗斯士兵传入中国，但相关史料记载罕见。

3. 明清耶稣会士

明末清初耶稣会士来华，代表着基督教在中国的第三次传入。1551年，西班牙耶稣会士方济各·沙勿略到中国广东上川岛，为其入华传教之始。沙勿略因明朝海禁而无法进入中国内地，死于岛上。此后，葡萄牙耶稣会士公匪勒率领传教士进入澳门建堂传教。卡内罗则于1568年就任澳门第一任天主教主教。1582年，罗明坚和巴范济一度进入广东肇庆，但不久即被赶回澳门。1583年，罗明坚与利玛窦再往肇庆，在当地建起第一座教堂。这是近代天主教会在中国传教历史的真正开端。

利玛窦入华前曾在印度果阿研习佛教四年，到肇庆后故以"西僧"身份传教。当他获知儒家思想对中国人具有更重要意义之后，于1594年起易僧服为儒装，改称"西儒"。1597年，耶稣会在中国设立会省，利玛窦任首任会长。1601年，利玛窦与庞迪我入京传教成功，获准在北京定居。在利玛窦的影响下，徐光启、李之藻、杨廷筠等中国名士先后入教，成为中国天主教的最初"柱石"。

继利玛窦之后，又有更多的耶稣会士入华传教，其中影响较大者包括龙华民、郭居静、熊三拔、金尼阁、邓玉函、傅汎际、汤若望、艾儒略、南怀仁、白晋、李明、张诚、马若瑟、殷弘绪、雷孝思、卫匡国、艾若瑟等人。此外，多明我会传教士亦于1626年从菲律宾进入中国台湾，并于1631年到大陆福建、浙江和广东等地传教。方济各会传教士则自1632年进入台湾、浙江、江苏、山东、江西、广东等地。但由于中西文化的不同，传教士与中国儒家及佛教知识分子之间亦出现了"天""儒"之争，"夷""夏"之辩，"正""邪"之分，并导致各地禁教之举。1616年，南京礼部侍郎沈㴶三次上书皇帝，向传教士发难，史称"南京教案"。1665年，北京钦天监官员杨光先亦上书著文，要求取缔天主教，结果得到康熙帝辅政大臣鳌拜的支持，致使汤若望、南怀仁、利类思、安文思等传教士下狱受审。康熙长大后亲务政事，禁教之风才暂时停止。康熙因对西方科技文化的欣赏而允许天主教传教，他曾为汤若望平反，重用南怀仁，并任命张诚、白晋为其御前侍讲。为了表示对传教士的尊敬，他还亲题"敬天"匾额给天主教堂，赐地修建天主教北堂。至18世纪初，全国已有天主教徒30余万人，建立了澳门、南京和北京三个主教区，来华传教士亦达到130多人。为了适应中国教会发展的形势，教宗克雷芒十世于1673年提名中国人罗文藻为主教。1685年，罗文藻在广州祝圣，成为天主教第一个中国籍主教。他于1688年又祝圣吴渔山、万其渊和刘蕴德为神父，即由中国主教所祝圣的第一批中国神父。

然而，耶稣会士在华传教方法在其内部已引起分歧，更是受到其他传教修会的指责，由此逐渐形成"中国礼仪之争"。最初，这场争论在耶稣会内部就以"神名"之争而开始，对"上帝""天主""神"等中文名称难达一致，一度曾主张以其拉丁文神名译音"陡斯"来统一；后来争议扩大，遂形成耶稣会与其他修会争论的局面，即以耶稣会士为一方，坚持适应中国国情、尊重中国文化的传教方针，而以多明我会、方济各会和奥斯丁会为另一方，坚持维护天主教信仰的"正统"和

"纯洁"，反对在教义和礼仪上有任何让步。1635 年，多明我会派人向教宗报告，指责耶稣会士的传教策略。1643 年，多明我会士黎玉范在教廷对耶稣会提出 17 条指控。1645 年，教宗英诺森十世批准这些指控而谕令谴责耶稣会，不许中国信徒祀孔祭祖。耶稣会则于 1654 年派卫匡国赴罗马申诉，使教宗亚历山大七世于 1656 年同意耶稣会传教方针，允许在华敬孔祭祖。为此，多明我会要求教廷回答 1645 年的禁令是否有效。1669 年，教宗克雷芒九世批准圣职部的通令，宣布 1645 年和 1656 年的两个决定均有效，传教士可相宜行事、灵活遵守。1676 年，多明我会士闵明我在欧洲出版《中国历史政治宗教论集》，其对耶稣会的攻击反响强烈，礼仪之争再度激化。1693 年，福建主教阎当发表牧函，严禁中国礼仪。耶稣会士请康熙出面干涉，由此使这一争论开始升级到中国皇帝与罗马教宗之间的冲突。1701 年，教宗特使铎罗来华处理这一争执。1704 年，教宗再次明令禁止中国礼仪，康熙获知而宣布铎罗为不受欢迎之人，下令传教士在华必须遵守中国法度领取传教印票。1706 年，康熙让艾若瑟赴罗马与教宗协商，但教宗克雷芒十一世于 1710 年重申铎罗禁令，并于 1715 年颁布通谕坚持前禁。康熙为此而针锋相对，宣布禁教。1719 年，教宗特使嘉乐来华斡旋未果，于 1721 年离京，行前曾提出"八项准许"，想缓解矛盾。1742 年，教宗本笃十四世下令废止"八项准许"，清朝则开始全面禁教。这样，基督教第三次来华再度失败，天主教由此在中国亦转入地下，其公开活动基本消沉。

4. "鸦片战争"前后基督教在华传教活动

17 世纪末，俄罗斯东正教开始传入中国。1685 年，东正教修士司祭列昂节夫随同俄俘从黑龙江流域的雅克萨来到北京，后得到清廷批准而于 1695 年在"罗刹庙"建"索菲亚教堂"，俗称俄罗斯"北馆"，为北京第一座东正教教堂。1715 年，以依腊离宛为团长的沙俄第一个"北京传教士团"来华。1715—1860 年，共有 13 批俄罗斯东正教传教士来华，神职人员总数达 155 名。他们十年一换，每批约 10 人，起着沙俄来华外交使团的作用。1860 年中俄签订《北京条约》后，俄罗斯正教驻北京传教士团的外交职能转归新设立的俄国驻华外交公使馆。从此，俄罗斯传教士转为全力传教，开始在中国内地大规模传播东正教。至 1916 年，东正教在华已有教堂 37 座，传教点 40 多个，神学院 1 所，男女宗教学校 20 所，相关机构达 46 家，其在华信徒近 6000 人。俄国十月革命后，驻北京传教士团于 1924 年改称中国东正教会北京总会。此后又设立了哈尔滨、上海、天津、新疆 4 个主教区。至 1949 年，其在华信徒曾达 30 多万人。1715—1956 年，共有 20 届俄罗斯正教驻北京传教士团来华传教。

17 世纪初，新教开始随荷兰人来台湾传教，直至 1662 年郑成功收复台湾。1807 年，马礼逊抵达广州，成为首位来中国大陆的新教传教士。1814 年，他在澳门为广东人蔡高施洗，使之成为中国大陆首位新教基督徒。1816 年，梁发在南洋受洗于米怜；1821 年，他又在澳门由马礼逊按立为牧师，成为首位中国籍新教牧师。1840 年之前来华的传教士还包括裨治文、郭实腊、卫三畏、伯驾、雒魏林等人，他们相继来华传教，但收效甚微。

1840 年，第一次鸦片战争爆发。基督教各派在帝国主义列强的"保护"下涌入中国，开始其大规模在华传教活动。1842 年，《南京条约》签订，中国被强迫五口通商，使西方传教士入华传教有了可能。随着此后一系列不平等条约的签订和第二次鸦片战争的后果，中国被迫允许传教士在各地传教。这样，不平等条约使基督教的第四次入华传教取得了成功，但也使基督教在华有了"洋教"这一负面形象。西方列强的侵略和清廷的软弱，使中国民众深感耻辱，从而激化了一个个"教案"事件。从鸦片战争到义和团运动，此间教案达 400 余起。而洪秀全等人则汲取基督教的教义、结合自己的社会政治主张创立了拜上帝会，领导了声势浩大的太平天国运动。

为了消除中西文化隔阂和政治冲突，来华传教士曾办报办学，出版其大量著译。1832 年，裨治文在广州创办英文月刊《中国丛报》，为中国历史上第一份期刊。1833 年，郭实腊在广州创办第一份中文期刊《东西洋考每月统记传》。1868 年，林乐知在上海创办《教会新报》

(1874年改名为《万国公报》)。此外，传教士还成立了"广学会"等出版机构。1839年，传教士在澳门开设第一所西式学校"马礼逊学堂"。1843年，"英华书院"从马六甲迁至香港。1844年，英国"东方女子教育会"在宁波开设女子学塾，为中国第一所女子学校。此外，传教士亦在中国兴办大学，其中新教所办大学有苏州东吴大学、上海圣约翰大学、杭州之江大学、成都华西协和大学、武昌华中大学、南京金陵大学、福州华南女子文理学院、长沙湘雅医学院、南京金陵女子文理学院、上海沪江大学、广州岭南大学、北京燕京大学、福州协和大学、山东齐鲁大学、武昌文华图书馆学专门学校和江苏句容三育大学等，天主教办有上海震旦大学、天津津沽大学、北京辅仁大学等。

5. 中国教会的自立发展

为了改变"洋教"形象，走中国基督教自立发展的道路，中国基督徒自19世纪下半叶开始其教会自立和本色化运动。1872年，陈梦南开始自行租房传教，于1873年成立粤东广肇华人宣道会，此乃华人自办教会的首创之举。1881年，席胜魔创办福音堂，提出中国教会发展应以"自理、自养、自传"为基础。1906年，俞国桢成立中国耶稣教自立会，号召"自立、自养、自传"。1922年，中国民众因反对世界基督徒学生同盟在北京召开大会而爆发"非基督教运动"，进而推动了中国教会的本色化发展。1922年5月，新教各派在上海召开全国基督教大会，其通过的《教会的宣言》正式提出中国"本色教会"的主张和"自养、自治、自传"这"三自"原则。新教思想家吴雷川、王治心、徐宝谦、赵紫宸、吴耀宗、谢扶雅等人亦就基督教与中国文化的关系展开了理论探讨。五四运动以来，天主教在华亦开始采取"中国化"措施，尽量起用中国神职人员。至1949年，中国天主教徒约有270万人，中国新教徒约70万人，中国东正教徒约30万人。

1949年中华人民共和国成立，中国教会逐渐割断与外国传教差会的联系，开始真正的自立发展。1950年7月，以吴耀宗为首的40名中国新教知名人士发表《中国基督教在新中国建设中努力的途径》宣言，发起中国新教的"三自爱国运动"。1954年8月，中国新教正式成立

"中国基督教三自爱国运动委员会",吴耀宗当选为第一届主席。1950年11月,中国天主教神父王良佐和500多名天主教徒发表《自立革新宣言》,开始其"独立""自办"发展。1957年7月,"中国天主教友爱国会"(后改称"中国天主教爱国会")成立,皮漱石总主教当选为第一届主席。由于梵蒂冈教廷反对中国天主教自选自圣主教之举,于1958年发表通谕"绝罚"中国天主教自选自圣者,从而使中国天主教会与梵蒂冈教廷的关系陷入延至今日的僵局。此外,中国东正教于1956年成立"中华东正教会",亦开始其独立自办。这样,中国基督教各派都已进入其自立发展的现代历程。

二 基督教的经典、教义、圣礼、教制

(一)基督教的经典

基督教的正式经典为《圣经》。《圣经》(Biblia)一名的西文词源与古代地中海地区腓尼基人的商贸活动有渊源关系。古腓尼基有一城邦"毕布勒"(Byblos)以从事埃及出产的纸莎草纸贸易而出名,"毕布勒"一词因而被古希腊人用为"书"的代名词,由此形成古希腊文中的"诸书"(ta biblia)一词。当犹太教的经典被大量译为希腊文本后,希伯来文的"经"(Kethubhim)和希腊文的"经"(graphai)被统称为"诸书"(ta biblia)。在拉丁文中,该词衍化为单数词 Biblia,遂有"唯一之书"的含义,相当于拉丁文的"经"(Scripturoe)一词。5世纪初,君士坦丁堡主教克利索斯顿将"唯一之书"(Biblia)作为基督教正式经典的专称,由此沿用至今。西方传教士在华后根据中国人将重要著作称为"经"的习惯,译其经典之名为中文的"圣经"。

《圣经》由《旧约全书》和《新约全书》两大部分组成。《旧约全书》本为犹太教的经典,由基督教所继承。犹太教视这些经卷为《圣经》,不承认其为"旧约"之说,也不承认基督教创立时产生的《新约全书》各卷为圣书。所谓立"约"或"契约"之说也源自犹太教传统。犹太人视其宗教经典为上帝与世人所立的"契约",而犹太民族作为与神立

约之民则为"上帝的选民"。犹太人在其宗教传统上认为上帝与之有"三次"立约：一为上帝最早在洪水灭世后与义人挪亚及其后裔的"彩虹"之约，二为与犹太先祖亚伯拉罕定立"割礼"之约，三为与犹太民族英雄摩西订立"十诫"律法之约。犹太人故应永守其"约"。基督教形成后继承并发展了这种"立约"的说法，认为上帝通过律法形式与犹太人所立之约为"旧约"，而救主耶稣基督降世则意味着上帝与世人重新立下了"新约"，由此有着"旧约"与"新约"的区别及关联。

基督教各派对《旧约全书》所含经卷篇目及内容等看法不一。天主教所用《旧约全书》的卷数和内容均多于新教所用《旧约全书》，因为天主教参照《圣经》希腊文译本将所谓《圣经后典》的部分经卷收入其《旧约全书》之中，认为这些"正典"和"后典"都属于《旧约全书》所涵括的《圣经》。新教则按其创始人马丁·路德的译经传统，仅将有希伯来文的古犹太原本经卷收入《旧约全书》，而不承认《后典》为"神圣的经典"，只视其为"有益的读物"。现代教会已多持重视和承认《后典》的态度，不少《圣经》版本将《后典》各卷收入，作为单独部分排列在《旧约》与《新约》之间。

1. 《旧约全书》

新教所用《旧约全书》通常为39卷，约929章，但天主教的《旧约全书》因参照古代《七十子希腊文本》而增补了7卷，合为46卷，并且在其他经卷上亦有增补。新教在现代则将这些增补的经卷或章节归入《后典》，形成其独立的经卷体系。

从39卷《旧约全书》的整体结构来看，其由"律法书""先知书"和"圣著"这三个部分构成，它们实际上反映出犹太教经卷成书的三个阶段，"律法书"的希伯来文为"托拉"（Torah），约在公元前444年汇编成书，内容包括希伯来人的古代传说、神话故事和民族历史等，主要记载了犹太民族有关宗教祭祀、道德规范、判罪量刑等方面的各种律法。这也是研究古代犹太人历史的重要文献，可与希伯来考古研究相对应。"先知书"的希伯来文为"勒布尔姆"（Nebhum），约在公元前190年汇集成书，内容为一些民间"先知"的著作汇编，涉及犹太王国兴亡的历史及这些"先知"们对当时社会政治、宗教等状况的评述，其中一些篇章乃反映出公元前8—公元2世纪流行的犹太"先知文学"的特色。这部分内容则与古代犹太社会探索相关联，涉及其社会政治、政治哲学以及政治思想等方面。"圣著"的希伯来文为"克图毕姆"（Kethubhim），亦译作"圣书卷""圣录""笔录""经"或"杂集"，属《旧约全书》中成书较晚的部分，约公元前130年之后才最后定型，其内容有古代犹太诗歌、寓言、格言、谜语、比喻等，反映出公元前3—公元2世纪流行的犹太"智慧文学"和公元前3世纪末以后流行的犹太"启示文学"。这些文献乃包罗万象，但更多突出思想精神、文学艺术、民间习俗等内容。另外，也有人将《旧约全书》的这39卷分为四部分，即"律法书"5卷，"历史书"10卷，"先知书"16卷和"圣录"8卷。

"律法书"据传为摩西所作，故习称"摩西五经"（天主教称"梅瑟五书"；以下括号中为天主教《圣经》经卷中文译名）。它包括《创世记》（《创世纪》）、《出埃及记》（《出谷纪》）、《利未记》（《肋未纪》）、《民数记》（《户籍纪》）和《申命记》（《申命纪》）5卷，其核心内容为涵括在内的三部古代法典，即《出埃及记》中的古希伯来法典、《申命记》中的"申典"（意指"重申法律"）和《利未记》中的"祭司法典"。

"先知书"共有21卷，其中包括"早期先知"6卷，即《约书亚记》（《若苏厄书》）、《士师记》（《民长纪》）、《撒母耳记》（《撒慕尔纪》）上下和《列王纪》（《列王纪》）上下，"晚期先知"15卷，即《以赛亚书》（《依撒意亚》）、《耶利米书》（《耶肋米亚》）、《以西结书》（《厄则克耳》）、《何西阿书》（《欧瑟亚》）、《约珥书》（《岳厄尔》）、《阿摩司书》（《亚毛斯》）、《俄巴底亚书》（《亚北底亚》）、《约拿书》（《约纳》）、《弥迦书》（《米该亚》）、《那鸿书》（《纳鸿》）、《哈巴谷书》（《哈巴谷》）、《西番雅书》（《索福尼亚》）、《哈该书》（《哈盖》）、《撒迦利亚书》（《匝加利亚》）和《玛拉基书》（《玛拉基亚》）。历史传统上曾将先知书并为8卷，即"早期先知"4卷，"晚期先知"4卷，晚期先知中以以赛亚、耶利米和以西结为"大先知"，其余12人为"小先知",其12卷书则被合为一卷《十二小先知书》。

"圣录"共有13卷,大体分为三部分:一为《诗篇》(《圣咏集》)、《箴言》(《箴言》)、《约伯记》(《约伯传》);二为《路得记》(《庐德传》)、《耶利米哀歌》(《哀歌》)、《传道书》(《训道篇》)、《以斯帖记》(《艾斯德尔传》)、《雅歌》(《雅歌》);三为《但以理书》(《达尼尔》)、《尼希米记》(《厄斯德拉》下,亦称《乃赫米雅》)、《以斯拉记》(《厄斯德拉》上)和《历代志》(《编年纪》)上下。而按其体裁和内容来分,《诗篇》《雅歌》和《耶利米哀歌》为诗集,《箴言》《约伯记》和《传道书》属文艺体裁的哲理书,《路得记》和《以斯帖记》乃宗教故事,《以斯拉记》《尼希米记》和《历代志》上下则是历史记载,《但以理书》即"启示文学"的代表作。

天主教编辑的《旧约全书》增补的7卷为《巴路克》《多俾亚传》《友弟德传》《玛加伯》上下、《智慧篇》和《德训篇》。此外,天主教将《旧约全书》中"圣著"部分的5卷著作《约伯传》《圣咏集》《箴言》《训道篇》《雅歌》加上《智慧篇》和《德训篇》2卷,称为7卷"智慧书"。

2.《新约全书》

《新约全书》共27卷,约260章,是基督教本身的经典;最初用希腊文写成,其中少部分章节可能用"亚兰文"(亦译"阿拉梅文")写成。全书约在1世纪下半叶至2世纪末定型,于4世纪初确立其正典地位。《新约全书》的结构内容可分为四个部分,即"福音书""使徒行传""使徒书信"和"启示录"。

"福音"意指"好消息",即上帝之子耶稣基督降生救世的消息。"福音书"因而乃对这一"福音"的描述、记载。"福音书"包括《马太福音》(《玛窦福音》)、《马可福音》(《玛尔谷福音》)、《路加福音》(《路加福音》)和《约翰福音》(《若望福音》),故有"四福音"之称。前三福音书因其取材、结构、故事、观点大体相同而亦称"同观福音"。

"使徒行传"即《新约全书》中的《使徒行传》(《宗徒大事录》)

卷，据传为《路加福音》的作者路加所写，描述耶稣升天后其使徒们的信仰生活，论及早期教会的创立、彼得和保罗的传教情况。

"使徒书信"共有 21 卷，前 13 卷为"保罗书信"（"保禄书信"），相传为保罗所写，包括《罗马人书》（《罗马书》）、《哥林多前书》（《格林多前书》）、《哥林多后书》（《格林多后书》）、《加拉太书》（《迦拉达书》）、《以弗所书》（《厄弗所书》）、《腓立比书》（《斐理伯书》）、《歌罗西书》（《哥罗森书》）、《帖撒罗尼迦前书》（《得撒洛尼前书》）、《帖撒罗尼迦后书》（《得撒洛尼后书》）、《提摩太前书》（《弟茂德前书》）、《提摩太后书》（《弟茂德后书》）、《提多书》（《弟铎书》）和《腓利门书》（《费肋孟书》）。对随后 1 卷《希伯来书》（《希伯来书》）能否归入"保罗书信"则有争议。其余 7 卷书信（在天主教中则被称为"公函"）包括《雅各书》（《雅各伯书》）、《彼得前书》（《伯多禄前书》）、《彼得后书》（《伯多禄后书》）、《约翰一书》（《若望一书》）、《约翰二书》（《若望二书》）、《约翰三书》（《若望三书》）和《犹大书》（《犹达书》）。

"启示录"即《新约全书》的最后 1 卷《启示录》（《默示录》），据传其作者为约翰，故称《约翰启示录》（《若望默示录》）。此卷为犹太"启示文学"的代表作，其内容是通过一系列"异象"来揭示善与恶、真理与谬误的争斗，指出上帝将实施末日审判，通过千禧年的历史最终给世界带来新天新地。这种"启示"的表述后来则成为基督教思想的一种独特术语，以说明神与人之间的关联方式，故亦有"天启""神启"之说。《启示录》即《新约全书》乃至整部《圣经》的终结之卷。

（二）基督教的基本教义

1. 上帝论

上帝论阐述上帝的存在及其属性，主要讲天地至高一神的观念，上帝的存在及本质，如上帝的自有、永有、无限、绝对、超然、自由、仁爱、全善、全在、全知、全能等，其内容包括对宇宙与人类之源、无限绝对本体的探究，对上帝存在的理解和各种证明，以及对上帝本质和属性、上帝与世界及人类关系、上帝的超越性和内在性的领悟与把握。从其表层来看涉及"神名"的表达及其语言诠释，而其深层面则实际上是从基督教的视域对人类所追问的"终极实在"之探。

2. 三一论

"三一论"即"三位一体论"，是基督教最基本、最独特的教义之一。这一教义强调上帝既是一神，又包括圣父、圣子和圣灵三个位格。这三个位格各不相同，却共构一体，同为唯一真神。基督教多数教派认为圣子乃永恒地为圣父所生，圣灵乃永恒地从圣父（"和子"）所出。但东正教不同意"和子"之说，此乃导致东西教会大分裂的教义分歧之一。在教义史上，曾有奥古斯丁所奠定的从神性关系和神之超越层面论述永恒神位关系及其本质的"本质三一论"或"内在三一论"，亦有阿奎那所发展的从神之入世及人类救赎史角度论述神人关系及其现实意义的"救世三一论"或"经世三一论"。当代教会除了强调认识上帝之"质体"的形而上"内在三一论"和认识上帝之"启示"的历史观"自启三一论"之外，亦从"关系"的角度论及三位一体乃体现出"融会契合"的"爱"之关系的神圣位格。这种"三"与"一"的关系实际上触及"多"与"一"的关系理解问题，在神学上与"绝对一神论"的抽象表述及其信仰实践密切有关。在西方思辨逻辑体系中与这种"三一"论的张力亦显而易见，故使基督教神学只能用一种"奥秘"或"奥迹"来解答，给人一种"神秘"观念在西方理性思维传统中的"唐突"介入之感觉。

3. 基督论

基督论是有关"基督"的教义，因而也是基督教的核心教义。其理论涉及上帝何以化身为人、基督本身的神性与人性关系、历史上的耶稣与信仰中的基督、基督的位格与事工、基督对人世的拯救等问题。基督论在神学意义上侧重论述耶稣基督乃"道成肉身"，即作为上帝的"独生子"下凡人间来救世救人；从哲学本体意义上关注超然存在如何与时空关联，即绝对与相对、无限与有限、永恒与此时的中介及其相互关系；从伦理道德上则强调基督所体现的爱神爱人、谦卑舍己之精神。基督亦"神"亦"人"，这在西方神、人理解传统中形成了明显张力，从其诠释学意义上则主要是想解决"绝对"与"相对"之间的沟通、即神与人之间的中介问题。

4. 创世论

创世论的教义论及世界的创造和维系，关涉宇宙的生成、上帝"六日创世"的寓意、世界的起源、人类和万物的受造、人与自然的关系等问题。创世论关于上帝从虚无中创造世界之说引发了关于时间与空间、宇宙生成、人世生态等方面的思考，其讨论涵括时间有无开端、空间有无界限、"恶"从何来的神正论之问，以及上帝按照其形象造人、人的本性中有无"神性"原创之维等方面。历史上奥古斯丁等人曾论及上帝所造都为美善，但为何有"恶"的问题。库萨的尼古拉亦从创世论上谈及上帝作为创造者乃绝对的无限、宇宙作为受造者乃相对的无限。现代神学家则更是从天文学意义上的宇宙起源，以及从地球的生态平衡、生态保护意义上谈到世界的创造。

5. 原罪论

原罪论亦指"人性论"，是基督教对"人性"的一种独特认知。这一教义重要讲人的本性与命运、人性中"上帝形象"的失落和"原罪"的产生、人类始祖的堕落对人类整体的影响，亚当与基督分别作为"第一亚当"和"第二亚当"的关系及意义。其涉及的议题包括人的自由与选择、意志与责任、个我与群体、升华与沉沦、堕落与拯救等。对"原罪"的认识在基督教传统中一般包括三个层面，一是从"失乐园"的神话谈原罪，二是从神人关系的"破裂"或"分裂"来论原罪，三是从人的追求未达目标（射箭"不中的"）来体悟原罪。因此，原罪观在消极层面指对人性本质的否定，而从积极层面则反映出人在理想追求、止于至善上的努力。

6. 救赎论

救赎论以基督论和原罪论为前提，三者有机共构、互为关联。这一教义论及上帝对人世的安排和拯救，基督作为"救世主"在人世上的命运与作用、人的犯罪与惩罚、基督替人赎罪及其代价，旨在使人认识到通过耶稣基督的诞生、受难和复活而有了获救的希望，罪人可以靠信仰基督而获得救赎、达到解脱。这一教义亦存在基督只为蒙拣选者赎罪的"有限赎罪论"与基督乃为所有人赎罪的"无限赎罪论"的区分。鉴于人无法"自救"，这实际上也是对"基督论"的另一种解读。

7. 末世论

末世论亦称"终极论"或"终末论"，是关于人类及其世界最终命运的教义。因其乃是对人与世界未来发展的预见，故亦称为教会的"未来学"或"预见说"。这一教义的内容涉及世界的终结，末日的审判，人的最终归宿，天堂、地狱、炼狱的区别及其意义，历史的结局，基督的复临和千禧年等方面。在基督复临和千禧年问题上，因对"与基督做王一千年"的不同理解而出现"无千禧年论""千禧年前论"和"千禧年后论"等多元解释。末世论在现代基督教思想发展中与"历史神学"和"希望神学"有着密切关系。此外，末世论亦区分为对"末日"的"恐惧"之消极观念和对"未来"的"期盼"之积极观念。

8. 教会论

教会论是论及教会意义的教义，涉及教会的性质、特征、使命、义务、作用、影响等方面，亦讨论教会的分类、结构和管理，解释教会或教堂作为"上帝在人间的居所"所具有的象征意义和历史责任，并指出教会作为"基督的身躯"而在人世社会具有重要定位、承担着神圣的任务，说明教徒所构成的信仰社团乃"神圣联盟"，其人世存在却有着不同凡俗的"质量"。这一教义也讨论教会的教阶体制和政教关系，探究教会的普世性与统一性，以弥补教会在现实中的"分裂"，达其"合一"。所以说，教会论所涉及的主要是对基督教社会存在的结构理解。

9. 圣事论

圣事论是关于教会基本礼仪的教义，涉及基督教的圣礼神学。天主教的圣事论要系统阐述其有关"七圣事"（洗礼、坚振、告解、圣体、终傅、神品和婚配）的规定及意义，指明这些圣事在信仰活动中的地位和必要性。其理论有着基督教的神秘性、"变体论"、象征说、其"奥迹"、其实践等方面的考虑。新教一般只强调洗礼和圣餐为圣事，其教义因而也仅仅涉及这两种圣事的性质和意义。圣事论反映出基督教的礼仪传统，象征体系和崇拜特点等，给人明显的仪式感。

10. 恩宠论

恩宠论也称"恩典论""神恩论""救恩论"或"恩惠说"，即教会中论及上帝赐予人慈爱与恩典的教义。它论述上帝的仁慈和恩宠，强调上帝是爱，指出世人如能"因信称义"或"因行称义"就能得到上帝的喜爱和拣选。在此，上帝的恩宠与世人的"称义"有着相互关联，人因"信"而"属灵"、获"重生"，得到上帝的恩宠。这一理解在历史上曾导致强调"教会之外无救恩"，将恩宠视为对人之"信"的回报和肯定。但亦有人强调恩宠乃上帝的意志和自由，并不依赖人的信仰和作为，因而神的恩宠对人而言乃是"奥秘"和"惊喜"。基督教对恩典的理解亦有普遍恩典和有效恩典（或"特别恩典"）之分。

11. 圣灵论

基督教突出三位一体上帝第三位格"圣灵"的特殊教义，阐述圣灵的地位、其在传教和使人得救过程中的功效及意义。这一教义主要讲圣灵作为"保惠师"而使人"知罪""悔改""成圣"的作用，论述人的灵性自我、灵修和精神升华，认为圣灵可指引信徒洁身自好并传教救人。圣灵论强调使人"成圣"乃是圣灵所特具的功能。不同教会对"圣灵"的来源和作用有不同认知，天主教主张圣灵"双出说"，即"从父和子出来"，由此构成其"圣灵共发论"；而东正教则只承认圣灵"单出说"，即"从父通过子出来"，否认"和子"说。

12. 圣母论

圣母论主要曾为天主教所强调，以论述耶稣之母玛利亚的意义。这一教义旨在解释圣灵之孕的奥秘和童贞女生圣子的神迹，也论及教会对圣母的崇敬和礼拜。在教会史上，人们对圣母究竟是"神之母"还是"人之母"有不同看法。在现代女权主义神学的发展中，"圣母"的形象和意义得到新的发掘和诠释。此外，对之亦有心理学意义上的思考和探测。

13. 摩西十诫

"摩西十诫"是基督教从犹太教那里承袭的古代教规和伦理准则，共有十条。据传这十条戒律乃犹太古代民族英雄摩西在西奈山上从上帝那儿所得，为写在两块石板上的诫命，故名，所以亦称"上帝十诫"。这"十诫"的具体规定见《旧约·出埃及记》（20∶1—17），主要内容包括：（1）除上帝之外不可信奉别的神；（2）不可制造和敬拜偶像；（3）不可妄称上帝之外；（4）当守安息日为圣日；（5）当孝敬父母；（6）不可杀人；（7）不可奸淫；（8）不可偷盗；（9）不可作假见证；（10）不可贪恋他人财物。在基督教中，耶稣对"摩西十诫"加以提炼，总括出爱神爱人这一新的"爱的律法"，并强调此乃诫命中第一且是最大的，是"律法和先知一切道理的总纲"。

14. 信、望、爱

基督教教义传统中有劝勉基督徒达到"谨慎、正义、勇敢、节制"这四种主要美德和"信仰、希望、仁爱"这三种神学上的美德之说。因此，"信、望、爱"乃耶稣的三大纲领，是其信徒应具备的"三德"。

"信"即信仰，指人对上帝之信，对耶稣基督之信，是对上帝启示和耶稣教诲的信守、信奉和遵从。在此，"信"有"崇信""相信""忠信""信任""信赖""信靠""信守""信奉"之意。宗教改革运动即特别强调"信"的意义，新教亦将"因信称义"作为其主要教义之一。

"望"即希望，在此有"期望""盼望""渴望""愿望"之意，最初来自《旧约》信仰中犹太人对其复国救主"弥赛亚"的盼望。在基督教教义中，"望"表达了对上帝普世救赎、基督复归的确信或信心。其在观念上是对尚未实现的上帝应许之纪念，在实践上则为朝向完善未来世界之努力。"望"即一种仰望，是对人与世界的未来及其美好结局的憧憬，指归在终末、在未来，在基督教信仰中就是对基督复归和最后审判所迎来的新天新地和信者得永生的希望、信念。因此，"望"这一意蕴也往往被视为未来学的思考范畴。

"爱"即仁爱或慈爱，在基督教教义中乃双向的，即上帝对人之爱和人在信仰中所表达的对上帝和对世人之爱。"爱"体现了上帝的本质，也是基督徒所表现出的最大美德。这种"爱"因而乃"圣爱"（agape），即"上帝之爱""神圣之爱""灵性之爱""绝对之爱"。基督教将其信仰的全部真理和核心归纳为爱上帝和爱邻人这一最根本准则，以爱之律法作为最大的律法。耶稣基督则是这种爱的集中体现、人格表述和神圣象征。故而基督教亦被称为"爱的宗教"。

15. 因信称义

"因信称义"亦称"唯信称义"，源自保罗在其《罗马人书》中论及的思想，后被马丁·路德在宗教改革运动中所强调、所突出，从而在新教教义中得以凸显。本来，这一表述乃基督教神学救赎论术语，即表示人的"信"是其得到救赎并在上帝面前得以称义的必要条件。路德将之发展为如何得救的教义，据此而宣称"称义"不是靠外在的行为，而是靠内在的信心，强调救恩是凭着恩典、借着信心而来。路德由此而试图淡化或取消教会教阶体制所依靠的"外在"中保作用，反对天主教的补赎、售赎罪券等"唯行"之举，以彰显称义与"内在"的虔信之关联。"因信称义"的基本内容即说明基督在十字架上的受难已完成其救赎之功，人与神之间从此不再隔阂，信徒只要凭靠其信仰就可以直接与上帝沟通，从而获得内心的赦免感和体悟到上帝之爱的爱感，达到真正的"称义"。

16. 预定学说

"预定学说"亦称"预定论"或"前定论"，是加尔文根据奥古斯丁的相关学说发展而来，对加尔文宗的早期发展产生过重要影响。基于路德"因信称义"的思想，加尔文提出其"预定"学说。这样，其教义的重心就从"人的信仰"转移到"神的预定"。在加尔文看来，基督受难所完成的救赎并非为了全体世人，而只是由上帝所特选的将被救赎者。这些人乃蒙上帝的拣选才产生信心、得以称义。因此，"称义"并非世人凭自力所得，而由上帝的旨意所预定。此即加尔文的特选预定论或绝对预定论。加尔文认为，上帝有着双重的预定，即预定一些人得救恩、获永生，而预定另一些人遭遗弃、受永罚。这种预定论使人感到"谋事在人，成事在天"，人不知道自己的命运，只能以兢兢业业的工作和主动性自我克制来静候上帝的拣选，而其事业或工作上的成功则可被理解为上帝对自己的恩宠，证明为上帝所预定的拣选。在马克斯·韦伯看来，这种预定学说无意中却形成了"一种具有伦理色彩的生活准则"，并发展出了最初期的资本主义精神。

（三）基督教的圣礼

圣礼亦称圣事，即基督教的各种宗教礼仪。基督教各派都有其圣礼，相信圣礼可体现出上帝的神秘、神圣和奥迹，而其信守的教义也需要通过各种圣礼的实践方式来表现出来。大体而言，天主教和东正教认为有"七圣礼"，即洗礼、坚振、告解、圣体、终傅、神品和婚配；新教经过礼仪改革而简化了圣礼，仅保留了洗礼和圣餐为圣礼，有的教派甚至放弃了任何圣礼的规定。

1. 洗礼

洗礼为基督教的主要圣礼之一，亦称"圣洗"，是其信徒的入教仪式，象征着入教者的原罪和本罪得到赦免，接受到圣灵和恩宠。洗礼分为注水礼和浸礼两种，注水礼乃由神职人员（神父或牧师）将祝圣过的清水洒在受洗者的头上，让水从额上流下，并按手在领洗者头上，同时口诵规定的经文。多数教会行注水礼，一般也多对婴儿所施。不承认为婴儿所施的洗礼，要求其信徒成年后再次接受洗礼的称为"再洗礼派"。浸礼即"浸水礼"，需要受浸礼者全身浸入水池中片刻，或由主礼者与助礼者帮助受浸礼者向后仰全身浸入水中三次。在此过程中，主礼者应口诵规定的洗礼经文。这些教会则被称为"浸礼宗"或"浸会"。

2. 坚振

坚振亦称"坚信礼""坚振礼"或"敷油礼"，属于基督教的入门圣礼，多为天主教和东正教所实践。这一圣礼指入教者在领受过"洗礼"一段时间之后，再接受主教所行的"按手礼"和"敷油礼"，据此可让"圣灵"降于其身,以坚定信仰,故称"坚振"。在有些民族中,这种"坚振"礼仪也会与"成人礼"相关联,"坚振"仪式即受礼者得以"成熟""成人"的标志。

3. 告解

告解为天主教和东正教的七圣礼之一,亦称"和好圣礼""悔改圣礼"或曰"办神工",其西文原意指"忏悔"或"敬神自白"。这一圣礼据传由耶稣基督所设立,旨在赦免教徒在领洗之后对"上帝"所犯诸罪,使他们重新获得上帝的恩宠,故有"悔改圣礼"之说。其具体实践乃教徒向神父告明所犯罪过,表示忏悔;而神父则必须替教徒保密,并指导其进行补赎,以获赦罪。

4. 圣体

圣体为天主教和东正教的七圣礼之一,亦称"感谢祭",原有"谢恩""祝福"之意,东正教称"圣体血",天主教则称圣体圣礼为"弥撒"。据传为耶稣受难前夕同使徒共进晚餐时建立,这一晚餐故称"最后晚餐"。按《新约》"福音书"的记载,耶稣在最后晚餐时拿起饼和葡萄酒祝祷,然后分给门徒,并告诉大家"这是我的身体和血,是为众人免罪而舍弃和流出的"。耶稣让其门徒此后要经常这样做,以为纪念。这样,教会形成这一圣礼。宗教改革运动以后,新教各派亦保留了这一圣礼,称为"圣餐"。基督教认为这一圣礼中的饼象征耶稣的身体,领受者吃饼即可从耶稣身体里获得生命,而圣礼中的葡萄酒或葡萄汁则象征耶稣的宝血,领受者喝它则可使其罪得到赦免。天主教在此礼仪中是由主礼人(神父或主教)先领"圣体"和"圣血",然后让信徒轮流领圣体,但一般信徒不参加领"圣血"。新教则由主礼牧师将无酵饼或有酵饼和葡萄酒或葡萄汁祝圣,自己先领,然后将饼与酒分给受过洗礼的正式信徒领食,其分饼方式亦称"掰饼"。

5. 终傅

终傅为天主教和东正教的七圣礼之一,意为终极(即临终时)敷擦"圣油",以减轻病危者或临终者的神形困苦,赦免罪过。这一圣礼最初为病人傅油圣事,属于康复圣事,但后来改为只对重病者临终前傅油，故称终傅。具有"临终关怀"的寓意。其礼仪即由神父用经主教已祝圣的橄榄油敷擦临终病人的耳、目、口、鼻和手足，并诵念一段祈祷经文，以此象征将病人托付给基督，求其减轻病者的痛苦，获得灵性生命的拯救。

6. 神品

神品为天主教和东正教的七圣礼之一，亦称"圣秩"或"圣品"，指教会神职人员权力、职分的品级。天主教的神品为七级，分为小品四级和大品三级，小品亦称"次级神品"，有一品司门员，二品诵经员，三品驱魔员，四品襄礼员（亦称"辅祭品"）；大品则称"正级神品"，有五品副助祭（亦称"副执事"或"助理执事"），六品助祭（即"执事"），七品司祭（即"主教"和"神父"）。有些现代教会认为真正的神品应该只有执事品、司铎品和主教品这三种。东正教会神品中大品和小品的分法与天主教会不尽相同。东正教一般将主教、神父和助祭列为大品，将副助祭列为小品。东正教中的拜占庭教会和迦太基教会只承认副助祭和诵经员为小品，有些东部教会则没有小品。此外，东正教还将神品分为黑白两种神品，其中黑神品的神职人员必须独身，包括修士、修士辅祭、修士大辅祭、修士司祭、修士大司祭、主教、大主教、督主教、都主教、牧首；而白神品的神职人员则可以结婚，但不能升任主教以上神职，属于白神品的有诵经士、副辅祭、辅祭、大辅祭、司祭、大司祭、司祭长。天主教神职人员必须独身，自其发愿出家行剪发礼开始，即可领受小品，有相关的小品礼仪，而小品则是晋升大品的必经阶梯，领受神品、接受授职必须由主教施行神品圣事祝圣仪式。新教中圣公会等亦保留有这种圣礼。这种"祝圣"仪式一般指授予主教圣职，而授一般圣职则称"派立礼"，即"授圣职礼"或"授神职礼"，其方式亦称"按手礼"等。

7. 婚配

婚配为天主教、东正教的七圣礼之一。新教教徒结婚也有在教堂举行并请牧师证婚的仪式，但不将之视为圣礼。这一圣礼指教徒在教堂举行婚礼，由神父主礼，经教会规定的礼仪程序而正式结为夫妻，并获得主礼者的祝福。

（四）基督教的基本教制

1. 天主教的教阶制

教阶体制亦称"教会体制"，而天主教教阶制的典型特点即"圣统制"，由此形成其自上而下、中央集权的独特教会制度。天主教的教阶制开始于2、3世纪，以主教制为核心。随着其教宗及教廷制度的逐渐发展，其主教又进而细分为教宗、枢机主教、宗主教、都主教、总主教和主教等。除了这种教职体系，天主教还以其"圣统制"来体现其教会管理体制，即自上而下行使其管理权。这种管理一方面体现在其对主教等神职的任命权上；另一方面则在于其下属教省、教区的建立和划分。

天主教教阶制的最高一层为"教宗"。其选举在古代和中世纪曾被帝王和世俗政权所控制，1059年规定只有枢机才具有教宗的选举和被选举权。1123年天主教拉特兰大公会议正式规定禁止世俗政权对选举教宗的干预。1970年，天主教又规定年满80岁的枢机不再有被选为教宗的权利。教宗选举现在梵蒂冈西斯廷小教堂内秘密进行，称"康格拉夫"，原意为"锁闭的房屋"。只有获2/3以上票数的枢机主教才能成为新教宗。如果票数不够，选票则和湿麦秸一起烧掉，烟囱冒出的是黑烟。如果已选出新教宗，则只烧掉已用选票，烟囱冒出的是白烟。教宗亲自任命枢机，因枢机主教在正式场合穿红色长袍而有"红衣主教"之称。1998年时，枢机主教人数达168人。

2. 东正教的牧首制

"牧首制"指东正教会所实行的以"牧首"（亦译"宗主教"）为最高首领的制度。东正教会并无全世界统一的教会权力机构，君士坦丁堡正教会的牧首享有"普世牧首"的尊号，但只拥有"荣誉上的首席地位"。在各东正教会中，实行牧首制的有君士坦丁堡正教会、安提阿正教会、耶路撒冷正教会、罗马尼亚正教会、保加利亚正教会、格鲁吉亚正教会、俄罗斯正教会以及从中分离的乌克兰正教会等。"牧首"之下的其他东正教教职则还包括都主教、大主教（亦称"总主教"）、主教、大司祭、司祭、辅祭等。

3. 主教制

基督教许多教派都有以主教为主体管理教会的体制，包括天主教、东正教、新教的圣公会，部分信义宗及一些东方古老教会。圣公会还以坎特伯雷大主教为其实际首脑，其下属神职除主教外还有会吏、会吏总等。主教一般有权祝圣神父（新教中指"派立牧师"），施行圣礼，统辖所属教区的教会。另有副主教担任教区辅助主教、常任教区长之职，并在主教之位空缺时代行主教之职。

4. 长老制

主要是加尔文宗中以长老为主体来管理教会的体制。"长老"指由本教堂平信徒推选出的代表，他们有权管理教会事务、聘请牧师等。而牧师则是在长老们的委托下管理教会的各项教务。

5. 公理制

公理制亦称"会众制"，是由教会的全体信徒以民主方式直接选聘牧师来管理教会。"公理"即"公众治理"或"公众管理"之意。其教务、体制、礼仪、人选等均由全体会众自行决定。目前采用公理制的新教教会主要是公理会和浸会等。

三 基督教对世界历史文化的影响

（一）基督教与教育

在古希腊文明传统中，曾有过"学院"这种教育形式。在中国古代，亦有各种私塾教育和官学教育。但在世界教育史上体态完备、分科分系并设有学位制度的高等教育或"大学"教育，则与基督教的发展有密切关联。在基督教的倡导和参与下，欧洲中世纪的学校得以形成，并率先设立"七艺"类型的分科课程，由此开始了向高等教育的发展过渡。12世纪前后，欧洲最早的一批大学乃从基督教修道院学校和大教堂学校发展而来。这些大学延续至今，为人类教育的发展进步做出了重要贡献。欧洲宗教改革运动后，新教各派亦开始兴办大学。此后在基督教海外传教和欧洲往外移民的过程中，这种体现新的教育理念的学校尤其是大学亦在其他各洲出现。例如，新教徒在北美资助或创办的哈佛大学、耶鲁大学、芝加哥大学等，均成为现代世界的一流大学。在中国，基督教创办的教会大学在中国高等教育史上亦占有重要地位。基督教各派曾在华创办了约20所大学，产生深远的影响，其中南方的震旦大学、圣约翰大学、金陵大学，北方的燕京大学、辅仁大学等都是中国高教史上的著名大学。

（二）基督教与哲学

基督教思想与西方哲学传统密不可分。早期基督教教义及神学曾从古希腊、罗马哲学中汲取养分，而其神学初期形态亦是西方早期哲学的重要构成。例如，基督教思想史的"教父学"即西欧哲学史上的"教父哲学"。在中世纪，欧洲哲学乃以"经院哲学"为主，而后者正是基督教的神哲学。此外，在中世纪西方哲学发展过程中，基督教亦帮助或直接参与了将阿拉伯哲学、古希腊亚里士多德等人的哲学引入西欧，形成中世纪西方哲学的复新和鼎盛。在近代，基督教思想基本上乃与西方哲学交织发展、融贯互摄。虽然此后已有神学与哲学的分野，二者的一些基本问题意识和分析解决问题的构思却有着不解之缘。直到现当代，基督教哲学仍为整个哲学体系中的一个重要分支，亦是其极为活跃的领域。

（三）基督教与科学

基督教在其产生和发展过程中形成了一套独特的世界观和方法论，其对宇宙的认知观念和模式、对世界起源或构成的说法，以及对人的来源和本质的认识，导致了与科学观和科学方法的复杂关联。一些带有猜测甚至错误因素的古代宇宙观和科学观曾为基督教建构自己的科学体系准备了模式和材料，也因此形成了与科学的冲突或张力。例如，欧洲中世纪自然科学的研究是在基督教神学的形式下进行的，教会对于超出

《圣经》教义、逾越其"真理"界限的研究及其学说曾加以限制和禁止。因此，不少标新立异、走在时代前面的科学家曾受到迫害、经历了种种"冤案"。尽管如此，欧洲许多科学研究及发明仍是在中世纪教会的各修道院中得以实施或获得成功的。近代以来，尽管基督教与科学相冲突的事情还经常发生，但基督教的总体趋势是寻求与科学调和，并运用科学发现来修正、完善其信仰体系，由此已形成二者互为补充、各司其职、相辅相成的错综交织。在现代世界中，这一复杂关系在教会办有高水平的科学院、不少知名科学家信教的现象中得到生动反映。对于宗教与科学的关系，故需一种整体、全面、辩证的审视。

（四）基督教与文学

基督教与文学的联系始于古罗马帝国后期，发轫于"圣经文学"的基督教文学乃对西方文学史产生了巨大影响。中世纪早期的欧洲文学主要表现为教会文学，多为用拉丁文写成的基督故事、圣徒传、祈祷文或反映个人宗教灵性、内心体验的"忏悔""告白"等灵修文学。这些作品形成了文学中诗歌、散文、史诗等写作体裁、发展出"象征""寓意""神秘"等表述特色。而中世纪鼎盛时期的"骑士文学""梦幻文学"等亦浸润着基督教的精神。欧洲文艺复兴则既是欧洲古代精神的复兴，也是基督教文化的复兴，而文艺复兴时期的文学作品，亦不离基督教的主旨和情趣。此外，欧洲宗教改革运动对欧洲文学发展也极有影响。如马丁·路德在宗教改革中将《圣经》译成德语，用这一民族语言撰写赞美诗、散文和寓言之举，就曾促进了德语的统一和德国近代语言文学的发展。欧洲近代文学发展中的神秘主义文学、禁欲主义文学、启蒙主义文学、浪漫主义文学、"清教文学"、"虔敬文学"、"感伤文学"等，亦留下了明显的基督教思想轨迹。在现代世界文学发展中，基督教与文学的关联犹存，基督教影响仍在，这在现代现实主义文学、象征主义文学中均得以体现。而基督教对中国现代文学的影响，也是显而易见的。

(五) 基督教与艺术

在世界艺术发展史上，基督教艺术为其重要构成，亦有深远影响。这既表现在作为空间艺术的绘画、雕塑和建筑，也表现在作为时间艺术的音乐之中。

早期基督教绘画乃欧洲古代与中世纪之交最为典型的象征性艺术。这些绘画所表现出的宗教象征、抽象、唯灵等艺术倾向，曾影响到中世纪欧洲艺术的最初走向。在中世纪，圣像的描绘、雕刻、各种宗教镶嵌画、教堂祭坛画和穹顶画，《圣经》题材和教会人物形象的雕塑等，占了其整个造型艺术的很大比重，它们构成了中世纪"崇拜上帝的文化"的生动写照。欧洲文艺复兴运动以来，欧洲文化传统及其基督教观念逐渐由"神本主义"转向"人本主义"，这在当时的绘画和雕塑上有着充分展现。达·芬奇、米开朗琪罗、拉斐尔等文艺复兴名家在其艺术作品上将基督教题材与人文主义主旨达到了一种几乎空前绝后的有机共构、绝妙结合。在现代艺术中，基督教的主题或创意也体现在印象主义、象征主义、抽象主义、超现实主义、表现主义、立体主义和构成主义等艺术风格的一些作品中。

基督教与建筑艺术的结合，主要体现在"教堂建筑"上。基督教的教堂从其原初的"宅第教堂"等开始，形成了丰富、复杂的建筑风格及艺术特色。其建筑风格从教会早期的"巴西里卡"即长方形教堂，经历了中世纪早期的"罗马式"教堂、中世纪鼎盛时期的"哥特式"教堂以及此后的"文艺复兴式"教堂，"宗教改革式"简朴、明快风格的教堂、"巴洛克"式豪华、夸张风格的教堂，以及近、现代的"新罗马式""新哥特式""中心式"教堂这一起伏变化、多姿多彩的发展过程。而其"拜占庭式""斯拉夫式"教堂建筑，以及与各地文化相结合的"本土"风格教堂建筑等，都曾为世界建筑艺术增光添彩。

基督教与音乐艺术的有机结合则在"教堂音乐"上达到典型表述。基督教早期音乐表现出其对古希伯来、古希腊罗马音乐的吸纳、借鉴和整合。在欧洲中世纪音乐发展上，作为"教堂歌调"的格里高利歌调、以及此后的复调音乐、"神秘剧"、"圣剧"、"众赞歌"、圣咏、康塔塔、经文歌和受难曲等,既反映了教堂音乐的深厚底蕴,又揭示了西方音乐史上具有里程碑意义的发展。在现代音乐中,有着基督教文化背景的福音圣歌、圣诞歌曲以及美国黑人灵歌等,也对大众音乐的发展起到了重要的推动、普及作用。

四 基督教研究概述

(一) 基督教研究简史

基督教研究在世界上以西方国家为主,有着极为悠久的历史。这种研究主要体现为一种神学意义上的研究,其研究分类大体为圣经(包括旧约和新约、后典、伪经、死海古卷)研究、教会史研究、宣教史研究、系统神学(或称教理神学、教义学、基本神学)研究、教会法研究、教牧学与实践神学研究、道德神学或基督教伦理学研究、经院哲学及基督教哲学研究等领域,有着浩如烟海的研究成果。

中国对基督教的研究从教会自身的探讨可追溯到明末清初围绕耶稣会士来华传教而展开的学术及教理讨论。其研究在学术领域的真正展开则始于20世纪上半叶,以资料搜集、国外著作翻译、个案研究和简史撰写为主。这一时期的研究已关涉世界基督教历史、基督教神学和哲学、基督教伦理道德、各大教派及其修会、差会概况,其组织机构和著名人物,基督教文学艺术,《圣经》研究与诠释,中国基督教历史以及基督教与中国文化的关系等方面,出版了不少译著和研究专著。但这一研究在其系统性、整体性上都颇为欠缺,研究的深度和广度亦不够。

在20世纪下半叶,中国大陆的基督教研究体现出人文学科、社会科学的研究特色,而在香港、台湾等地区则仍以神学研究为主。在1978年之前,中国大陆学术界主要从政治层面和意识形态认知上展开对基督教的研究,而其学术意义却并不突出。1978年以来,中国大陆的基督教研究则进入了全面、深入的发展阶段。与国际学术界以神学为主的研究不同,中国的基督教研究更显示出其人文社会科学领域客观研究的特点，因而别具一格、引人注目。中国学术界在此研究上有两大层面的关注，一是关注其基础性、理论性研究，有着使这一领域规范化、系统化的考虑；二是关注其现实性、相关性研究，以一种"问题"意识来有目的、有计划性地抓住一些适应中国国情、为世人所重视、具有紧迫性的现实前沿课题和热点、焦点问题，旨在发现、分析并解决这些问题。在这种现状研究中社会学、人类学的方法多被采用，对田野调查和实证研究有所突出，从而形成新的研究亮点。当代中国的基督教研究与国际学术界所相同的内容包括基督教历史研究、基督教神学思想研究、中国基督教史研究、基督教经典研究、基督教现状研究和基督教文化研究等。而其独特性和聚焦点则在于注重基督教与中国思想文化关系的研究、强调基督教与儒释道等中国传统精神的对话，思考基督教对中国现代化进程、思想文化重建的可能影响及社会作用。在过去约40年的研究历程中，中国学术界已取得了前所未有的成就。

（二）问题与展望

中国的基督教研究在整个世界学术界中所占比重极小，影响不大。而且，学者们的研究随意性较强，故仍然缺少系统性和相应的学术协调。其存在的问题，包括基督教研究在中国学术领域的定位尚不清楚；"认信神学"与"学术神学"的区分仍被人质疑；在其研究的方法论上亦无重大突破；人们对基督教在华存在的意义、作用认识不同，其观点甚至相距颇远，故很难在研究者中达成共识、形成共鸣。与之相关联，学术界尚说不清基督教与中国文化的关系，因而很难深化前一段人们曾关注并展开过相应讨论的"汉语基督教神学"、"中国基督教神学"、中国化的"文化基督教"等问题。此外，对于与现实极为相关的基督教的社会作用、其政教关系等敏感问题亦出现"失语"、给人一种不应该的"沉默"感。在对基督教的系统研究、学科建设上，空白领域仍然很多，不少薄弱环节亦尚未获得应有的加强和充实。在全球化的氛围中，中国基督教研究的学术合作和国际交流也应得到大力促进。

基督教作为世界最大的宗教，基于其两千年来与世界文化的密切关系，为我们的研究提供了一个非常广阔的领域。在中国这一研究的未来发展中，它作为一门新兴学科会受到越来越多的人的关注，其发展潜力较大，前景乐观。中国基督教研究与基督教的"中国化"进程密切关联，这种研究可以为我国基督教坚持"中国化"方向提供重要学术支撑和思想保障，亦有利于中国学术界的学术体系、学科体系和话题体系之构建。而且，正是在这种研究中可以体现出一种基于学术但又超越学术涵括的意义：我们可以从世界学术领域的成果中获得营养、启迪，也可以由此而使我们的研究进入世界学术殿堂，并在其中占有重要一席。

［原载张志刚主编《宗教研究指要》（修订版），北京大学出版社2013年版。］

第七章

推动对"梵蒂冈"的系统研究

梵蒂冈是世界上极为独特的政教合一的国家，也是全世界天主教会的最高首脑机构，有罗马教廷之称。由于梵蒂冈的这种特殊地位，其在世界政治和宗教发展中扮演着非常重要的角色。自中国改革开放以来，中梵关系进入了一个新的发展阶段。双方以不同形式有着复杂接触，涉及政教关系各个层面的敏感话题，因此引起政界、教界和学界的特别关注和高度重视，亦是国际社会政治中人们会产生热议的焦点之一。由于中梵双方在当代处境中接触的频仍、关系的复杂，对我国的内外发展而言，则有了全面、深入、系统了解、研究梵蒂冈的需要和必要。正是在这一背景下，很有必要展开"梵蒂冈研究"这一重要课题，对此，我们觉得应该有如下一些方面的思考。

首先要考虑课题研究的基本定位和研究重点。

对梵蒂冈所展开的课题研究按其基本定位理应是基础性研究，即以对梵蒂冈发展演变的历史追溯、过程描述为主，旨在比较深入、注重细节地探讨梵蒂冈的历史发展全貌，由此从梵蒂冈作为天主教的核心、首脑部位来剖析整个世界天主教会的基本结构、突出特点，以及这种政教合一的发展模式对世界历史的复杂影响。作为基础性研究，这一研究课题的探讨具体而言可以有如下几个层面的构设：

一是展开对梵蒂冈全貌的探究，为此展开这一课题研究可以进一步具体下设五个子课题：1. 对"罗马教廷"的系统研究，重点在于对梵蒂冈的政治权力结构和宗教管理结构的分析探究，回溯其历史发展演变过程，展示其当前所呈现的基本状况；2. 对"教宗史"的全面探究，以对历代教宗加以客观评价，重点是按不同历史时期的层次划分来对自古至今历代教宗的个人历史、教会作用及社会影响进行个案分析，形成其制度史与人物史研究的有机结合；3. 对"梵蒂冈历史"的纵向梳理，重点在于按照历史发展的线索纵向性勾勒、描述梵蒂冈这一政教合一组合体的形成和发展演变，客观再现其跌宕起伏的历史和诡谲波折的政局；4. 对"中梵关系史"的整体勾勒，重点是对历史上中国与梵蒂冈即罗马教廷的接触、交往加以探微钩沉；但鉴于其现实发展的波动性和流变性，对之很难加以任何具有固定性的界定或解说，故而这一研究应以历史的回溯为主，而不必过多涉及其当代发展，因为这种当代发展研究已属于另外的专题研究；5. 对"梵蒂冈博物馆"的独特研究，其立意出于对天主教文化艺术发展的关注，课题的研究重点应该是从文化艺术史的角度、参考艺术神学、神学美学的审视来展示梵蒂冈博物馆作为世界最著名的博物馆之一的概貌、论述其在人类宗教史、文化艺术史上的意义，并根据情况而相应扩大其研究范围。以这五大子课题的研究为抓手，则基本上能对梵蒂冈的整体情况加以粗线条的勾勒和较为全面的展示。当然，这种构设尚未，也不可能包罗万象，而必须意识到其存在的局限性；例如，当前的课题很难全面开展对梵蒂冈图书馆、档案馆等有限开放或尚不开放机构的研究，这些方面的资料搜集和专题研究则有待今后更深入的拓展。很明显，梵蒂冈研究作为一种开放性研究并不能仅此为止，而在今后仍然可以对其问题或专题研究不断加以扩展和深化。值得指出的是，近二十年来，中国相关学术机构已经深入到这些图书馆和档案馆开展了其文献资料等研究，并与其有着相关合作，从而已经在华联合出版了一些很有价值的文献资料影印集刊和研究文论。

二是注重对历史分期的把握，这一课题对梵蒂冈发展的历史把握大致可以分为四个时期：第一时期即早期天主教会即整个基督教的早期历史；第二时期指中世纪教宗国（以前习称教皇国）的建立及其领导中心最终在梵蒂冈得以确立的历史，这种政教合一国家所达到的鼎盛时期即其中古的历史；第三时期则指梵蒂冈在近代的历史，正是在其近代史阶段，梵蒂冈的影响才真正扩大到欧洲之外，初步形成了其对全世界的宗教辐射及网络布局；第四时期为梵蒂冈的当代史，即梵蒂冈在当代社会的发展及影响，但对其目前现状则应点到为止，尚不必作过多的研究，而应该注意密切观察，潜心于资料的收集。

三是强调对梵蒂冈历史的多层面研究，这些研究包括对梵蒂冈宗教史、梵蒂冈与西欧社会史、梵蒂冈与国际政治史、梵蒂冈与世界文化史、梵蒂冈外交史以及梵蒂冈与中国交往史等层面的内容。这些层面会以不同侧重来突出关涉梵蒂冈的政教关系史，揭示出以政教关系为主轴而发展出的多层面关系，所形成的对社会各方面的多重辐射。

四是注重个性研究，对重要事件、重要人物、重要思想加以重点探究，在必须展开的部分深入探析，彰显其个性及特色，特别是对历任教宗的个案研究上，其描述与分析应该给人一种客观、中肯之感，使历史人物鲜活起来；而对一般性的内容则点到为止，以保持对其历史发展描述的连续性为底线。

从上述四个方面，这一课题研究旨在体现出其基础性、历史性、学术性研究的主要特色。鉴于梵蒂冈问题的复杂性及其在国际政治中的地位和影响，相关课题的研究重点应该是放在梵蒂冈本身，即弄清、认识梵蒂冈，做到"知彼"。虽然当前设立这一研究课题的现实背景中有颇为复杂、棘手的中梵关系问题，但因为已有其他科研人员和相关部门在专题研究当代中梵关系，正在开展一些相关课题，并且推出了相关成果，所以我们的研究重点就可以放在梵蒂冈自身的历史发展和基本现状方面，而不专门或刻意涉及其与中国的现实关系及当前发展，我们的论述只是相应地触及其在历史上与中国的交往和关联，而不具体针对当下正在展开的中梵关系及其来往。这样，这种课题的研究重点：一是涉及梵蒂冈这一政教合一政体在历史上所形成的基本结构，由此了解罗马教廷的政治和宗教功能的并立及交织；二是阐述梵蒂冈的整体历史沿革，由此了解其历史全貌、找出其发展规律；三是深入展开对天主教首脑人物的个案研究，对教宗其人其思、其历史功过及作用加以客观描述和科学评价；四是探讨梵蒂冈历史发展与欧洲文化艺术发展的关联，由此展开对天主教艺术神学和神学美学的系统研究。这些重点也是基于基础性研究的需要来突出，从而充分体现这一研究课题的人文学术归属，由此也能为相关现实研究提供历史及背景知识。最近中梵关系出现了一些新的动向，而这方面发展的积极推动就需要我们对梵蒂冈全貌有一个比较客观、科学的综合认知。因此，这一研究的必要性和当下性等意义，已经充分地体现了出来。

（本文为开展"梵蒂冈研究"的论证发言）

第八章

对主教任命与中梵关系的新思宏论
——读刘金光《主教任命制的历史嬗变及其对国际关系的影响》有感

最近，中梵关系的讨论成为热门话题，政界、学界、教界及媒体都对之注目。中国外交部长王毅在2018年两会期间回答记者询问中梵何时建交时笑着反问"你着急啦？"其蕴含神秘的妙答即刻就带来了人们的各种猜测。近期这一问题在不断升温，因此刘金光博士的新著《主教任命制的历史嬗变及其对国际关系的影响》刚一出版就引起了普遍关注。尽管问题敏感复杂，这部分量颇重的新著却开门见山、单刀直入，极为大胆地直接论及对中梵关系的全新理解，而其充分的学术准备亦为这一关系的未来发展走向提供了历史参考资料和理论思考分析。可以说，此书的问世乃恰逢其时，给关心这一问题的人们带来了止渴之感或更多的遐思。

众所周知，主教任命问题是中梵关系能否取得突破性进展的最为关键之处，一般认为于此好似无法越过，人们对之故有许多评论和猜想，但大多仅仅限于表层面的泛论，且往往就事论事，没有注意到其久远的历史嬗变和复杂的国际关系，因而很难提供有价值的意见，这些泛论除了形成舆论跟风之外无助于这一问题的根本解决。所以，刘金光博士的这部新著就极为独特，给人们带来了眼前一亮的感觉和兴奋。

过去的讨论，大多限于纯宗教层面的主教任命问题，其基本思考也往往立足于基督教内部的神学理解和天主教会法典的限定。这种单向性、内涵式的理论探究和解决途径在面对更为复杂的主教任命问题时，就显得单薄片面，在真正解决问题时也会力不从心、束手无策。回顾过去已经走过的路程，其博弈、僵持旷日持久却于事无补，反而带来了一种离相关问题得到根本解决遥遥无期的失望。

面对这一窘境和不可回避的问题，刘金光博士另辟蹊径，既追溯与之相关的历史渊源及其发展、演变，又审视其在政教关系层面与国际关系发展上的缠绕、关联。也就是说，解决主教任命问题不能沿袭以往纯宗教考量的老路，若陷于天主教会在现代发展中为自己所制定的法令教规，则走不出徘徊已久而本无出路的死胡同。对此，刘金光博士提出了一种更广远的视域，展示出一种更符合国际关系实情的景观。这种视域即一种客观、真实的历史回顾和冷静、睿智的国际观察，从基督教的历史起源和欧洲政教关系的发展演变来审视主教制的形成及主教任命制的复杂变迁；这种景观即从梵蒂冈的国家性质及其宗教形态来展现近现代国际关系中在主教任命问题上的跌宕起伏及其带来的各种实际解决办法。

从历史嬗变来看，主教任命问题并非一成不变，历史上充满了各种变数，反映出政教关系的博弈和政教力量的此消彼长。基督教与欧洲社会的关系经历了帝政压教、政教合一、政教协约、政教分离的复杂演变。主教任命权的产生及其掌控与政教力量的此消彼长有机相连，并非只存有某一绝对的模式。特别是威斯特伐利亚体系建立之后，欧洲民族国家的兴起及其民族意识的增长，加之基督教内部受宗教改革的冲击，主教任命问题更增添了众多变数。罗马教廷的权威不断在受到挑战，梵蒂冈本身经历了风雨变迁。因此，恪守某一种主教任命的方式为无可争议的绝对模式，在历史上从来就没有真正出现过，而其奉行过程也是充满争议、充满挑战的。这种主教任命问题，从天主教内部本身就得反思其历史发展的真实轨迹，反省其得失及相关经验教训。

从国际关系来看，自威斯特伐利亚体系建立以来，天主教会在欧洲的大一统掌控实际上已不复存在。尽管在政教分离的发展态势下，天主教会从其内部管理意义上制定并又随后相应修改了其《天主教会法典》，对主教任命及政教关系做出其内在性规定，然而天主教徒毕竟不是生活在天主教纯宗教组织的真空中，其实际存在乃分散在由世俗政权掌权的众多民族国家之中，受到相关国家法律法规的约束，因此其主教任命问题已根本不可能单纯作为天主教会内部规章制度来存在，而乃与国际关系密切关联，其有效实施还必须面对和处理好与这些国家的关系，与之有过事先协商和沟通。这就使主教任命问题的考量从纯教会事务扩展到国际事务的处理范围，《天主教会法典》的具体执行和实际实施亦必须与和相应国家制定政教协定相结合。在现代世俗社会的国际关系及其复杂关联中，梵蒂冈想不折不扣地推行《天主教会法典》关于主教任命的规定显然只是一厢情愿、不切实际，在现实中也不可能成功。所谓"地下主教"问题带来的麻烦不仅触及相关国家及其教会，同样也使梵蒂冈自身负担不轻、矛盾重重。在此问题上与世俗国家政权抗衡、对峙显然是下策，其结果或是频频碰壁，或是陷于僵局而久拖不决，毫无进展。

当然，梵蒂冈的性质具有双重性，其作为梵蒂冈城国实实在在乃一个主权国家，但这种具有国家性质的国际主体并非其国际意义的全部，因为梵蒂冈同时又是全世界天主教信仰的精神领袖教宗居所，这一天主教统摄之位称为"圣座"（"宗座"），而圣座在此的行政机构罗马教廷则乃全世界天主教的中央机构，梵蒂冈作为罗马教廷所在地则使其超出一国之界及其局限而确为统摄全世界天主教徒的最高权力机构。尽管这种权力究竟是政治权力还是精神权力颇有争议，其权力意义是的确存在的。虽然罗马教廷的许多机构位于梵蒂冈城国之外，梵蒂冈却仍然具有圣座主权之载体的象征意义，这样遂使梵蒂冈城国与圣座这两个看似本质不同的双国际主体在"梵蒂冈"之名上集中得到简单而象征性的表达。为此，对梵蒂冈所具有的"权力"自然应该具体问题具体分析。其所具有的"宗教权力"即圣座的权威是其传统使然、历史构成，已经固化为一种公认的定式和存在形态，对之我们一定要客观正视和理性面对。这也正是中国天主教会"在当信当行的教义教规上服从教宗"

的意义所在,即对其历史传承和宗教沿革所达成的"普世教会"这一信仰共同体之承认。

不过,中国天主教与罗马教廷的关系远非"在当信当行"上"服从"那样简单,二者之间不可能仅仅存在"纯宗教"的关系。当我们谈论中梵关系时,此处所指"梵蒂冈"并非仅有"梵蒂冈城国"之意,而自然也涉及与罗马教廷即圣座的关系问题。按照天主教会的信仰理解,可以说"梵蒂冈"乃一分为二,即拥有作为一国之体主权的梵蒂冈城国,以及作为全世界天主教会治理最高机构而对全世界天主教徒行使精神信仰领域主权的圣座,因而存在"肉身"与"法身"的区别。但在中国看待和处理与梵蒂冈的国际关系时,却是将二者合二为一来考量的,无论其一国主体,还是其宗教性国际组织跨国主体的意义,在中梵关系中都得以一并商议。若硬性区分而简单仅就0.44平方千米这一弹丸之地的梵蒂冈城国来讨论中梵关系,显然毫无意义,因此将之剥离开并非中梵关系之所指。

于是,从政治与宗教两方面结合起来分析中梵关系并进而看待中国天主教会与罗马教廷的关系就显得特别必要和重要。这里,刘金光博士做了大量深入细致的研究工作,对上述关系的纠缠、分殊根据历史、文献加以条分缕析,给出了鞭辟入里、令人信服的解答。在刘金光博士的分析中不难看出,当前中梵关系更主要是政治关系,其天主教会层面上"纯宗教"的关系也必须置入其社会政治大背景中来考察、评判。既然是中梵双方的关系,那就绝非梵蒂冈单方一厢情愿的独语;既然首先要解决政治关系问题,那就应该看清这种政治关系的来龙去脉,评断历史上的是是非非;其中的宗教问题也没有脱离这种政治关联,而其解决故而理所当然必须纳入这一政治大框架之中来考虑。所以,刘金光博士在其新著中并不回避这一看似过于敏感的问题,而且还把破解中梵关系的难题作为全书的重点来阐述,并使其关于主教任命问题的思考成为本书最大的亮点之一。

在分析中梵关系问题上,有着许多非常重要的政治参考系数。我们从这里走过来,也必须从这里走出去。其一,中国的政教关系与欧洲历史截然不同，中国并无从政教合一到政教协定的演变，而是自古至今基本上一直处于政主教从的关系状态，所以梵蒂冈与欧洲诸国政教协约的经验在中梵关系上用不上，也行不通。其二，中国近代历史上曾遭受到西方列强的欺凌，而西方天主教会亦曾卷入到这种西方政治、文化的双重侵华之中，在此之前以"中国礼仪之争"为标志的政治文化冲突亦让人记忆犹新。梵蒂冈将一些卷入列强侵华的传教士封圣，却把曾促进中西对话友好的利玛窦晾在一边，其政治选项已令人质疑。其三，梵蒂冈在中国抗日战争时期选择承认所谓满洲国，在1949年中华人民共和国成立时选择了反华反共的态度，表达的是其鲜明的政治立场。其四，梵蒂冈在20世纪50年代对中国天主教的爱国之举实施了打压，鼓动天主教徒抵制、反对新中国的红色政权，曾导致中国天主教政治层面及教会层面的双重分裂。其五，梵蒂冈拒绝了中国天主教在中华人民共和国成立后把"自选自圣主教"与在"当信当行"的教义教规上符合天主教会法典积极结合的努力，其"绝罚"之举实际上促成了当时中国天主教"自选自圣主教"制度的建立。其六，中国改革开放以来已从根本上改变了与西方各国的关系，梵蒂冈在20世纪50年代反共反华的国际氛围已不复存在，虽有最近几任教宗向中国示好的表态，却在实质上尚未改变其政治态度，对以往其在中国的错误作为亦未公开认错道歉。其七，中国当前的国力及在国际社会中的地位已与20世纪时的状况根本不同，中国国际地位的提高势必影响到中梵关系的发展，梵蒂冈应该审时度势，主动面对和积极思考当今中国的国际定位、实力及影响。既然以往中梵关系的问题出在政治层面上，那么今天这一问题的解决当然首先要从政治关系上着手。基于这一根本认知，中梵关系主要是其政治关系的解决，而主教任命问题在中梵关系中显然是从属于这一政治关系的。中国政府已明确宣布其独立自主的治国原则，中国天主教会"自选自圣主教"正是归于这一原则范围之内的。从整体而言，整个中国宗教都强调"独立自主自办"、不受外国势力的支配、干涉和控制。这一原则是当今中国所特别强调和始终坚持的。

中国对中梵关系改善有着非常明确的原则立场，强调要首先解决好国家层面即国际主体层面的政治关系，然后才有可能考虑梵蒂冈与中国天主教会的宗教关系。因此，包括中国与"圣座"的关系问题，同样也是在国际关系层面上先谈政治、后议宗教之关系。而且这一政治关系理所当然会涉及主权问题，社会政治主权与精神信仰主权在此亦很难截然分开来谈。而政治、主权之表达在古今中外历史上都是各自实力的博弈较量，中梵关系与以往一样亦不例外。在当前形势下，梵蒂冈需要冷静思考、审视中国的现状及其原则立场，看清国际社会发展的大势，相向而行，客观、智慧地调整其以往的思路和做法，争取与时俱进、走出僵局困境。不可否认，在这种政治考量的前提下，在讨论主教任命问题时当然也会顾及其宗教因素。为了破解中梵关系的这一根本难题，刘金光博士在其新著中意味深长地提出了一种"双重备案的方式"。这一思考令人耳目一新，或许能使中梵之间的外交谈判或双边接触增加更大的空间，亦能给予彼此更多的回旋余地。

根据目前态势来判断，中国对主教任命问题的原则立场不会发生任何改变，任何神学依据或教义规定不属于其考虑范围，而只会立足于其政治判断和决策。当然，就中国方面而言，中梵关系的根本改善有利于中国在国际社会中的大国形象，对中国倡导共建人类命运共同体的努力亦会有积极的推进。但中国在主权问题和中国宗教独立自主自办原则上不会丝毫让步，而主教任命问题恰好都是从这两个方面来理解的。因此，中梵关系根本改善的这种可能性乃基于对这一主权和原则之理解的持守。当今国际关系中的"强政府"现象极为明显，在政教关系上也有突出体现。随着中国国力的强盛，中国正走向世界舞台的中心，其"强政府"的典型特征亦引人注目，不可忽视。所以，梵蒂冈不应奢望中国会做出任何原则让步。

就梵蒂冈方面而论，主教任命问题固然重要，却不是中梵关系的全部，也不是梵蒂冈所期待的与中国天主教会关系的全部；既然主教任命在历史上和国际关系中曾有那么多的变数，那就已经不必然是梵蒂冈所必须坚持不改的根本问题，梵蒂冈在其综合审视中不应该因执着这一问题而难以往前再走一步，导致其可能后悔遗憾的执障。或许，从历史的众多解决办法中,梵蒂冈可能找到中梵双方都可以接受的方案,而在国际关系和天主教世界中也不至于遭到太多的非议。在中梵关系改善的诸多因素中,梵蒂冈本可以更为灵活地权衡全局,缜密思考,有所舍取,尽量达到改善这种关系的最佳效果。如果对之持一种更加清醒、更为成熟的通盘审视,梵蒂冈则完全可以睿智、巧妙地绕过这一复杂而棘手的问题,或学习中国以"一教两制"的特殊举措来悬置其所希望的根本解决,从而得到其他在当前更有价值、更值得尝试的收获,实现中梵关系立足现实、从当今世界整体大局上考量的双赢。

在如何破解中梵关系难题的关键时刻,在对于中梵双方都可以说是时不我待的当下时机,刘金光博士基于大量史料信息和丰富实践经验而系统深入地探究了中梵关系中的主教任命问题,并以这一新著来提出他认为已经找寻到的可能行之有效之解决方案,这对我们无疑既有理论探索意义,更有现实启迪意义。

(原载《中国宗教》2018 年第 3 期)

第九章

东北亚基督教与当代社会发展
——从中国基督教发展现状来思考

东北亚基督教的当今存在，是基督教在亚洲本色化、处境化的产物，其间经历了各种社会、思想和文化运动，有着不同思潮、传统的相遇、碰撞，以及沟通、融合，体现出曲折、复杂的文明对话及发展，由此形成基督教在东北亚相关国家和地区的不同特色及相应的存在形态。回顾和反思这一历史进程，有助于我们清楚了解东北亚基督教的基本定位，认识到其与相关社会的双向互动，以及在各自社会氛围中的意义和作用。因此，组织召开相关学术研讨会等学术活动，不仅有利于对其历史发展及相关事件的梳理、分析和总结，而且也有助于我们审时度势、在弄清其历史处境和传统积淀的基础上更好推动基督教在东北亚的未来发展，积极适应并贡献于其当代社会的建设，成为相关社会前进的精神动力和文化资源。

基督教在中国的发展变迁，同样面临过本色化、处境化的难题和挑战，而且在当代中国社会中挑战依存、难题未解，由此使基督教在华命运充满戏剧性和未知悬念。对这段历史，这一期间有一系列值得纪念的日子，如2007年对马礼逊来华二百周年的纪念，以及对利玛窦在华逝世四百周年的纪念等。这些纪念和反思会给我们总结历史的经验教训，探索未来基督教与中国社会的和谐关系提供警醒、启迪，带来其顺利发展的良好愿望和能根本破解难题的乐观希望。

大体而言，基督教与中国当代社会的良性互动，需要解决好与中国当代政治、社会和文化这三个层面的关系问题：

在政治层面上，基督教自1840年以后在中国就被理解为一种"政治力量"。不过，基督教会作为所谓"政治力量"的定位在这一历史发展时期曾出现过复杂的嬗变。1840—1949年，基督教的主体被视为"西方的宗教"。由于中国受到西方列强的侵略，处于半殖民地半封建的状况，因而对外来势力，尤其是西方势力进行了反抗。在反对"帝国主义侵略"的同时，基督教也被贴上了"文化侵略"或"帝国主义侵华的帮凶"等标签，从而整个形象在华被扭曲。在这种氛围中，中国反帝反封建的政治运动也在一定程度上包括了"反基督教"的因素，其中最为典型的即20世纪20年代在全国爆发的"非基督教运动"，甚至还引发了更大范围的"非宗教运动"。此外，在中国政治势力的对抗中，基督教传教士和各差会基本上倾向于国民党，如美国当时的"扶蒋反共"政策主要由美国传教士加外交官的司徒雷登等人来执行，此后在中美关系的巨变中，司徒雷登亦成为这一历史的悲剧人物。与之相呼应，国民党的领袖人物孙中山、蒋介石等人也是基督徒，从而使基督教与国民党之间产生了一种无形的"亲和力"，这也直接影响到1949年以后中国大陆对基督教的看法及评价。这样，在反抗外来势力上，基督教会在中国基层出现了"自立""自办"运动，努力摆脱外来差会的掌控。而在对国民党执政不满上，也有少数基督徒开始同情支持共产党。但后一种发展力量很弱，从根本上没有改变基督教与西方政治势力、与国民党政治的结合或关联。

1949年中华人民共和国的成立，一直到1978年中国社会开始改革开放，基督教在中国的政治定位出现质的改变，同时也使中国基督教基本上脱离了整个世界基督教存在与发展的氛围，形成所谓"孤岛教会"现象。1949年以后，中国教会全面开展了"三自爱国"运动，并以"联合礼拜"的方式形成多教派整合，使中国教会进入所谓"后教派"发展阶段。在这一阶段，基督教在中国经历了"脱胎换骨"的改变，彻底割断了与西方差会、境外教会的关联。面对西方社会对华的封锁、敌视，中国基督教以"反帝""反西方势力"为立场，以"爱国爱教"为旗帜，在消解不与"新社会"合作的其他基督教教派势力的条件下，逐渐使中国基督教成为拥护"新中国"、服从"共产党"的"新型"但"弱小"的"政治力量"，故而被外界视为"政治宗教"或"政治教会"。而在这一过程中，教会的宗教功能在不断弱化，信教群体亦逐渐减少。

随着1978年以来中国重新对外开放，中国基督教以各种不同的形式恢复了与海外教会的联系，与此同时也面临着教会内外的各种压力和挑战。由于"教外有教、教内有派"迹象的重新出现，中国基督教的内涵与外延均发生了微妙变化。虽然"三自教会"仍占据着其核心或主导地位，却也不能完全涵括当代中国基督教现象。这种外来的影响和内在的变异，则使其作为"政治力量"已经地位不清，作用难辩。人们往往会怀疑、询问基督教究竟是哪种"政治力量"，其天秤在当今国际政治博弈中会向哪个方向倾斜？于是，"基督教渗透""基督教扩展"可能会改变中国政治、社会和文化的"颜色"之呼声乃不绝于耳。在"全球化"的背景下，基督教从整体来看重新被许多中国人视为"洋教""西方文化的价值核心和精神代表"。而一些未登记教会在中国社会基层的无序发展亦引起了中国政界的关注和担忧。基督教重新被从"问题意识"的角度来审视、考量。所以，如何客观、正确地评价中国社会中的基督教，这一问题并未获得彻底解决。

这样，我们可以看到基督教在中国政治定位的历史沿革和逻辑延续。与东北亚许多地区一样，基督教与当地社会关系的改善不可能回避教会的西方因素和与西方社会文化的历史关联。尤其在政治层面，双方政治关系的改善就显得格外重要。应该说，中国自改革开放以来已经积极改变了对西方国家的态度，并且在政治、经济和文化等领域有着多层次的合作，这也是中国基督教重新快速发展的一个重要原因。然而，中西方意识形态，政治经济制度等方面的对抗依存、矛盾仍旧，彼此之间的不信任、猜忌和防范也就不断地表现出来。这种状况自然会使中国基督教仍然面对险情，处于左右为难、颇显尴尬的地位。从政治环境来看，中国基督教政治状况的根本改善、对其政治定位的积极肯定，仍有待于中西关系，尤其是中国和美国的关系出现根本改善，基督教对华传教和西方社会政体改善与中国的关系，都要有一个"自西徂东"的重要过程。而在这一外部氛围的逐渐改变过程中，中国基督教则应该"依法"存在、"合法"发展，逐渐从政治上"脱敏"走上接受正常法治管理的轨道。

在社会层面上，基督教在中国历史上属于较为脆弱的社会建构。因其宗教社团的独立性和相对超脱性，基督教曾有过自己的在华生存模式和发展空间，故而与社会的结合并不是很密切。教会在中国社会中颇有"异国"色彩和情调。其"飞地"生存方式和管理模式曾引起很大的争议，如历史上中国人要求废除不平等条约所带来的外国势力的所谓"保教权"及治外法权；此外，早在1949年之前，中国的教师和学生也因教会学校，尤其是教会大学游离于中国教育制度之外而兴起了"收回教育权"，保护中国人自己的教育权等运动。这些都在一定程度上让人们看到了基督教与中国社会体制确实曾有某些脱节。不过，作为对传统中国社会建构的一种补充，教会在华不仅创办了教会教育和报刊出版机构，而且在社会服务层面也创办了教会医院、养老、照顾慈幼和残疾人、实施特殊教育等社会救济和服务机构，成为现代中国社会工作的雏形。

1949年以后，基督教会在华社会机构迅速萎缩，教会学校、医院及慈善机构都被取消或改为国有。这样，教会只是作为宗教组织而存在于中国社会组织机构之中，基本上处于一种被边缘化的状况，其社会功能亦大大减弱。20世纪50—60年代，中国基督教以其教务和群众组织的形式而代表着原有教会群体加入到中国几大宗教信仰社团之中，逐渐形成其作为当代中国五大宗教之重要构成的社会地位，而其对外的使命则主要是作为一种"政治表态"的社团组织。在现代中国社会构建中，其地位和定位仍然都颇为模糊。

中国的改革开放使基督教在当代社会重新活跃，有了新的发展机遇。不过，由于基督教的政治定位和社会定位依然并不是很清楚，因此教会并没有恢复1949年以前其曾有的在华社会教育及服务机构，仅仅有些许尝试，乃"摸着石头过河"之探。然而，在当代中国社会转型时期，基督教已不可避免地再次处在社会发展的十字路口，面临着种种选择。一方面，教会可能继续卷入现行"政治"，或是沿着其五十多年的发展，维护其支持现行政治的立场；或是受外来政治及社会思潮的影响而尝试扮演所谓"先知"的角色，对现行政治持"批评"态度，从而形成新的政教对抗；另一方面，则是教会利用"政治上团结合作，信仰上相互尊重"的机会而力争尽早在政治上"脱敏"或干脆"淡出"政治领域，转而全力投入社会公共服务领域，在社会建设及其相关社会工作、社会服务中重新为自己定位，成为这一方面的全新构建。中国共产党在"十七大"上前所未有地倡导"发挥宗教界人士和信教群众在促进经济社会发展中的积极作用"，这为基督教在中国当代社会从政治领域转向社会领域提供了有利机会。既然基督教已有丰富的社会工作经验积淀和较为成熟的社会慈善事业体制机制，那么就应该很容易完成这一转型，在当代社会作为其重要的"非政府组织"和"非营利组织"而在急需的社会服务、慈善和福利事业发展中脱颖而出、凸显其社会使命。

在文化层面上，基督教曾经代表着西方社会的文化精神及其核心价值观。而传入中国的基督教最初也是以"西方"模式或媒介来达成，故而使中国人所认识的基督教具有浓厚的西方思想文化特色，至少披着西方的外衣。在历史上，利玛窦时期和19、20世纪基督教来华传教时期曾有过两次基督教与中国文化深入对话，基督教尝试与中国文化深层次结合或融合的高潮，但最终功亏一篑，留下遗憾至今。由于彼此之间的文化差异和隔膜，在1949年之前中国社会曾流行"多一个基督徒、少一个中国人"之说，西洋风格的教堂建筑也曾让人感慨"多一个教堂，少一块国土"。这种文化张力使基督教在华形成了究竟是"中华归主"还是"主归中华"的悖论。其传统留存故使人们仍然会带着怀疑和警惕来观看今天的教会及教堂，眼光中也自然会流露出另样、异类之感。

基督教在华"文化融入"的任务始终未能真正完成，从而使之成为今天基督教与中国若想可能实现良性互动而必补之课。在"文化全球化"的今天，中国社会的"圣诞"文化已呈风行之势，表明了中国民众对基督教文化的友好、善意。但文化交流也必须是双向的，这样才可能真正实现可持续发展。故此，近些年来人们讨论究竟应过"圣诞"还是"春节"也就不足为怪了。其实，在国际化的开放性交往中，基督教与中国文化的有机结合要比以往更为容易，亦更有必要。这种文化跨越是从基督教在中国过渡到中国的基督教之关键所在。只有真正融入中国文化的基督教才会给中国人一种"本土"的亲切感和亲近感，才不再被当作"异域文化""异土风情"或"异己力量"。由于上述政治及社会原因，基督教必须首先以谦卑之态来走入中国文化、融入中国思想，形成中国特色和中国意识。面对当今文化交流的开放性，中国人在与基督教的关系上并不希望自己被"全盘西化"，而是呼吁基督教努力实现其"中国化"。所以，基督教的"中国化"方向势在必行，而对于具有强大文化适应力的基督教而言，"只要你愿意，你就肯定行"！

基督教在华历史的研究有许多个案，教会历史学家亦会对其"细节"有特别的兴趣。然而，只有我们在宏观、整体上把握住基督教与中国政治、社会和文化这三个层面的关系，这些细节研究和个案展示才可能真正揭示其意义、体现其价值，使历史带来的启迪成为现实发展与突破的动力。

（本文为2009年在武汉华中师范大学召开的"东北亚基督教运动比较研究国际学术讨论会"上的发言，原载卓新平《心曲神韵》，中国社会科学出版社2010年版。）

第十章

基督教与伊斯兰教的社会关怀

自20世纪60年代以来，人类进入了"对话"的时代。除了不同政治、社会、思想、文化之间的对话之外，宗教之间的对话亦有着巨大进展，发挥了重要作用。"冷战"结束后，西方学者塞缪尔·亨廷顿（Samuel Huntington）出于对今后西方文明发展的担忧而发表了《文明的冲突》一文，提醒西方关注文明的冲突和对抗，尤其是防范儒教文明与伊斯兰教文明联手而构成对西方基督教文明的威胁和挑战。这种说法一下子使舆论哗然，在世界上引起轩然大波，也使中国人极为愤慨。"9·11"事件发生后，人们被引导到关注所谓伊斯兰教文明与基督教文明的"冲突"问题，而小布什在反恐怖动员中"十字军东征"（crusade）的"口误"和对阿富汗、伊拉克的战争，更是使这种"冲突""对抗"的紧张气氛加剧。虽然亨廷顿由此而被视为对这种"文明冲突"不幸而言中的"先知"或"预言家"，但其意并不是要挑起这种"文明冲突"，而是希望要对之加以防范、制止，由此亦认识到"文明对话"的重要性。正如他此后所言，"我所期望的是，我唤起人们对文明冲突的危险性的注意将有助于促进整个世界上'文明的对话'"①。很遗憾，西方舆论界并没有特别注意到他对文明对话的强调，而是更多地

---

① ［美］塞缪尔·亨廷顿：《文明的冲突与世界秩序的重建》，周琪、刘绯、张立平、王圆译，新华出版社1998年版，第3页。

突出了其关于文明冲突的思路,从此一边倒地谈论"文明冲突",并把他视为"文明冲突论"的原创代表。

其实,早在亨廷顿提出"文明冲突论"之前,就有许多有识之士在强调、倡导"文明对话论"。针对"宗教冲突"之说,尤其是所谓"基督教与伊斯兰教的冲突"等见解,不少人则号召、推动"宗教对话"。在其看来,"冲突""对抗"会两败俱伤,而"对话""和解"则能双赢。例如,著名天主教学者孔汉思(Hans Küng)就极力推崇"世界伦理""宗教和平",其"没有世界伦理就没有共同存活。没有宗教和平就没有世界和平。没有宗教对话就没有宗教和平"①的警句已成为在世界各地普遍流传的名言。"对话"在今天已成为人类如何共同生存及发展的智慧,而在"宗教对话"中,基督教与伊斯兰教的对话则格外引人注目,并有着独特的重要性。

基督教与伊斯兰教的交流与对话已有着悠久的历史,涵括多个层面,涉及两大文明的各个领域。在中国历史上,这两大宗教的交流与对话亦积累了丰富的经验,并体现出"和合共生"的中国文化特点。在当代社会发展中,宗教的社会关怀和社会参与有着特别的意义,亦有着广远的发展前景。为此,这里将从以下五个方面来阐述基督教与伊斯兰教的社会关怀,由此展示这两大宗教在社会关怀及社会参与方面理论与实践上的对话和比较,彰显其社会及信仰意义。

第一,基督教与伊斯兰教在历史发展上和宗教观念上有着密切的联系,由此构成其交流与对话的思想和历史基础。

针对"文明冲突论"的宗教对抗观,不少有识之士倡导"宗教对话""文明对话",其中就包括"亚伯拉罕传统宗教"之说的提出,试图以此来推动犹太教、基督教和伊斯兰教的对话与沟通,化解矛盾与冲突,努力实现各宗教之间的平等关系、友善交往及和平共存。这两大宗教源远流长的文化传统,使其共享着许多思想、信仰内容,构成相关的历史、文化因素。在彼此的发展中,二者亦曾相互沟通、相互影响和相

---

① [瑞士] 孔汉思:《世界伦理构想》,慕尼黑:皮珀尔出版社1990年版,第13页。

互促进，从而在中世纪、近现代的发展中留下了其相遇、交流、对话及沟通的历史印痕。尽管世界上仍有着不少宗教争端和民族冲突，但在中国历史与现状中，基督教与伊斯兰教乃和睦相处，并以其积极的社会关怀而为维护中国社会的稳定、和谐发挥了积极作用。因此，中国基督教与伊斯兰教和睦共存的经验，可以作为我们今天"和风西送"的重要内容。

第二，基督教的"荣神益人"和伊斯兰教的"两世吉庆"，为其积极的社会关怀和社会参与提供了信仰和教义基础，使其社会关怀充分体现出其宗教本真和其信仰精神。

按照基督教的理解，当其信徒"生活在这一世界时"，就必须承担其在这一世界的使命与责任，以关爱他人与社会来既"作盐作光"、体现出信者的生活"质量"和人生"榜样"，又弘扬、完善其持守的信仰，彰显其宗教真理的意义。而在伊斯兰教传统中，也强调"今世是后世的耕种场地""当为今世而工作，犹如永生一般"。为了实现"两世吉庆"这一终极目标，穆斯林必须参与创造今世幸福生活，这与其追求后世幸福的信仰有机共构。追求信仰真理不只是一种理论探讨，更是一种社会实践。只有在社会中体现、彰显并弘扬这种真理，才可能真正达到"尔识真理、真理识尔"的境界。

第三，基督教与伊斯兰教以其"爱人"和"行善"来使其宗教伦理成为其社会伦理，从而使其积极的道德实践与社会关怀密切相连。

基督教以"爱上帝"和"爱邻人"这两条诫命作为其伦理中的最高原则，而这种"爱"关键在于其履行和在社会中的实现，由此就构成了其社会关怀的信仰动力和伦理标准。伊斯兰教亦认为"宗教就是良好的道德"，穆斯林应是"信道而且行善的人"；穆罕默德圣人在其《圣训》中曾表达了"人类的幸福在于良好的道德"这一思想，从而使伊斯兰教将"完善人的道德"作为其入世使命和任务。而这种"完善"也正是体现在其社会关怀的实践中，即通过穆斯林本身守正自洁、维系公义和关爱众生而达到社会的完善。"爱人如己"并"止于至善"乃是指引宗教信仰者社会实践的"绝对命令"，以"爱"达"善"和以

"善"显"爱"就可以实现基督教和伊斯兰教的社会理想,从而让其作为追求"和平"的宗教而真正使人类"在地上有平安"。

第四,基督教与伊斯兰教均强调其"社会服务"精神和"人世关怀"意向。

基督教以"非以役人,乃役于人"而凸显出其"人间关怀"及"社会服务"的"仆人"精神,以此形成了其在社会中的"爱心工程"和相关的社会福利、慈善和服务事业,将其"社会关怀"落实在行动上。伊斯兰教亦突出穆罕默德圣人所表达的"我就是以引领、仁爱为己任的"思想,以推行一种"爱"的服务。《古兰经》在论及穆圣的使命时曾指出:"我派遣你,只为怜悯全世界的人。"(21:107)[①]这种"怜悯"与"关爱"整个世界,遂发展为穆斯林在现实社会中的善事、善行。这两大宗教在社会服务、社会救济上均有着积极的参与和卓越的贡献,在"救死扶伤""访贫问苦"上展现出"红十字"与"红新月"的交相辉映。

第五,基督教与伊斯兰教的"社会关怀"都特别突出要关心、帮助穷人,消除贫困。

基督教在创立初期乃是以穷人为主的宗教,耶稣基督在言论和行动上也表明对穷人的关注、爱护,与穷人站在一起,维护和捍卫穷人的利益。为了解决穷困和贫富不均的问题,早期基督教会曾倡导"凡物公用",让富有的信徒变卖财产来支持贫穷的信徒。基于这一传统,基督教会在历史上积极参与社会救济活动,在社会慈善、福利和赈济穷人上做出了很大贡献。同样,伊斯兰教在言行中亦坚持要按照《古兰经》中真主之言:"你们把自己的脸转向东方和西方,都不是正义。正义是信真主,信末日,信天神,信天经,信先知,并将所爱的财产施济亲戚、孤儿、贫民、旅客、乞丐和赎取奴隶,并谨守拜功,完纳天课,履行约言,忍受穷困、患难和战争。这等人,确是忠贞

---

① 《古兰经》,马坚译,中国社会科学出版社1981年版,第251页。

的；这等人，确是敬畏的。"（2：177）①因此，接济贫穷、扶危助困、捐赠行善被视为虔诚敬畏的穆斯林之职责。其"五功"之一的"天课"按照《古兰经》的"定制"就是为了用来救济穷人、帮助处于困境者。中国穆斯林根据这一信仰传统而表现出其对穷人的热情帮助和关爱，尤其在当前中国社会转型时期也积极参与了各种扶贫工程，在这一"光彩事业"中发挥出重要作用。针对社会贫富悬殊的现状，基督教和伊斯兰教均以社会"中间机构"和"非政府组织"的身份来济贫、扶贫，在缩小贫富差距、缓解社会矛盾上有其独特身份和贡献。

  概言之，在"社会关怀"上，基督教与伊斯兰教不仅体现出"和为贵""和合共生"的宗旨，而且通过其社会服务的理论与实践而开展了积极交流、真诚对话。宗教以一种超然的信仰为指导，以一种超越的精神为动力，存在于这一世界，服务于这一社会，此即宗教的真谛之一。基督教与伊斯兰教均以其绝对一神的超然信仰来面对社会，服务社会，从而为人类社会的进步与发展起到了重要的促进作用，并成为其丰富的精神资源。中国文化以"海纳百川"的宽广胸襟欢迎并吸收了基督教和伊斯兰教在华的传播、生存和发展，而基督教和伊斯兰教亦在中国文化"和平""和睦""和合""和谐"的处境中不断实现其本色化、中国化，形成中外文化有机共构、水乳交融的积极态势和兴盛景观。这种成功适应的一个重要因素，就是基督教和伊斯兰教在参与社会、关注社会、服务社会上的积极有为。彼此在社会事工上既有对话、亦有合作，从而颇为自然地在中国社会文化发展中找到了自己的定位，并承担起各自应有的义务和责任，由此成为中国社会和中国宗教之和谐大家庭中的重要成员。因此，在中国当今社会氛围中，这种基督教与伊斯兰教共同参与的"社会关怀"不仅促进了这两大宗教之间关系的和谐，而且也充分发挥出二者在促进中国社会和谐方面的积极作用。其信仰与实践对于人类今天如何构建"共同繁荣的和谐世界"，乃是重要启迪和引领。

---

  ① 《古兰经》，马坚译，中国社会科学出版社1981年版，第19页。

（本文为 2006 年"和合共生——上海基督教与伊斯兰教的交流与对话学术研讨会"上的发言，原载卓新平《心曲神韵》，中国社会科学出版社 2010 年版。）

第十一章

伊斯兰教研究

伊斯兰教在我国旧称为回教、天方教或清真教，"伊斯兰"为其阿拉伯文 Islam 的音译，其本意指"和平""顺服"，即顺服宇宙唯一主宰安拉的旨意，从而则可获得和平；而其教徒统称为穆斯林，其阿拉伯文 Muslim 意即"顺服者"，表明其为顺服安拉旨意的人。伊斯兰教产生于公元 7 世纪初的阿拉伯半岛，以阿拉伯文化和波斯文化为基础，体现出二者的有机结合，最初主要流行于亚、非两洲，现在则已逐渐渗入西方各国，产生世界范围的影响。在亚、非许多国家中，伊斯兰教都被定为国教。目前全世界信仰伊斯兰教者约有 18 亿人，占世界总人口的 18%左右，分布在世界 172 个国家和地区，以亚洲和非洲为主。世界伊斯兰教中 83% 为逊尼派，16% 为什叶派，1% 为其他教派。伊斯兰教在唐、宋之际从陆、海两路传入中国，目前在我国亦有约 2000 万穆斯林，大多分布在西北地区的回、维吾尔等十个少数民族之中。

一 伊斯兰教的早期发展

伊斯兰教本为阿拉伯世界的民族宗教，所信奉的是唯一真主"安拉"，信徒们称其教主穆罕默德（Muhammad，约 570—632）为安拉的使者。7 世纪初即 610 年，穆罕默德在阿拉伯半岛的麦加创立了伊斯兰教，由此麦加被视为伊斯兰教的第一圣地；622 年，穆罕默德率众去麦地那，此即伊斯兰教历"希吉拉"之始，麦地那故为伊斯兰教的第二圣地；此后有传说指穆罕默德乘飞马从麦加去耶路撒冷觐见安拉，也使耶路撒冷成为伊斯兰教的第三圣地。穆罕默德借创立伊斯兰教而统一了阿拉伯半岛；636年，阿拉伯人又占领了耶路撒冷。穆罕默德去世后，伊斯兰教分裂成为"逊尼"（Sunni）和"什叶"（Shi'ah）两派。逊尼派自称正统派，为伊斯兰教中人数最多的一个教派，中国穆斯林一般也属于此派。"逊尼"在阿拉伯语意为"遵守逊奈者"，逊奈即"圣训"，是穆罕默德的言行及其所默认的门徒言行的总称。"什叶"原意为"追随者"或"同党"，与逊尼派对立，最初由穆罕默德的堂弟和女婿阿里为反对奥斯曼的统治而创立。什叶派把自己的领袖称为伊玛目，并以阿里为第一代伊玛目。穆罕默德的门徒和亲友艾卜·伯克尔、欧麦尔、奥斯曼和阿里相继担任统一国家政、教、军的首领，号称"哈里发"（阿拉伯语意为"继任者"），此即四大哈里发时期（632—661年）。此时，伊斯兰教的势力开始向外扩张，661—750年，其西进、东扩都取得明显进展。到8世纪初已发展成为地跨欧、亚、非三大洲的世界性宗教。

史称"伊斯兰教革命"的这种穆斯林军事扩张在其"西进"中先后占领埃及、利比亚、突尼斯、阿尔及利亚、西班牙的伊比里亚半岛，但在法国南部因遇到查理·玛特所率军队的顽强抵抗而于732年退出法国。其"东扩"的穆斯林军队则先后占领巴勒斯坦、叙利亚、伊拉克、波斯、阿富汗、印度北部、中国西部等地，其间于1453年占领拜占庭帝国首都君士坦丁堡，灭掉历史上的东罗马帝国。从此，伊斯兰教的影响便远远超出阿拉伯世界，波及波斯、巴基斯坦、印度、中国等国。反观这段历史，不难看出伊斯兰教在中世纪发展中的兴盛及强势。在这种东扩中，穆斯林军队在1000—1025年之间对印度进行过17次征战，并于12、13世纪以1.2万人的远征军打败了人数众多的印度教王公，于14世纪把伊斯兰教发展到全印度。这样，东南亚逐渐成为世界伊斯兰教人口最多的地区之一。目前，印尼穆斯林人口为2亿，印度穆斯林有1.7亿，巴基斯坦穆斯林人口为1.6亿，孟加拉国穆斯林人口为

1.3亿。

1290年,以逊尼派为正统的奥斯曼帝国建立;1502年,伊朗由国王伊斯玛仪定什叶派为其国教,萨菲帝国得以建立;1526年,印度北部以逊尼派为正统的莫卧儿帝国建立。与古代罗马帝国相类似,地跨亚、非、欧三大洲的伊斯兰帝国在中世纪也得以奠立。而欧洲基督教这一时期企图收复其"圣地"的"十字军东征"也基本上在穆斯林军队的回击下彻底失败。

二 伊斯兰教的经典与礼仪

伊斯兰教的经典为《古兰经》(亦译《可兰经》),共30卷、114章、6200余节。"古兰"为阿拉伯语的音译,原意为"诵读"或"读本"。伊斯兰教将它视为安拉降示给穆罕默德的"天启"经典,其内容主要为穆罕默德有关宗教和社会主张的言论,大致包括如下四个方面:一为穆罕默德生平及其传教活动;二为伊斯兰教的教义说教;三为伊斯兰教的宗教制度和社会主张;四为历史故事、寓言和神话。从历史研究和版本对照的结果来看,《古兰经》在形成过程中曾受到当时地中海世界流行的犹太教和基督教的影响,其中许多内容和人物都与《圣经》相似。当然,伊斯兰教本身不承认这种外来的影响,认为自己乃自成一体、独立发展的宗教。次于《古兰经》的经典还有《圣训》,其阿拉伯语名称是"哈底斯"(意为"言语")和"逊奈"(意指"行为""道路"等)。《圣训》与《古兰经》一样都记载着穆罕默德的言论,但没有像《古兰经》那样采用安拉的名义。

伊斯兰教的基本教义为六大信仰,即信仰安拉、天神、经典、使者、后世和前定;其礼仪包括念、礼、斋、课、朝五项功修,在中国简称为"五功"。"念"是指教徒经常念经祈祷,认识真主,即出声诵读"清真言",承认安拉的独一无二,穆罕默德为安拉的使者。"礼"即礼拜,要教徒面向麦加"克尔白"礼拜,每次礼拜要完成一套立正、赞颂、鞠躬、叩头、跪坐等动作。而且,礼拜包括有每日五次拜:晨礼

（在破晓后）、晌礼（在午后）、晡礼（在日偏西后）、昏礼（在黄昏）和宵礼（在夜晚）；每周星期五的午后称为"主麻"拜的一次聚礼；每年两次会礼，在开斋节和宰牲节举行；以及斋月每个夜晚的礼拜。"斋"为斋戒，指教徒必须在斋月（伊斯兰教历9月）封斋一个月，即每天从黎明到日落戒除一切饮食和房事，静心守戒，以求"善功"。"课"为纳天课，即伊斯兰教征收的一种课税。"朝"是朝觐，伊斯兰教规定穆斯林男女凡有条件、身体健康者一生之内应去"圣地"麦加朝觐"克尔白"一次。朝觐活动在每年伊斯兰教历12月上旬举行，最后一天为宰牲节（10日），主要内容为巡游克尔白、亲吻黑石。麦加、麦地那和耶路撒冷是伊斯兰教的三大圣地。

伊斯兰教的主要节日是开斋节和宰牲节。每年伊斯兰教历10月1日为开斋节，我国新疆地区称为"肉孜节"，"Roza"（肉孜）系波斯语，意为"斋戒"，即斋月期满29日时寻看"新月"（月牙），见月即行开斋，次日为开斋节；宰牲节在每年伊斯兰教历12月10日，我国新疆地区称为"古尔邦节"，"Qurban"（古尔邦）系阿拉伯语，意为"献牲"。相传先知易卜拉欣受安拉的启示，要他宰杀自己的儿子易斯马仪以考验他对安拉的虔信。当他将要宰杀儿子时，安拉派遣天神送羊一只，作为代替，故有宰牲节之庆。其他节日还包括伊斯兰教历3月22日纪念穆罕默德诞辰的圣纪、伊斯兰教历1月10日的阿舒拉节、伊斯兰教历6月15日的法蒂玛节、伊斯兰教历7月27日的登宵节、伊斯兰教历8月15日的白拉台夜和伊斯兰教历9月27日的盖德尔夜等。另外，伊斯兰教禁食猪肉，禁止饮酒，教徒死后要用水洗和白布裹尸、实行土葬。在中国，伊斯兰教的礼拜场所称为"清真寺"，祭司为"阿訇"。

三　伊斯兰教的近现代发展

近代以来，伊斯兰教的力量在与西方博弈时明显减弱。15世纪，西班牙以"列康吉斯达"（即"再征服"或"收复失地"）运动而结束了伊斯兰教对西班牙伊比里亚半岛等地的占领。1571年，西班牙和威尼斯联合舰队打败了奥斯曼土耳其帝国的海上军事力量；1687年，奥地利、波兰和萨克森联军打败包围维也纳的奥斯曼土耳其军队，伊斯兰教的势力于是从欧洲退出。1736年，波斯的萨菲王朝被推翻，伊朗社会发生巨大变化。1774年，俄罗斯军队也打败了奥斯曼土耳其军队，进一步减弱了伊斯兰教的势力。1857年，印度的莫卧儿帝国被英国殖民主义统治所取代。

随着伊斯兰教在与西方对抗及在相关社会发展中的这种衰落，一方面，伊斯兰教世界自17世纪始兴起内部改革和复兴思潮，以回到其信仰之初、清净自我、返璞归真为口号；另一方面，则是穆斯林移民为了生存及更好发展而涌入西方各国，如印度、巴基斯坦移民在英国等地的留居，土耳其移民在德国等西欧本土的发展，以及大量穆斯林移居北美、西欧等国，使传统定义上的宗教或民族文化圈不再那样明显，出现你中有我、我中有你的复杂交织与互渗局面。18世纪中叶，阿拉伯半岛出现"瓦哈比"（即瓦哈布所倡导的"清净教"）运动，其极端形态后则发展为以"圣战"来实行现代改革。此后涌现的"原教旨主义"也强调"圣战"，这样就把源自阿拉伯文"吉哈德"本来理解的"奋斗"之意变异成为比较极端的"圣战"表述了。此外，新苏菲教团也相继出现，这种神秘主义运动带来了一些地方的伊斯兰复兴，如克什米尔的"瑞西运动"（"瑞西兄弟会"）最终形成克什米尔伊斯兰教徒占多数的局势，也为现代印巴克什米尔问题及其教派冲突和武装骚乱埋下了相关的宗教因素之伏笔。而苏丹出现的"马赫迪"（救世主）运动也影响到其社会的现代发展。由此以来，伊斯兰教内部或其存在区域中出现的原教旨主义、保守主义甚至恐怖主义等极端思潮就扰乱了伊斯兰世界本身的平静与和谐，它们往往以世俗的政治诉求来"绑架"其宗教信仰，并在一定程度上给人们认识伊斯兰世界带来误解或负面影响。所以，伊斯兰教中"沉默的大多数"被世界舆论所忽视，由此就出现了"谁代表伊斯兰教"的问题。

由于地缘政治和经济、社会发展上的劣势，19世纪以来，尤其是

20世纪中叶"第二次世界大战"结束后,伊斯兰世界出现了"双泛"思潮,即"泛伊斯兰主义"和"泛突厥主义"。19世纪奥斯曼土耳其帝国时期的阿富汗尼最早提出"泛伊斯兰主义",旨在号召全世界穆斯林在伊斯兰信仰基础上联合为一个共同体("乌玛")。"第二次世界大战"后因中东战争时耶路撒冷老城的阿克萨清真寺于1969年被战火烧毁,随之出现具有政治、社会因素的新的"泛伊斯兰主义"。其在国际合作上成立了伊斯兰会议组织,形成伊斯兰世界联盟;在经济发展上主张走介乎西方资本主义与东方社会主义之间的"第三条道路",即"伊斯兰发展道路";而其极端倾向则干脆喊出"没有西方、没有东方,只有伊斯兰"的口号。"泛突厥主义"最早于19世纪末由奥斯曼土耳其国王阿不都里米提二世提出,宣称讲突厥语的各民族为同一民族,应归为土耳其统治。这一思潮于1913年又提出"突厥语的维吾尔族、哈萨克族、柯尔克孜族、乌孜别克族、塔塔尔族、阿塞拜疆族等都应该成为一个突厥民族国家"。这种思潮出现后直接对我国新疆地区的安定团结、民族和谐、国家统一造成了负面影响。在"第一次世界大战"期间,伊犁、乌鲁木齐、喀什曾出现"东突"思潮;1930年,穆罕默德·伊敏在南疆搞分裂失败,流亡国外;1933年,沙比提大毛拉在喀什尝试建立"东突厥斯坦伊斯兰共和国",其势力被回族武装消灭;1944年,伊犁发生的"三区革命"也一度建立"东突厥斯坦人民共和国临时政府"。自中国改革开放以来,境外势力仍在支持"东突"思潮,干涉中国内政,挑起民族分裂。目前,土耳其境内设有1999年12月成立的东突民族中心,以及东突移民社会、东突青年联盟、东突文化协会等机构。1998年,美国关于"中国人权"的报告提出了所谓"新疆人权"问题;1999年10月,在德国慕尼黑召开了所谓"国际东突民族代表大会";在巴伐利亚州亦设立有世界维吾尔代表大会、东突信息中心等机构,2007年4月还在柏林组织了所谓"第二届维吾尔领导人培训班"。这样,民族问题与宗教问题的交织,尤其在多民族居住的边疆地区可能形成不稳定因素,威胁到这些地区的平安。新疆现有40多个民族共在,常住民族就有13个,其中维吾尔族897万人,占总人口的45.7%,汉族780万人,占总人口的近

40%，哈萨克族138万人，占总人口的7%，回族87万人，约占总人口的4.5%。针对境外干涉、渗透我国新疆等地区的宗教尤其是伊斯兰教这种复杂情况，我们积极引导宗教、正确处理好与伊斯兰教相关联的民族、区域问题，就成为当前应该关注的重点。

四 伊斯兰教在印度的发展现状

印度伊斯兰教的发展始于7、8世纪，此间伊斯兰教传入印度次大陆，并从西部、北部传开。伊斯兰教在德里苏丹时期（1206—1526年）和莫卧儿王朝（1526—1857年）曾被印度相关地区立为国教，在其500多年的统治中，整个南亚次大陆尤其是北部经历了伊斯兰教化的过程，使约1/3的印度人皈依了伊斯兰教，基本形成了当今巴基斯坦穆斯林占全国总人口97%，孟加拉国穆斯林占全国总人口80%的格局。

8世纪时，伊斯兰教开始进入克什米尔地区，但直至14世纪中叶，克什米尔仍以印度教为主。13、14世纪，当地出现"瑞西运动"的伊斯兰苏非运动，并以"瑞西兄弟会"的形式代代相传，由此形成克什米尔伊斯兰教占多数的局势，至15世纪末16世纪初，仅剩下8000个婆罗门家庭为印度教徒，其余大部分成为穆斯林，当地甚至以波斯语替代梵文而成为官方语言。

在穆斯林对印度统治时期，奥朗则布（1658—1707年在位）曾实施"扩张伊斯兰教、革除异教"政策，由此引发1669年印度教徒起义，此后在1679—1708年间又爆发战争，而锡克教也进行了武装反抗。1857年，莫卧儿帝国灭亡，印度沦为英国殖民地，此前旁遮普亦于1849年被英国吞并，其锡克教神权政体被废。此后印度人的民族意识被普遍唤醒，印度教亦以"梵社""圣社"的方式开始其现代复兴。1915年"印度教大会"在加尔各答成立，其首领沙韦卡尔于1923年出版《印度教特性：谁是印度教徒？》一书，指出"印度教徒因为宗教的、种族的、文化的和历史的亲缘关系，结合为一个同质的国家"。这种印度教民族主义思想的抬头，使之与穆斯林、锡克教徒的关系不断恶化。印度穆斯林自 1867 年兴起伊斯兰"复兴运动",1906 年成立"全印穆斯林联盟",后因与国大党达不成分享权力的妥协,遂致力建立巴基斯坦独立国家。

1803 年,英国人在德里建立统治,影响扩大。为此,穆斯林领袖阿齐兹宣布,处于非穆斯林统治下的地区已经成为"达尔—哈布"(战争之地)。1826 年,巴勒维开始组织"圣战",但于 1831 年失败被杀,此后其追随者于 1858 年参加印度民族大起义,但遭到英国人镇压。随着莫卧儿帝国皇帝被废除,印度次大陆结束了被穆斯林统治的历史,进入受英国殖民统治的时期。

1867 年,被英国统治的印度开始出现伊斯兰"复兴主义"运动,一群"乌里玛"(人群,尤指研习伊斯兰教法者)在德里附近建立经学院,提出"回到传统"的口号。

1906 年,"全印穆斯林联盟"成立,后因与国大党达不成分享权力的妥协,遂提出建立巴基斯坦独立国家的要求。

1919 年,"印度乌里玛党"成立,形成"温和的原教旨主义",1941 年,其创始人毛杜迪又创立"伊斯兰促进会";他曾讲演上千次,出版 120 部著作,与埃及"穆斯林兄弟会"的库特布、伊朗什叶派领袖霍梅尼同被视为"当代伊斯兰原教旨主义三大理论家";他宣称"没有伊斯兰革命,就没有伊斯兰国家"。

1947 年,英国在印度次大陆实行印巴分治,冲突四起,反映出政治、文化、民族、宗教矛盾的交织。1947 年 8 月巴基斯坦宣布为伊斯兰国家后,至 1948 年 3 月,约 480 万印度教徒从西巴基斯坦移民印度,约 600 万穆斯林移居巴基斯坦;1950—1952 年 10 月,约 93 万印度教徒从东巴基斯坦迁往印度,约 38 万穆斯林从印度迁往东巴基斯坦。印度首都德里的穆斯林人口从 1941 年占 33.3% 下降到 1951 年仅占 5.7%。1980 年,印度人民党成立,其基本指导思想是强调"印度教特性",坚持"印度从本质上说是一个印度教国家",主张"一个国家,一种人民,一个民族"。但印度教坚持种族制度亦让下层民众形成离心倾向,1981 年在印度南部又出现"贱民"集体改信伊斯兰教事件。这种状况使印度教徒与穆斯林的冲突亦频频发生，1992年印度北方邦阿约迪亚的巴布里清真寺被毁，印度教徒在其地基上建起印度教大神罗摩的神庙；2002年3月，古吉拉特邦爆发印度教徒—穆斯林冲突；2008年11月，孟买发生泰姬饭店遭恐怖袭击事件，令世界震惊。由于民族宗教矛盾及其历史积淀，印度社会经常处于波动当中。从其不同宗教信徒的分布及人口比例上，我们亦可看出其多元和谐的必要。

印度政治主流选择世俗国家的道路，以避免宗教冲突。尼赫鲁认为，影响印度团结统一的首要问题是印度教徒与穆斯林的关系问题，他主张"在宗教的故乡建立一个世俗国家"。

巴基斯坦的创立者真纳则要求成立单独的伊斯兰国家。1971年巴基斯坦与孟加拉人的内战使其丢失东巴基斯坦，孟加拉国成立。

印巴分治后，在巴基斯坦留居的一些印度教徒遭到屠杀，印度教极端组织开始敌视在印度的穆斯林，出现清真寺被毁、信徒被杀的状况，给留居印度的穆斯林带来压力和威胁。1941—1951年，德里的穆斯林人口从33.3%下降到5.7%。

尼赫鲁反对印度教派设立国教的立场，也主张不把穆斯林占多数的克什米尔完全划归给巴基斯坦。印巴因为克什米尔问题发生过三次战争（1947年、1965年、1999年），导致6万多人死亡，形成克什米尔长期的教派冲突和武装骚乱。

在印度南部泰米尔纳德邦，1981年出现"贱民"集体改信伊斯兰教事件，在印度教占主流的印度视此为"全国性的宗教政治丑闻"。

2002年3月，古吉拉特邦爆发印度教徒—穆斯林冲突，发展为"大量屠杀穆斯林"的"种族清洗"，亦被视为"宗教绑架政治"之举。而主张维护印度教的政治家却往往因此而取得政治上的胜利。

这种冤冤相报导致古吉拉特、孟买等地的恐怖事件和暴力报复，一些大学毕业生、工程师、医生和工商管理人士亦卷入了恐怖活动。在印度教强、穆斯林弱的处境下，也出现了"跨境恐怖主义"，即外国极端的伊斯兰组织与印度极端穆斯林支持者结合，2008年11月在孟买发生的泰姬饭店等恐怖袭击事件，即属于这种类型，并进而导致印巴关系的紧张。2005年3月，印度政府曾委托大法官桑奇组织七人委员会，研究印度穆斯林团体的社会、经济、教育状况，并于2006年11月公布《桑奇报告》。这是印度独立以来首份对其穆斯林团体的系统报告。

五　伊斯兰教在中国的发展

伊斯兰教于7世纪传入中国，曾有回教、回回教、回回教门、清真教、天方教等称谓，还有大食法、大食殊俗、大食教度等更早的名称。伊斯兰教主要有逊尼派和什叶派，中国穆斯林主要为逊尼派，其教法学派则主要遵行哈乃斐学派；但塔吉克族穆斯林与伊朗什叶派有某种历史关联，曾属于其伊斯玛仪派。目前伊斯兰教在中国主要是在回族、维吾尔族、哈萨克族、塔塔尔族、塔吉克族、柯尔克孜族、乌孜别克族、东乡族、撒拉族、保安族这十个民族中传播。

（一）伊斯兰教传入中国

伊斯兰教在唐朝已传入中国，一般认为"大食与中国正式通使，确自唐永徽二年（651）始。广州北门外有斡歌思墓，回教人认为始至中国之人……此墓当亦为永徽三年所建"[①]。其最初来华应属于外交和商贸性质，尤其是以商业往来为主，但随之亦将其信仰带入。阿拉伯与波斯商人络绎不绝地沿陆路从大食、波斯恒逻斯而入龟兹、河西走廊，多在长安集中，而其沿海路来中国者则多在广州、泉州、扬州、杭州等地相聚，据传广州怀圣光塔寺就可追溯到唐代，可能是中国最早的清真寺之一。而杭州清真寺、真教寺据称亦始于唐，因其建筑形似凤凰展翅故亦称凤凰寺。这些商人销售其带来的香料、象牙、药材、珠宝等，并带回丝绸、瓷器、茶叶等中国特产。他们当时被称为蕃客、商胡、胡贾，而随着时间的推移则大多成为侨寓的"住唐蕃客"，其在华居留期间因娶妻生子而逐渐形成新的混血民族，其后代则称为"土生蕃客"，

[①] 陈垣：《陈垣学术论文集》（第一集），中华书局1980年版，第545页。

由此而形成以伊斯兰教作为其精神信仰的民族特质及文化习惯。

伊斯兰教最早传入中国有唐武德年间（618—626）穆罕默德四大门徒来广州、扬州、泉州传教等说，这"四圣"的传说还与泉州灵山圣墓遗址相关联。唐朝时对各个民族、各种文化采取了"兼容并包"的政策，伊斯兰教也被视为"大食法"而获得包容和留存。唐代的"蕃商胡贾"到五代时期发展为"蛮裔商贾"，这标志着其"外夷"的身份已经弱化，而其中华元素则在逐渐形成。

宋朝时伊斯兰教发展明显，其称谓从多具世俗意义的"大食法"逐渐变为突出宗教意义的"大食教度"。五代时，"蛮裔商贾"的称呼也渐被"土生蕃客"之说法所取代。这样，中国穆斯林在唐宋之际出现了由"侨民"到"土生"的重要转型，此乃回回民族形成之基。自北宋初始，清真寺在中国各地得以建造，如北京牛街清真寺始建于北宋初至道二年（996）。泉州穆斯林大清净寺（亦称圣友寺）于北宋真宗大中祥符二年（1009）时建立，而扬州仙鹤寺则建于南宋末年。随着唐宋间广州怀圣寺、杭州凤凰寺（真教寺）、泉州圣友寺（清净寺）和扬州仙鹤寺的建立，伊斯兰教已在中国立住脚跟。至宋末，中国伊斯兰教已不再为侨民宗教，其中国本土特点则已形成。

唐宋之际，伊斯兰教在中国西部边疆的传播也非常明显。唐朝末年，西迁回鹘的一支联合葛逻禄、样磨诸突厥语部族在新疆西部和中亚地区建立喀喇汗王朝。该王朝从9世纪中叶延至13世纪初，最初曾实行双汗制，大汗称"阿尔斯兰（狮）汗"，副汗称"布格拉（公驼）汗"。其首领则有着明显的中国意识，如其头衔中有"桃花石汗"（中国汗）、"东方和中国王"等称号。[①]起初喀喇汗王朝统治者以信仰摩尼教、佛教为主，其臣民亦多信奉佛教，同时还有祆教徒、摩尼教徒、景教徒和穆斯林并存。此时伊斯兰教已经发展到中亚地区，并先后建立起信奉伊斯兰教的塔希尔王朝（821—873）、萨法尔王朝（873—903）和萨曼王朝（874—999）。喀喇汗王朝常与萨曼王朝发生战争，其西支首

---

① 参见李进新《新疆宗教演变史》，新疆人民出版社2003年版，第193页。

府恒逻斯在893年失陷，副汗奥古尔恰克被迫迁往喀什噶尔（今新疆喀什）。据传此后萨曼王朝王子纳斯尔因宫廷政变而逃到喀什噶尔，在受到奥古尔恰克的信任而执掌阿图什城的统治权之后在当地修建了新疆最早的清真寺。奥古尔恰克的侄子萨图克此间受纳斯尔王子的影响也皈依伊斯兰教，他在萨曼王朝穆斯林的支持下约于915年发动政变推翻奥古尔恰克，获得布格拉汗之位。萨图克执政后以伊斯兰教法来实施其统治，这样遂使喀什成为新疆最早传入伊斯兰教的地区，而喀喇汗王朝则成为新疆地区历史上第一个信奉伊斯兰教的王朝。萨图克之子穆萨继位后约于960年宣布伊斯兰教为国教，所属近百万突厥人皈依伊斯兰教。这对伊斯兰教后来在新疆地区的发展起了极为关键的作用。

元朝时蒙古西征，亦将大批穆斯林带回中国，他们被称为"色目"人或"回回"。而元代官书称来自中亚、波斯和阿拉伯的人也为"回回"，属当时"色目"人部分。北宋沈括（1030—1095）的《梦溪笔谈》以"回回"指唐人所言之"回纥"或"回鹘"，此乃汉文文献最早提及"回回"；《辽史》"回回国"指喀喇汗（黑汗）王朝；元代政府设有专管伊斯兰教事务的机构，称"回回掌教哈的所"，"哈的"是伊斯兰教法官"卡迪"的阿拉伯语音译。此时可能亦有"回回教"或"回回教门"之称，但未被正式采用。直至元末明初叶子奇的《草木子》始有"回回教"一名，其礼拜场所称"寺"亦始于元代，明中叶前后遂有"清真寺"之专称。而且，"也只是到了元代，中国伊斯兰教才真正地出现了宗教职业者阶层。他们或者被称为'答失蛮'，或者被称为'哈的'（教法执行者），或者被称为'回回大师'。此外，还有被称为'迭里威失'的苏非派托钵僧。他们不事产业，流浪、云游、苦练内功，是神秘主义者。而一般信徒则被称为'木速鲁蛮'（'穆斯林'的波斯语音变）"①。元时回回所属色目人地位仅次于蒙古人而要高于汉人，这些"回回人匠""回回炮手"等"百工技艺极精，攻城之具

---

① 秦惠彬：《中国伊斯兰教与传统文化》，中国社会科学出版社1995年版，第33页。"所谓'答失蛮'系波斯语音译，意为伊斯兰教的'宗教职业者'。"（见该书第25页）

尤精"，且"擅水陆利"，在蒙古族征战中发挥了巨大作用。而征战结束后他们留居中土，元朝政府对其安排自有优待，在权利分配等方面乃"罢诸路女真、汉人为达鲁花赤者。回回、畏兀、乃蛮、唐兀仍旧"①。这种政策加速了元时伊斯兰教在中国的发展，故"回回皆以中原为家，江南尤多"（周密：《癸辛杂识》），亦形成了西域回人向全国各地的移民扩散，其结果是回人东来"元时已盛"，曾形成"元时回回遍天下"②的壮观场景。

  元初蒙古人本来信奉其传统宗教萨满教，成吉思汗意识到征服天下需"武攻""文治"并举，为此他既重用佛教徒耶律楚材参与治国，又两次下诏请全真道教首领丘处机来撒马尔罕面谈治世之道，"以瘳朕志"。虽然他强调"优待一切宗教""敬重一切宗教"，其继位的统治者对诸种宗教中的偏好或首选却在一定程度上影响到元朝宗教的发展。成吉思汗生前将其征服的疆土及其政治权力分给其四子，包括长子术赤、次子察合台、三子窝阔台、四子拖雷，并指定窝阔台继位。其中察合台的领地为今新疆南疆地区，从畏兀儿境往西经伊犁河流域至河中的草原地区；窝阔台的领地则包括今新疆塔城、阿尔泰地区和蒙古本土西部。窝阔台支持各教平等，其子贵由继任后虽偏向基督教，却仍保持了各教自由发展。拖雷长子蒙哥继贵由之任后也表示要"谨守成吉思汗遗教，对于任何宗教待遇同等，无所偏袒"③，但其态度已倾向佛教。他在哈喇和林于 1255 年和 1256 年组织了两次宗教辩论会，会上佛教与基督教、伊斯兰教联手而使道教辩者"义堕辞屈"，蒙哥则以"掌""指"之喻来比较佛教与其他宗教的关系。忽必烈继位后也曾表示，"全世界所崇奉之预言人有四，基督教徒谓其天主是耶稣基督，回教徒谓是摩诃末，犹太教徒谓是摩西，偶像教徒谓其第一神是释迦牟尼。我对于兹四

---

① 《元史·世祖本纪》。
② 《明史·西域传》（卷323）。
③ ［瑞典］多桑：《多桑蒙古史》（上册），冯承钧译，中华书局1962年版，第264页。

人，皆致敬礼，由是其中在天居高位而最真实者受我崇奉，求其默佑"①。但他同样以佛教为本，基此才兼容各教。对于元朝统治者的这种态度，此后有抑道扬佛之书如此描述说，"今先生言，道门最高。秀才人言，儒门第一。迭屑人奉弥失诃，言得升天。达失蛮叫空，谢天赐与。细思根本，皆难与佛齐。帝时举手而喻之曰：譬如五指皆从掌出，佛门如掌，余皆如指。不观其本，各自夸玄，皆是群盲摸象之说也"②。不过，尽管元朝统治者最终选定佛教为其主要宗教信仰，仍然不能避免伊斯兰教明显发展的现象。甚至忽必烈之孙安西王阿难答也成了虔诚的穆斯林，并影响到其统率的15万蒙古大军的信仰，他在元成宗、武宗之际曾遭监禁和改宗佛教的规劝，但视死如归而不改变自己的信仰。

与这些地区不同，察合台的封地则在新疆和中亚一带，主要为伊斯兰教的活动范围。蒙古的札撒（法律）与当地穆斯林所遵守的伊斯兰教法出现了明显冲突，由此引起了当地民众的起义反抗。随着时间的推移和与伊斯兰文化的融合，蒙古统治者内部出现分化，一些蒙古宗王皈依了伊斯兰教，如钦察汗别尔哥、察合台后裔木八剌沙、八剌等人。成吉思汗之孙、术赤之子别尔哥继其兄拔都之任掌管钦察汗国（亦称金帐汗国）之后，成为皈依伊斯兰教的第一位蒙古汗王。察合台汗国在其发展中将位于伊犁河谷地区的阿力麻里作为其首府，并随着其城市的建立也引入了伊斯兰教。14世纪初，察合台汗国分裂，汗位更迭频仍，其中一些掌权者利用了伊斯兰教的势力，并皈依伊斯兰教。特别是1347年继位的察合台后王秃黑鲁·帖木儿汗宣布皈依伊斯兰教，伊犁地区的16万居民随其"剪掉长发归信伊斯兰教"。察合台汗国所在地区包括历史上喀喇汗王朝的辖区，故而本有较强的伊斯兰教信仰传统。这样，元朝后期活跃在西域的察合台汗国随之以武力不断扩展，对库

---

① 《马可·波罗行纪》，A. J. H. Charignon 注释本，冯承钧译，党宝海新注，河北人民出版社1999年版，第293页。

② 祥迈：《至元辨伪录》（卷8），参见秦惠彬《中国伊斯兰教与传统文化》，第35—36页。

车、沙雅等地的佛教势力加以打压,实现了其政治上和信仰上的双重征服,由此强力推动了伊斯兰教在中国西北边陲的发展,从而使新疆地区历史上原有的摩尼教、佛教、基督教等信仰逐渐消失。至16世纪,新疆全境的居民大多已改宗伊斯兰教,并基本形成这一宗教发展的近代格局。

  在元朝时,信奉伊斯兰教的中国相关少数民族群体已基本形成,出现了中国伊斯兰教的两大系统。一是在中国内地,外来穆斯林随着与中华民族长期融合所经历的唐代"蕃商胡贾"、五代"蛮裔商贾"、宋代"土生蕃客"、元代"色目人"的演变,到元时已经形成了代表中国穆斯林发展重要标志之一的"回回"民族,即回族等民族的伊斯兰教系统。元时把来自海道的穆斯林称为"南蕃回回",来自西域的则称"西域回回",对军队中的穆斯林有"诸道回回军""西夏回回军""回回炮手"之称,而退伍在各地屯田农垦的穆斯林则被直接称为"回回人",在统计户口时也开始用"回回户"之专称,甚至在科技文化领域也有了"回回国子监学""回回司天监""回回药物院"等表述。可以说,"回回"作为今天习用的"回族"之别称,在元代时已经成为专门用来表达中原地区信仰伊斯兰教的穆斯林群体族籍的称谓。二是在中国西北边陲即今新疆地区,以维吾尔人为主的少数民族及元时留居当地的蒙古人等基于喀喇汗王朝和察合台汗国等中亚地区伊斯兰教的发展,则逐渐形成了维吾尔族等族的伊斯兰教信仰系统。这两大系统的伊斯兰教发展,初步奠立了中国穆斯林的分布格局和信仰特点,构成了中国伊斯兰教与这些少数民族发展的密切关联。

(二)伊斯兰教的中国化发展

  明代中国伊斯兰教的发展呈现出"大分散、小集中"的特点,明初京城南京曾是穆斯林集中之地,一度形成回族云集金陵城的局面。而随着明王朝海禁政策的实施,中国穆斯林同外面伊斯兰教世界的联系被隔断,东南沿海地区伊斯兰教的发展受到阻碍。此外,明王朝大修长城,"以墙固沙"抵御"夷狄"的举措,则使其华夷之别的思想及闭关锁国的政策影响到与西域少数民族的联系，也为中国此后闭关锁国的封闭及其发展的滞后埋下了伏笔。但这种与外界伊斯兰教世界相隔离的处境，客观上也使在华伊斯兰教加速了其中国化的进程，这在内地尤为突出。中国内地穆斯林以回族为主，其分布主要在西北地区，尤其在甘、陕所处之河西地区。这种局面在元代已基本形成，恰如史籍所载，"回人自陕、甘来，元时已盛"，"甘肃地近西域，多回回杂处"，"元时回回遍天下，及时居甘肃者尚多"①。可以说，这种在西北地区回族人数占全国回族总数绝大部分的格局在明代已基本完成，并且保持此状至今而无根本性变化。当时明王朝对在华伊斯兰教实行了"转相化导"的政策，在经济上则减弱了对外商贸的发展转而推进"重农抑商"的政策。为此，生活在中国大社会中的穆斯林小社会必须适应这种状态，促成其自觉从内部转换来有效融入中国社会及其文化。

明初统治者在社会恢复期曾对具有商业特色的穆斯林发展加以鼓励，并有着"厚往薄来"的主动外交。明王朝不仅表示要对这些"外族"采取"优免差役"的政策，使之"与中夏之民抚养无异"，而且还派信奉伊斯兰教的回族将领郑和（1371—1435）率领船队七下西洋，显示明王朝的强势和威力，"呈现出一幅中国人海上称雄的图景"（李约瑟语），其船队先后到过30多个国家和地区，从而开拓了其海上丝绸之路的疆域，促进了亚非众多国家和地区的政治、经济和文化交流，亦使这些区域的宗教特别是伊斯兰教的发展有了明显提升。这一壮举使郑和有"环球航海第一人"之称，也使中国穆斯林在明王朝中的地位有所提高。虽然这只是明初短暂的海上丝绸之路的辉煌，却有着重要的历史意义和对当今发展的独特启迪。

明朝以来，元末形成的中国伊斯兰教发展的两大系统更为明显，而且使有其信仰的十个少数民族主体逐渐成熟，并相应有着对上述两大系统的归属。从其地域分布来看，信奉伊斯兰教的回族、撒拉族、东乡族和保安族这四个少数民族乃主要生活在中国内地的穆斯林族群。其中回

---

① 参见秦惠彬《中国伊斯兰教与传统文化》，第26、48页。

族为在中国分布最广的少数民族，归属于伊斯兰教逊尼派，遵行哈乃斐学派教法。回族的先辈为唐宋时期来华后定居的阿拉伯人、波斯人后裔，通过其历史演变进程中与汉人、蒙古人和维吾尔人的通婚融合而成，在语言、文化方面逐渐与汉族贴近，却保留了其伊斯兰教信仰及其礼俗。撒拉族也有"沙喇族""撒拉回""撒拉儿"等称呼，在元代时由居住在中亚撒马尔罕的西突厥乌古斯部落撒鲁克人的一支东迁而成，其演变亦包括与汉族、藏族等的联姻，最初只奉行逊尼派哈乃斐学派教法，后有临夏传入的苏菲主义华寺门宦和哲赫林耶门宦参入其内，故而有了教派纷争。东乡族的先辈乃中亚的撒尔塔人，13世纪随成吉思汗西征军来到河州（今甘肃临夏）东乡定居而得名，其民族形成亦包括与当地汉族、蒙古族和回族等的通婚联合，在发展过程中形成伊赫瓦尼、北庄门宦、胡门门宦、张门门宦等派系。保安族亦称"保安回"，由蒙古族中的穆斯林和中亚回回人与汉族、藏族、土族融合而成，因明朝所建保安营、保安堡发展为当地保安城、下庄和尕撒尔这著名的"保安三庄"，此后则成为其民族之名，其信仰属伊斯兰教逊尼派，遵行哈乃斐学派教法。

而另一系统则包括维吾尔族、哈萨克族、柯尔克孜族、乌孜别克族、塔塔尔族、塔吉克族这六个少数民族族群，主要分布在西域即今新疆和中亚相关地区。"维吾尔"意喻"团结""同盟""联合""结合"，其民族由唐代回纥人灭掉突厥汗国后所建回纥汗国及其后的高昌回鹘发展而来，曾用古突厥文、回鹘文，后以阿拉伯字母创立维吾尔文，在喀喇汗王朝时期引入伊斯兰教，于元朝时获鼎盛发展。哈萨克族自两汉时期开始由匈奴、乌孙、阿兰等族所融合而至，15世纪中叶脱离乌孜别克汗国，以建立哈萨克汗国为标志而形成其民族，同时亦将伊斯兰教作为其民族宗教。柯尔克孜族有"山地上的人"之说，最初由今南西伯利亚叶尼塞河上游地区迁徙而来，早在公元前3世纪就在漠北匈奴的压迫下迁至天山附近，840年推翻回纥汗国建立柯尔克孜汗国，10世纪以来逐渐引进了伊斯兰教。乌孜别克族原属14世纪蒙古钦察汗国的乌孜别克汗，主要信仰伊斯兰教，《元史》称"月即别"或"月祖别"，15

世纪末南下占领布哈拉、撒马尔罕、塔什干,与当地居民融合而形成乌孜别克人。"塔塔尔"即历史上"鞑靼"的译音,与"达旦""达达"和"达靼"意同,13 世纪以来由钦察汗国统辖的喀山汗国发展而成,为钦察汗人、蒙古人等使用突厥语的部落相互融合的结果。塔吉克族本属欧罗巴人种,其民族历史可以追溯到远古在帕米尔高原生活、使用东伊朗语的粟特、吐火罗、巴克特里亚等部落,1 世纪时其在塔什库尔干建立竭盘陀国,此乃塔吉克族之始,该族从 11 世纪起就信奉伊斯兰教什叶派的伊斯玛仪支派,从而与其他九个相关少数民族所信奉的伊斯兰教逊尼派明显不同。这十个少数民族的信仰传统基本上保持到当今,故而形成其与伊斯兰教已很难分割的历史文化。

  明代以回族为主的中国穆斯林有意识地加强了对中国文化的认同、研习和运用。这一时期的最大特点就是伊斯兰教经堂教育的兴起及蓬勃发展。随着明王朝闭关锁国政策的推进,中国穆斯林与外面伊斯兰教世界的联系减少,而回族等穆斯林汉语的普及和阿拉伯文、波斯文的渐被遗忘,在明中叶已经开始显现伊斯兰教信仰存在及理解的危机。为此,一批回族穆斯林知识分子开始尝试新的途径来重新弘扬其信仰传统,扭转这一不利局面。其中的关键性突破,即超出传统的家庭教育之界限而发展出独具中国伊斯兰教特色的社会性、公共性经堂教育。这一经堂教育的开创者是陕西咸阳渭城人胡登洲(1522—1597),他深感当时"经文匮乏,学人寥落,既传译之不明,复阐扬之无自","遂慨然以发明正道为己任",决心"设馆于家"、汉译经书,"以为斯土万世法",从而率先兴起了中国穆斯林的经堂教育,形成其"陕西学派"[①]。中国伊斯兰教经堂教育旨在宗教知识教育和培养经师阿訇,随之形成了各种学派,而胡登洲的弟子更是开创了中国清真寺兴办学校之风。这种经堂教育起初仅具有"私塾"教育的性质和规模,但在其不断发展中规模扩大,并具备了从小学、中学到大学的专业化、系统化全套教育课程。其中小学属基础教育,课程包括学习阿拉伯文字母、诵读"清真言"、日

[①] 参见《中国五大宗教知识读本》,社会科学文献出版社 2007 年版,第 264 页。

常宗教生活之用"都阿"、沐浴礼拜和斋戒常识,以及《古兰经》选读《亥听》;中学为中等教育,或设于经堂小学作为其高级班,或设于经堂大学作为其初级班,具有过渡性质;大学乃高等教育,一般为专门培养阿訇的学校,学生有"海里凡""满拉"之称。①

明末中国伊斯兰教经堂教育也开启了中国穆斯林学者汉文译经及著述活动,这一传统在清代亦得以延续,涌现出王岱舆、马注、刘智、马复初等"回而兼儒"的著名学者,他们"以儒诠经",突出"忠君""孝亲""中道"思想,推动了伊斯兰教义与中国思想文化的深层次交流沟通。王岱舆(约1584—1670)是金陵回族,因博览群书,潜心比较儒、佛、道与伊斯兰教而有"学通四教"之誉。他著译有《正教真诠》《清真大学》《希真正答》等书,提出真一、数一、体一的"三一"认主学,以及"忠于真主,更忠于君父,方为正道"的伊儒结合之忠诚伦理观,故被视为中国回族穆斯林学者系统阐述伊斯兰教理的第一人。马注(1640—1711)为云南金齿(今保山)回族,著译有《经权》《清真指南》《樗樵集》等,在解读伊斯兰教经典时自认已获"修齐治平"之"至理"。刘智(约1662—1730)为江宁府上元(今江苏南京)回族,亦以天方之学来会通诸家,读书万卷,著译百部,留有《天方性理》《天方典礼》《天方至圣实录》《五功释义》《天方字母解义》《天方三字经》《真境昭微》等,曾潜心关涉天文、地理、人体生理的"三极之学",既编译穆罕默德的实录之"天方至圣",也承认儒家孔子亦为至圣之法,宣称"圣人之教,东西同,今古一",将宋明理学与伊斯兰教理相结合来诠释天方性理,把中国传统道学与苏菲主义相对照来体悟中阿神秘主义,指出伊斯兰教即"道有教而无像,教有法而无身",使天道五功的理解与天人之究有机关联,从而在当时曾掀起伊儒对话的高潮,并使汉文伊斯兰教译著活动得到有力推动。马复初(1794—1874)属云南太和(今大理)回族,因感人到中年却"真传之

---

① 参见米寿江、尤佳《中国伊斯兰教简史》,宗教文化出版社2000年版,第152—153页。

未得，名师之罕遇"而于 1841 年赴麦加朝觐，随之周游中东各国，并游学东南亚，回国后设帐讲学，一时"四方从学之士，星列云集，可谓盛矣"。马复初著译有《大化总归》《四典要会》《性命宗旨》《祝天大赞》《醒世箴》《道行究竟》《醒迷要道》《据理质证》《天方豪引歌》等，所译《宝命真经直解》五卷乃《古兰经》的最早汉文节译本；此外，他还编纂了前人译著《真诠要录》《指南要言》《天方性理注释》《至圣实录宝训》等作为经堂教育的教材。①在这四大著名回族著作家的带动下，明清伊斯兰教开始全面而深入地与中国传统思想文化对话、沟通，在其著译解读、清真寺建筑、地方风俗习惯等方面都体现出了其中国元素的存在及中国风格的彰显。

（三）中国伊斯兰教派、门宦的兴起

清代是中国伊斯兰教发展趋于成熟的时期，也是其中国特色逐渐显现的历史阶段。"就中国伊斯兰教本身而言，清代有四件大事：一是中国伊斯兰教义学的形成；二是教派的出现；三是穆斯林的起义；四是经堂教育的发展。"②中国伊斯兰教派、门宦的兴起，一方面表明其中国自我意识的萌生；另一方面也反映出中国传统文化及相关地方文化的一些特点，二者的有机共构就形成了其中国特色。

从与世界伊斯兰教的关联来看，中国伊斯兰教除了塔吉克族信仰什叶派和少数维吾尔族信仰十二伊玛目派之外，大多为逊尼派信徒；而在教法教律的遵从上除了新疆有少数人遵从沙斐仪教法学派之外，大多都属于哈乃斐教法学派。在伊斯兰教传入中国后所发展出的众多教派中，较有影响的包括格底木、伊赫瓦尼和西道堂这三大教派和新疆的依禅派，以及虎非耶、哲合林耶、嘎达林耶和库布林耶这四大门宦。"门宦"是指伊斯兰教苏菲教团传入中国后结合中国宗族社会结构而形成的分支教派，最初本用其苏菲教团原名或以其赞念特征命名，这一表述

---

① 参见《中国五大宗教知识读本》，社会科学文献出版社 2007 年版，第 264—274 页。
② 秦惠彬：《中国伊斯兰教与传统文化》，第 50 页。

始于清中叶,源自乾隆年间甘肃临洮北乡穆夫提教派第六代教主马显忠(1736—1795)因改善回汉关系等功而被清廷赐予"统领"头衔,其所统管的河州各教派被当地群众称为"七门八宦",从此而有"门宦家"之称,并于光绪二十三年(1897)在河州知州杨增新《呈请裁革回教门宦》公文中正式出现,遂逐渐流传开来。

格底木亦有格底目、格迪目、阁的木等译称,意指"老教""尊古派"或"古行",因其历史久、信众多、传播广、影响大而被视为中国穆斯林的多数派或主流派别;以回族、撒拉族、东乡族、保安族和维吾尔族等族为主,流行在甘肃、青海、新疆一带。其特点在教义上属逊尼派思想,遵守"六大信仰"和"天命五功",实行以清真寺为中心的教坊制度,由伊玛目、海推布和穆安津(清末改为开学阿訇、二阿訇和穆安津)"三掌教制"来管理清真寺,积极开展经堂教育,主张"以儒诠经"的求同融合发展。

伊赫瓦尼派亦称伊合瓦尼派,原意为"兄弟",强调"穆斯林皆兄弟",因晚至19世纪末才出现故被称为"新教""新兴教""新兴派"或"新行",又称"艾赫勒·逊奈",意即"遵经派""圣行派",主张"尊经革俗""凭经行教"。该派于1892年由朝觐归国的甘肃河州(今甘肃临夏)东乡族阿訇马万福(1849—1934)创立,提出"一切回到《古兰经》去"的复古思想,甚至号召"打倒门宦,推翻拱北",对苏菲派的部分做法持反对态度,有着教义和礼仪改革上的十项主张,包括"不集体念《古兰经》,一人念众人听;不高声赞主赞圣;做功课时不多捧手念'都哇';不朝拜拱北或道堂;不请阿訇聚众做讨白(忏悔);不提倡纪念死者忌日;不用《古兰经》为亡者赎罪;不鼓励五功以外的副功;处理教法问题以易行为原则;不能请人代念《古兰经》等"[①]。但该派主张"中阿并重",鼓励用汉文来宣传教义,重视经堂教育。1937年后该派分裂为苏派和白派,苏派即以尕苏个为首,人数较多,因主张礼拜中只抬手一次故称"一抬教派";白派则以尕白庄为首,信

---

① 《中国五大宗教知识读本》,社会科学文献出版社2007年版,第258页。

徒较少，因主张礼拜中抬手三次而也有"三抬教派"之名。

西道堂初名金星堂，1903年由马启西（1857—1914）创立于甘肃临潭，1909年改名为西道堂；因受刘智影响而主张以汉文译著为其传教依据，故又有汉学派之称。西道堂是融合中华文化较为成功的中国伊斯兰教门宦，突出强调"本道堂根据清真教义，并祖述清真教正统，以宣扬金陵介廉氏学说，而以本国文化发扬清真教学理，务使本国同胞了解清真教义为宗旨"①。其将伊斯兰教理与中国文化道统有机结合，强调教乘与道乘并重，以求"修身以礼，明心以道，尽性复命，全体归真"。而其与众不同之处就是特别注重教育和人才培养，兴办学校、提高信众文化水平，并在道堂内推行集体生活，以群体之力来经商、务农、发展各业，从而使之达到了一种宗教派别与经济社团风格独特的有机结合。

依禅派（波斯文 Ishan，意指"他们"，其首脑之称）亦称伊禅派、伊善派，因其具有伊斯兰教神秘主义特点而被泛称为"苏菲派""神秘派""出世派"等。元时因苏菲教团传入而产生于新疆，"约13世纪，被成吉思汗流放到哈剌和林的布哈拉长老大毛拉叔札乌丁的后代和大毛拉·和卓额西丁的祖辈来到了吐鲁番、于阗之间的罗布·怯台，开始传播依禅派教义。后额西丁协助秃黑鲁·帖木儿汗在天山北部推行伊斯兰教，额西丁家族被赋予世袭库车、阿克苏、乌什等地伊斯兰教长老的特权，成为天山南部地区苏菲派的世袭首领。从此，和卓—依禅势力不断发展"②。在此，"依禅"指宗教意义上的道统品位及道乘世袭，而"和卓"（波斯文 Khvaje，意指"显贵""富有者"，对具有"圣裔"即穆罕默德或哈里发后裔身份者的尊称）则为世统身份及贵族特权。"和卓的具有依禅品位（道统品位）与依禅的具有和卓身份（世统身份），使得依禅主义、依禅派在新疆地区得到了充分的发展，并取得了更大的

---

① 《中国五大宗教知识读本》，社会科学文献出版社2007年版，第257页。
② 米寿江、尤佳：《中国伊斯兰教简史》，宗教文化出版社2000年版，第134页。

世俗权力，即更加封建化。"①在 15—17 世纪，依禅派所占土地已经成为维吾尔地区农奴制的重要支撑。依禅派基于逊尼派而吸收什叶派思想，结合苏菲神秘主义而推行禁欲断念等修道方式，并且加入了一些维吾尔族的习俗，还有着宗教与世俗权力融合、经济力量与军事武装的共构，曾在新疆形成巨大影响。依禅派后来分化为虎非耶、哲合林耶、苏赫拉瓦尔迪耶、拉希提耶这四大分支，其中虎非耶派又分出白山派、黑山派，苏赫拉瓦尔迪耶派也分出依纳克耶、达瓦尼耶、依西克耶等派。

在中国伊斯兰教四大门宦中，虎非耶亦称"低声派"或"低念派"，以其阿拉伯文音译为名，意即"隐藏""低声"，以其低声念诵赞词为特征，即主张"闹中静"，能在"现世的繁华"中修持道乘，每日不断。虎非耶约于 16 世纪传入新疆，其在内地出现于清康熙年间，由马来迟（1681—1766）于雍正十二年（1734）始建花寺门宦，后发展为约 21 个分支门宦，以拱北为修道办教场所，教职分为穆尔西德、海里凡、穆里德三级，分布在甘肃临夏、兰州等地。

哲合林耶亦称"高念派"，与虎非耶相对，时称新教，以其阿拉伯文音译为名，意即"公开""响亮""高声"，主张"高声诵念迪克尔"。该门宦约 16 世纪经中亚传入新疆莎车、喀什等地，1744 年由马明心（1719—1781）传入甘肃、宁夏、青海等地。哲合林耶因与花寺门宦发生冲突而于 1781 年爆发"苏四十三起义"，起义失败后马明心被杀，该派于 1784 年再次爆发为其复仇的反清起义，遭镇压后于 1862 年再举起反清大旗，于 1870 年又以失败告终，此后开始与官府和地方势力妥协。该派虽屡遭镇压却仍为传播最广、影响最大、信众最多的门宦。其教义突出"敬主赞圣，遵经从训"，主张"教乘"为先，"道乘"其后，信众在五时礼拜中要集体高念"迪克尔"，其教权分道堂、教区、教坊三级，有教主、热依斯和开学阿訇三位一体的管理体系，教主由传贤制演变为世袭制，教众须听从教主"口唤"、有较强的"为主殉教"观念，尊崇拱北，在服饰上男子戴黑白六角帽、不留髭须，女

---

① 米寿江、尤佳：《中国伊斯兰教简史》，宗教文化出版社 2000 年版，第 135 页。

子不戴盖头。该派后分化出多个各自独立行教的分支门宦,共约830个教坊,分布在甘肃、宁夏、青海、新疆、陕西、云南、贵州等地。

嘎达林耶亦称戛迪林耶,为其阿拉伯文音译,源于12世纪其卡迪里教团创始人阿卜杜勒·卡迪尔·吉拉尼(1078—1166)名中"卡迪尔"一词,清康熙初年由自称穆罕默德后裔的和卓·阿卜杜拉传入甘肃、宁夏、青海一带,后分化为祁门、鲜门、马门(云南马)三派,并形成众多分支门宦,包括大拱北门宦、韭菜坪门宦等著名门宦。该派受佛道思想影响较大,主张"道"先、"教"后,认为"道中有教","教"由穆罕默德言行所成,"道"则超越自然及创造,乃永恒不变,因此强调道乘修持,主张精修悟道,认为仅靠遵守五功并不能"近主""认主",而"道"则是"本然""真一""独一",只有修身养性、坐静参悟,才能返本还原,真正"近主""认主"。其清真寺实行单一教坊制,教众选聘阿訇,以拱北、先贤精修地为活动中心,主要分布在甘肃、宁夏、青海、陕西、四川等地。

库布林耶亦为阿拉伯文音译,意指"至大者",源自13世纪波斯苏菲派纳吉姆丁·库布拉维所创立的库布拉维教团,约于清康熙年间由阿拉伯人穆呼引的尼传入中国,其三次来华传教,先后到过广东、广西、湖南、湖北、甘肃等地,后定居甘肃河州东乡大湾头,改姓张,成为东乡族成员,故有"张门,大湾头"门宦之称。该派基于《古兰经》和圣训,遵行五功,主张精修参悟修持,且多幽居山洞清修,少则要40天,多则达120天之久。其教众分布在甘肃临夏、东乡、康乐、兰州等地。

这种门宦组织一般以门宦谢赫作为其信众的最高精神领袖和世俗首领,由其委派的热依斯管理各地教务,由掌教阿訇负责基层教坊教务、主持宗教礼仪。这些门宦多有教主崇敬,并为其创始人、掌教人及其家族成员修建墓冢即拱北,由此使拱北成为门宦的宗教象征。而且,这些门宦的继承与发展有其传承世系制度的保障,构成其"道统"继承制。

总之,中国伊斯兰教门宦制度经历了从中东、中亚一带伊斯兰教神秘主义苏菲教团到中国基层社会伊斯兰教社团的复杂演变,其中增加了中国传统封建社会宗法制度的一些元素，因而使门宦制度既体现出伊斯兰教宗教崇拜的相关特点，又反映了中国封建宗法制的基本结构，并影响到中国伊斯兰教的现代发展。

（四）中国伊斯兰教的思想文化特点

伊斯兰教在中国发展的漫长过程中，既努力保持了其信仰传统的根本精神和《古兰经》《圣训》的基本原则，又通过吸收儒、佛、道等中华文化要义而形成了其鲜明的中国特色。

在教义上，王岱舆、刘智等人将伊斯兰教信仰的"认主独一"教义与儒家程朱理学的"太极说"有机结合，从万物统一于五行、五行统一于阴阳、阴阳统一于太极（无极），推出在太极和无极之先的"造化之原主"，此即伊斯兰教所指"真一"或"真宰"，其信仰所敬奉的"真主"，由此以中国哲学宗教观念维护并解读了伊斯兰教"一切非主、惟有真主"的基本信仰。

在道统上，中国伊斯兰教根据中国思想讲究"道统"的思想传统而提出了"三乘"或"三程"的概念体系，结合其苏菲神秘主义修行特点而认为"近主""认主"有三个过程或三个等级，即"教乘""道乘"和"真乘"；"教乘"基于阿拉伯文"沙里亚"，亦称"礼乘""常道"，即根据伊斯兰教法规定的六大信仰和念、礼、斋、课、朝五大天命功课等礼仪来"近主""认主"；"道乘"基于阿拉伯文"塔里卡"，亦称"中道"，即通过清、廉、保、养、念等神秘主义功修来"近主""认主"；"真乘"则基于阿拉伯文"哈基卡"，亦称"至道"，即通过修行养性、明心尽性来达到"浑然无我，心不纳物，唯独一主"的出世境界，实现性与天道合一、人主合一。对此，中国伊斯兰教有着不同层次、不同程度的解释，"达教乘者，可以涉世；达道乘者，仅能忘世；达真乘者，才能出世称为圣人"；而在相应的赞念真主之修功办道的"齐克尔"中，"教乘口念；道乘意念；真乘心念"；其关系恰如马注所言，"常道如人之身，中道如人之心，至道如人之命，有身无心谓之木偶，有心无命谓之行尸"；其逻辑推理即"'礼'如舟，'道'如海,'真'如珠,造舟为下海,下海为寻珠"①。不过,在其中不同门宦各有不同侧重,"虎非耶主张'道(乘)教(乘)并重',戛迪林耶主张'道(乘)中有教(乘)',库布林耶主张'道(乘)教(乘)并举',哲赫林耶主张'先教(乘)而后道(乘)'"②。

在政教关系上,中国伊斯兰教如佛教那样认识到"不依国主,则法事难立"的中国政教处境,故而设法协调处理好儒家"三纲五常"秩序与伊斯兰教信仰"忠于真主"原则的统一共构,认为只忠于君父而不忠于真主乃非"真忠",只忠于真主而不忠于君父则非"正道",因此必须同时同样忠于主、忠于君、孝于亲,以完满实现"人生之三大正事"。

在伦理道德上,中国伊斯兰教将儒家伦理思想糅入其《古兰经》及《圣训》的讲解、诠释之中,如刘智在其《天方典礼》中就以儒家"君臣、父子、夫妻、兄弟、朋友"这五个方面来重新建构基于伊斯兰教原则的"五典",以安拉创世并创立五伦(五典)来厘清家道、国道和人道、天道的关系,引入儒家"修身、齐家、治国平天下"的实践伦理及其人伦秩序。他以儒家"天理""天道"的术语及思想,解读、阐释了伊斯兰教的信仰原则及伦理规范。

在文化习俗上,中国伊斯兰教将阿拉伯、波斯、中亚等文化风格引入中国社会的同时,亦注意到其中国元素的体现,如在其清真寺的建造上采用了中国传统殿宇式、四合院特色的中国建筑样式,其寺外有院围,门前有照壁,寺内则有各种中国图景的雕梁画栋、悬匾挂联、楹刻题赋、石栏砖塔,透出华夏气象。在宗教节日上,中国穆斯林在伊斯兰教传统节日中亦增添了中国意蕴,如对古尔邦节之"忠孝节"的理解,圣纪节中"圣忌"意义的延长,阿舒拉节中"稀饭节"之救度精神的添入,法蒂玛节中"姑太节"之母爱深情的潜藏等,都已有了中国节日的独特意趣和情景。而中国穆斯林的取名、衣着、婚丧嫁娶等,也多

---

① 参见任继愈主编《宗教大辞典》,上海辞书出版社1998年版,第650页。
② 米寿江、尤佳:《中国伊斯兰教简史》,宗教文化出版社2000年版,第150页。

有与中国文化的有机结合及巧妙表达。这样,中国伊斯兰教在走向中国本土宗教的发展进程中,与中国社会的结合越来越密切,与中华文化的整合也越来越融洽。

(五)中国伊斯兰教的现代发展

自辛亥革命以来,中国伊斯兰教积极投身于中华民族爱国救亡、文化更新的发展之中,为中国社会的现代复兴做出了重要贡献。在文化教育上,中国穆斯林创办的新式学教从20世纪初以来如雨后春笋般地涌现,实质性地参与了中国现代教育的发展。1906年,江苏镇江穆斯林童琮创办了穆原学堂,马邻翼在湖南邵阳创办了偕进小学;1908年,王宽在北京创办了京师第一两等初等与高等小学堂;1918年,马福祥在宁夏创办宁夏蒙回师范学校;1925年,马松亭等人在济南创办成达师范学校;1927年,马君国在晋城创办崇实中学;1928年,达浦生等人在上海创办上海伊斯兰师范学校,周级三等人在万县创办万县伊斯兰师范学校,马云亭等人在北平创办西北公学,孙吉士在杭州创办穆兴中学;1931年,李仁山等人在常德创办常德伊斯兰中学。自1906—1949年,中国穆斯林创办的各种学校有数十所之多,其中尤其是成达师范学校最具开拓性和前瞻性,该校取名突出"成德成才"之意,办学宗旨即"造就健全师资、启发回民智识、阐扬回教文化",主要是培养校长、教长、会长,体现出其志向远大、慧眼独具。[①] 这些穆斯林学校成为中国现代教育发展的重要组成部分。

在社会发展上,中国穆斯林知识分子以"救国、救族、救教"为目的,成立社团组织,关注社会发展,参与救国图存。1912年,王宽、侯德山等人在北平创立中国回教俱进会,旨在"联合国内回民,发扬回教教义,提高回民知识,增进回民福利";"兴教育,固团体,回汉亲睦"[②]。这一团体曾发展了200多个分支,并办有《穆光》半月刊。

[①] 参见米寿江、尤佳《中国伊斯兰教简史》,宗教文化出版社2000年版,第180—182页。
[②] 《中国五大宗教知识读本》,社会科学文献出版社2007年版,第259页。

此后，1920年在常德成立了常德回教教育辅助会，1925年在上海成立了中国回教学会，同年在广东成立了广东回教慎终会（后改为广东回教同益会），1928年在北平创立了中国回民公会，1929年在上海成立了中国回教公会，1931年在南京成立了中国回教青年学会，1934年在上海成立了中国回教文化协会，1935年在乌鲁木齐成立了新疆回族促进会。随着抗日战争的爆发，中国穆斯林积极投入抗日救国之中，1937年在河南成立了中国回民抗日救国协会，而在冀中则出现了冀中军区回民支队，即著名的马本斋回民支队，其驰骋疆场、杀敌报国的英勇事迹成为中国穆斯林积极参与抗战的生动写照。

中华人民共和国成立后，1952年由包尔汉、刘格平、赛福鼎、达浦生、马坚、庞士谦、杨静仁、马玉槐、张杰等人在北京发起组建中国伊斯兰教协会筹备委员会，包尔汉任主任，达浦生、杨静仁为副主任。1953年中国伊斯兰教协会正式成立，从此包尔汉历任第一、二、三届主任，第四、五届名誉主任；1980年张杰当选为第四届主任，此后沈遐熙于1987年担任第五届会长，安士伟于1993年担任第六届会长，陈广元自2000年起担任第七、八、九届会长。该协会的宗旨是："团结和带领全国各民族穆斯林拥护中国共产党的领导和社会主义制度，遵守国家法律法规，走伊斯兰教与社会主义社会相适应的道路。弘扬伊斯兰教爱国爱教优良传统，践行敬主爱人，倡导两世吉庆，秉持和平中道思想，坚持独立自主自办原则，维护宗教和睦、民族团结、社会稳定、祖国统一和世界和平，为促进经济社会发展，构建和谐社会做出贡献。"其会址设在北京，1955年成立中国伊斯兰教经学院，自1957年创办用汉文和维吾尔文出版的双月刊《中国穆斯林》。

（原载卓新平《宗教理解》，社会科学文献出版社1999年版；《学苑漫谈》，中国社会科学出版社2010年版；《中国人的宗教信仰》，中国社会科学出版社2015年版。）

第三编　其他宗教研究

第十二章

印度教研究

印度教亦称新婆罗门教，是在婆罗门教的基础上通过吸收佛教、耆那教的某些教义，以及印度各种民间信仰而逐渐形成的。印度教信仰传统可以追溯到古代婆罗门教，而"婆罗门"（Brahman）与"梵"（Brahma）的表达方式关系密切，印度教亦可翻译成"新婆罗门教"；而从其婆罗门教的历史，则可溯源到印度的远古宗教即吠陀教。从信仰人数来看，印度教则是当今人类的第三大宗教，拥有约11亿信徒，这自然与印度人口数量之大有着内在关联。但其众多的印度教徒处于一种弥散的状况，并没有全国统一的印度教整体组织形式，其教派的区分也极为复杂、多样。

一 印度教的历史溯源

约公元前3000年，"印度河文明"（即"哈拉帕文明"）兴起。约公元前1500年，雅利安人进入恒河流域，开始"吠陀文明"的发展，正是在约公元前20—前15世纪，"吠陀教"形成，此为古代印度第一个有文字记载的宗教。因此，印度教的信仰根源可以追溯到公元前1000多年的古代吠陀宗教。"吠陀"就是"明"的意思，指获得"知识"。这种"明"（知识）论使吠陀教以《梨俱吠陀》（《赞诵明论》）、《耶柔吠陀》（《祭祀明论》）、《娑摩吠陀》（《歌咏明论》）和《阿闼婆吠陀》(《禳灾明论》) 为其主要经典。这一古老宗教最初是把重要的自然现象作为人格化的神来崇拜，故此其思想形成了"三界观"：天界、空界、地界。

公元前 1000 年左右，"梵书"（婆罗门书）出现，其内容关涉祭祀、赞歌、祭祠、咒术等；公元前 800 年时又形成了《奥义书》。"奥义"这个词本指"近坐"，形容师徒对坐传授知识或秘密教义，亦称"吠檀多"，表示"吠陀的终结"。《奥义书》提出了"梵我一如"，即"神我合一"的思想。"梵"（Brahma）在此为"绝对本体""最高实在""世界灵魂"（大我）；与"梵"对应的则是"我"（Atman），乃指"个体灵魂"（生命我）、"内在灵魂"（小我）。"梵"本身乃涵括"真"（存在，sat）、"知"（知识，cit）、"乐"（圆满，ananda）的三位一体。而在印度教神话中，"梵"则为其"三神一体"（Trimurti）中的"梵天"，即创造神，多以红色表示，体现着性情（戈那），表达追求、渴望、至高之境，即热情的戈那，称为"拉特佳"；"梵天"神位居中，其两侧则为"湿婆"和"毗湿奴"。"湿婆"即破坏神，多以黑色表示，在此为呆滞的戈那，称为"塔玛斯"；但其"破坏"乃破坏了毁灭，以让事物重新发展，故仍有积极意义，从而也会被表达为闪烁白色光芒的神像。"毗湿奴"则为护持神，用白色来表示其对知识的护持，故乃友情的戈那，称为"萨特瓦"。但是这两大神性相互影响，其黑白两色亦彼此交融。而"湿婆"和"毗湿奴"的关系则表现为"湿婆始终思考着毗湿奴的本性，他是黑暗世界中的白色；毗湿奴始终思考着湿婆的本性，他是纯洁和光明世界中的黑色"。这就和中国太极图一样阴阳相交，黑中有白，白中有黑。显然，对立统一、圆融共在的观念在东方思想文化中有着共鸣。

此外，湿婆在印度教中还是"舞神"，被尊为舞蹈之王。印度民族是喜欢歌舞的民族，今天印度"宝莱坞"电影的最大特色就是爱情、歌舞。因此，对舞神之解释亦可以从这种"生活之爱""精神之爱"来入手。真正的舞者乃体现出心灵纯洁、精神执着，能以肢体语言来表达心理情感、精神境界，展示美的人生及其追求。舞蹈表达了人生的痛苦与幸福，即能在"痛"中达到"快"感，揭示出生命的律动与活力。这种生命活力与爱的主题亦在印度教中对"性力"女神沙克蒂的崇拜中反映出来。"舞"乃思之语言，而"思"则是心之舞、灵之言。在情感表达中，人们最初是呢喃细语、言说和倾诉，当叙说已言不尽意时则会以唱代言，唱乃充满激情的言述和呼喊；而唱仍不尽兴时就会由唱到舞，即以肢体语言来歌唱，达到此时无言胜有言之效。与此对应，思则是由动致静、以静来表达动的最高境界，思为精神的动感、灵性的美乐，且能由其凝神静思、坐禅入定而获得升华、超越和神化。所以，印度教中这些舞动着的神像雕塑会给人带来这种动静结合、神思之美的感悟和遐想。

这样，吠陀教使用上述吠陀经典并辅以解释《吠陀》的《梵书》《森林书》和《奥义书》，就形成其宗教的教义思想体系。而在印度奴隶制国家的形成过程中，吠陀教内部则出现改革，开始强调"吠陀天启""祭祀万能"和"婆罗门至上"，从而约公元前11—公元10世纪在印度阶级社会形成反映印度古代四大种姓（婆罗门、刹帝利、吠舍、首陀罗）之等级社会的婆罗门教。并逐渐形成影响印度社会久远的四大种姓制度，第一种姓是婆罗门，为宗教祭司阶层；第二种姓是刹帝利，即武士阶层；第三种姓是吠舍，即商人、农民、手工业阶层；第四种姓是首陀罗，即平民阶层。在四种姓之外的则被称为旃陀罗或达利特，即指贱民。

公元前6—前5世纪，印度其他社会阶层因不满"婆罗门种姓第一"之规定和婆罗门在社会中至高无上的地位而形成了与婆罗门思潮相对立的沙门思潮，所谓"沙门"（Sramana）即当时反对婆罗门教思潮各派出家人的通称。随着沙门思潮和佛教等新宗教运动的兴盛，婆罗门教逐渐走向衰落，但在印度统治阶层的支持下，婆罗门教多次摆脱危机得以复兴。尤其是公元4世纪笈多王朝的建立，使婆罗门教文化达到鼎盛。公元4世纪以来，婆罗门教以其"多元宽容"模式而达其复兴和繁荣，体现出对佛教、耆那教、古希腊和罗马宗教的吸纳和融合，产生了著名史诗《摩诃婆罗多》（包括《薄伽梵歌》）、《罗摩衍那》，神话文集《往世书》等。这一时期婆罗门教及后来印度教的基本法规《摩挐法典》《耶阁纳瓦尔基耶法典》和《那罗陀达法典》也得以编纂问世。其宗教哲学的系统化和神灵崇拜的兼容并包，标志着婆罗门教向印度教即新婆罗门教的过渡与转化。

公元6、7世纪，印度教中出现"密教"，以咒术、仪礼、俗信为特点，并一度流行女神崇拜。公元8世纪左右，印度吠檀多派哲学家商羯罗在理论上和实践上对婆罗门教进行改革，提高了其哲学理论水平，推动了其在社会的发展。他按四个方位建立了四座寺院，又仿照佛教僧伽制而组成"十名教团"。这一改革标志着印度教的正式诞生，也代表着印度教徒有组织的开始。伊斯兰教传入印度之后，印度教的发展虽受到一些挫折，却仍然延续下来。在其发展变迁中，印度教一方面曾出现与伊斯兰教相融合的倾向，甚至导致锡克教的产生；但另一方面也发展出印度教本身具有改良色彩的虔诚派运动。

二　印度教的思想及习俗

印度教认为人生有四大目标，第一是欲（kama），代表情感、性欲；第二是利（artha），即追求财富和舒适；第三是达摩（dharma），即法，要求注重社会道德、义务；第四是解脱（moksha），即精神解放、摆脱轮回、与神结合。与之关联，它亦有其"五界"之说，即物质、生命、意识、理智（知）、精神（乐）。印度在公元前4世纪出现史诗，如《摩诃婆罗多》《罗摩衍那》等，延续上千年，其中尤以《薄伽梵歌》有着广远影响。公元4世纪以来，过去受"沙门"思潮打击而衰落的婆罗门教出现复兴，由此逐渐发展出了延续至今的印度教。7、8世纪，著名宗教思想家商羯罗提出了"吠檀多""不二论"的思想，其宗教认知得以深化。此后印度教与佛教结合，演化出密教，凸显神秘主义特色。在近代印度文化氛围中，涌现出一大批文化名人，其中最为突出的包括"三圣"，即"圣诗"泰戈尔、"圣哲"奥罗宾多、"圣雄"甘地。由其他文化传统中传入的宗教亦受到印度教及其文化的影响，如印度基督教因此而提出"三道"，即修道（虔诚之道）、知道（认知之道）、业道（行动之道）。

印度教崇奉"三神一体"的梵天、毗湿奴和湿婆这三大主神，认为它们分别代表宇宙的"创造""维护"和"毁灭"这三种不同作用或力量，如毗湿奴象征创造、湿婆象征破坏，而梵天则为二者之间的维持者等。这些神的背后还有一个超越一切时空和因果关系的最高实在者——梵，一切神祇只不过是梵的高低不同阶段的各种化现。因此，其宗教哲学和神学认为世界的一切即空又虚，真实存在的只有那"梵我一如""同一不二"的最高存在客体之"梵"和个人精神主体之"我"。"梵"既指作为"创造之神""众生之本"的印度教主神"梵天"，更指超越一切时空和因果关系的最高实在者，"梵"体现了一种永恒的宇宙秩序。

印度教以典型的梵文符号作为标志，其符号上部反方向的"新月"笔画代表着推理精神，其中笔画之点则象征着"梵"；该词的拉丁文拼写为OM，发音为"欧么"（AUM），它包括梵文字母中的第一个元音A（代表"没有起始的开始和一切能量的源头"），最后一个元音U（代表"至尊主的灵性快乐力量及一切神性能量的化身"），以及最后一个子音M（代表"所有的生物，将以其能量为至尊主服务"）；其组成被认为是"可以传达一切真理的完美的梵文词"。《奥义书》认为OM为"至尊者的声音代表"，是"用声音振荡形式展现的不具人格特征的梵"。据说AUM这一发音代表"总体意识"，其中"A代表清醒的意识状况，U代表睡梦时的意识状态，M代表沉睡时的意识状态"。因此，OM亦被视为至尊者"梵"作为万物的创始者而无限、全在、全知、全能、超越人之思维、想象的象征符号。此即印度教中最重要的"曼陀"（祷文、符咒）的表述，体现"梵"在其宗教中的核心意义，也象征着印度教中"三神一体"所意指的"梵"（创造）、"毗湿奴"（保护）和"湿婆"（毁灭）。

印度教的节日包括"春节"，亦称"洒红节"，在印历翼月，有庆祝丰收、崇拜黑天等活动，人们唱歌跳舞、互撒红水，此乃印度教的最大节日。"新年"在印历娄月末二天和卯月初二天,相传乃毗湿奴因怀念吉祥天女而赐予吠舍种姓的节日。"难近母节"亦称"九夜节",乃印历娄月第一日晚至第十日,为纪念难近母战胜牛魔的节日。"双十节":亦称"除十节",公历五、六月在恒河等"圣河"中举行,认为可通过在"圣河"中沐浴而消除秽语、谎言、诽谤、骚语、盗窃、暗害、盲从、贪欲、恶念、愚妄十大罪恶。"乘车节"亦称"扎格纳特节",纪念"世界主宰""黑天"的化身扎格纳特神降临下界,以求免除轮回之劫,于印历箕月时在东印度奥利萨邦普里城的扎格纳特寺举行朝拜活动,届时其神像要从普里抬出放在高车上绕城而行,故有此名。

三 印度教近代以来的发展

　　印度教是印度社会从中世纪到现代的主要宗教,为大多数印度人确立了"印度教特性"。8世纪初(712年)阿拉伯人传入伊斯兰教。16世纪(1526年)莫卧儿王朝在印度建立,穆斯林占统治地位。19世纪中叶,印度沦为英国殖民地,印度人的民族意识被唤醒,印度教亦出现近现代复兴,呈现出社会改革和多元发展的趋势,此时的印度教开始对其传统陋俗加以批评,并在一定程度上影响到印度近代的社会改良和民族独立运动。而在其社会组织形式上,则是涌现出多种"梵社"和"圣社"。

　　1828年,罗易创立"梵天斋会",批判寡妇自焚等陋习,也反对多神崇拜。1843年,"梵社"成立,罗易的继承人泰戈尔(诺贝尔文学奖得主泰戈尔的父亲)将之形成正规组织,有布道人员,并设"梵天仪式"。1875年,萨拉斯瓦提在孟买成立"圣社",旨在"灵魂救助",劝改信基督教的原印度教徒回归印度教,被称为"有组织的印度教"或"原教旨主义运动"。

　　1915年,提拉克在加尔各答成立"印度教大会",实质为印度教政党。其首领沙韦卡尔于1923年出版《印度教特性:谁是印度教徒?》一书,指出印度教徒正是因为宗教的、种族的、文化的和历史的亲缘关系，才得以结合而为一个同质的国家。

这种对"印度教特性"的强调，标志着印度教民族主义思想的抬头，与穆斯林、锡克教徒的关系亦不断恶化。1925年，海德格瓦创立"印度国民志愿团"，主张以激进方式反对英国殖民统治和穆斯林，形成印度教沙文主义；直至1977年，该组织才允许非印度教徒参加。

1980年，印度人民党成立，于1989年提出以"印度教特性"为全党的指导思想，强调"印度从本质上说是一个印度教国家"，主张"一个国家，一种人民，一个民族"，并称此为"文化民族主义""积极的世俗主义"；在印度社会被视为"多数人的原教旨主义"。印度的穆斯林、"贱民"则将这种主张批评为"婆罗门的法西斯主义"。1998—2004年，人民党执政，突出了印度教民族主义的政策。印度国大党（国民大会党，1885年成立）虽然主张印度社会的"世俗性"发展，其成员也主要由印度教徒组成，其领袖如提拉克、高斯、甘地等也坚持宣传印度教信仰，并在保护神牛、推广印地语和梵文字母等举措上具体体现出来。而现任印度总理莫迪来自基层，有着强烈的印度民族情怀，更是不遗余力地推动印度教的扩散性发展，并亲自出马来推广印度教文化，鼓励大家修炼瑜伽。

据传印度教在秦、汉时期就开始传入中国，但历史记载并不明确，尚未找到对之有着确证的史料。不过，宋元时期印度教在福建泉州（开元寺、白耇庙）等地也留下了一些蛛丝马迹，故使这一研究得以相应展开。

据不完全统计，全世界目前约有印度教徒11亿人，占世界总人口的13%，分布在世界上88个国家和地区，以印度等南亚国家为主。

（原载卓新平《宗教理解》，社会科学文献出版社1999年版；《学苑漫谈》，中国社会科学出版社2010年版。）

第十三章

佛教研究

佛教起源于公元前6世纪至前5世纪的古代印度、尼泊尔一带多民族地区，曾称为"浮屠教"或"释教"。"佛"即指佛陀，其意译即"觉者"，有"觉有情，道众生"之蕴涵。所谓"成佛"即达到"觉悟"之意，其中"觉"指由瞬间而达澄明；"悟"则是经过慢慢琢磨、思考这一理解过程而最终获得领悟。

一 佛教的缘起

从总体来看，佛教属于印度文化的发展，其所属的"印度河文明"出现于公元前3000年，随着雅利安人约公元前1500年进入恒河流域，出现了"吠陀文明"，形成吠陀教。约公元前11—公元10世纪，随着印度社会形成种姓制度，亦从吠陀教发展出婆罗门教。公元前6—前5世纪，印度出现"沙门"思潮，形成宗教改革。在当时涌现的"沙门"五派"顺世论"（主张种姓平等，"现世涅槃"）、"佛教"、"耆那教"、"生活派"、"不可知论派"中，佛教影响最大。释迦牟尼主张"觉悟"成"佛"，形成了"佛陀"即"觉者"（"觉有情，道众生"）、"成佛"即"觉悟"的思想。"沙门"思潮的兴起一度导致古婆罗门教在公元前4—公元2世纪的衰落，公元4世纪以来，婆罗门教以其"多元宽容"模式来吸纳、融合佛教、耆那教、古希腊和罗马宗教诸因素，从而达成其复兴，形成延续至今的印度教发展。

　　佛教创始人为悉达多·乔达摩，乔达摩乃其族姓，而释迦牟尼则是佛教徒对他的尊称，意思是释迦族的"圣人"，"释迦"为种族名，意为"能"，"牟尼"亦称"文"，乃一种尊称，意指"仁""儒""忍""寂"等，故释迦牟尼亦可译为"释迦文"，意即"能仁""能儒""能忍""能寂"等。相传他是释迦族净饭王的太子，生于现在尼泊尔境内的迦毗罗卫，今尼泊尔南部与印度交界处。对于尼泊尔的民族及文化属性，当前学界有不同看法，有人认为尼泊尔古代部族更接近于蒙藏区域及其人种，而与印度文化距离更远，此乃佛教在印度始终处于边缘地位并一度消亡的根本原因。不过，至少释迦牟尼的宣教活动乃在印度文化范围之内，而且据说他曾受婆罗门教传统教育，讲究沉思、修行，故而很难将之与印度文化相剥离。释迦牟尼于29岁出家，经过6年苦行，在菩提树下沉思而成道，"觉悟"成"佛"，随后于35岁时创立佛教，广收门徒，后来就在印度恒河流域进行传教活动，形成僧团，定立教义，有500弟子。他最初被视为"先觉者"，后尊为"佛（佛陀）"而获得神圣之位。释迦牟尼80岁时在拘尸那迦城逝世，其思想逐渐流传开来。

　　如前所述，佛教乃是约公元前6世纪印度"沙门"思潮兴起时的产物，当时主要有五个派别："顺世论"，其基本思想是主张生物由地、水、风、火"四大"和合而生，并主张种姓平等，提出"现世涅槃"之说。"生活派"主张"严守生活法规"，具有宿命论的思想。"不可知论派"被视为"难以捕捉的鳝鱼学说"。而"佛教"和"耆那教"则为当时产生的两大宗教。当时这些新兴思潮与古代婆罗门教的影响曾形成明显抗衡。不过，原始佛教思想中亦有古代印度教文化渊源中的一些思想，如"瑜伽"在印度教中本来就是给牛马"套上装具"，后来遂有了拓展，形成联系、结合，以达"梵我一如"之意蕴。最初"禅定"也被视为瑜伽修持术的一个部分。此后所言之"禅"即禅定，有着静虑的意义。

二　佛教宗派的发展

（一）部派佛教

公元前4—前3世纪：佛教从恒河流域传到印度次大陆大部分地区。在传播过程中，佛教为适应各地情况而发生变化，形成"部派佛教"，最初分为"上座部"和"大众部"，进而分化为约20个或18个"部派"。

北传佛教《大毗婆沙论》《异部宗轮论》所载为20个部派：

在释迦牟尼圆寂一百年后，佛教教团出现分裂，大天比丘因创立5条新教义而遭到反对，原始佛教因此分为支持大天的"大众部"和反对者"上座部"，这一"根本分裂"后来又进一步扩大，由此形成小乘20部，称为"枝末分裂"。

从大众部分出一说部、说出世部、鸡胤部、多闻部、说假部、制多山部、西山住部、北山住部；

从上座部分出说一切有部和雪山部，随后说一切有部又进而分出犊子部及其分化的法上部、贤胄部、正量部、密林山部、化地部及其分化的法藏部，以及饮光部、经量部及其分化的说转部。

南传佛教《大史》《岛史》则记载为18个部派：

据上述文献记载，释迦牟尼逝世后一百年，古印度东部跋耆族比丘提出10条戒律新主张，被以耶舍为首的诸比丘所反对，故而导致其教团分裂，反对者为"上座部"，拥护者则为"大众部"；随后两派进一步分裂，形成18个部派。

从大众部分出牛家部、鸡胤部、一说部、制多山部，进而分化出多闻部、说假部；

从上座部分出化地部和犊子部，前者进一步分出说一切有部（又分为饮光部、说转部、经量部）、法藏部，后者则又分出法上部、贤胄部、六城部、密林山部、正量部。

阿育王时期（公元前272—前242年在位），佛教达到其在印度发展史上的鼎盛；此后佛教在印度衰落，不再有与之可比的兴旺发展。

（二）大乘佛教

公元 1 世纪前后，从部派佛教中又分化出修"大乘"，即强调修"普度众生"之"菩萨道"的大乘运动，由此而称"部派佛教"为基于自救的"小乘"。"大乘"音译"摩诃衍那"，其中"摩诃"是"大"的意思，"衍那"即指"乘""乘载"之意，如车、船等运载工具，或指"道路"。所以，大乘佛教宣称有无数佛，主张大慈大悲、普度众生，认为成佛度世、实现佛国净土才是最终目的，故而倡导以六度为内容的"菩萨行"。而且，大乘佛教指出此前的原始佛教和部派佛教只把释迦牟尼视为教主、仅追求个人的自我解脱，故将之贬为"小乘"。但所谓小乘则自称为"上座部佛教"，并不接受"小乘"之称。

大乘佛教在印度曾发展出称为"中观派"的大乘空宗，为公元1—5世纪的初期大乘，以 2、3 世纪的龙树及其弟子提婆为代表，追求证悟"最高真理"，强调"空"或"中道"，发展出"假有性空"的理论。此后则出现"瑜伽行派"，为大乘有宗，活跃于公元 5—6 世纪，称为中期大乘，以 4、5 世纪的无著、世亲为代表，突出宣讲如来藏缘起和阿赖耶缘起，强调空有结合、万法唯"识"，由此构建其精神总体。而后期大乘则在 7 世纪以后逐渐衰落，此间于 6—7 世纪出现密教，即由大乘佛教、印度教和民间信仰混合而成，并对此后佛教的传播形成影响。其特点是推崇咒术密法，包括语密、身密、意密等；其发展演变的过程则为：杂密→纯密→右道密教（《大日经》）、左道密教（《金刚顶经》）→金刚乘，而发展到 11、12 世纪时期的俱生乘之后，大乘佛教于 13 世纪初在印度本土消亡，其原因亦与 12 世纪以后伊斯兰教在印度的扩张相关联。而从印度本土外传至其他国家或地区的大乘佛教却无心插柳柳成荫，形成广远且充满活力的发展。

19 世纪后期，佛教在印度开始复苏，1875 年缅甸明顿王对释迦成道处的大菩提寺加以修理，此后外国佛教徒在孟买、马德拉斯等地修建了佛寺。1956 年，为纪念佛陀涅槃 2500 年，印度司法部部长安培克等人发起"贱民"集体改宗佛教运动，50万—100万人改信佛教。1957年，佛教政党"共和党"成立。1968年，"全印佛教徒会议"在孟买召开。现代佛教在印度被视为"贱民的宗教"。随着《释迦牟尼佛》影片在当代印度的流传，目前已出现称为"新乘"的印度佛教复兴。

（三）佛教的传播

佛教形成后对外有着广泛的传播和影响，自公元以来，佛教传入亚洲各国，形成了东方的世界性宗教。其南传佛教（上座部佛教，巴利语系佛教）传入斯里兰卡、缅甸、泰国、柬埔寨、老挝、印尼和中国云南，并与相关民族及文化相结合；其北传佛教的一支（大乘佛教、汉地佛教）传入阿富汗、中国、朝鲜、日本、越南；另一支（藏传佛教，俗称喇嘛教）则传入尼泊尔、中国西藏、蒙古、西伯利亚等地。

佛教在公元前2、3世纪已传入中国的西域及周边地区，于公元前后（前2年，西汉哀帝元寿元年）传入中国内地，在隋唐时佛教在中国与儒道思想结合，形成了具有中国特色的佛教宗派即"八宗"：天台宗、三论宗、华严宗、唯识宗、禅宗、律宗、净土宗、密宗；从而又对日本、朝鲜等国的佛教发展产生了决定性影响。

佛教在19世纪末以来还加强了在欧美地区的传播：于1899年传入美国，1906年传入英国，1913年传入德国，1929年传入法国等。

据统计，全世界目前约有佛教徒4.88亿人，占世界总人口的6%，分布在世界86个国家和地区，其中约3亿佛教徒生活在东亚和东南亚地区。在佛教徒中，汉传佛教占56%，主要分布在中国、日本和朝鲜半岛等地；巴利语系佛教占38%，主要分布在斯里兰卡及东南亚等地；藏传佛教占6%，主要分布在中国、蒙古和俄罗斯远东地区等。

三　佛教的思想及习俗

（一）佛教的教义

佛教的基本教义主要是"四谛"与"十二因缘"。四谛亦称为"四真理之说"，即讲苦、集、灭、道之真谛。苦谛是讲现实存在的种种苦难，集谛是讲造成诸般痛苦的各种原因或根据，灭谛是讲佛教理想中的无苦境界、涅槃升华，道谛是讲为达其理想之境而应遵循的手段和方法。佛教讲道的出发点，即基于人世生活、现实社会的一个"苦"字。它认为人生有八苦：生、老、病、死、怨憎会（本不愿在一起，却又必须在一起）、爱别离（极愿在一起的又不得不离开）、求不得（苦苦求索，却不得手）、五阴盛（即"色"——物质现象、"受"——感受、"想"——观念、"行"——意志、"识"——意识这五个方面聚集到一起所造成的一切身心痛苦），可谓"苦海无边"。

在分析苦的原因时，佛教提出了十二因缘说，即将现象世界的存在分作十二个彼此互为条件或因果联系的环节；概言之，人的无知（无明）引起了意志（行），意志引起了精神统一体的识（意识），由识引起了精神之"名"和肉体之"色"，由名色导致"六入"（即眼、耳、鼻、舌、身、意——心）这六种感官，由感官而引起了与外界的接触（触），触则引起了感受（受），感受引起了贪爱（爱），贪爱导致了对外界事物的追求索取（取），由取引起了生存的环境"有"，有"有"则有"生"，有"生"也就有"老死"，这就是所谓"无明、行、识、名色、六处、触、受、爱、取、有、生、老死"十二因缘。其中心思想是讲人生的痛苦由无明即愚昧无知而引起，因而只有消除无明，才能获得解脱，"回头是岸"。

在此之外，佛教还讲"因果报应""生死轮回"和"三世"、即前世（过去）、今世（现在）和来世（未来），故有过去佛、现在佛和未来佛之说。佛教认为"轮回"有下述六路：天、人、阿修罗（魔鬼）、畜生、饿鬼、地狱，并进而指出人的今生行为若达到佛教之"法"，来世就能有理想的转生，否则就会每况愈下、堕入地狱。这就是佛教所强调的"佛法之威"。

佛教把其基本思想概括为"三法印"（"印"是标准之意）：一为"诸行无常"，讲世界万事生灭变化、不属永恒；二为"诸法无我"，即客体世界决不存有一个主宰者（法无我），主体之人也不存在一个起主宰作用的灵魂（人无我），这就是不少人认为佛教乃无神之宗教的原因；三为"涅槃寂静"，讲人生的目的乃追求一种绝对寂静、神秘莫测的精神状态（涅槃），借此摆脱外在之物和主观之感。于是，这些思想因素便构成其一切皆空、绝对之无的说教，正如大乘最初宗派空宗之言"色即是空，空即是色"，红尘应看破，现实应离弃，虚幻、空无乃是主、客体世界的本质。

佛教经典主要收集在《大藏经》中，它卷帙浩繁，搜罗宏富，是研究古代东方各民族语言、历史、信仰、哲学、文学、音乐、美术、建筑、天文、历法、医药和习俗的重要文献。它集众人之智、历千年之久，一个人倾毕生之力也难以尽读。

（二）佛教的节日

佛教的主要节日有佛诞节、涅槃节、成道节和盂兰盆会。佛诞节又称浴佛节、泼水节或花节，纪念释迦牟尼的诞生。根据"佛生时龙喷香雨浴佛身"的神话传说，佛教在佛诞节时一般要举行法会，以香水灌洗佛像，旋舍众僧，拜佛祭祖，赛龙舟，相互泼水祝福等活动。佛诞节的日期，汉族为夏历四月初八，日本为公历4月8日，藏族和蒙古族为4月15日，傣族等少数民族为清明节后十天。涅槃节是纪念释迦牟尼的逝世，佛教寺院一般要举行涅槃法会，诵读《遗教经》等。这一节日时间在佛教各派中不尽一致，因为南北两派佛教对佛祖的生卒年月有不同说法，北传佛教认为佛祖死于公元前485年2月15日，南传佛教则认为是公元前543年。成道节是纪念释迦牟尼在菩提树下冥思苦想，于12月8日终于"成道"。传说佛祖成道前因已苦行多年、几乎饿死，后得一位牧女送他粥状乳糜，使他幸免于难，坚持苦修，终成正果。所以，此节又称"腊八"，我国汉族地区佛教徒于此日以米和果物煮粥供佛，俗称"腊八粥"。盂兰盆会在中国和日本等都于阴历7月15日举行。梵语"盂兰盆"意为"救倒悬"，源于释迦弟子目犍连之母因生前没舍得给游方僧饭吃而死后沦为饿鬼、在地狱受苦、如处倒悬之境的传说。据说目犍连睹此惨状，求佛救度，佛祖让他在7月15日僧众安居结束时供养大家，以使其母得到解脱，故此有盂兰盆会。此节日亦称"中元节"或"鬼节"，节期寺院常举行诵经法会，举办水陆道场以救度水陆众鬼，还有放焰口之对饿鬼施食、念经咒追荐死者，以及放灯等宗教活动。

四　中国佛教

佛教目前为中国第一大宗教，也是外来宗教融入中华文化之后得以创新发展、成为中国宗教最典型之例。佛教源自印度文化，较为典型地体现出东方智慧，其传入中国后则以中华文化元素的展示而焕然一新，并以中华文化的形式走出去加以弘扬，从而对日本、朝鲜、越南等国的佛教发展产生了决定性影响。"佛"的原意即"佛陀"（浮屠、浮图、浮陀）的简称，意即"觉者"，"成佛"即"觉悟"；后用"佛"作为对释迦牟尼的尊称（小乘），亦包括一切觉行圆满者（大乘）。所以，"佛"本非神明之名，"佛陀"的真实蕴涵乃"觉者"。

（一）佛教的传入

张骞西游大月氏时始知印度之名、"始闻浮屠之教"，而随着丝绸之路的开辟，佛教遂从印度传入中国。其最早的记载是西汉哀帝元寿元年（公元前2年）从西域传入佛教。此后在东汉永平七年（公元64年）有蔡愔、秦景等赴天竺求佛法，于东汉永平十年（公元67年）迎来印度人摄摩腾、竺法兰至洛阳之说，并因"时白马负经而来"故建有白马寺。这一时期的西域乃佛教热地，不少佛教高僧经由穿行西域的丝绸之路而到中国内地传教，使佛教得以在中土流行。例如，祖籍印度的鸠摩罗什（344—409）从龟兹（今新疆库车）被迎到长安，尊为国师。印度高僧真谛亦应梁武帝之邀经海上丝绸之路于中大同元年（公元546年）来到南海（广州）弘法。在此前后通过丝绸之路来华的西域僧人还包括安息人安清、安玄，大月氏人支娄迦谶，龟兹人佛图澄，北天竺人觉贤，南天竺人菩提达摩等。其中不少人都成为译经论法的著名翻译家。

佛教广泛传入中华，也与当时中国人走出去迎请佛教密切相关。所以，丝绸之路也是佛教传入后中国人西行求法之路，从而与西域僧人的东行传法形成呼应和互动。有据可查的第一个到达印度的中国人是东汉建安十年（公元205年）从鸟鼠山（甘肃渭源）出发的成光子，而沿丝绸之路西往的中国僧人则以曹魏甘露五年（260）西渡流沙的朱士行为始。此后，晋代安帝年间，公元399年，法显（344—420）等人曾始发长安，西渡流沙，去印度求佛经，他们历15年之久，经30余国，携回佛经多种，译出佛经百余万言，并记载有旅途见闻《佛国记》，成为世界瞩目的文化大事。法显以陆行丝绸之路西游、沿海上丝绸之路东归，从而成为中国历史上的第一个"海归"。与此前后时期的西行者还有竺法护、智猛等人。唐太宗贞观年间，公元629年玄奘（602—664）私越国境西去天竺取经，途中克服重重困难，历经各种风险，共达17年之久；公元645年，玄奘返国并带回佛经600多部，然后毕生致力于传佛译经活动，所翻经论达74部、1335卷，居当时译经之首。玄奘还创立了法相宗，著述有《大唐西域记》等，硕果累累，功绩卓著，成为世界文化史上的不朽名人。此外，义净（635—713）等中国僧人也都留下了西行求法、东归译经的感人故事。尤其是玄奘西天取经，乃是脍炙人口的《西游记》之历史本源。

可以说，丝绸之路是佛教得以传入中国的"大乘"（大道），而这种佛教传播的来往亦使丝绸之路充满生机、显示灵性。"佛教文化是外部文化大规模输入中国的第一次，它进入中国后，很快便被中国固有文化所改造、吸收，成为中国传统文化的一个重要组成部分。"①佛教通过丝绸之路在中国生根开花，使中国文化的开放性、包容性得到很大的提升。

（二）中国佛教三大系统

佛教传入中国大致有三条路径，一为北传佛教，习称大乘佛教，主

---

① 沈济时：《丝绸之路》，中华书局、上海古籍出版社2010年版，第107页。

要传入中国汉族地区，故也有"汉传佛教"之称，并由此而外传至朝鲜、日本、越南等地，形成中国宗教文化的辐射及影响，被视为中国佛教或汉传佛教文化圈；二为南传佛教，大乘佛教将之称为小乘佛教，其自身则以上座部佛教为名，主要传入中国云南傣族地区，与周边国家如缅甸、泰国、老挝、柬埔寨、斯里兰卡等有着密切关联；三为藏传佛教，俗称"喇嘛教"，主要传入中国西藏、内蒙古等地，故被视为蒙藏佛教，其主体亦属北传佛教，结合尼泊尔佛教与西藏当地苯波教而得以形成。在这三大系统中，北传佛教形成以中国为中心的发展，成为中国佛教最为典型的代表。北传佛教之汉传佛教因佛典的汉文翻译而形成"汉语系佛教"，主要流行于汉族聚居地区。

中国佛教的三大系统代表着佛教与中国社会文化全方位的汇通融合，体现出佛教在中国的民族化、本地化，无论在其语言、思想、礼仪、习俗各方面都有着巨大的改变和革新。佛教的思想逻辑、道德伦理观念及其实践，对中国思想精神亦有着明显的充实和丰富。对此，任继愈曾深刻指出："正是由于佛教的输入，才使得中国的宋明理学改变了它的面貌，完整地构造了儒教的思想体系。也正是由于佛教的传播，才使得中国的道教在某些方面吸收了佛教的内容，形成了佛教道教交互影响的局面。中国佛教是在中国发展成长的，它已成为中国的传统思想的组成部分。……伴随着佛教的宗教活动，同时丰富了我国的音乐、舞蹈、绘画、建筑、文学等各个领域。伴随着佛教的传播，推进了我国与邻国的文化交流，加深了邻国友谊与了解。"①

1. 北传佛教

北传佛教在魏晋南北朝时期（3—6世纪）得到发展，此间佛教完成了由"佛法为至上法"的印度佛教到"不依国主，法事难立"的中国佛教之转变。在佛教从印度传入中国的初期，当时一些佛教僧侣以其文化的优越感而不想屈从于中国社会王权政治，他们坚持源自印度佛教的"沙门"革新思想，坚决维护"佛法"的最高地位，从而不愿向中

---

① 任继愈：《汉唐佛教思想论集》，人民出版社1981年版，第18页。

国世俗王权屈服,强调的是"沙门不敬王者"之说,认为自己有了僧侣身份就可以"出家入法,不向国王礼拜"、不依中国规矩。这种僵持达数百年之久,佛教也因水土不服而举步维艰,发展缓慢,而且既不被中国王权所真正承认,也不为中国社会民众所自觉接纳,结果使之实际存在处于中国社会的边缘。佛教在华政治意义上的"中国化"始于公元4世纪。当时佛教"中国化"的第一步就是急需改变其对中国政治的基本态度。公元4世纪的东晋僧人道安(314—385)意识到当时佛教与中国王权对立的窘境,感到其躲避政治、遁隐山林并非最佳发展之途,为此,他改变了在华佛教以往用"佛法"来抗衡王法、傲视王权的出世态度,提醒佛教界意识到"不依国主,则法事难立"这种特殊政教关系的现实,说服佛教界改为持守"沙门崇敬王者"的态度,从此有了其"人间佛教""社会法师"的思想萌芽。佛教本身则因抓住了改善中国政教关系的关键之处而如鱼得水,从而开始了在华顺利"弘法"的发展。当佛教在印度本土逐渐衰微时,却在中国发扬光大,获得了新生。当然,这种政教关系很难一下子就完全理顺,虽然南朝梁武帝(502—549年在位)曾四次舍身出家同泰寺,却也对佛教严加管束,制定了禁饮酒、禁食肉等清规戒律。出于政治、经济等原因,此间还发生了"三武一宗灭佛"事件,即北魏太武帝(424—452年在位)灭佛、北周武帝(561—578年在位)灭佛、唐武宗(841—846年在位)灭佛,以及后周世宗(954—959年在位)灭佛等"法难"。

在三国时期,佛教的般若学脱颖而出,代表着纯理论形式的佛教观念开始进入中国思想领域,使双方对话、沟通成为可能。般若学在东晋时更发展出"六家七宗"学说,即道安的本无宗、竺法琛和竺法汰的本无异宗,二者乃合称一家,支道林的即色宗,于法开的识含宗,道壹的幻化宗,支愍度等人的心无宗,于道邃的缘会宗。而佛教在其"中国化"的进程中则融入了中国智慧,其佛法禅机遂成为智慧之学。这种"中国化"使佛教在唐初达到鼎盛发展。而且,"中国化"的佛教深得中国心性之学的奥妙,由此才可能有"中国佛性论"之探。

佛教在文化意义上的"中国化",则是禅宗六祖慧能(638—713)

等人的突破，他们通过对佛教义理的透彻体悟及融会贯通而创立出具有典型中国特色的佛教宗派，从而与印度佛教的古老教派分道扬镳，形成中国佛教各大教派的独立发展，真正让佛教在中国得以发扬光大。

汉传佛教在中国先后兴起了天台宗、三论宗、律宗、法相宗、净土宗、华严宗、禅宗和密宗等宗派，有中国佛教"八宗"之说。天台宗由常住天台山的智顗（538—597）所创立，这一隋代佛教宗派乃佛教史上第一个中国宗派；因其推崇《法华经》故亦称法华宗。智顗以心专于一的"止观"来涵括佛教理论及修行，主张空、假、中"三谛圆融"，认为"性具善恶"、由恶致善，因"一念三千"而要修习止观。在对佛教经典划分归类的"判教"中，他则提出"五时八教"论。"五时"即时间上划分为华严时（讲《华严经》）、鹿苑时（讲《阿含经》）、方等时（讲《方等经》）、般若时（讲《般若经》）、法华、涅槃时（讲《法华经》和《涅槃经》）。"八教"则包括"化仪四教"和"化法四教"。"化仪四教"指从佛说法的形式而分为"顿教"（《华严经》顿至佛位的教义）、"渐教"（从《阿含经》至《般若经》的依次渐修）、"秘密教"（以教义呼应个我内在需求）、"不定教"（对教义产生各自理解的不同）；"化法四教"指按佛说法的内容而分为"藏教"（小乘三藏教义）、"通教"（雅俗共赏、深浅相宜的《般若经》）、"别教"（菩萨独论方等经典）、"圆教"（《法华经》的圆满、圆融）。该宗传承寻踪溯源记为龙树、慧文、慧思、智顗、灌顶、智威、慧威、玄朗、湛然等人。

三论宗由隋代吉藏（546—623）所创立。吉藏俗姓安，祖籍安息，故称"胡吉藏"。"三论"指该宗主要研习古代印度大乘佛教中观学派龙树的《中论》《十二门论》和提婆的《百论》这三论。因其强调"诸法性空"而也有法性宗之称。吉藏著有《三论玄义》《大乘玄论》《法华玄论》《法华义疏》《中论疏》《二谛义》等，诠释三论思想。因其曾住会稽嘉祥寺讲经而被后人尊为"嘉祥大师"。他的主要思想体现为"二谛论"和"八不中道论"。"二谛"指俗谛和真谛，其对之则分为教谛和于谛，世界万物因缘而生、空幻不实，圣贤悟其空无实体而获真谛，俗人视其真实存在而陷俗谛。但二者道理相同，故"二而不二"。世界真相乃非有非无，生非真生、灭非真灭，故为"中道"。吉藏因此以"八不"来说明中道，即"不生亦不灭，不常亦不断，不一亦不异，不来亦不去"（《中论·观因缘品》）。所谓"中"就是讲"中道实相"，诸法实相如果远离生灭、一异、断常、来去则达中道。三论宗后因唐太宗支持法相宗而衰落。该宗于625年时由朝鲜僧人慧灌传入日本，后被其日本弟子智威、道慈等人发展为元兴寺、大安寺两派。

律宗亦称南山宗或南山律宗，由唐代润州丹徒（今江苏境内）人道宣（596—667）所创立，以研习和持守戒律而得名，因道宣居终南山专门弘扬《四分律》、创设戒坛、制定戒律及受戒仪式，而有南山律宗之称。道宣著有《四分律删繁补阙行事钞》《四分律比丘含注戒本疏》《四分律删补随机羯磨疏》，史称"南山律宗三大部"。当时强调《四分律》的还有法砺和怀素创立的宗派，形成"律宗三家"。律宗基本思想是将佛教所讲"心法"作为防恶之需的"戒体"，防恶设有"诸恶莫做"的"止持"，扬善则有"诸善奉行"的"作持"。此后鉴真（688—763）在唐天宝年间（742—756）将律宗传入日本，于755年在奈良东大寺建筑戒坛，传授戒法，开创日本佛教登坛受戒的规矩。律宗的出现形成对持守佛教戒律的严格要求，并发展出五戒、十戒、比丘二百五十戒、比丘尼三百四十八戒等规定。20世纪初李叔同（1880—1942）出家为弘一法师后，也选择了专研戒律的修行之途。

法相宗即唯识宗，由从印度取经回国的唐僧"三藏法师"玄奘（602—664）及其弟子窥基（632—682）创建，因主张以"依他起相""遍计所执相"和"圆成实相"这"三相"来解释万有性相，故名"法相宗"；因玄奘编译有《成唯识论》，强调"万法唯识"而称"唯识宗"；又因窥基常住慈恩寺世称"慈恩大师"，而也有"慈恩宗"之名。玄奘于唐贞观元年（627年）西行赴印，贞观十九年（645年）携佛教经卷520夹、657部回到长安，先居弘福寺，后移住大慈恩寺，潜心佛经汉译，译出经论75部、1335卷，并撰写《大唐西域记》12卷，由此衍生出元代吴昌龄的杂剧《唐三藏西天取经》和明代吴承恩脍炙人口的小说《西游记》。玄奘因西天取经而声誉鹊起，弟子众多，其高徒包括窥基、圆测、普光、法空、神泰、靖迈等人。窥基著有《成唯识论述记》《瑜伽师地论略纂》《因明入正理论疏》《杂集论疏》等，号称"百部疏主"。其弟子有慧沼、智通、智达等人。该宗依据《解深密经》《瑜伽师地论》和《唯识三十颂》等经典，继承印度瑜伽行派教义体系，认为可用唯识观之法来洞察三相，以"转识成智"而成佛。其教理突出用"八识"来论证"唯识无境"，即通过修行而达眼识、耳识、鼻识、舌识、身识、意识、末那识和阿赖耶识这八识的转变，获得"成所作智""妙观察智""平等性智"和"大圆镜智"这四种智慧。但这种颇为原汁原味的烦琐教义并不习惯中国人的品位，故其发展缓慢，三传而衰，在中国思想文化史上并无太大影响。唐永徽四年（653）日僧道昭来华以玄奘为师，此后将该宗传入日本，而智通、智达也曾向日本宣教。

净土宗以东晋慧远（334—416）为初祖，实为唐代善导（613—681）所创立。慧远曾在庐山东林寺传播般若学及禅学，与18高贤共建白莲社、同修净业、倡导弥陀净土法门、发愿往生西方净土，故名净土宗或莲宗。此后东魏僧人昙鸾（476—542）专修净土，著有《往生论注》《略论安乐净土义》《赞阿弥陀佛偈》等，主张放弃靠自力解脱的"难行道"而择"乘佛愿力"往生净土的"易行道"，即一心专念阿弥陀佛名号就能在死后往生安乐国土，昙鸾晚年移住汾州玄中寺，被尊为"神鸾"。其后隋唐间僧人道绰（562—654）因受《昙鸾和尚碑》文影响而改信净土，亦在玄中寺劝人持守净土信仰、日诵阿弥陀佛名，并撰有《安乐集》阐述净土教义，有"西河禅师"之称。道绰的弟子善导转至长安光明寺，正式创立净土宗，传教时被敬为"弥陀化身"。他"演说净土法门三十余年"，撰有《观无量寿经疏》《往生礼赞》《观念法门》《法华赞》《般舟赞》等。净土宗以《无量寿经》《观无量寿佛经》《阿弥陀经》和《往生论》这"三经一论"为其主要经典。该宗信仰活动以"称名念佛"为主，辅以观想念佛和实相念佛，并以读诵正行、观察正行、礼拜正行、称名正行、赞叹供养正行为其净土实践。因其以念诵阿弥陀佛名号、追求往生西方净土（极乐世界）为信仰核心、简单明快而颇受民众欢迎，信者众多，发展很快，成为流行于中国基层社会的佛教宗派。其祖师传承次序为慧远、善导、承远、法照、少康、延寿、省常等人。中唐之后，净土宗亦有与禅宗相融之势，出现"禅净"双修。9世纪净土宗始传日本，12世纪日本人源空（法然）开创日本净土宗。

华严宗因《华严经》而得名，因其实际创始人法藏（643—712）号贤首，故亦称"贤首宗"。《华严经》全称《大方广佛华严经》，其基本思想是认为世界乃毗卢遮那佛的显现，故而"一微尘映世界，一瞬间含永远"，由此提出"法界缘起""顿入佛地"等说。该宗传承有杜顺、智俨、法藏、澄观、宗密这"华严五祖"之说。杜顺（法顺，557—640）被尊为该宗初祖，著有《华严法界观门》《华严五教止观》等，主张按照《华严经》修习"普贤行"，曾受唐太宗赏识，有"杜顺和尚""神僧""帝心尊者"等称呼。二祖智俨（602—668），12岁到终南山至相寺出家拜杜顺为师，后广泛求学、博采众长，以此全面阐释《华严经》，著有《华严搜玄记》《华严孔目章》《华严五十要问答》《华严一乘十玄门》等20余部，将华严经学说发展为华严宗学说，晚年居云华寺，有"至相大师""云华尊者"之称。法藏乃智俨的弟子，有"贤首大师""康藏国师"之称号，被尊为该宗三祖，曾为武则天、中宗、睿宗所器重，被武则天赐号"贤首戒师"，著有《华严经探玄记》《大乘起信论义记》《华严经旨归》《华严一乘教义分齐章》《华严经义海百门》《华严金狮子章》等百余卷。其思想探究使华严宗的教义理论得以系统化，促成了华严宗体系的成熟。四祖澄观（738—839）曾四处云游、寻访名山名寺，其努力推动了华严宗的"中兴"发展，据传其著述达300余卷，包括《华严经疏》《华严经随疏演义钞》《贞元经疏》《华严法界玄镜》《华严经略策》等，号"清凉法师""大统清凉国师"等。五祖宗密（780—841）有"圭峰大师"之称，形成华严宗禅教合一的发展，死后被唐宣宗追谥"定慧禅师"，著有《华严经行愿品别行疏钞》《注华严法界观门》《华严原人论》等。华严宗的核心教义是以"法界缘起"来解释世界秩序及其万物之间的关系，并以"十玄门"来讲述法界缘起的复杂内容，包括"同时具足相应门""因陀罗网境界门""秘密隐显俱成门""微细相容安立门""十世隔法异成门""诸藏纯杂具德门""一多相容不同门""诸法相即自在门""唯心回转善成门""托事显法生解门"。而法界缘起则为"六相缘起"，即总相和别相、同相和异相、成相和坏相之"圆融"。其"法界"体现为"四法界"，即事法界（现象界）、理法界（本体界）、理事无碍法界、事事无碍法界。元代以后开始有华严宗"教门"之说，明清时期华严宗仍较活跃。华严宗被智俨弟子新罗人义湘传入新罗，于740年由新罗僧人审祥传入日本，日僧良辨在奈良东大寺正式建立起日本华严宗。

禅宗是非常典型的中国佛教宗派，以专修禅定为特色，用"禅"来解释其教义理论与修行实践，故名。佛教在文化意义上的"中国化"，则是禅宗六祖慧能（638—713）等人通过对佛教义理的透彻体悟及融会贯通而创立出以禅宗为代表等具有典型中国特色的佛教宗派，从而与印度佛教的古老教派分道扬镳，形成中国佛教各大教派的独立发展，真正让佛教在中国得以发扬光大。"禅"是梵文音译"禅那"（Dhyana）的略称，"禅定"在印度佛教中本来被视为瑜伽修持术的一个部分，其原意指"思维修""弃恶"，一般意译为"静虑"，"禅定"即"安静而止息杂虑"，通过静坐敛心、凝思专注而达观照明净、超凡脱俗之境。按其宗派传承，禅宗一般有初祖菩提达摩、二祖慧可、三祖僧璨、四祖道信、五祖弘忍、六祖慧能之说。菩提达摩（？—528或536）是南印度人，被尊为西天禅宗二十八祖和中土禅宗初祖，南朝刘宋末年（478年左右）来华，北魏孝昌三年（527年）来到河南少林寺面壁九年，故使少林寺有禅宗祖庭之说，他后来向慧可传授《楞伽经》四卷及其心法，主张"藉教悟宗"，为禅宗在华的最初传播。慧可（487—593）亦有"楞伽师"之称，曾在少林寺师事菩提达摩六年，主张"无明智慧等无异""观身与佛不差别"之说，被视为"精觉一乘，附于玄理，略法修道，明心要法"，"行住坐卧，心冥真境"，"触物指明,动为至会"①。慧可的弟子僧璨(生卒年代不详)长期隐居山林,过着游方生活,其弟子道信(580—651)到蕲州黄梅双峰山修道,强调作务与坐禅并重,多次推辞朝廷使者亲迎入宫之请,死后被唐代宗赐谥号"大医禅师"。道信弟子弘忍(602—675)时禅宗宗派基本形成,他在东山寺收徒修道,以"东山法门"而闻名,从此禅宗宣教以《金刚般若经》为主,其著名弟子有法如、道安、玄赜、神秀、慧能等人。神秀(约606—706)以"身是菩提树,心如明镜台,时时勤拂拭,勿使惹尘埃"一偈而开禅宗渐悟法门,成为禅宗北宗之首,但其北宗数传而衰,而使南宗一枝独秀,成为禅宗正统,并且南宗在整个中国佛教中都独占鳌头,影响最大、传布最广。慧能(亦作"惠能")本为不识字的樵夫,因听诵《金刚般若经》有感而在弘忍门下为"行者"立志学佛,后以"菩提本无树,明镜亦非台,本来无一物,何处惹尘埃?"一偈而得弘忍秘授禅法、"继承衣钵",后在韶州曹溪宝林寺传扬"识心见性""见性成佛"的禅宗南宗顿悟法门,其宗派到唐代中期终成大势、风靡神州,故而真正成为中国特色的佛教体系。慧能的说教被其弟子汇编为《六祖坛经》,成为禅宗最为经典的著作,而慧能本人亦被视为出类拔萃的中国文化名人之一,其在韶州曹溪传教的宝林寺在宋开宝元年(968)时由宋太宗敕赐"南华禅寺",亦有实际上的禅宗祖庭之说。禅宗因菩提达摩之传承而也有"达摩宗"之称,又因其强调"传佛心印"、直指人心而有"佛心宗"或"心宗"之名。慧能之后禅宗发展为"五家七宗",首先是怀让(677—744)的南岳系和行思(?—740)的青原系构成禅宗两大派系,从南岳系分为沩仰宗和临济宗,从青原系分为曹洞宗、云门宗、法眼宗,合称"五家",另外加上宋代从临济宗分出的黄龙宗和杨岐宗,故为"七宗"。南岳系发展到怀海(720—814)在百丈山创立禅院、制定清规(即《禅门规式》,后称《百丈清规》),获"百丈禅师"之称。青原系则有"石头和尚"希迁(700—790)以禅定精进"达佛之知见,即心

---

① 王作安主编:《大辞海 宗教卷》,上海辞书出版社2013年版,第184页。

即佛"，影响广远。10世纪时，禅宗传入高丽，形成曹溪宗等宗派，推行"禅教一致""顿悟渐修""定慧双修"之禅风。南宋以后，禅宗流传以临济宗和曹洞宗为主，临济宗于12—13世纪由日僧荣西、圆尔辨圆等传入日本，曹洞宗于1223年由日僧道元传入日本，发展出"只管打坐"的"默照禅"。明代僧人隐元赴日传播禅宗，在17世纪形成主张"禅净一致"的日本禅宗黄檗宗，与临济、曹洞共称日本禅宗三派。

密宗自唐开元四年（716年）以来由中天竺人善无畏（637—735）、南印度人金刚智（669—741）和狮子国（今斯里兰卡）人不空（705—774）相继传入，史称"开元三大士"；因以传布与"言显略逗机"、用语言文字明示的"显教"相对之"言秘奥实说"的"大乘密教"而得名，其所形成的中国汉传佛教密宗亦称"汉密"，与8—11世纪传入西藏的密教之"藏密"相区别。其特点是以"身密"（手结印契）、"语密"（口诵真言，即"口密"）、"意密"（心观佛尊）这"三密"之修而达身口意"三业"清净，与本和众生体性相同的佛之身口意"三密"相应，从而修成具有"金刚心"和"金刚身"的"无上菩提"，实现"即身成佛"。在密宗流传过程中，善无畏传于一行（约683—727），一行在历史上以精通天文、历法而著名；金刚智传于不空、不空传于惠果（约752—805），惠果住青龙寺向各国入唐求法者传授"金胎不二"的密宗教义，日僧空海（774—835）于贞元二十年（804年）在唐获得胎藏、金刚二界密法，在日本京都东寺建立"东密"真言宗，此后在日本又发展出"台密"即日本天台宗系密教。密宗在中国仅传两代，后渐衰落消失。

2. 南传佛教（云南上座部佛教）

南传佛教即"上座部佛教"，是印度佛教大众部和上座部两大派系形成后在亚洲南部的传播结果，其所涉地区包括斯里兰卡、缅甸、柬埔寨、老挝、泰国、中国云南等，统称南传上座部佛教。因其历史上以巴利文形式将上座部佛教三藏搜集成册，后又将僧伽罗文注释的三藏用巴利文改写和疏解，故而亦有巴利语系佛教之称。云南与东南亚多国毗邻，有丝绸之路和茶马古道相通，据传早在公元前就有上座部佛教传入云南西双版纳地区，6、7世纪则有缅甸系统的佛教传入，但8世纪后因密教在斯里兰卡、缅甸盛行而使上座部佛教曾一度沉寂；12—13世纪，上座部佛教从泰国传入云南西双版纳地区，15世纪以来该派亦从缅甸传入，在云南傣族以及布朗、德昂、阿昌、佤族等民族中广泛传播，从此统称"云南上座部佛教"；由于其以傣族信奉者为最，因此也有"傣族佛教"之称。

云南上座部佛教在历史上形成了润派、摆庄派、多列派和左抵派这四大派别。润派是其中分布最广、影响最大的教派，由泰国经缅甸传入云南西双版纳地区，后在德宏、临沧、思茅等地也形成广泛传播。润派下分摆孙、摆坝、摆润、摆顺四派，其中摆孙派因其傣语有"花园房屋"而亦有"田园派"之名。其僧人可住楼房、可以吃荤和拥有田产，甚至可以经商，故而财力雄厚、信众颇多；摆坝派因在傣语有"山林房屋"之意而也称"山林派"，而其寺院远离村寨，俗称"野佛寺"，其僧人持戒颇严，不许荤腥、过午不食，以苦修为主；摆润派以耿马为中心在傣族、佤族、布朗族、德昂族中传播；而摆顺派人数不多、影响不大。摆庄派亦有"耿龙"之称，其戒律松弛，与摆孙派接近。多列派有摆多派、耿章等称谓，其傣语意为"好山"，通常建寺于村寨附近；该派允许妇女出家，其受戒后称"雅好"（沙弥尼），着白衣修行；多列派一般分为达拱旦派、舒特曼派、瑞竟派和缅坐派四支。左抵派由缅甸传入，其持戒严格，禁荤腥及烟酒，过午不食，允许妇女出家、受戒后白衣修行；其僧侣在大佛爷带领下过流动生活，无固定寺院。云南上座部佛教习用傣文佛典，即对巴利语《三藏》的傣语音译本，通常写在贝叶上，故称傣文"贝叶经"①。

云南上座部佛教寺院众多，分为四等，最高等级佛寺称"大总寺"，第二等级佛寺称"总佛寺"，第三等级佛寺称"中心佛寺"，一般

---

① 以上参见郑筱筠《中国南传佛教研究》，中国社会科学出版社2012年版，第99—108、69页。

有"布萨堂"佛寺之名,第四等级佛寺即"基层佛寺"。其最基本的僧侣僧阶分为沙弥、比丘和长老三个等级,其出家女不是比丘尼,不能主持佛事,但可参与慈善活动。①云南上座部佛教的独特节日包括泼水节、雨安居、豪干节等。其信众目前主要分布在云南西双版纳傣族自治州思茅、临沧等地,德宏傣族景颇族自治州和保山等地的傣族、布朗族、阿昌族和佤族之中。

3. 藏传佛教

藏传佛教俗称"喇嘛教","喇嘛"乃藏语"上师"之意。据传印度佛教约4世纪初传西藏,但佛教真正传入西藏是7世纪吐蕃赞普(国王)松赞干布(Sron‐btsan‐sgam‐po, 617？—650,一说617—698)时期。吐蕃此间引了佛经,从印度南部迎请了一尊十一面观音像。西藏作为中国的一个民族区域,自唐朝以来即建立起古代唐蕃之间独特的亲密关系。唐贞观八年(634年)松赞干布18岁时遣使向唐太宗献贺礼,唐太宗派使者回谢,从此开始其官方联系。松赞干布先娶尼泊尔赤尊公主,请来不动金刚佛像;唐贞观十五年(641年)唐朝文成公主自长安来到吐蕃与松赞干布成亲,亦请来释迦牟尼佛像。这种唐蕃联姻加深了其政治、文化交往,因此也建立起宗教之间的交流,此即佛教从内地传入西藏之始。当时藏传佛教的形成包括三种因素,即来自尼泊尔的佛教和来自中国内地的佛教,以及藏族传统宗教苯波教之结合。赤尊公主和文成公主入藏时迎请的两尊佛像成为吐蕃最为珍贵的佛教供养对象,亦为佛教传入西藏的标志。两公主在拉萨建立了佛寺即大昭寺和小昭寺,以能专门供养这两尊佛像,因此"拉萨"意即"佛地"②。唐高宗嗣位后于永徽元年(650年)晋封松赞干布"驸马都尉"(Phu‐mav‐tu‐we)爵位和"西海郡王"(Zhi‐has‐

---

① 参见《中国五大宗教知识读本》,社会科学文献出版社2007年版,第53页。
② 参见李安宅《藏族宗教史之实地研究》,上海世纪出版集团2005年版,第17页。

cun-wang) 王号。① 8世纪时吐蕃赞普赤松德赞（755—797）邀请印度高僧寂护、莲花生入藏传教，寂护以传布中观、律学教义为主，而莲花生则专授密宗密法，两人倡建了桑耶寺，为藏传佛教正规寺院之始。其大殿三层，分别为藏族、中原和天竺建筑形式，表明藏传佛教是多元文化融合的典型代表。此间寂护任堪布为7名吐蕃人剃度、授比丘戒，这"七觉士"乃首批藏族僧侣。赤祖德赞（815—841）时期，其制定译经标准、请僧人入宫讲经、规定每7户人家供养一位僧侣、在朝中设立权重位高的宗教大臣、以酷法保障僧人特权，并允许寺院有属民、土地、牧场和牲畜，从而使佛教发展迅速，并形成许多流传下来的特权。这段历史被称为藏传佛教的"前弘期"，它因841年朗达玛赞普上任后采取灭佛举措而告结束。但这一期间有比丘僧逃往东部安多藏区，从而使藏传佛教传入青海。

北宋太平兴国三年（978年），藏传佛教进入"后弘期"发展时代，印度佛教大师阿底峡（982—1054）于11世纪上半叶入藏传教达十多年之久，此时藏区出现大批出家僧人，寺院亦得以修复或重建。自13世纪元朝起，西藏全面纳入元朝统治。藏传佛教萨迦派第五代祖师八思巴（Vphags-pa，1235—1280）在各教辩论中独占鳌头，获忽必烈（1260—1294）欣赏，其称帝后将八思巴尊为国师，从而使藏传佛教成为元代所信奉的诸教之首，奠立了藏传佛教在蒙古人信仰中的首选地位，并形成其延至今日的宗教传统。明朝中央政府随之亦实施了对西藏地方事务的管理，明朝皇帝对西藏地方掌权人士和佛教高僧都有封授，赐给官爵、名号，发给其掌管地方权力的诏书，明朝永乐皇帝还于1413年左右（亦有文献记载于1408年）曾想迎接藏传佛教格鲁派创始人宗喀巴大师（Tsong-kha-pa，1357—1419）来内地访问，并赐给其金字诏书和封号。宗喀巴虽然没能亲自出行，但仍派其弟子大慈法王释加也失（Shvakya-ye-shes）前往内地，并朝见明朝皇帝。清朝政府

---

① 参见恰白·次旦平措等《西藏通史》（上），西藏古籍出版社2004年版，第104—107页。

成立后亦于 1643 年与第五世达赖喇嘛建立联系,清朝皇帝曾给达赖喇嘛和西藏上层统治者金册金印等封赏,并邀请第五世达赖喇嘛率西藏僧侣官员 3000 多人赴京访问。在明代、清代,西藏活佛转世逐渐被纳入中央政府管理和国有典章法制范围之内。1792 年,清朝政府公布法令,对呼图克图(Ho – thog – thu,意为"圣者")以上的上层大活佛实行"金瓶掣签",从此形成藏传佛教的宗教仪轨,作为历史定制而延续至今。1995 年,经过"金瓶掣签"和国务院批准,完成了十世班禅转世灵童寻访、认定和第十一世班禅的册立和坐床。自 1792 年至今,藏传佛教大活佛转世系统中有 70 多位转世灵童是经过"金瓶掣签"认定后报中央政府批准的。

在 11—13 世纪之间,藏传佛教的主要宗派得以形成。在佛教传入之前,西藏本土的原始信仰为苯波教(Bon – po,亦称"本教"),藏族佛教徒后来称苯波教为"黑教",以表明自己的信仰是"白"的,即纯洁的。不过,此后藏传佛教的发展亦结合了当地的苯波教。早期藏传佛教派别通常称为宁玛派(Rnin – ma),意即"古旧的学派",在 9 世纪前为西藏佛教的主要教派,因其僧侣戴红帽而被称为"红教"。"后弘期"最早出现的宗派之一为噶当派(Bkav – gdams),有"佛语教授"之意,受阿底峡宣教影响而兴起,由仲敦巴所创立。1073 年,具有半革新形式的佛教派别创建萨迦寺,故兴起萨迦派(Sa – akya),"萨迦"意为"白土",意指在白色土地上建的寺庙,但因其寺庙墙上刷有分别象征文殊、观音和金刚手菩萨的红、白、黑三色花条而史称"花教"。该派由昆·贡却杰布创立,以传扬"道果教授"等显密教法为主,曾禁止娶妻,后改为规定生子之后不许再近女人。其第五祖八思巴曾为元世祖忽必烈灌顶,被封为帝师,并以"大宝法王"身份代表中央掌管西藏政教大权,为西藏政教合一历史之始。另一种半革新的佛教派别亦在 11 世纪兴起,称为噶举派(Bkah – brgyud),意指"口授传承",因其喇嘛穿白色僧袍和上衣而有"白教"之称,由玛尔巴所创。该派注重苦修,不重文字,倡导"中观见"之说。其后分为达波噶举和香巴噶举两支,派系颇多。该派首领曾在元、明两朝受册封而参政掌权,在格鲁派崛起后其势力衰减。藏传佛教影响最大的革新派由宗喀巴·洛桑札巴于15世纪初所创立，其教派乃由11世纪中叶兴起的噶当派革新而来，称为格鲁派（Dge‐Lugs），意即"善规"派，强调僧侣严守戒律，独身不娶，也有新噶当派之说，而因其僧人戴黄色僧帽故习称为"黄教"，该派后来发展为藏传佛教中影响最大的教派。该派主张显密并重，修行时则先显后密。其以甘丹寺为主寺，故也有"甘丹派"之称，此后还发展出哲蚌、色拉、扎什伦布等名寺。格鲁派自明嘉靖二十一年（1542年）实施活佛转世制度，并发展为两大活佛转世系统，一为"达赖"（Ta‐lavi，蒙语，意为"大海"），始于明万历六年（1578年），此传承至今为第十四世达赖喇嘛；另为"班禅"（Pan‐chen，藏文，意为"大学者"），始于清顺治二年（1645年），今已传至第十一世班禅额尔德尼（Pan‐chen‐er‐te‐ni，即班禅大师）。这些教派发展流传至今，彼此和谐共处，形成西藏宗教的基本形态。藏传佛教为藏族人的主要宗教，目前西藏自治区境内有1700多处寺院等佛教活动场所，住寺僧尼约4.6万人，其著名寺庙包括拉萨三大寺即甘丹寺、哲蚌寺和色拉寺，以及大昭寺、扎什伦布寺、桑耶寺等，每年到拉萨朝佛敬香的信众就达百万人以上。此外，随着藏传佛教在蒙古地区的传播发展，对之亦有"蒙藏佛教"之说。

藏传佛教的经典称藏文《大藏经》（Bkab‐stan‐gyur），由《甘珠尔》（Bkav‐vgyur）和《丹珠尔》（Bstan‐vgyur）两部分组成，其中《甘珠尔》即佛语部的藏文译本，包括经藏和律藏的佛语部分；《丹珠尔》则为其论部的藏文译本，包括经律的阐明及注疏、密教仪轨及五明杂著等。此外，藏传佛教还保留有藏族苯教文献《苯教大藏经》（Bongyi‐bkav‐bstan）等。

（三）中国特色佛教形成之后的发展

北传佛教即汉地佛教或汉传佛教"八宗"的形成，标志着中国本土佛教自我意识的成熟及其中国佛教体系的基本完成。在经历了"三武一宗灭佛"事件之后，中国古代社会的统治者也逐渐摸索出有效管理佛教的政策举措。宋代开始统计僧尼人数，制作每年一查的"刺账"和三年一造的"全账"。宋朝开始颁发表明僧尼合法身份的度牒，官民之间由此则出现买卖度牒之风。宋代以来禅宗盛行，并有着"文字禅""看话禅"和"默照禅"等丰富多彩的表现，其"灯录"（禅宗僧传）、"语录"（禅师言行记录）被作为"公案"成为参禅辨识的准则，不少灯录亦编为官修禅书。与之对应，净土宗之阿弥陀佛净土信仰则成为普通民众的精神寄托和寻求救度的便捷之途，其风行及由此催动的各种民间结社也给中国基层社会结构带来了变动。宋代开始的儒、佛、道三教结合还导致了宋明理学的兴起。

元朝时民族关系的变化带来了社会人群不同等级的变动，元世祖忽必烈虽宽容各种宗教并召集各教各派展开辩论，却独尊藏传佛教，他采取了"尊教抑禅"政策，为此汉传佛教与藏传佛教亦有着冲突及结合。

明朝开国皇帝明太祖朱元璋曾出家为僧，掌权后一方面明令禁止大明教、弥勒教、白莲教等民间信仰；另一方面则加强对佛教的管理。朱元璋将佛教寺院及其僧人分为禅、讲、教三等，从中央到府、州、县地方各级分设僧录司、僧纲司、僧正司和僧会司来管理佛教。这一时期的佛教发展则出现教禅融合、禅净双修、禅律并行的局面，涌现出一批高僧大德。

清代佛教发展有着新的变迁，清王朝废除了试经度僧及度牒制度，对禅宗加以整顿，主张禅、教统一，禅、净、律并重，由此则使净土信仰得以发展。从国家统一的角度，清政府还加强了对藏传佛教的掌控及管理，故使汉传佛教与藏传佛教有着更多的相遇及对话。清末居士佛教异军突起，推动了佛教刻经活动和佛教变革运动。其著名代表杨文会（1837—1911）主持金陵刻经处约 40 年，印出佛经 3000 多卷，并在 1908 年创立佛教学校祇洹精舍、1910 年开设佛教研究会，从而使佛学研究得以复兴。

辛亥革命后，虚云（1840—1959）全力振兴禅宗，并参与佛教总会的筹建，这些经历使他成为中华人民共和国成立后中国佛教协会的首席发起人，担任首任名誉会长。从清末到民国初期，许多僧人如敬安、太虚、谛闲、虚云、弘一、月霞、印顺等推动佛教革新，形成现代人间佛教的发展，如太虚大师（1890—1947）于1928年提出"人生佛教"之说，并参与了佛教与基督教等宗教对话，使佛教的社会化及对慈善福利事业的投入进入一个全新阶段。

1953年，中国佛教协会成立，会址设在北京广济寺，首届会长为圆瑛，其后担任会长的有喜饶嘉措、赵朴初、一诚、传印等人；这标志着佛教开始与中国社会主义社会相适应的发展，由此其也提出了"庄严国土，利乐有情"的社会主旨。进入21世纪以来，中国佛教不仅积极适应中国当代社会的改革开放，而且面向世界为人类和谐发展做出积极贡献。为此，由中国佛教出面发起组织的世界佛教论坛迄今已举行了五届，包括2006年4月13—18日在杭州、舟山召开的以"和谐世界，从心开始"为主题的首届世界佛教论坛，约37个国家和地区的1000余人出席；2009年3月28日至4月1日在无锡、台北召开的以"和谐世界，众缘和合"为主题的第二届世界佛教论坛，约50个国家和地区的1700余人出席；2012年4月25日至27日在香港召开的以"和谐世界，同愿同行"为主题的第三届世界佛教论坛，约60个国家和地区的万余人出席论坛开幕式；2015年10月24日在江苏无锡召开的以"同愿同行，交流互鉴"为主题的第四届世界佛教论坛，约52个国家和地区的千余人出席；以及2018年10月29日在福建莆田召开的以"交流互鉴、中道圆融"为主题的第五届世界佛教论坛，约55个国家和地区的千余人出席。在当代中国文化"走出去"进程中，中国佛教正在发挥其非常积极而独特的作用。

（四）佛教戒律、节日、经典及其教义思想

佛教之"戒律"为其戒定慧"三学"之一，其"戒"意指"禁制"，称为戒度，分为"止持戒"和"作持戒"两类。"止持戒"旨在让人"诸恶莫做"，"言止持者，方便正念，护本所受，禁防身口，不造诸恶，目之曰止；止而无违，戒体光洁，顺本所受，称之曰持"（《四分律行事钞》卷中四），分为"五戒""八戒""十戒"（"沙弥戒")及"具足戒"等。"五戒"即不杀生、不偷盗、不邪淫、不妄语、不饮酒;"八戒"则在五戒之外另加三戒,即不眠坐高广华丽之床、不装饰打扮及观听歌舞、不食非时食(此为斋,指过午不食);"十戒"为沙弥和沙弥尼所受戒条,即在八戒之外再加两戒,为不涂饰香鬘、不蓄金银财宝。"具足戒"亦称"大戒",是比丘及比丘尼戒律,有比丘戒二百五十条、比丘尼戒三百四十八条等规定。"作持戒"则要人"众善奉行","作持,恶既已离,事须修善,必以策勤三业,修习戒行,有善起护,名之为作"(《四分律行事钞》卷中四),包括说戒、安居、身口意之修行等。"律"则意指"调伏",亦有"灭""离行""化度""善治"等意,其与戒不同之处乃在于律是专为出家比丘、比丘尼所制定。这种戒律典籍包括《四分律》《十诵律》《五分律》《摩诃僧祇律》等。佛教节日与其法事相关联,主要有佛诞节、涅槃节、成道节,以纪念释迦牟尼的诞生、逝世和成佛,此外还有盂兰盆节等。

佛教典籍总称"三藏",其所汇总集称《大藏经》,包括经、律、论三大部分,中国现根据所译语种和分布而存有巴利文《南传大藏经》、汉文《大藏经》、藏文《大藏经》、满文《大藏经》、蒙文《大藏经》、西夏文《大藏经》(残卷)以及中国佛教界也使用的日文《大藏经》等。基于这些经典及其诠释,佛教的基本教义主要是"四谛"与"十二因缘"。四谛讲的是"四真理之说",即讲苦、集、灭、道之真谛。而在分析苦的原因时,佛教则以其逻辑推理而提出了十二因缘说。

以此为基本,佛教进而推出"因果报应""生死轮回"和"三世",即前世(过去)、今世(现在)和来世(未来)等说教。"佛"本是修行而达最高果位的"觉悟"之意,由此则从小乘佛教尊称的释迦牟尼和大乘佛教涵括的一切觉行圆满者而引申出过去佛、现在佛和未来佛之说。过去佛有燃灯佛以及加上释迦牟尼佛的"七佛"(另外六佛为部派佛教所论毗婆尸佛、尸弃佛、毗舍浮佛、拘留孙佛、拘那含牟尼佛、迦叶佛)之说,现在佛即释迦牟尼,而未来佛则有弥勒佛。与时间之"竖三世佛"相对应,佛教认为还有空间之"横三世佛",即东方净琉璃世界的药师佛、东方妙喜世界的阿閦佛,娑婆世界的释迦牟尼佛,西方极乐世界的阿弥陀佛。从"佛身"之论则有"三佛身",即佛法所成的"法身佛"、修行而成的"报身佛",以及为救度众生而需随机应化的"应身佛"。此外,从光明的意义上来理解佛则有大日佛(毗卢佛)或大日如来(释迦牟尼的法身佛)之说,由此更衍化出"五方佛"或"五智如来"的佛陀世界。与佛的普度众生相关联,佛教从修行者的方面又提出"菩萨"之说,此乃梵文音译"菩提萨埵"之简略,意为"觉有情""大士",即从自度升华为度人。中国佛教崇拜的菩萨主要为四位,即代表大智的文殊,以山西五台山为道场;代表大行的普贤,以四川峨眉山为道场;代表大悲的观音,以浙江普陀山为道场;代表大愿的地藏,以安徽九华山为道场。人的修行可达之境乃为"罗汉"或"阿罗汉",中国佛教有十六罗汉、十八罗汉以及五百罗汉之说。

　　佛教提出了动变无常的世界观,对之有"三法印"("印"即标准)之论,一为"诸行无常",一切都在流变之中;二为"诸法无我",万事万物乃因缘和合,并无主宰;三为"寂静涅槃",超脱生死轮回则得永恒清净。虽然这是关于一切皆空、绝对之无的消极说教,其中却以对"轮回"之路的相对肯定而转达了一定的积极构想和对人之今生积极作为的勉励或鼓励。佛教认为"轮回"有下述六路:天、人、阿修罗(魔鬼)、畜生、饿鬼、地狱,并进而指出人的今生行为若达到佛教之"法",来世就能有理想的转生,否则就会每况愈下、堕入地狱。这就是佛教所强调的"佛法之威"。佛教既然意在超越时空和超脱生死轮回,就给现实苦难中的人生一种启迪和解脱,这种"通透"之境对中国知识阶层和普通民众都赋予了一种信仰意义的洒脱,使之能有"水穷云起"的觉悟。所以,不少中国知识分子认为在这种"看破红尘"的"治心"上,佛教实际上提供了"放得下"的台阶,让人能以"佛"理心,作为"破恶之方"来去除各种欲望、杂念。在20世纪初,一度认为中国无宗教、不主张中国人信仰宗教的"新文化运动"代表梁启超、梁漱溟等人曾很快放弃了己见,反而去倡导中国人信仰佛教、研习佛教。佛教作为一个整体而成为今天中国最大的宗教,自然有其睿智和哲理的流通,也得力于其在中国文化土壤中的新生和弘扬。

(原载卓新平《宗教理解》,社会科学文献出版社 1999 年版;《中国人的宗教信仰》,中国社会科学出版社 2015 年版。)

第十四章

耆那教研究

耆那教是公元前6—前5世纪印度"沙门"思潮的产物，"耆那"（Jaina，或Jina）意指胜利者、完成修行的人，本为其创始人筏驮摩那（Vardhamana）的称号，故其宗教意指"胜利者的宗教"，且被该教自称为"永恒的宗教"，为印度非正统宗教之一。耆那教与佛教几乎同时产生，流传于南亚次大陆。其创始人筏驮摩那被称为当时宗教革新思潮中的"六师"之一，尊为"大雄"（音译"摩诃毗罗"，Mahavira，意为勇士、一切无畏），筏驮摩那意译指"增益"，据传他生于古印度吠舍厘城属刹帝利种姓的名门望族，30岁后出家修行，苦修十余年终于悟道而成为"耆那"（Jaina）或"尼乾陀"（亦译"尼乾子"，Nigantha，指"超脱尘世束缚者"），指佛教所称其为"尼乾外道"或"裸形外道"。其思想主要是体现了反婆罗门教的改革主张，在哲学上则有多元实在论的特点，亦给人颇有玄学之感。

按其信仰传统之说，筏驮摩那是其第二十四祖师，在他之前还有二十三祖师，他们名称不同，色彩和标帜也各异，包括金色、红色、白色、蓝色、绿色等色彩，以及公羊、象、马、猴、蛇、鹿、山羊、公猪、犀牛、水牛、鱼、乌龟、狮子、雷电、新月等标帜。其祖师则包括第一祖师勒舍波提婆（Rishabhadeva，或称阿底那陀，Adinath）、第二祖师阿耆达那陀（Ajitanatha）、第三祖师桑波伐那陀（Sambhavanatha）、第四祖师阿毗难陀那（Abhinandananatha）、第五祖师苏摩底那陀

（Sumatinatha）、第六祖师巴特摩巴罗波（Padmaprabha）、第七祖师苏巴尔斯伐那陀（Suparsvanatha）、第八祖师旃陀罗巴罗波（Candraprabha）、第九祖师苏毗提那陀（Suvidhinatha）、第十祖师悉达罗那陀（Sitalanatha）、第十一祖师湿勒耶舍那陀（Sreyansanatha）、第十二祖师伐苏布羯（Vasupujya）、第十三祖师毗摩罗那陀（Vimalanatha）、第十四祖师阿难达那陀（Anantanatha）、第十五祖师达摩那陀（Dharmanatha）、第十六祖师商底那陀（Santinatha）、第十七祖师贡突那陀（Kunthunatha）、第十八祖师阿罗那陀（Aranatha）、第十九祖师摩利那陀（Mallinatha）、第二十祖师牟尼苏巴罗达（Munisuvrata）、第二十一祖师那密那陀（Naminatha）、第二十二祖师内密那陀（Neminatha，或阿利湿达内弥，Aristaneminatha）和第二十三祖师巴湿伐那陀（Parsvanatha）。而且，据传各祖师之间相距年代久远，甚至有相距数万年之说。实际上，除了第二十三祖师巴湿伐那陀和第二十四祖师筏驮摩那为历史人物外，其他祖师都乃传说中的人物。

筏驮摩那与佛教始祖释迦牟尼是同时代人，据传亦同出于刹帝利王族，被称为当时反婆罗门教的沙门思潮中的"六师"之一。他在42岁时于婆罗树下觉悟成道，成为耆那，后被其信徒尊为"大雄"，意为一切无畏的大勇士。他主要在恒河中、下游各地传教，足迹遍及摩揭陀、安伽、弥湿罗、拘萨罗等地，公开反对婆罗门祭司的特权，否定吠陀经的权威，反映出当时其他种姓对婆罗门统治的不满。他在72岁时死于白婆。筏驮摩那生前曾出现其女婿暗摩利发动的首次分裂活动，耆那教前后一共发生过8次分裂，由此而逐渐发展出只允许教徒穿象征廉洁的白衣之"白衣派"和要求教徒不应有私财，甚至连衣服都不应有的"天衣派"（裸体派）等。因此，汉译佛典中亦称其为尼乾外道、无系外道、裸形外道、无惭外道、露形外道、宿作因论等。

耆那教以"命"（jiva，灵魂或精神）与"非命"（ajiva，非灵魂、物质）两种元素来界说宇宙万物，其中称为"命"的灵魂包括受物质束缚的灵魂和不受其束缚而得到解脱的灵魂，而受束缚的灵魂分为动与不动两种灵魂，动的灵魂包括人、兽、蜂、蚁、虫和植物，不动的灵魂则包括地、水、风、火之所藏；而称为"非命"的非灵魂则包括定形的物质和不定形的物质，其中定形的物质由原子及极微复合体所构成，不定形的物质则为时、空、法与非法。其中时间乃无尽无形，空间包括实空和虚空，后者乃得救灵魂的活动之地；而法则决定运动、非法决定静止。耆那教以正智（正确学习和理解）、正信（正确信仰经典、教义等）、正行（正确实行教义和戒律）为"三宝"，以不杀生、不欺诳、不偷盗、不奸淫和戒私财为"五戒"；耆那教还提出了"命、非命、漏入、系缚、制御、寂静、解脱"这"七谛"说，主张业报轮回、灵魂解脱、清贫苦行和非暴力，强调纯洁。在认识论上，耆那教主张一种"或然论"，这种判断理论有七种判断、称为"七支论法"，包括"有"（肯定），"无"（否定），"有、无"（亦有亦无），"非有非无"（不可言），"有、不可言"，"无、不可言"，"有、无、不可言"，体现出一种辩证性的逻辑关联。而在社会观上，耆那教则提倡"不害"（ahinsa）或"泛爱"，主张素食、反对暴力，其非暴力思想对圣雄甘地也有一定影响。耆那教怕种地伤害圣灵，故而多以经商为生。

  耆那教以其对"生命和世界的否定"而改变了古代印度宗教中曾盛行的乐观主义和享乐主义，使印度宗教思想变得深沉凝重。耆那教虽然以"非命"来承认物质世界的存在，却更以"命"来强调独立自主的灵魂存在，而且宣称"命"的最终超脱正好就是要彻底摆脱物质性"非命"的束缚，由此而根本否定了物质世界的价值及意义。此外，它还以认为客观事物永远流变、不定的"或然论"（亦称"分论"，Naya-vada，即指认识对象分析和理解的无限性）而对印度因明学的发展产生过重要影响；因其强调事物的相对性、条件性，故也被视为一种唯实论的相对论。耆那教持宽容之态，不与印度教相对抗；但在印度社会中，耆那教仍为被边缘化或非正统的宗教。

  耆那教在筏驮摩那之后曾出现过六位著名教主，即苏陀曼、贾姆布（为白衣派之始）、波罗帕瓦、沙耶姆帕瓦、耶输帕德罗和婆达罗巴忽（因明学之"或然论"的提出者），从此开始其漫长的分派与演变过程。耆那教于公元 1 世纪时分为天衣派（Digambara，即"裸体派"，主张不占有任何财物，甚至包括衣服也不能要，其高僧出行亦裸身，仅以一小布片遮住下身；其祭司在神庙则裸身而坐，为信众持经祈福）和白衣派（Svetambara，即允许教徒穿象征廉洁的白衣，口罩白布），此后两派又继续分裂，形成更多的派别。该教于4—13世纪时广泛流传在印度各地，8—12世纪在南印度局部地区有较大发展，12世纪还一度被古吉拉特的君王鸠摩波罗定为国教。但自12世纪以来受到印度教、伊斯兰教的打压而转入分散、地下的活动，13世纪以后因伊斯兰教传入印度，耆那教的影响逐渐减少。15—18世纪，耆那教还以一系列改革来维系该教的存在，引入了人道主义、提倡博爱等观点，以使其教能够适应社会形势的发展，特别是通过17、18世纪的内部改革复兴运动而延续至今，如郎迦派运动、斯特那迦卡瓦西派运动等。目前耆那教有几百万人，分布在印度西部、北部、迈索尔、马哈拉施特拉邦和中央邦等地，仍在印度社会中起着一定的作用，但天衣派已不再裸体。

耆那教奉《十二支》（保存下来"十一支"，亦称"十一安伽"）为经典，但天衣派认为此典非真传而不加承认。天衣、白衣两派公认的经典有乌玛斯瓦底的《真理证得经》（亦译《入谛义经》）。此外，白衣派的经典还有《仪轨经》（又名《劫波经》）、师子贤的《六派哲学概述》、金月的《史诗》和《他宗三十二颂之鉴评》，以及摩利舍那的《或然论束》等；天衣派的经典则有康达康达的《五原理精要》和《教义精要》，以及萨曼塔帕德罗与阿迦楞迦对《真理证得经》的评注等。其早期文献汇编则还有《十四前》等。耆那教在其发展过程中也吸纳了印度教及当地民间信仰的一些元素，如4世纪笈多王朝后纳入原来印度教传统中的"夜叉"（Yaksa）和"夜叉女"（Yaksi）信仰，使之作为其祖师的侍神。此外，耆那教也敬奉智慧女神（Vidya-devi）、以及印度教中的象头神（格内什，Ganesh）、财富女神（拉克希米，Laksmi）和静谧女神（Santi，即毗湿奴之妻）等。耆那教的节日有"九夜节""灯节""洒红节""大雄诞生节""赎罪节""持斋节"等。

作为公元前6世纪印度"沙门"思潮的两大宗教，耆那教和佛教都顽强地流传至今。虽然耆那教没有佛教的影响大，其流传也远为逊色，却仍然作为一种地方文化而保留住了其地域特色，彰显出这种古老精神传承的旺盛生命力，由此而充分展示了其文化韧性。对于印度文化对其传统的这种保存以及其精神元素的历久弥新，值得我们从精神思想、民族文化等方面来深入思考、认真研究。

（原载卓新平《宗教理解》，社会科学文献出版社1999年版；《学苑漫谈》，中国社会科学出版社2010年版。）

第十五章

锡克教研究

锡克教是16世纪以来印度教与伊斯兰教结合的产物，随之成为流行于南亚次大陆的一个地域性宗教。回溯其历史，锡克教是随着伊斯兰教的传入而产生的，印度自11世纪起出现印度教与伊斯兰教的融合，二者的交接点即印度教虔信派与伊斯兰教苏菲派的相遇，产生于南印度的虔信派主张虔诚敬神、人人平等，对印度种姓制形成冲击。其中虔信派大师罗摩难陀和诗人迦比尔的作用影响广远，他们宣称"神无所不在，万物无不有神"，人在神面前并无贵贱之分；为此他们倡导关注现实社会而不主张禁欲苦修。而苏菲派思想也强调要"忘掉自我，与神同在"，主张平等普爱。他们都意识到印度教与伊斯兰教在现实社会层面所存在的问题，如迦比尔曾说，"印度教徒向罗摩呼吁，穆斯林向真主呼吁，但双方互相残杀，谁也不理解真理"①。这些思想及主张给那纳克留下了深刻印象。

那纳克（Nanak，1469—1539）于16世纪初创立了一个综合二教的全新的宗教"锡克教"，并强调"我所选定的是神的道路"，以突出其创教的神圣性。这一宗教的最大特点就是对印度教与伊斯兰教的融合及超越。16世纪时，在印度立伊斯兰教为国教的莫卧儿王朝建立，锡克教的创始人那纳克将印度教的虔信派思想与伊斯兰教苏菲派的神秘主

---

① 以上参见黄心川主编《世界十大宗教》，东方出版社1988年版，第186页。

义因素相糅合，由此形成"既无印度教徒、也无伊斯兰教徒"的锡克教群体。他认为，"神只有一个，在神面前人人平等"，锡克教乃信仰作为全知全能、公正仁慈的宇宙创始者的绝对、唯一之神，主张信徒积极参与社会生活、从事生产劳动，反对种姓歧视和各种社会不义，因而在社会下层民众中有着广泛的影响和巨大的号召力。那纳克于1469年4月出生在旁遮普塔尔万提村一个印度教徒家庭，属刹帝利种姓，16岁时来到拉合尔，19岁时结婚，据传于1500年的一天清晨他在河中沐浴时神秘失踪，3天后神奇返回，次日就宣布获得神谕，表明"这里既无印度教徒，也无伊斯兰教徒"，"神只有一个，在神面前人人平等"。由此，他创立了一个新的宗教，即锡克教。"锡克"（Sikha）一词在梵文中意为"门徒"或"追随者"，指该教教徒自称为其教祖的"门徒"。信徒们则尊那纳克为"古鲁"（Guru），意为"祖师"，其中"古"（gu）为"黑暗"，"鲁"（ru）指"光芒"，"古鲁"即"黑暗中的万丈光芒"，有驱除黑暗带来光芒的启蒙之意。受洗的锡克教徒在名字中则有"辛格"之称，意即"狮子"。其创教的旨归是想调和宗教矛盾与冲突，使各教殊途同归；锡克教的发源地旁遮普乃为"五河之地"，为当时印度教与伊斯兰教的交汇之地，故而锡克教乃表现出当时在伊斯兰教统治下的印度文化，旨在一种宗教、民族、文化的调和；但在印度此后的历史发展中，这一愿景并没有实现，相反增添了更多的纷争。所以，在理想与现实之间的巨大差异，是我们从历史中得到的最深刻教训，也是最值得反思之处。锡克教在创立时，其真正主张的并非对印度教和伊斯兰教的"去""无"，而是希望不同宗教、不同文化的协调和融合。因此，它曾推动了印度教与伊斯兰教、印度文化与阿拉伯文化，乃至印度文化与波斯文化及阿拉伯文化的沟通和交融。所以，这些文化之间至今还仍存留着许多类似的象征符号，如对锡克教的象征标志就可与伊朗什叶派伊斯兰教的象征符号加以对照和比较。在衣着特征上，锡克教徒尤其男士一般会蓄长发、戴发梳、佩短剑、戴铁手镯、穿至膝长衫等。

锡克教以阿姆利则城的金庙为其圣地，这一金庙由锡克教的第五代祖师创建，于1588年动工，1601年落成，由此已成为锡克教的总部及其宗教、政治和文化中心。其教徒也主要分布在印度旁遮普邦等地。

锡克教在其信仰传统中曾奉行祖师崇拜，有"十代祖师"之说，那纳克则被尊为第一代祖师，此后有第二代祖师安格德（Angad，1504—1552），第三代祖师阿马尔·达斯（Amar Das，1479—1574），第四代祖师罗姆·达斯（Ram Das，1534—1581），第五代祖师阿尔琼（Arjun，1563—1606），第六代祖师哈尔·哥宾德（Har Gobind，1595—1644）、第七代祖师哈尔·拉伊（Har Rai，1630—1661），第八代祖师哈尔·克里香（Har Krishan，1656—1664），第九代祖师得格·巴哈都尔（Tegh Bahadur，1621—1675），以及第十代祖师戈宾德·辛格（Gobind Singh，1666—1708）。

自第五代祖师阿尔琼开始，锡克教卷入莫卧儿皇室纷争，阿尔琼被杀，由此结束锡克教和平发展时期。其第六代祖师哥宾德（1606—1644年在位）为报父仇，将锡克教发展为一个武装的宗教；他提出"双剑"观念：一剑为父报仇，代表世俗权力；一剑则要去摧毁伊斯兰教（穆罕默德）的神奇。但由于莫卧儿帝国的强大，尤其是奥朗则布所要实施的穆斯林狂热主义打击异教的政策，使锡克教的发展走向低潮。而从其第十代祖师戈宾德推行改革以来，锡克教又开始复兴，并有针对性地形成了相关的社团组织，即锡克教公社"卡尔沙"（Khalsa，意为"纯洁"）。

18世纪中叶以后，莫卧儿王朝衰落，波斯人和阿富汗人入侵印度，锡克教起来反抗阿富汗入侵者，并于1765年在旁遮普宣布独立，形成锡克教帝国，并由神权政体使其信众发展为一个独立民族"锡克族"。锡克教因而主张政教统一，而且乃教族一体。至1839年时，其已发展为北至白沙瓦、东达拉达克的锡克教帝国。在这一历史进程中，锡克教发展出"殉难"观念，尤其以阿姆利则锡克教学校创始人迪普·辛格在18世纪领导反抗阿富汗入侵、在保卫金庙时被杀的形象为标志：他"头被砍断，却用一只手捧着头，另一只手持剑继续反抗入侵者"。

1845年，英国人发动第一次锡克战争，锡克人割地求和，但于1848年起来反英，结果使英国以此为借口发动第二次锡克战争，并于

1849年兼并旁遮普，废黜锡克教神权政体。

20世纪以来，锡克教兴起"阿卡利"（"永存"）运动，以非暴力不合作为方式，但遭镇压，此后遂出现"阿卡利狮子"组织，主张以暴抗暴，采取恐怖主义政策。以此形成的阿卡利党提出单独成立旁遮普省的要求，最初遭印度政府弹压，但印度政府于1966年被迫将之分为以锡克教徒为主的旁遮普邦和以印度教徒为主的哈里亚纳邦。

在印度当代社会发展中，民族、宗教的矛盾很容易转变为暴力事件。自20世纪70年代之后，锡克教内部出现"原教旨主义"思潮，与政治上的独立主张相结合，造成了印度社会不稳定局面。1984年，阿姆利则锡克教学校校长宾德拉瓦勒带人占据金庙，主张将旁遮普从印度分离出去，成立"卡利斯坦"独立锡克国家，出现动乱。1984年6月，印度总理英·甘地夫人批准采取"蓝星行动"，印度军队袭击金庙，宾德拉瓦勒被杀，在冲突中造成450多名锡克教徒死亡。此后，该校学生组成的"全印锡克学生联合会"继续推行"纯洁的锡克人将要统治"的政治主张，从而将宗教运动变为极具宗教色彩的政治运动，其负责人甚至宣称"在锡克教里，宗教和政治是并行的，并且不可能分离"。同年12月31日，英·甘地在住地花园被其锡克教卫兵刺杀，动乱加剧。在英·甘地被杀后，印度教徒采取报复行动，在动荡中又约有3000多锡克教徒被杀。直至1988年，印度军队还对金庙实施了猛烈攻击。因此，印度教与锡克教构成了在印度政局中极为敏感的关系。由于锡克教与锡克族这种宗教与民族之独特一体性，使其在印度社会中成为民族与宗教交织在一起的复杂现象，而对其相关问题的稳妥处理也需要慎重考虑其民族与宗教的共构性。这一现象对于我们今天处理相关少数民族的宗教问题同样有着启迪意义。

锡克教奉《格兰特·沙哈卜》（*Granth Sahib*，亦称《阿底格兰特》，意指"原初圣典"）为主要经典，乃第五祖师阿尔琼在位时确立，其中收集了3384首赞歌，15000余诗节，其内容包括历代祖师的赞歌和生平，印度历史上宗教虔诚派改革家的演说等言论。此外还有《达萨姆·格兰特》（*Dasam Granth*），内容为其第十祖师戈宾德·辛格和其他 52 位诗人之赞歌、散文、故事、书信的汇集，还包括赞美神的祷文及印度教神话记述等。锡克教的教规共有四条：（1）禁止抽烟；（2）一夫一妻制神圣婚姻；（3）不拜偶像、相信冥冥之中自有主宰；（4）终身遵行"五 K"（即五件首字母为 K 的事情：一为蓄长发，二为加发梳，三为佩短剑，四为右手戴铁手镯，五为穿短衣裤）。其男教徒名字应加"辛格"（Singh，意即"狮子"），女教徒名字则加有"考儿"（Kaur，意为"公主"）。其入教仪式则称"帕胡儿"（Khandrdi-pahul），意指"剑的洗礼"，即用双锋剑搅匀的水来洒身。因此，锡克教徒参加印度军队，尤其是担任卫兵的比重较大。锡克教最著名的圣庙为旁遮普邦西北部阿姆利则城的金庙（亦称"金寺"，原名"哈蒙底儿寺"或"达巴沙希卜寺"，因其寺顶和门镏金而得名），它是锡克教的总部和其宗教圣地及政治、文化中心。锡克教视其十祖的诞辰日以及第五祖和第九祖的殉教日等为本教的节日。

据统计，目前约有 2000 万锡克教徒，分布在印度旁遮普邦、泰米尔纳德邦、加尔各答市等，而且已随印度海外移民而遍布世界各地。

（原载卓新平《宗教理解》，社会科学文献出版社 1999 年版；《学苑漫谈》，中国社会科学出版社 2010 年版。）

第十六章

道教研究

道教乃产生于中国本土、在中华民族中传播、发展的宗教,它源于中国古代的巫术、秦汉时期的神仙方术以及老子、庄子的哲学思想,是主要在中华民族中传播、发展的宗教。在中国当代五大宗教中,道教是唯一在中国土生土长的宗教,与中华民族紧密相连。鲁迅曾言"中国根柢全在道教",揭示了道教对中国社会的重要意义,说明它对中国传统文化有着深入而广泛的影响。而"道"之观念,应该是中国宗教文化中最核心的观念。道教的教义理论基于道家(老子、庄子等)的哲学思想,其信仰的核心即"万象以之生,五行以之成"而作为宇宙本原和主宰之"道"。先秦道家思想中这一被尊为"天地之始""万物之母"的神秘本体"道"在后来的发展进程中被玄奥化,其创教者凸显了"道"的意蕴,并在其宗教实践上结合了中国古代的巫术及神仙方术,遂形成了道教的信仰体系。东汉顺帝(126—144)时,四川大邑鹤鸣山中的隐士张道陵自称大师,治病传教,开始形成道教;因其入教须交五斗米,故有"五斗米道"之称。此后,钜鹿人张角以黄老道为基础,奉《太平清领书》为主要经典,从而又创立了"太平道"。二道的创立,标志着作为宗教形态的道教已经诞生。

一 "道"之理解

道教的基本信仰和教义是"道"。"道者，何也？虚无之系，造化之根，神明之本，天地之源，其大无外，其微无内"，"万象以之生，五行以之成，生者无极，成者有亏。生生成成，今古不移，此之谓道也"（吴筠《玄纲论》）。"大道无形，生育天地；大道无情，运行日月；大道无名，长养万物。吾不知其名，强名曰道。"（《常清静经》）"道"乃"生而不有，为而不恃，长而不宰"（《道德经》十章）。"道"虽无形无名，却是万物生成的本原、宇宙发展的玄机，"道生一，一生二，二生三，三生万物"（《道德经》四十二章）。"道"的原初理解本来直接与"言"和"行"相关联，意蕴主体的言述、客体之路径，其引申开来又具有超越之意的秩序、法则、规律、理念等涵括，从而在更深层面表达了"道可道，非常道"的终极意义，故此才有形而上之"道"模糊、抽象、神秘的理解和感悟。

中国宗教在远古传统中就已被理解为"对神道的信仰"，这是对"道"之形而上意义和神圣意义的宗教性理解。《易经》早就论及"观天之神道""圣人以神道设教"，在此基础上才有儒家《中庸》关于"天命之谓性，率性之谓道，修道之谓教"的解释，而"儒"一旦"不可谓之教"，则亦被视为"天下常道"。在此传统中，可谓"神""道"并称。

"道"作为"神道"实际体现在"天道""地道"和"人道"之中：《易经》说："有天道焉，有人道焉，有地道焉"；"立天之道，曰阴与阳。立地之道，曰柔与刚。立人之道，曰仁与义。"中国思想传统中的"天、地、人"观念实质上就是靠"道"来贯通的，故此"道"在中国思想文化中既有"形而上"的绝对本体意义，也有万物中的内在规律之解，对之加以神秘性、神圣性的理解就使之成为最为核心的宗教观念。所以说，中国宗教传统的儒、佛、道本身就可在"道"中"三教合一"，以"道"来构成中国本土宗教的基本特色和象征符号。

天道即为"天帝之道",而"天"按照董仲舒所言:"天者,百神之大君也"(《春秋繁露·郊义》),"天者,万物之祖"《春秋繁露·顺命》。在对天道的理解中,包括有自然宇宙规律、社会道德规范、国家政治秩序等内容,可谓包罗万象。在宇宙本原层面,"天道自然","天道运而无所积,故万物成"(《庄子》)。在政治秩序和社会伦理层面,有着天人之际的关联,"所谓道,忠于民而信于神也"(《左传·桓公六年》);"仁义礼智天道","君子执信,臣人执恭,忠信笃敬,上下同之,天之道也"(《左传·襄公二十二年》);而且"天道赏善而罚淫"(《国语·周语》)、"天道福善祸淫"(《尚书·汤诰》)。地道、人道则与天道相呼应,"诚者,天之道也;思诚者,人之道也"(孟子·离娄上);"人道经纬万端,规矩无所不贯"(《史记·礼书》);"亲亲、尊尊、长长、男女之有别,人道之大者也"(《礼记·丧服小记》)。由于儒教"宗教"性质的模糊,其核心观念"礼"被理解为"社会秩序",而"仁"也常被从"人际伦理"、公共价值的层面来界说,故此"道"之思想并没有在儒家理论体系中得以突出。

道教的"道"字则基于老子所论及的"通贯天人"之含义,宗教的奥秘和本真即"观天之道,执天之行"(《黄帝阴符经》上篇),天人相通即"道成肉身","道"有着宇宙万物之中的隐在,无形之中起着决定作用。在对"道"的理解中,老子以"道"在"象帝之先""似万物之宗"的思想而提出"道"的先在性和创生性:"有物混成,先天地生。寂兮廖兮,独立不改。周行而不殆,可以为天下母。吾不知其名,强字之曰道。"(《道德经》第二十五章)道乃天地之始的"无名"、为"万物之奥"、是"不可道"之"常道"。

在道教信仰中,"道"也在一定意义上被理解为有意志、具形象的人格神,其三清尊神即被视为道的化身,是绝对之"一"的聚形展示,"一散形为气,聚形为太上老君"(《老子想尔注》)。此外,与"道"关联的道教核心观念还包括"德",指"道"的实际体现和主体呈现,即在认识、体验、实践中"得道",乃道性在自然、社会、人间、实践中的彰显,即"道之在我之谓德",而"德言得者,谓得于道果"。如果说"道"表述的是超然、形上、抽象、客观意义,那么"德"则更多展现出其内在、有形、具体、主观效果。所以,"道"与"德"有着本质关联和辩证关系,"道生之,德畜之,物形之,势成之。是以,万物莫不尊道而贵德。道之尊,德之贵,夫莫之命而常自然"(《道德经》五十一章)。

二 道教的起源

道教发端于黄老思想,黄帝乃华夏民族的人文始祖,老子为中国精神的思想先驱,留下了脍炙人口的《道德经》,孔子亦曾向老子问道,由此反映出中华文明的源远流长和炎黄子孙的一脉相承。战国时期的庄子继承并发展了老子的学说,故有"老庄之学"的表述。由先秦道家经两汉时期的黄老道家,至东汉时期发展为汉代道教,从而完成了其从哲学流派到宗教教派的转变。道教的最初雏形是"黄老道","黄"指"黄帝","老"指老子,即一种假托黄老思想而成的宗教。黄老学派原是一种政治、哲学流派,不是宗教;道家原为秦汉之际诸子百家中的一派,它作为哲学思潮而与后来形成的道教有区别,但在思想渊源上显然有一定联系。东汉初,楚王英"更喜黄老学,为浮屠斋戒祭祀"(《后汉书·楚王英传》),"延熹中,桓帝事黄老道,悉毁诸房祀"(《后汉书·王涣传》),又在宫内立黄老、浮屠祠,祭祀老子,从而使黄老道逐渐具有了宗教形式。道教成为宗教与佛教的传入有着相应关联,受佛教的影响而开始形成其具有组织形态意义的道教。与其他宗教不同,道教的发展道路是汇聚涓涓细流而成江河,从多元走向统一,从分散达到聚合。诸多传统信仰和民间宗教与道教有过共构与整合,二者之间有着密切关系。这也使得道教曾经涵容一些民间宗教,而在将来也可能在一定程度上重新起到整合民间宗教信仰的作用,从而形成具有"大道教"特色的中国宗教发展,使之获得本土宗教的共识、共鸣,以便能"执古之道",行"大道生活",有助于当代社会生活的道德教化和中华文化精神的普世高扬。

佛教传入中国之后，其组织形态及传播方式逐渐影响到中国社会。受这种创教布道的启发，中国道家思想传统的信奉者和传播者亦走上了创立其道家宗教形态之途。其最早的组织形态可追溯到东汉顺帝（126—144）时，在四川大邑鹤鸣山中的隐士张陵（张道陵）此间自称天师，奉老子为教主，以《老子五千文》（道德经）为主要经典，随后在青城山等地结茅传道，治病救人，"祭酒"立社，开始形成道教；因其入教须交五斗米，故有"五斗米道"之称。而张陵宣称自己得老子传授"天师"称号和"正一盟威之道"，其所创教团因而又有"天师道"之称。此后，东汉灵帝（168—189年在位）时钜鹿人张角自称"大贤良师"，以黄老道为基础、奉《太平清领书》为主要经典，提出"去乱世，致太平"的主张，从而又创立了"太平道"。这两种道教组织体系的创立，标志着作为宗教形态的道教已经诞生。

道教形成后，出现了一些与道家哲学思想不同的宗教信仰内容，如天师道将"道"人格神化，称"道"的化身即老子，有"太上老君"之名，而且主张其信者奉道守戒、修习长生之术，以便能够"奉道诫，积善成功，积精成神，神成仙寿"（《老子想尔注》）。此外，活跃在社会上的宗教社团也往往会有其政治诉求，如太平道推行其"黄天太平"的政治主张，宣称"苍天已死，黄天当立，岁在甲子，天下大吉"，进而形成了旨在推翻汉朝统治的"黄巾起义"，以宗教的形式代表了中国历史上一次著名的农民起义。

三　道教的发展

从汉魏至晋，曾出现了醉心方术、炼丹修道的葛氏道或金丹派，其中葛洪撰写了《抱朴子内篇》一书，记述介绍了古代流行的守一、行气、辟谷、导引、房中、配药、炼丹等神仙方术，他研习古代丹经，亲自配方炼丹，客观上也促进了中国古代化学及医药卫生学的发展。南北朝时期，五斗米道开始从民间底层转向在上层士族中发展。北魏道士寇谦之修改五斗米道的教义，增添了儒家礼教的内容，改进了服药炼丹的修道形式，使之得以更新为新天师道。寇谦之重组的道教得到北魏太武帝的认可，太武帝亲往天师道坛受道教符箓，道教首次获得官方承认。改革后的北朝道教史称北天师道，曾保持官方地位一百多年，公元548年才失去其官方宗教身份。

而南朝道士陆修静在宋明帝支持下整理道教经典，改进斋醮礼仪，尤其是对灵宝经的甄别、对灵宝斋仪的推进，则使之成为灵宝派的引领大师，并使"道教之兴，于斯为盛"。南朝齐梁道士陶弘景则根据东晋杨羲托称天师道女祭酒魏夫人（魏华存）所授《上清经》而推动了上清派的发展。陶弘景自称"华阳隐居"，于茅山修道40多年，并在梁武帝的支持下建立茅山道馆和太清玄坛。隋唐时，上清派曾发展为道教第一大宗派。陆修静和陶弘景对南朝五斗米道的改革，形成了南天师道。南天师道主要以魏晋南北朝时期形成的上清派、茅山派和灵宝派为主，上清派在其信仰传承上认为乃东晋时由魏夫人所创立，实际上则由杨羲、许谧、许翙等人所传，至陶弘景时得以发扬光大，该派以存神服气之修行为主，诵经、修功德为辅，旨在修行得道后升入"上清"之天。茅山派在南朝时由陶弘景所创立，因其于茅山筑馆修道，又尊奉三茅真君为祖师，故名。此派主修《上清经》，兼修《灵宝经》和《三皇经》，主张思神、诵经、修功德、以符咒劾召鬼神，兼修辟谷、导引、斋醮及炼丹术。灵宝派即信奉《灵宝经》所列神仙系统的道教派系，南朝时经陆修静加以增修，立成仪轨，遂使该派广为流行。

此外，在魏晋之际还形成了陕西的楼观道。据传陕西周至终南山北麓的古楼观台原是西周大夫尹喜（关尹）的住所，尹喜居此结草为楼、观星望气，故有楼观之称，而尹喜曾让过函谷关的老子留下了《道德经》五千言，从此与道教结缘。魏晋时关中京兆道士梁堪来楼观学道，自称习得炼气隐形之法、水石还丹之术，后隐居终南，得道升天，其弟子王嘉形成传承，在北魏初兴起楼观道团，发展为宫观式道教，在北朝后期成为道教一大教派。

综合而论，道教在其历史发展中还出现了如下一些宗派：

(1) 全真道：金元之际由王重阳创立，主张道与儒佛三教合一、三教平等，即所谓"儒门释户道相通，三教原来一祖风"，并以道家《道德经》、佛教《般若心经》和儒家《孝经》为其必修经典。王重阳的著名弟子丘处机曾使全真道得到兴盛发展。

（2）上清派：东晋时由天师道女祭酒魏夫人（魏华存）创立。以存神服气之修行为主，诵经、修功德为辅，旨在修行得道后升入"上清"之天。该派亦属于南天师道范畴。

（3）茅山派：南朝时由陶弘景所创立，因于茅山筑馆修道，又尊奉三茅真君为祖师，故名。此派主修《上清经》，兼修《灵宝经》和《三皇经》，主张思神、诵经、修功德，以符咒劾召鬼神，兼修辟谷、导引、斋醮及炼丹术。该派也为南天师道。

（4）灵宝派：信奉《灵宝经》所列神仙系统，南朝时经陆修静加以增修，立成仪轨，遂使该派广为流行。该派亦属于南天师道。

（5）大道教：亦称"真大道教"，金初由刘德仁创立，提倡"清静无为""少私寡欲""慈俭不争"，强调道士出家、绝欲忍苦、利民爱物，而不讲"飞升化炼、长生久视"之术，也不中符箓、不化缘乞食。

（6）太一道：金初由萧抱珍创立于其家乡卫州（今河南汲县），因传"太一三元法箓之术"，故名；该派主张以老子之学修身，以符箓、巫祝之术济人，道士须出家、继法嗣者须改姓萧。

（7）正一道：亦称正一派，基于天师道，唐宋以来与上清、灵宝等派逐渐合流而成。其主要经典为《正一经》，道士可有家室，不重修持之法，而提倡鬼神崇拜、画符念咒、驱鬼降妖、祈福禳灾之术，代表道教中的符箓派。元代之后，全真道与正一道成为道教中的两大流派，得到广泛的发展。

这里，对唐朝以来道教的发展做进一步的描述：

唐初道教曾被尊为三教之首，因为李世民父子在灭隋建唐之际曾利用老子姓李这一巧合而奉老子为唐王室先祖，扶持道教，以符天子之名、获神授之权，为争得其政治优势地位服务。此后唐玄宗进而册封太上老君"圣祖大道玄元皇帝""大圣祖高上大道金阙玄元天皇大帝"等尊号。唐玄宗亦推崇道教，曾亲自注解《道德经》等道教经典，厚待道教宗师。唐末五代，道教内丹术风行，除了保持其内炼形神、外服丹药的修行之术，还融入了儒家易学和佛教禅宗的修持思想，发展出不同于以往的内丹修炼功法。此间教派林立、宗师辈出，其中以钟离权、吕洞宾影响最大，形成"钟吕金丹派"。唐末道士杜光庭到青城山隐居，亦将天师道与上清派的发展相结合。隋唐时期上清派、楼观道和天师道得以发展兴盛，成为大的教派；其中天师道逐渐形成以江西龙虎山张天师世家为代表的正宗，促成正一派的基本格局。此时在江西南昌还发展出孝道派，为宋元时净明派之源。

宋朝也继承了扶持道教的传统，宋太宗遣使到终南山修建上清太平宫，并召终南山道士张守真入朝设周天大醮。宋真宗时曾宣称有一道教先祖"圣祖赵玄朗"，具有"圣祖上灵高道九天司命保生天尊上帝"之尊号。宋徽宗则借"天神托梦"之说来以"教主道君皇帝"身份执政，并以官吏职级设道官道职。北宋道教学者张伯端著《悟真篇》阐述内丹宗旨及其练功方法，被敬为"千古丹经之祖"，并有道教紫阳派创始人之称，其后形成了以内丹修炼为主的金丹派南宗。该派后传以白玉蟾最有影响，留下著述颇多，以清修派而著称。受该派启发，南宋初道士刘永年等人又发展出主张男女双修的内丹派系。

五代宋初道教的一大发展，则是陈抟内丹学派的崛起。陈抟熟读经史百家，融通儒、佛、道三教，以胎息服气、辟谷导引等内养静功见长，精通天文、地理、医学，在武当山常年隐居，不受官职，有赐号"希夷先生""白云先生"等。其丹道学说突出性命双修、道法自然、养生内炼、澄思息虚，主张练功以"冥心太无"为始，调气入静，心静而动，按照炼精化气、炼气化神、炼神化虚的顺序复归于无极。陈抟还是宋代三教合一的思想先驱，启发了宋代理学的形成，他的《无极图》后被周敦颐发展为"太极图说"，其《先天图》亦被邵雍衍化为"象数"体系，成为宋代理学的重要构建。

宋元时期的道教得以革新发展，原来汉魏六朝时所形成的天师道传承正一派、上清派、灵宝派被视为三大旧符箓道派，而宋朝江南地区则以推陈出新的改革逐渐发展出金丹派南宗、天心、神霄、清微、净明等新符箓道派。正一派基于天师道，因可追溯到其创始人张陵而为道教最古老教派，据说张陵第四代孙张盛于西晋时迁往江西龙虎山，由此以龙虎宗系而为天师道的中心。宋徽宗时龙虎山上清观被升级为"上清正一宫"，南宋理宗时正一派获得统领道教符箓诸派的重要地位。元朝时第36代天师张宗演被元世祖忽必烈封为真人，由此形成元朝历代天师嗣位时被赐封为真人的惯例。元世祖至元十四年（1277），亦开始张陵后嗣代代被敕封为天师的传统。此后，第38代天师张与材被封为"正一教主"，第39代天师张嗣成亦被封为"翊元崇德正一教主"。正一派的主要经典为《正一经》。上清派在宋元之际亦有所发展，尤其是茅山上清派得到了宋元两代统治者的青睐，其宗师多得宋元皇帝的赐封。灵宝派于北宋时在江西清江阁皂山发展出阁皂宗，从而有龙虎山、茅山、阁皂山这三大符箓派之鼎立。此外灵宝派在宋元间还分化出由宁全真创立的东华派，该派在元代末归入龙虎山正一派。在宋元时期的新符箓道派中，天心派基于其"天心正法"的传习；神霄派以推行其神霄五雷法为旨归；清微派则称其道法源自清微天元始天尊；而净明派源出孝道派，以东晋道士许逊为祖师，主要传行一种称为"净明秘法"的新符箓，同时也遵循儒家传统的忠孝廉慎等伦理规范，故也称儒道合璧的"净明忠孝道"。

宋灭后，道教突破天师道传承而在北方又有新的发展，出现了太一道、真大道和全真道等新的道教宗派。太一道于金初由萧抱珍创立于其家乡卫州（今河南汲县），因传"太一三元法箓之术"而得名；但太一道流传不长，在七祖萧天佑之后逐渐融入正一道教派。大道教亦称"真大道教"，金熙宗时由河北沧州人刘德仁创立，以《道德经》要言制定出九条训诫，其治病不用针药和符箓，而以仰天默祷之法；该派提倡"清静无为""少私寡欲""慈俭不争"，强调道士出家、绝欲忍苦、利民爱物，而不讲"飞升化炼、长生久视"之术，也不重符箓、不化缘乞食。元末时，该派融入全真道等宗派。

全真道在金元之际由陕西咸阳人王重阳创立，起初在山东发展，其七大弟子马钰、谭处端、刘处玄、丘处机、王处一、郝大通、孙不二，史称"全真七子"。全真教主张道与儒佛三教合一、三教平等，有"三教圆融"之说，即所谓"儒门释户道相通，三教原来一祖风"，"教虽分三，道则唯一"，"天下无二道，圣人不两心"。其在修行上则拒绝外丹修炼和符箓驱鬼之术，推崇内丹方术和性命双修，强调"识心见性"。全真道坚持禁欲苦行，克己忍辱，安贫守贱，其道士必须出家在宫观居住苦修，而绝不允许结婚蓄妻，因而有"异迹惊人，畸行感人"之效。在融合佛、儒上，全真道以道家《道德经》、佛教《般若心经》和儒家《孝经》为其必修经典。王重阳逝世后，其著名弟子丘处机嗣教时曾使全真道得到兴盛发展。元太祖成吉思汗曾邀请丘处机来其行宫叙谈，丘处机率十八弟子历三年之久西行赴约；当成吉思汗问及治国之方、长生之道时，丘处机以"敬天爱民为本""清心寡欲为要"作答；成吉思汗非常满意，称丘处机为"仙翁"。"全真七子"死后全真道分化为七派，即遇仙派、龙门派、南无派、随山派、嵛山派、华山派和清静派，其中以丘处机一支的龙门派势力最大。元朝建立后，全真道南传而与张伯端派系的金丹派南宗混合，王重阳门派遂称全真北宗，"全真七子"为"北宗七真"，而"南宗七真"则指张伯端、石泰、薛道光、陈楠、白玉蟾、刘永年和彭耜，两宗共尊东华帝君、钟离权、吕洞宾、刘海蟾、王重阳为全真教五祖师。元代之后，全真道与正一道成为道教中的两大流派，得到最为广泛的发展。

明清两代，道教经历了由盛至衰的变迁。明代时正一道仍然势力最大，但因其上层道士腐化而遭儒臣攻击，地位由此下降。明初张三丰入湖北武当山隐居修道，开创出与正一道相关联的武当道派。张三丰主张三教同一，认为"修道之谓教，三教圣人皆本此道以立其教也"，"牟尼、孔、老皆名曰道"。其弟子刘碧云所立武当本山派亦继承了这三教融通思想，并以"碧山传日月，守道合自然，性理通玄得，清微古太元"为其传道原则。张三丰还创立了武当道派内家拳技，形成武当功夫传承。清朝选择以儒学治国，自乾隆起佛道不再被朝廷所重视，两教中道教的衰落更为明显。全真道在明朝时已经由兴变衰，除了龙门派四代弟子孙玄清门下以崂山道教之助而形成金山派即崂山派之外，其他支派均发展乏力。孙玄清于明世宗嘉靖年间至京师白云观，获"紫阳真人"赐号。此时龙门派也发展到青城山等地。清朝时龙门派道士王常月结束在嵩山的隐修到京师挂单于白云观，收大量原为明朝儒士的人员入教，使龙门教团一度复兴。随后王常月的弟子到江南传道发展，形成不少新的支派，如苏州浒墅关太微律院支派、余杭金筑坪天柱观支派、苏州冠山支派、湖州金盖山纯阳宫云巢支派等。而其他龙门派弟子也创立了一些新的支派，包括江苏茅山支派、杭州栖霞金鼓洞支派、浙江天台山崇道观支派等。此外，清初龙门派在全国各地都有一定发展，其形成规模的道教山头、宫观有辽宁本溪铁刹山八宝云光洞、盛京（沈阳）太清宫、甘肃金县栖云山、江西南昌西山、广东罗浮山冲虚古观等。康熙年间，龙门派道士陈清觉从武当山来到青城山天师洞修道，后又去成都青羊宫建二仙庵静养，获康熙赐封"碧洞真人"号，并获钦赐"碧洞丹台"匾额，故而创立龙门派丹台碧洞宗。此外，在云南鸡足山亦创建了龙门西竺心宗。

民国时期道教有一定程度的发展，曾达到全国道教宫观1万余座、道士5万余人的规模。辛亥革命后一些原为道教徒的清朝遗民逃到香港，推动了香港道教的发展。1949年，龙虎山第63代天师张恩溥抵达台湾，于1950年成立台湾道教协会，1967年组成"中华民国道教会"。1969年张恩溥逝世后，其侄张源先继位为第64代天师。

中华人民共和国成立后，中国道教协会于1957年设立，岳崇岱任会长，1961年由陈撄宁接任会长。改革开放以来，第三届中国道教代表大会于1980年召开，随之黎遇航、傅元天、闵智亭、任法融、李光富先后担任会长。1989年，全真派传戒活动在北京白云观恢复；1990年，中国道教学院在北京创立；1995年，正一派授箓活动在江西龙虎山恢复。作为比较典型的中国本土宗教，道教在21世纪扩展了其世界眼光，推动了其国际视域的发展，其于2007年4月21—28日在西安、香港召开了以"和谐世界，以道相通"为主题的国际道德经论坛，来自17个国家的300多人出席了论坛，4月21日在香港组织的万人齐诵《道德经》活动有近2万人参加；2011年成立了国际道教论坛，并将

2007年的国际道德经论坛视为其首届国际道教论坛；2011年10月23—25日在湖南南岳衡山召开了以"尊道贵德，和谐共生"为主题的第二届国际道教论坛，来自约30个国家和地区的2000人参加；2014年11月25—26日在江西鹰潭龙虎山召开了以"行道立德，济世利人"为主题的第三届国际道教论坛，来自27个国家和地区的约2000人参加。由此，中国道教的当代形象在国际社会产生了积极影响，使之呈现出"道通天下"的发展趋势。

四 道教经典与礼仪节日

道教经典以《道德经》为主，涉及道家早期思想的经典还包括《庄子》《淮南子》《墨子》《孙子兵法》《黄帝内经》等；道教形成时期的经典则有《太平经》《老子河上公章句》《老子想尔注》《周易参同契》等；其必读之经还有《三洞箓》《洞玄箓》《上清箓》《玉皇经》《清静经》等。道教经典论著现存的总集有《正统道藏》《万历续道藏》《道藏辑要》等。"道藏"指道教典籍的汇编，其名称始于唐代，而其所涉内容则广而庞杂，包括各种经典、论记、戒律、符箓、吐纳、胎息、内视、导引、辟谷、房中、内丹、外丹、金石药等修炼和修养之法。现通用《道藏》为明代所编，称《正统道藏》，明末时还补编有《续道藏》，即《万历续道藏》。

《道德经》影响广远，通常认为是目前世界上除了基督教《圣经》之外译本最多的宗教经典。据美国学者邰谧侠（Misha Tadd）统计，迄今《道德经》已有73种语言、1576种译本的出版发行，包括"英语（452种）、德语（158种）、韩语（102种）、西班牙语（95种）、法语（91种）、日语（67种）、荷兰语（59种）、意大利语（58种）、俄语（42种）、葡萄牙语（37种）、泰语（33种）、波斯语（32种）、波兰语（24种）、越南语（20种）、捷克语（19种）、印度尼西亚语（18种）、希腊语（17种）、希伯来语（16种）、土耳其语（14种）、匈牙利语（14种）、保加利亚语（13种）、汉语（12种）、罗马尼亚语（12

种)、芬兰语(12种)、瑞典语(12种)、丹麦语(11种)、拉丁语(8种)、克罗地亚语(7种)、泰米尔语(7种)、塞尔维亚语(7种)、加泰罗尼亚语(7种)、印地语(7种)、蒙古语(6种)、爱沙尼亚语(6种)、斯洛文尼亚语(5种)、挪威语(5种)、亚美尼亚语(5种)、世界语(5种)、冰岛语(4种)、马来语(4种)、古吉拉特语(4种)、阿拉伯语(4种)、拉脱维亚语(3种)、乌克兰语(3种)、满语(3种)、菲律宾语(2种)、哈萨克语(2种)、马其顿语(2种)、乌尔都语(2种)、南非荷兰语(2种)、意第绪语(2种)、马拉雅拉姆语(2种)、泰卢固语(2种)、梵语(1种)、西夏语(1种)、巴斯克语(1种)、孟加拉语(1种)、缅甸语(1种)、克林贡语(1种)、库尔德语(1种)、伊多语(1种)、立陶宛语(1种)、旁遮普语(1种)、弗利然语(1种)、马耳他语(1种)、斯洛伐克语(1种)、坎那达语(1种)、加里西亚语(1种)、柬埔寨语(1种)、维吾尔语(1种)、老挝语(1种)、阿萨姆语(1种)、格鲁吉亚语(1种)"①。随着这种对《道德经》译本的关注,国际上的"老子研究"目前正发展出一种"新老学"。

　　道教的信仰仪式有斋醮、祈祷、诵经、礼忏等,其修炼方法和实践亦与中国化学、医学和其他实验科学的发展密切相关。道教祭祀礼仪的总称可概括为"斋醮",据称有27种斋法和42等醮仪,涵括道教仪式活动。"斋"本指禁戒、洁净,为祭祀前应有的戒洁身心之准备,"斋戒以告鬼神"(《礼记·典礼上》)。道教认为,"斋者,齐也,洁也,净也"(《太上太真科》);"斋者,齐也,齐整三业。外则不染尘垢,内则五藏清虚,降真致神,与道合真"(《云笈七签》卷三十七)。"醮"则为祭祀仪礼,"醮者,祈天地神灵之享也"(《正一威仪经》);"从汉末张陵以鬼道行化,遂有道士祭醮。爰及梁陈盛行于世"(法琳《辨正论》卷二)。虽然斋为洁净禁戒、醮乃祭祀神

---

① [美]邰谧侠(Misha Tadd):《〈老子〉译本总目》,载《国际汉学》2019年增刊,外语教学与研究出版社2019年版,第14页。

灵，二者在道教礼仪中却往往建斋设醮、合为一体，共构道教日常科仪。道教仪式中常用符箓法术，这种形式始于东汉，"符"指画在纸上象形会意的文字图形，"箓"为记载诸天官曹名属佐吏的法牒，含有符图咒语，亦称法箓。二者构成道教法事的基本要素。道教修行分在家和出家两种，正一道的道士可有家室，而全真道等则严格要求道士出家修道、不许婚嫁。此外，道教有乾、坤之分，男道士为"乾道"，女道士则乃"坤道"。

　　道教节日与其信仰崇拜直接有关，多为纪念其神仙、祖师的诞辰，而且其纪念活动乃斋醮法事与民俗活动共构，故有"庙会"的气氛和热闹。道教节日大致有三元斋日、戊日（忌日），以及祖师神明诞辰日等；其中三元斋日即正月十五的上元斋日（元宵节）、七月十五的中元斋日和十月十五的下元斋日；戊日分为"明戊"（戊子、戊寅、戊辰、戊午、戊申、戊戌）和"暗戊"（四月寅日、八月申日等），有"戊不朝真"之规；传统上的祖师神明纪念日主要有正月九日玉皇圣诞，即道教所奉玉皇大帝的诞生日，相传为丙午岁正月九日，后世道观遂于此日举行纪念祭祀；正月十五日为张天师圣诞，与上元节同日；二月十五日为老君圣诞即道教教主老子的诞生日，相传老子生于殷武丁九年二月十五，所以道观遂在此日做道场，诵《道德真经》，以示纪念；三月三日为真武大帝诞辰，此日亦是西王母诞辰日，故有蟠桃会以纪念西王母诞辰时宴请诸仙的蟠桃盛会；三月十五日为张天师圣诞；三月二十八日为东岳大帝诞辰；四月十四日为吕祖诞辰，即吕洞宾的生日，传说唐德宗贞元十四年（798）四月十四日巳时天降白鹤、洞宾诞生，道教于是常在此日举办斋醮来纪念；四月十八日为紫薇大帝诞辰；五月一日为南极长生大帝诞辰；五月十三日为关圣帝君诞辰；夏至日为灵宝天尊诞辰；十一月冬至日为元始天尊圣诞；十二月十二日为王重阳圣诞等。道教神仙信仰的通俗形式，为中国神话、民间传说和文学艺术等提供了丰富的素材。

五 道教思想文化

　　道教在中国本土文化中表现出强烈的民族特色。道教以其"道法自然"的淡定来冷静地审视宇宙、社会和人生，从而给中华思想文化带来了"道通千古"的不变及恒久。道教以"清静无为""逍遥自在"之姿而与儒教的"忠恕中庸""德治仁政"相对应；用主张"绝仁弃义"而与儒教的崇尚"礼乐仁义"相对立；而且还靠崇拜"道"之化身的三清尊神元始天尊、灵宝天尊和道德天尊（老子，俗称太上老君）来与"祖述尧舜、宪章文武"的儒教相抗衡，形成了中国汉族文化中的宫廷派与民间派、北派与南派、有为派与无为派、经世派与遁世派的迥异特色。在我们强调中国古代三教之同时，也必须关注其异，看到这种异彩纷呈而给中国思想文化带来的灿烂斑斓。

　　道家的逍遥、超脱精神体现出中国文化所独有的浪漫灵气。道教文化反映的是一种"上善若水"的阴柔文化，是一种"宁静致远"的生态文化，是一种"无为之益"的隐逸文化。道教追求"山色水韵，仙风雅气"的自然之境，希望能远离尘嚣，独善其身，归隐于天地之间。当人们比较关注道教形而下之"术"时，往往容易忽略其形而上之"道"，而恰恰是这种几近黩沉之道方是道教文化的精华所在。

　　从思辨哲学来看，道教的辩证法为一种"否定"的辩证法；在《道德经》五千言中，所用"不"字为最多，超过 200 多次，而"无"字、"莫"字等否定字词出现的频率亦很高。面对浩瀚无垠的宇宙，人类无法悟透其奥秘及玄机，人们看到的只是"大音希声，大象无形"，体会到的则是"道隐无名"（《道德经》四十一章）的茫然和深邃，因而只能保持沉默、观察、冥思和敬畏，对之谦卑以向、虚己而言。老子宇宙观的表述即"道可道，非常道；名可名，非常名。无名天地之始；有名万物之母"；而对宇宙的观察即"常无欲以观其妙；常有欲以观其徼"，二者"同出而异名，同谓之玄。玄之又玄，众妙之门"（《道德经》一章）。这里，对于无限宇宙应该宏观把握，观其妙，认其玄，以

"无名"、不道以对；而对已知万物则可微观研究，探其有，识其名，弄清其玄奥。老子以"不"来对不可言述者言述，是不可为而为之的智慧之举。

从政治哲学来看，道教讲究的是趋利避害的社会关系意义上的睿智和谋略；面对复杂的国与国关系和世界层面的博弈，老子的思想是"不敢为天下先"，由此"故能成器长"（《道德经》六十七章）。国际斗争不能逞匹夫之勇，而需要韬晦之计，善于纵横捭阖，赢得对我有利的国际关系和发展时机。在治理自己国家上面，则要有"治大国，若烹小鲜"（《道德经》六十章）的气魄和风度，举重若轻、无为而治，"不折腾"不禁锢，给人自由，让民休养生息，做到"我无为而民自化，我好静而民自正，我无事而民自富，我无欲而民自朴"（《道德经》五十七章），这样才能"道常无为而无不为"（《道德经》三十七章）。"是谓深根固柢、长生久视之道"（《道德经》五十九章）。这种不为而为的治理，人民最为满意，"悠兮，其贵言，功成事遂，百姓皆谓'我自然'"（《道德经》十七章）。

从人生哲学来看，道教主张知足常乐、水穷云起，退一步海阔天空。老子说，"天之道，不争而善胜，不言而善应，不召而自来"（《道德经》七十三章），"功成身退，天之道也"（《道德经》九章），"圣人之道，为而不争"（《道德经》八十一章）。对于功名利禄、胜败沉浮应该淡定、淡然，"冷眼向洋看世界"、潮起潮落任自流，不为物喜、不以己悲，"知足不辱，知止不殆"（《道德经》四十四章），"少私寡欲"（《道德经》十九章），宠辱不惊，不盈保道，"进道若退"（《道德经》四十一章）。其实，观察大千世界、玩味人生百态，则不难发现"大成若缺""大盈若冲""大直若屈""大巧若拙"（《道德经》四十五章）、大智若愚！所以，人生的淡定则要有"视之不见，名曰夷，听之不闻，名曰希，搏之不得，名曰微"（《道德经》十四章）的透彻和超脱。以宇宙视野而审视人生，的确微不足道，无须看重，"天地尚不能久，而况于人乎"（《道德经》二十三章），从而保持一种宇宙之境、天地之心。

从自然哲学来看,道教推崇"道法自然"(《道德经》二十五章),相信自然发展有其内在规律,不必人为地推动或干涉。人可以不断发现自然的奥秘,但大自然的发展并不以人的意志为转移,以前认为不可能之事,现在已完全可能;远古觉得是神话之思,目前则乃活生生的现实。而这一切本来就隐匿在自然之中,人类将之发现或"创造"出来,故而并不值得骄傲或炫耀。对于现在仍看似绝不可能、匪夷所思的事情,也应持一种开放、观察、发掘、等待的心态,不可轻言否定、蛮横压制。人应该欣赏大自然的杰作,"见素抱朴"(《道德经》十九章),体认自然"生之、畜之"的规律,见证其"生而不有,为而不恃,长而不宰,是谓玄德"(《道德经》十章)的伟大。自然大道乃永恒之道,"大道泛兮,其可左右。万物恃之而生而不辞,功成不名有。衣养万物而不为主,常无欲"(《道德经》三十四章)。人类经历漫长的拼搏或折腾,开始意识到生态的自然意义及保护生态的重要,从而曲折反复、步履维艰地走进了生态文明的时代,虽然对道教生态观念的认识显得有些太晚,以后却应以此来警钟长鸣。

道教尚水,《道德经》八章讲"上善若水。水善利万物而不争,处众人之所恶,故几于道"。纵观人类历史,文明起源、各大宗教与水均有着密切关联。人们习惯以"流水"比喻历史、比喻人生,我们也可以借此对人类的宗教、对中华文明来"追忆似水年华"。德国汉学家卫礼贤曾将中国文化划分为黄河文化和长江文化,即北方文化和南方文化。黄河文化被视为主文化,即北方文化的象征,黄河故有中华文明的"摇篮"之称。这种北方文化以孔子为代表,强调礼仪、正统、秩序和集体意识,体现阳刚之气。孔子突出"礼"和"仁"的文化被作为中国主要的文化。南方文化则以长江为标志,以老子为代表,主要特点是逍遥、自在、浪漫,以道法自然之"道"而显示出空灵、洒脱和超越,展现以"水"为代表的阴柔之性。从中华农业文明的发展来看,其实黄河流域后来主要向旱地农业的方向迈进,而长江流域则更多保持了稻作水田的农业文明,故而与"水"的缘分则更为难分。若从"道家""儒家"的意义来看,道教和儒教可以视为"哲人宗教"。若加以哲学解读，道教可称为"艺术哲学"，儒教则为"政治哲学"。比较而言，道教有着更多的逍遥，其"流水自然"、任运浪漫、淡化人生，旨在空灵、超脱，"成仙"即体现其超脱感，为其自我解放追求；儒教则有着更多的悲壮，其忍辱负重、圣化人生，示其凝重、责任，"成圣"即说明其责任感，为其自我牺牲精神。

在过去相当长的时间内，国人比较集中关注黄河文化，乃至有"黄河中心论"之说，对长江文化则所知甚少，研究不多，这不得不说是一个遗憾。根据现在新的考古发现，长江文化的地位已被公认，其内涵正在不断被发掘。道教是长江文化的典型代表，其发展印迹在长江流域有广泛的流布。杜光庭在《洞天福地岳渎名山记》中列出了道教的118座洞天福地，约70%分布在长江流域。四川位于长江上游，有"天府之国"的美誉，这片土地上孕育的巴蜀文化是长江文化的主体文化。巴蜀文化在长江文化这一由多个亚文化层次构成的庞大文化体系中具有举足轻重的地位。最近考古发现在三星堆博物馆和金沙遗址展示了其神秘而奇妙的远古史迹，其与众不同之处，就在于这些文化虽然尚未发现其文字记载，却有着远古丰富的祭祀遗物留存。这说明古蜀文明宗教发达，礼仪完备，着实令人震撼，为之神往。因此，对于长江上游文化及其特色，理应有着特别的关注。中华文明上下五千年，目前还有许多元素讲不清楚，而作为其主干之一的长江文明也仍有诸多未解之谜，所以我们一定要留下研究与遐想的空间。如长江上游以三星堆为代表的古蜀文明之源，以及三星堆—金沙文明与后续文化的历史关联及传承，都值得我们去发掘、研究，由此得以凸显长江文化因子。而在其后的历史发展中，中国道教与川蜀文化更有着尤为密切的联系。张道陵正是在鹤鸣山创立天师道，于青城山弘道，对中华文化的走向产生了深远影响。道教浸润蜀地，对川人作用甚大。自三国之后，蜀之帝都地位退隐，但从此川人很是超脱、逍遥、自在！从政治文化的角度来看，成都处于内地，历史上很少成为全国性的政治中心，远离政治。而这种超脱心境，显然就受到道教文化的影响了。在西方基督教文化传统中，其政教合一的地位曾使天主教思想发展出其强调权威、正统的"神哲学"；而相比之下，道教这种飘逸、超然之风，完全可以形成其风格迥异、突出平静、天然的"道哲学"，与其宗教的"仙学"相呼应。在体系化的哲学构建中，中国哲学是完全不同于西方哲学发展的另一种类型。青城山作为古蜀圣山、道教发祥地，具有重要的历史文化意义。此外，道教在其信仰传统中形成了"十大洞天""三十六小洞天""七十二福地"之自然景观与文化景观的有机结合，这在今天中国宗教文化的弘扬和旅游文化的发展，都有着非常独特的意义。我们应该发掘好这一资源，同时与以往相对缺失或不够的长江文化之研究有机结合起来。

　　目前看来道教发展得并不太理想，在文化精神层面对中国影响也不是很大，在社会层面相对而言其存在的层次则比较低。但从长远来看，道教还是大有可为的。对道教的理解一定要广阔，不必落入道家、道教判然有别这种传统窠臼之中，而应该有一种"大道教"的观念。也就是说，在中国本土宗教意识和核心精神上，道教及"道"这一基本观念应该得以突出和高扬。"道"在整合中国宗教价值，提供中华文化的宗教象征符号及精神标志上有着不可取代的作用。道教在现存中国宗教中最能体现和代表中国本土宗教精神。所以，作为中国基本宗教精神的象征，道教自身也应该走一种"大道教"的发展。

　　关于"大道教"的思考可以有更宽的视域。其实，在儒家观念及随后佛教的中国化中，"道"也占有重要地位。在传统儒释道三教之中，对之"一以贯之"并加以整合的正是"道"。由于儒教"宗教"性质的模糊，其核心观念"礼"被理解为"社会秩序"，而"仁"也常被从"人际伦理"、公共价值的层面来界说，故此"道"之思想并没有得以突出，而有儒家"道统"之隐。儒家作为"天下常道"而"不可谓之教"以后，其宗教性亦不再凸显。佛教在中国，由于其"佛法"并不被普遍视为"至高法"，而只得走以"变俗以达其道"的方便之门来实现其中国化，出现了其"法统"的嬗变。道教的"道"字基于老子所论及的"通贯天人"之含义，宗教的奥秘和本真即"观天之道，执天之行"，天人相通即"道成肉身"。中国思想传统中的"天、地、人"观念实质上也是靠"道"来贯通，故此才有"立天之道，曰阴曰阳；立地之道，曰柔曰刚；立人之道，曰仁曰义"（《易经》）之说。所以说，儒、佛、道本身就可在"道"中"三教合一"，故可形成一种广义上的"大道教"观念，构成中国本土宗教的基本特色和象征符号。这种杂糅信仰，儒、佛、道不分，在中国民间也是常见而明显的。

所以，"大道教"可以彰显中国本土宗教与众不同的个性及特色，从而启发人们在这种聚合性的"大道教"中看到中国宗教的本土意蕴及真正奥秘，获得其原创性的体现和表现。"大道教"的构设及发展，将可客观反映、恰当表达大多数中国基层民众的信仰归宿，并逐渐显露出中国宗教本有的、普遍的自我意识。而且，"大道教"所涵括的信众在中华民众中显然也会占有更大比重。所以说，"大道教"在中国社会范围中的发展应该是得天时，占地利，有人和，呈现出巨大潜力。

在国际宗教对话中，道教之"道"可与基督教"逻各斯"道成肉身之"道"媲美、论道。除了哲理之道，还有科技之道、生活之道。道教与科技有着天然联系。20世纪西方兴起了"新世纪运动"（New Age），其与东方的对话就主要包括同道教的对话。卡普拉的著作《物理学之道》讲的就是"道"，而且是把现代物理学理念同古代宗教相关联，用了"道"的表述。尽管对这一运动性质的评价颇为复杂，但由此折射出的以李约瑟、汤川秀树、卡普拉等为代表的西方科学家重新认识道家思想，却值得我们三思和探究。中国大陆学者董光璧曾写有《道家文化与当代世界文化观念演革的流向》一文①，代表着科技界对道家思想的一种新见解。道教充满了想象力、惊叹感，这是科技创新所必须有的要素。今天网络时代更加需要想象力，道教过去对科技发展做出了巨大贡献，未来也有广阔前景。此外，道教对建筑、音乐、戏剧、武术等均有着深刻而广泛的影响。今天，我们的道教艺术、道教武术、道教医学、道教养生等也可以走出国门，形成"弘道"之"中国风"，让世人真正认识中国文化的底蕴、神奇。如此一来，宗教意境的道行世界，道通天下，道化全球，将是何等气魄。质言之，我们今天应对道教

---

① 见《自然辩证法研究》1993年第9卷第11期。

及其反映的道文化有着高度重视，意识到"道"乃是我们中华传统文化软实力的核心之所在、是中国古代精神的精髓之构成！在中国社会开始"文化寻根""文明溯源"新"高潮"的当下及今后，寻根问道，继往开来，将是中华文化复兴中的重要使命。

（原载卓新平《宗教理解》，社会科学文献出版社1999年版；《中国人的宗教信仰》，中国社会科学出版社2015年版。）

第十七章

神道教研究

神道教是日本的民族宗教，据相关统计有近亿人为其信徒，因而是日本最大的宗教。它曾经历了原始神道、神社神道、国家神道以及神社神道与教派神道共存这几个阶段的发展。神道教本受中国儒教、佛教影响，基于其"观天之神道""圣人以神道设教"的思想，经与日本本土原始宗教的结合而成。"神道"在日本文献中的最早记载见于《日本书纪》①，其"用明天皇"条有"天皇信佛法尊神道"之句。日本古籍把日本原有的信仰、礼仪称为"神道"，此外还有本教、神习、神教、德教、古道等称谓，以示与从中国传入的宗教信仰相区别。这种"神之道"被珍视为日本民众祖先世代相传而得以保存至今的"生活原理"。不过，"神道"表述的原端毕竟在中国；因此，从日本宗教文化与中国宗教文化等关系来分析，日本在文化上深受中国的影响，按这种发展传统它属于文化支流，不是原生性的创立，多体现为某种衍化、分化。不过，江河入海，形成汇流，此乃人类文明未来发展的总体趋势。从其历史及思想渊源上，我们则可把神道教作为孔汉思所言第三大宗教河系的一个分支。

在1945年之前，日本先后经历有原始神道，神社神道和国家神道的发展过程。"二战"后其政教分离，以神社神道与教派神道为特点，

---

① 为日本现存最早的官修国史，约于公元720年修成。

但神道教与日本政治的关系并没有根本分开。日本文化作为一种海岛文化亦有着"自我意识"的萌生。日本在水的包围中既有希望也感到孤寂，既体会到自我的束缚性：困于大海，又看到其向外吸纳的广泛和无限可能：遥观海外。这也许是构成日本人文化心态的一个重要原因。因此，近代日本文化发展就展示出其在中西方文化之间的求索，由此亦找到其自身文化的定位。日本民族与神道教的结合，一方面要寻找传统，所以对中国文化有特殊的感情；另一方面则要建立自我文化意识，因此也出现许多逆反之举。为了求其文化生存及发展，日本近代以来对外开放的程度比中国大，时间也比中国早。

原始神道从日本原始宗教发展而来，可以追溯到公元前3世纪至公元3世纪的漫长发展，始为与图腾崇拜相关的自然精灵和祖先神灵崇拜，反映出古代日本氏族社会对自然力和氏族首领的敬畏及尊崇，并有着农耕礼仪之特色，这些祭拜场所乃后世"神社""神宫"之源。原始神道以祭祀礼仪为主，尚未形成其信仰理论。3世纪时，大和国统一日本，原来作为其天皇家神的天照大神遂被尊为日本国的国神。5、6世纪以来，中国儒学和佛教传入日本，给日本传统神道教提供了丰富的理论内容、伦理道德观念和神学教义，从而使之构成了比较完善的宗教体系。据传"神道"一词即源自中国《易经》中"观天之神道，而四时不忒。圣人以神道设教，而天下服矣"之句，随着儒、佛在日本的流传发展，才有"天皇信佛法尊神道"之说，即用神道来表示日本原有的信仰传统，以与外域传入的儒、佛之教相区别。最初天皇只在宫中设殿祭祀天照大神，5世纪后这一天神祭拜才迁出宫外，并逐渐形成后来的伊势神宫。神道教的祭祀场所最初乃设在相关村落的僻静之处，四周以常青树环绕，故称"神篱"；有的周围置以石头，称为"盘境"，随后建造房舍，形成"神殿"；而随着祭祀礼仪的规范化，遂为"神社"。7世纪以后，日本神道教中开始有了专供祭祀之用的宗教建筑物"神社"，从此进入神社神道的发展阶段。

神社神道在其发展中曾受到儒、佛、道及阴阳五行思想的影响，故在8世纪时的日本统治者既信服从中国传入的佛、法、僧这佛教三宝，又敬拜其神道之神。这种佛教与神道教的融合，于9世纪发展出"山王一实神道"（天台神道）和"两部神道"（真言神道）。所谓"山王一实神道"即天台神道或日吉神道，为日本天台宗神道学说，据传乃该宗祖从其保护神"山王"（日吉神）受"《法华》一实"之旨而创立"佛本神从"、神佛同体的教义，"山""王"均含"三谛即一"的要义。"两部神道"则为佛教真言宗与神道的有机结合。这种神佛结合反映出当时神道教中神之观念的变化。"佛陀"本是异域之神，但随着佛教影响扩大而出现了"佛远比神位优"的看法，认为"虽然神比人上位，但与人一样有烦恼，是众生之一，为了摆脱苦恼需求佛法之普渡"，故"而还要求得从神上升到佛的境界"。为了寻求平衡，此时神道教中就出现了"本地垂迹说"，宣称"神和佛本来就是同一的，本地（佛陀）在印度为佛，而为普度众生而垂迹日本就是神"①。但其基本思想还是突出佛教的"佛本神从"论。后来在伊势神道和吉田神道等发展中，日本神道教的自我意识日趋明显，故而在进入镰仓时代（1184—1333年）之后又出现了"反本地垂迹"之说的"神本佛从"或"神主佛从"论，凸显日本神道之"神"的地位及意义，并开始出现把日本视为"神国"的观念，宣称"佑日本国者神国也"②。

江户时代（1603—1867年），儒学与佛教的关联中断，成为日本社会的主流意识形态。神道教也出现了"神儒结合"的局面，神儒一致成为当时神道教发展的时代特色。这一时期涌现了以儒学和易经为主要依据、强调尊皇忠君、持守儒家伦理的"度会神道"，结合理学与吉田神道、突出忠君思想、讲究伦理道德的"吉川神道"（即"理学神道"），以及拒斥佛教、维护儒家道德、凸显神儒结合的"垂加神道"等。至江户末期，还出现了回归古典、重释教义、恢复古道的"复古神道"。这些神道思潮及其复古意向对后来的明治维新及其"王政复古"主张产生了直接影响。

---

① 参见黄心川主编《世界十大宗教》，东方出版社1988年版，第212页。
② 同上书，第214页。

日本明治维新以后（1868—1945年），神社神道被作为国家神道，日本统治阶层提倡"神皇一体""祭政一致"，建立起政教合一、以国家和皇室为核心的国家神道。这种国家神道以崇拜天皇为其教义的核心，倡导"忠于天皇、遵守朝旨""崇祖敬神""奉公灭私"，曾在全国建立起各种神社8万多个，其中最有影响的即包括祭祀天照大神的"伊势神宫"、祭祀明治天皇的"明治神宫"，以及祭祀在国外战争中死亡官兵，尤其因日本政要对其供奉的"二战"战犯不时参拜而引起世界公愤的"靖国神社"等。随着1870年《大教宣布之诏》颁布后国家神道的国教化，就为日本近代天皇制的确立提供了宗教上的依据和保障。

1945年日本战败，国家神道根据"神道指令"（《宗教法人法》）而被废止，恢复了原来神社神道之民间宗教的面貌，神道教遂以神社神道、民俗神道和教派神道三大系统之形式并存共立，其中民俗神道因基于其民间的信仰及习俗仪式而与神社神道相似，教派神道（亦称教祖神道）则分有神道大教、黑住教、神道修成派、出云大社教、扶桑教、实行教、神道大成教、神习教、御岳教、神理教、禊教、金光教、天理教、大本教等众多派别。

神道教信仰多神，曾有80万神、800万神或1600万神之说，其神话来源于日本古文献《古事记》《日本书纪》《出云风土记》《万叶集》《古语拾遗》《祝词》等，亦受到中国古代典籍《淮南子》等书所载神话谱系的影响。它尤其崇拜作为太阳神的皇祖神天照大神，视其为日本民族的祖神，并依此把日本民族看作"天孙民族"，日本为"神国"。这种神学理论有着鼓吹狭隘民族主义的消极意义，却也赋予日本民族一种极为独特、不可忽视的民族自强和发愤精神。目前神道教的重要神社有位于三重县境内的伊势神宫和位于东京的明治神宫及靖国神社，其主要节日为"纪元节"，亦称"天长节""建国纪念日"，每年2月11日举行全国性祭典，以纪念传说中神武天皇的即位（1871年特此定为日本纪元的开始）；以及"三五七参"、每年11月15日，3岁的男孩和女孩、5岁的男孩及7岁的女孩须去氏神或产土神的神社参拜，以谢神佑其健康成长并祈求今后幸福顺利。日本神道教反映了强烈的日本民族情结,其中蕴含有其民族精神的基本元素,其思想及活动亦会典型地体现出对其民族之魂的呼唤,因而非常典型地体现出宗教与民族的密切结合。对此,值得我们高度警惕、密切观察和认真研究。

(原载卓新平《宗教理解》,社会科学文献出版社1999年版;《学苑漫谈》,中国社会科学出版社2010年版。)

第十八章

琐罗亚斯德教研究

一 琐罗亚斯德教的起源

琐罗亚斯德教曾是古代波斯萨珊王朝的国教，在中亚地区有着广泛的影响。因该教相信火是光明、善的代表，是最高善神阿胡拉·玛兹达（Ahura Mazda，阿胡拉的原意为"主"，玛兹达的原意则指"聪明、智慧"，其统称故被理解为"智慧之主"）的象征，故在中国历史上也被称为"袄教""火袄教""火教""拜火教"，而其神名在华故"始谓之天神"。琐罗亚斯德教的特点是提出了二元对立的观点，如善与恶、光明与黑暗的对立等等，故被理解为"二元神教"。它能客观、冷静地分析世界的"美好"与"丑恶"，认识到光明之神即"智慧之主"阿胡拉·玛兹达与黑暗恶神安拉格·曼纽（Angra Mainyu）的斗争会永无止境。不过，它仍相信光明之神必胜，最终阿胡拉·玛兹达会战胜安拉格·曼纽，从而达到善战胜恶、光明取代黑暗之结局，并由此认为"光明""火"是善良的象征。琐罗亚斯德是这一古波斯宗教的发起者，他在对古波斯宗教改革中提出"善思、善言、善行"之警句，以摆脱"邪思、邪言、邪行"之束缚，故而对后世影响深远。

在谈论人类宗教得以诞生的"三大宗教河系"理论中，第一大河系就是著名的古代"两河流域"，即底格里斯河、幼发拉底河流域。这里不仅产生了具有"绝对一神教"特点的"亚伯拉罕传统宗教"，即犹太教、基督教和伊斯兰教,而且也出现了与之相对立的"二元神教",即琐罗亚斯德教及此后的摩尼教。这一地区及其这一非常典型的精神文化现象值得我们特别注意。

琐罗亚斯德教与西方宗教和伊斯兰教都有关联。《圣经》所载耶稣降生时东方三博士的朝拜一说即为波斯祭司"麻葛"(Magus,意指"从神那里得到恩惠或恩施的人")所为,"麻葛"被视为"神的儿子、智慧和真理的儿子"。其创始人琐罗亚斯德(古阿维斯陀语为Zarathustra,意指"黄色的骆驼"或"骆驼的驾驭者")出身于古代安息贵族骑士之家,活动时期在公元前1000—前600年,琐罗亚斯德教的信仰传统则认为他约在公元前628年生于波斯西北美地亚的拉格斯(Rhages,今位于德黑兰郊区),死于公元前551年[①]。据说他在家排行第三,有四个兄弟;在他20岁时不顾父母反对而出家隐居,在30岁得到"神的启示"而改革波斯传统多神教,创立这种"二元神教",并自为其祭司(Zaotar)。按照其宗教信仰之说,琐罗亚斯德准备在河中取纯净之水为祭祀之用时见到异象,被一白衣天神乌胡·马纳赫(Vohu Manah)带到阿胡拉·玛兹达那儿,从而接受其教义回家乡传教,但十年之久仅有一个表亲皈依而大失所望,并因这种传教效果太差而远离家乡;他终于在公元前588年在异国他乡得到成功,即得到当地国王维斯塔巴的信任而顺利推广其教,甚至国王本人及王后都皈依了琐罗亚斯德教。琐罗亚斯德一生结过三次婚,其与第一个妻子生的小女儿亦成为宰相耶马斯帕之妻,故而使该教在国王、大臣、贵族的支持下获得迅速发展。在琐罗亚斯德教的传播过程中,他卷入了与"异教徒"的战争,虽然屡屡获胜,却仍然在一次暴乱中被土兰的祭司所杀,终年77岁。

琐罗亚斯德的生平主要基于其宗教文献《伽泰》(Gathas,意译《神歌》)和《丹伽尔特》(Denkart,意译《宗教行事》),此外亦有不少传说。据传甚至古希腊哲学家毕达哥拉斯亦曾为琐罗亚斯德的弟子

[①] 也有学者认为其生卒年代为公元前660—前583年,参见王治来《中亚史纲》,湖南教育出版社1986年版,第33页。

（麻葛）。不过，随着古波斯帝国的衰亡和伊斯兰教在伊朗的盛行，琐罗亚斯德教从此衰落。在漫长的历史岁月中，古代琐罗亚斯德教形成的文化元素得以保留，但也在不断嬗变；在当今伊朗什叶派伊斯兰教的发展中，也仍然可以找到琐罗亚斯德教的痕迹和影响，甚至有人认为什叶派伊斯兰教在伊朗的本土化就是吸纳琐罗亚斯德教的文化因素。此外，新兴宗教巴哈伊信仰中也有这种古代波斯文明的印痕。历经两千多年的风云变幻，琐罗亚斯德教虽多有波折，却迄今仍保留着其在伊朗的顽强存在。

二 琐罗亚斯德教的教义思想

琐罗亚斯德教的最基本教义就是"善恶二元神论"。琐罗亚斯德认为，阿胡拉·玛兹达作为唯一永恒自在、非造之神而创造了宇宙诸神及一切善的存在，而安拉格·曼纽作为"敌对之灵"则创造了魔鬼及一切邪恶。这里，善恶二元的对立上升到两个神灵的对抗及冲突，而且衍生出正义与不义、智慧与愚妄、生命与非生命等两种截然相反的选择。为此，琐罗亚斯德号召其信徒选择善而抵制恶，成为阿胡拉·玛兹达的信奉者和追随者。

在琐罗亚斯德教中，其神明观与宇宙观、人生观和生态观有着复杂的交织及共构，因而也基于其"二元"神论使其信仰介乎一神教与多神教之间。按其信仰理解，阿胡拉·玛兹达为了防范安拉格·曼纽对其所创造的宇宙之破坏，遂以其"圣灵"之权能而创造了六位"天神"，从而与阿胡拉·玛兹达神本身联合为"七柱神"。这里，"六天神及其参与阿胡拉·玛兹达创造并予以保护的事物分别是：（1）赫沙斯拉·伐利雅（Khshathra Vairya，'称心如意的疆域、王国'），天空之主，守卫大地；（2）女神斯潘达·阿尔麦提（Spenta Armaiti，'忠诚'或'服从'），大地的保护神；（3）胡尔伐达特（Haurvatat，'健康'），水的保护神；（4）阿梅尔拉达特（Ameretat，'长寿'或'不死'），植物的保护神；（5）乌胡·玛纳赫（Vohu Manah，'善良的意图'），动物,尤其是作为温驯善良之象征的牛的保护神；（6）阿莎·瓦希斯塔（Asa Vahista，'至善的公义'），火——宇宙和人类秩序的保护神。六大神保护六种创造，至于第七大创造——人类自己的保护神当然非阿胡拉·玛兹达莫属了"[1]。不过，六天神并不可以与阿胡拉·玛兹达相提并论，阿胡拉·玛兹达乃是作为"统治者"和"创造者"而使之与己融为一体。

于是，阿胡拉·玛兹达与六天神所共创的天空、大地、水、植物、牛和人遂构成有形的、物质的宇宙。而此前则已经存在着阿胡拉·玛兹达所创造的一个无形无相的宇宙，现在这个"创造之世"就是给无形无相之宇宙赋予有形的形式。然而，安拉格·曼纽亦对这一"创造之世"开展了攻击，使之成为"混杂之世"。这样，邪神破坏宇宙，善神维护宇宙，其善恶之争遂成为宇宙存在的永恒主题。而人类夹在善恶之间就必须做出正确的选择，琐罗亚斯德教号召人们站在善神一边，相信阿胡拉·玛兹达会汇集一切善良的力量来战胜安拉格·曼纽，从而"恢复"宇宙原初的完美，进入打败邪恶的"分别之世"。这些思想就构成了琐罗亚斯德教的神性宇宙观。

此外，琐罗亚斯德教的教义中还有世人死后接受"审判"，进入"天堂"或"地狱"等思想。按其信仰之说，人死后其灵魂会被女神妲伊纳（Daena，意指"良心"或"自我"）接到"分别之桥"受密特拉（Mithra，意指"太阳""忠诚"）、斯罗撒（Sraosha，意指"倾听"）和拉喜奴（Rashnu，意指"法官"）的审判，如果受审之人生前是义人，妲伊纳会以妙龄美女的形象来接应；若此人生前乃恶人，那妲伊纳接应其的形象则为丑陋女妖。如果受审者的思、言、行之善大于恶，则由那妙龄美女引领走过平坦开阔的分别之桥进入天堂；如果其思、言、行之恶大于善，就会被押着走过狭窄锋利的分别之桥抛入地狱。但如果其思、言、行"善恶相当"，则会被送入称为米斯宛·伽图（Misvan Gatu，意指"善恶相杂之处"）的阴暗冥界。此后，所有的灵魂还将接

---

[1] 引自龚方震、晏可佳《祆教史》，上海社会科学院出版社1998年版，第58页。

受"最后的审判",阿胡拉·玛兹达"将给那两派人以烈焰和融熔金属的报酬,这报酬乃是一个记号,将打在我们每一个灵魂身上——毁灭恶徒,拯救义人"①。很显然,这种观念对犹太教、基督教的"末日审判"以及天堂、地狱、炼狱等思想也有着极为复杂的影响。

三 琐罗亚斯德教的经典、礼仪与节日

琐罗亚斯德教以《阿维斯陀》(Avesta,意为"知识""谕令""经典",故有《波斯古经》之称)为其经典,古经仅存1卷,公元3—4世纪修订为21卷,其内容包括琐罗亚斯德的生平和教诲等,成为其教的教义基础。9世纪完成的《阿维斯陀注释》(Zend Avesta)包括《耶斯那》(Yasna,即祭祀书,为《阿维斯陀》的主体,其中《伽泰》乃最古老的经典)、《维斯帕拉特》(Visprat,即众神书,亦称小祭祀书)、《维提吠达特》(Videvadat,即驱魔书)、《耶斯特》(Yashts,即赞颂书)、《库尔达》(Khurda,即短小赞歌或祈祷文,习称"小阿维斯陀")和其他零散的颂歌汇集这六部分。此外,9世纪以后的琐罗亚斯德教经典文献还包括《那斯克》(Nasks,即《阿维斯陀》的提要)、《宗教行事》(Denkart,即《丹伽尔特》,习称"琐罗亚斯德教百科全书")和《创世记》(Bandahishn)等。

琐罗亚斯德教的礼仪以"拜火"为主,这种对火表达的敬意意喻着向往"光明",因为"火""光明"都是"善"的标志和象征。为此,琐罗亚斯德曾说,"我将充满敬意的礼物献给火时,我将倾注我全部的力量思考正义"②。琐罗亚斯德教的信徒每天要祈祷五次,将之视为其基本义务,其宗教意义在于通过这种祈祷而既"服侍"(Bandagi)阿胡拉·玛兹达,又抵御邪恶的侵袭;其具体程序则是信徒以洁净面部和手脚解开圣带、双手捧在身前、两眼凝视善和正义的代表"火"来

---

① 参见龚方震、晏可佳《祆教史》,上海社会科学院出版社1998年版,第61—62页。
② 同上书,第65页。

向阿胡拉·玛兹达祈祷，并诅咒恶灵安拉格·曼纽，仪式中轻轻摆动圣带，祈祷结束再系好圣带。琐罗亚斯德教信徒在15岁时要举行成年礼（Navjote），其仪式就包括由其祭司指导给成年的少年腰上系上圣带，并绕上三匝，因此圣带乃琐罗亚斯德教信徒的神圣标志，绕上三匝则代表其善思、善言、善行的基本教义。

而其一天祈祷五次则因为琐罗亚斯德教把一天分为五个时辰（Gah），认为每一时辰都会有一个神灵保佑，第一时辰为"哈瓦尼"（Havani），即从日出到正午，归密特拉保护；第二时辰为"拉彼斯瓦"（Rapithwa，意即"正午"），是"创造之世"和"分别之世"的静止时刻，这一时辰是献给正午之神拉彼斯温那（Rapithwina）的，其春夏之季由阿莎·瓦希斯塔（Asha Vahishta，意指"至善真理"，称为"火之主"）保护，但其秋冬之季则由密特拉保护，故称"哈瓦尼"第二时辰；第三时辰为"乌撒耶拉"（Uzayara），即正午之后；第四时辰为"艾维斯鲁特拉"（Aiwisruthra），为晚上前半夜，由英雄的灵魂保护；第五时辰为"乌撒赫"（Ushah），是晚上后半夜，即最黑暗的时刻，邪恶力量达到顶峰之际，故由斯罗撒（称为"祈祷之主"）保护，信徒此时也须起床给灶火添上香料及燃料，并进行祈祷，以能增加善的力量。为了祈祷之用，琐罗亚斯德教祭司还编有分为七个部分的祈祷书，称为《七章书》（*Yasna Haptanhaiti*）。

琐罗亚斯德教的主要节日有七大节日。其中最重要的是"诺鲁孜"（No Roz）节，即元旦节，庆祝新年的到来；琐罗亚斯德教信徒基于伊朗古代文化传统而以春分为一年的开始，诺鲁孜节于春分前一夜开始，乃是琐罗亚斯德教七大节日中最早，也是最后的节日。其节庆的主要内容包括对火及其保护神"火之主"阿莎·瓦希斯塔的敬拜。这一节庆传统有着久远的影响，在伊朗文化背景中产生的现代新兴宗教巴哈伊教的新年也是以春分前后为日期，其新年元旦名称"诺露兹"节与琐罗亚斯德教新年名称"诺鲁孜"极为相似，而其在波斯文中就意指"新的一天"。在跨宗教比较中，这种文化传统的传承是非常值得重视和探究的。

琐罗亚斯德教的其余六个节日统称为"嘉汉巴尔"（Gahambar），包括：（1）仲春节，献给赫沙斯拉·伐利雅（Khshathra Vairya，即六天神之一），为天空及其保护神；（2）仲夏节，献给胡尔伐达特（Haurvatat，即六天神之三），为水及其保护神；（3）收谷节，献给斯潘达·阿尔麦提（Spenta Armaiti，即六天神之二），为大地及其保护神；（4）返家节，献给阿梅尔拉达特（Ameretat，即六天神之四），为植物及其保护神；（5）仲冬节，献给乌胡·玛纳赫（Vohu Manah，即六天神之五），为动物及其保护神；（6）万灵节，献给阿胡拉·玛兹达，在此尊为人类及其保护神。

四　琐罗亚斯德教的历史发展

琐罗亚斯德死后，其信仰的传播地区仍然长期陷于各宗教的冲突之中。琐罗亚斯德教最初在东伊朗地区得到较为广泛的传播，此后在米底王国后期曾出现了该教的祭司部落"麻葛"。在波斯帝国时期，琐罗亚斯德教得以流行。这一时期亦是古波斯文明与古希腊文明开始频繁交往的时期，因此有学者认为早期古希腊哲学家中有不少人曾受到琐罗亚斯德教思想的影响。例如，惠斯特（M. L. West）在其著作《早期希腊哲学和东方》（*Early Greek Philosophy and the Orient*, 1971）中指出，赫拉克利特认为万物的本原是"火""上帝即是智慧"等思想就是来源于琐罗亚斯德教拜"火"，以及阿胡拉·玛兹达神乃"智慧之主"等信仰传统。[①]而毕达哥拉斯曾为琐罗亚斯德的弟子之说，可能也基于毕达哥拉斯关于哲学即"爱智慧"的理解。在大流士统治时期（公元前522—前486年），大流士曾独尊阿胡拉·玛兹达神，并支持琐罗亚斯德教的传播，但当时祭火崇拜礼仪只有火坛，即为置于高处的火台，以象征国王的至高权力和琐罗亚斯德教的信仰。而大流士之子薛西斯继位后（公元前486—前465年在位）曾率兵远征希腊，其随军人员中就有琐罗亚斯德

---

① 参见龚方震、晏可佳《祆教史》，上海社会科学院出版社1998年版，第108—109页。

教的大祭司奥斯当斯（Ostanes），据传他还是古希腊哲学家、著名原子论创始人德谟克利特的老师，在古希腊文献中多有记载。

至阿尔塔薛西斯二世时期（公元前404—前358年在位），琐罗亚斯德教的神庙开始出现，"它与圣像崇拜同时出现，为了进行圣像崇拜所需要的仪式，就必须要有神庙，而正统派竭力反对圣像崇拜，于是在神庙中建立了火坛，以神圣的火为唯一的崇拜对象，这样就成为后世遵循的宗教建筑物——火庙"①。这种拜火神庙传统历经两千多年仍得以保留，笔者约十年前访问伊朗时曾专门去过琐罗亚斯德教神庙，庙里的祭司说庙中圣火已千年相传、从未熄灭过，以表达其信仰的虔诚。

阿尔塔薛西斯二世及其后时期琐罗亚斯德教发展的一大特点，就是"佐而文主义"（Zurvanism）的出现。"佐而文"（Zurvan）意指"时间"，这里涉及对琐罗亚斯德教基本教义的理解，因为按照其"二元神论"的原初解释，善神阿胡拉·玛兹达与恶神安拉格·曼纽本为双生子，那么他们由谁而生呢？琐罗亚斯德教的祭司认为他们由"佐而文"即"时间"所生，其正统派由此而把世界历史的时间分为三个时段，第一时段指原初善恶相分，第二时段即善恶相混的当今世界，第三时段则是只有善，即善已经战胜恶的世界；其中第一、第三时段为"无限的时间"（Zruvan Akarana），而第二时段却为善恶相持"长期统治的时间"（Zruvan Daregho-hvadhata）。后来改革发展出的摩尼教显然受这种划分的影响，故此才有初际、中际、后际这"三际"之论。但最初被视为异端的"佐而文主义"则认为安拉格·曼纽虽为恶灵却仍然为神，因其与善神阿胡拉·玛兹达同源；而且，这一思潮还提出了世界历史乃"四时"共一万二千年的说法，即第一时有三千年，"灵"被创造，而"恶灵"亦出现，但被阿胡拉所打倒；第二时亦为三千年（3001—6000年），乃"创造"时，阿胡拉·玛兹达创造了有形物质，且分七个阶段先后完成对天空、水、大地、植物、动物、人、火的创造，其中植物、动物（白牛）、人（无性别之原人）各只有单一之造；

---

① 参见龚方震、晏可佳《祆教史》，上海社会科学院出版社1998年版，第108页。

第三时近三千年（6001—8969 年），乃"混合"时，恶灵出现污染原初之植物、动物和人，但三者也都得以广泛繁衍；第四时超过三千年（8970—12000 年），称为"分离"时，善恶之争不断，其间先后于 8970 年迎来琐罗亚斯德的诞生，9970 年首位救世主乌什达（Ushedar）的诞生，10930 年第二位救世主乌什达玛（Ushedarmah）的诞生，以及 11943 年最后的救世主苏什扬特（Saoshyant）的诞生；苏什扬特让死者复活、执行最后审判，并彻底战胜邪恶，至 12000 年则历史终结、实现阿胡拉·玛兹达之善的王国。由此可见，后来基督教的救世主降临、末日审判等观念实际上乃源自琐罗亚斯德教的思想。琐罗亚斯德教的正统派接受并调整了上述思想，"佐而文主义"从而在萨珊王朝也一度成为其国教。

在亚历山大征服波斯时期，对琐罗亚斯德教实施全面打压的政策，因此亚历山大有"杀麻葛者"的恶名。在亚历山大去世后的塞琉古王朝（公元前 312—前 64 年），琐罗亚斯德教在其西部阿塞拜疆地区得以发展，而在其南部法尔斯等地同样保持了这种信仰的存在。在其东部的阿拉霍西亚及犍陀罗地区，琐罗亚斯德教的社区活动也非常活跃。随着安息王朝（帕提亚帝国，公元前 249—公元 227 年）的崛起，在琐罗亚斯德教中出现了突出密特拉神信仰的发展，后来在古罗马帝国发展为一种神秘主义的宗教密特拉教。密特拉神被人们作为太阳神即光明之神来崇拜，而冬至 12 月 25 日则被作为其诞生日，也就是太阳诞生的日子。

密特拉教对基督教的产生有着非常巨大的影响，其基本教义中的救世主及救赎、赦罪之洗礼，以及审判和永生等观念都被基督教所吸纳，甚至基督教最后所确定的其最重要的节日圣诞节之日期也是选定为 12 月 25 日。对此，弗雷泽曾明确指出，"圣诞节不过是古代异教徒庆祝冬至的节日而已"[①]。而且，弗雷泽分析"太阳"之说实质上与"火"的性质相关联，认为"这些节日点燃的火最初是模仿太阳的光和热

---

① ［英］詹·乔·弗雷泽：《金枝》，徐育新等译，中国民间文艺出版社 1987 年版，第 996 页。

的"，"仲冬的圣诞节庆祝根本不容我们推测；我们从古人明确的证据中知道，圣诞节就是基督教会制订出来代替古老的异教的太阳诞生节的，人们显然认为太阳在这一年的最短的一天复生，然后它的光和热眼看着增长，终于在仲夏时达到最成熟的程度。所以说，圣诞节的民间庆祝活动中占突出的地位的圣诞柴原是为了帮助在仲冬出生的太阳再点燃它似乎逐渐熄下去的火光"①。

此外，弗雷泽还具体阐述了基督教与密特拉（密斯拉）教的关联，指出"在信条和仪式方面，对密斯拉的崇拜不仅与诸神之母的宗教有许多类似点，与基督教也有许多类似点"。"不论实际情况如何，无可怀疑的是密斯拉宗教是基督教的强劲的竞争者，它把庄严的仪式与追求道德上的纯洁、永生的希望结合在一起。"②为此基督教对密特拉教有很多防范，却仍然很难挡住其在古罗马地区的传播。不过，"它们的长期斗争有一个很有教益的遗俗还保存在我们的圣诞节里，这个节日似乎是基督教会直接从同它竞争的异教方面引借来的。在朱利安·恺撒制定的儒略历里，十二月二十五日是冬至，它被认为是太阳的诞辰，因为从那一天起，白昼时间开始长起来，太阳的能量是在一年中的这个转折点上开始增强"。"而密斯拉的崇拜者一般把他当作太阳，他们称他是'不可征服的太阳'；因此他的生日也在十二月二十五日。""所以，看起来，基督教教会选择十二月二十五日来纪念它创始人的生日是为了把异教徒对太阳的忠爱转移到被称为'正义的太阳'那个人身上。"③仅从这些影响来看，研究琐罗亚斯德教的历史在世界宗教史及人类思想史中就具有极为重要的意义。

在萨珊王朝时期（227—651），琐罗亚斯德教获得了其最为显赫的发展，即具有了其国教的地位。琐罗亚斯德教高级祭司坦撒尔成为国王

---

① ［英］詹·乔·弗雷泽：《金枝》，徐育新等译，中国民间文艺出版社1987年版，第908—910页。

② 同上书，第521页。

③ 同上书，第521—523页。

阿尔德希尔的顾问，从而极力主张其实施政教合一。阿尔德希尔在推行琐罗亚斯德教的国教地位时，一方面加强了对宗教的集中掌控，废除了地方王公所建琐罗亚斯德教神庙，不允许这些地方火庙或火祠的继续存在，而只有阿尔德希尔自己的火庙留存；另一方面则让坦撒尔出面组织琐罗亚斯德教经文的整理汇编，旨在形成其正统教义。此后琐罗亚斯德教祭司卡达尔曾达到其最大权力，拥有"祭司之主"（Magupat）的称号。

这一时期的另一重大发展则是琐罗亚斯德教内部出现革新运动，产生分裂或者说出现被称为"异端"的发展。其中最为典型的，一是摩尼教的崛起，即由摩尼（Mani, 216—277）创立的新兴教派，其在保留琐罗亚斯德教二元神论之外，又增加了基督教、佛教、诺斯替教神秘主义等元素，形成自己的独立教义体系和宗教信仰；二是在5世纪末出现了"马兹德克运动"，即由琐罗亚斯德教祭司马兹德克发起的改革运动，主张人们在财富上平等，宣称要以一切手段来剥夺上层阶级的财富及特权，帮助穷人得到其应占份额，以缩小社会差异。但这些革新运动都遭到镇压，摩尼死于狱中，马兹德克也死于528年左右对其信徒的大屠杀之中。其信徒四散乱逃，故有摩尼教等在其东方等地的后来发展。

公元651年，萨珊王朝被阿拉伯人所灭，伊斯兰教成为统治者的宗教，而琐罗亚斯德教的国教地位则被废，但其信徒在按照规矩交纳丁税后仍可保留其信仰，这使琐罗亚斯德教虽被严重削弱却还能保住其存在。此后数百年间多有琐罗亚斯德教起义反抗，但都没有获得成功。而在取代阿拉伯人统治的塞尔柱人、蒙古人的统治下，琐罗亚斯德教的状况也没有得到好转。16世纪初，国王伊斯玛仪（Isma'il, 1502—1524年在位）把伊斯兰教什叶派信仰定为伊朗国教，琐罗亚斯德教的发展空间更小。随着伊斯兰教的全面传入，琐罗亚斯德教许多信徒逐渐向印度西海岸迁徙，在南亚次大陆得到一定发展。目前琐罗亚斯德教在印度孟买等地约有十万信徒，在巴基斯坦卡拉奇，以及伊朗德黑兰和其南部的耶斯德和格尔孟等地也仍有少数人信奉。

五 琐罗亚斯德教在中国的传播

琐罗亚斯德教传入中国可以追溯到萨珊王朝时期。随着丝绸之路的开通,推动了琐罗亚斯德教的东传,并于 6 世纪南北朝时期传入中国,一度盛行于西域,如在焉耆、康国、疏勒、于阗等地曾广为传播,甚至也被古代一些王朝的统治者所推崇和推广。琐罗亚斯德教在中国习称为"祆教"或"火祆教""拜火教"等。陈垣曾指出,"火祆之名闻中国,自北魏南梁始"。① 例如,北魏灵太后时(516—528),该教曾获得独尊之位,被其统治者带头奉祀,灵太后曾以"化光造物含气贞"之诗句赞颂该教,而其他祭祀崇拜却被废止。北齐、北周时也流行"事胡天""拜胡天","胡天"成为该教之专指,而"胡天神"则被用来区别"中国恒言之天"。隋唐时期因该教兴盛而广建祆祠,统治者为之设立萨宝府和祀官,如唐朝长安的布政坊、醴泉坊、普宁坊、靖恭坊和崇化坊,洛阳的会节坊、玄德坊、南市西坊,以及凉州的祆神祠等。陈垣认为,"祆字起于隋末唐初","祆字之意义,以表其为外国天神,故从示从天。同时周书亦有祆字,并谓之曰火祆神;火祆二字之相连,亦始于此"。② 据传中国古代本无"祆"字之用,"祆"可能与古代于阗语 ahara(意指"灰烬")相关,其译成汉语为 hien(祆),ahara 故有"火余之灰烬"的意思,与琐罗亚斯德教"拜火"直接关联,而当时据记载"于阗国好事祆神"(《旧唐书》卷 198)。其字故为外来词的衍化,唐代慧琳《一切经音义》卷三十六"祆祠"条解释为"显坚切,本无此字,胡人谓神明曰'天',语转呼天为'祆'"。故此陈垣也说"按此字起于唐,既通西域,因其言而造祆字"③。这里,对"祆"字显然有"火之余烬"和"天"这两种解释。其所崇拜的大神则被称为

---

① 《陈垣学术论文集》(第一集),中华书局 1980 年版,第 305 页。
② 同上书,第 308 页。
③ 参见龚方震、晏可佳《祆教史》,上海社会科学院出版社 1998 年版,第 1 页。

"天神""火神""胡天神""火神天神"等。而当时初传入中华的基督教聂斯脱利派也曾被误为来自波斯的该教,故有"波斯教""波斯胡教"或"波斯经教"之称,随之亦以具有"日""火"蕴含的"景教"来显示其光明之意。

由于域外来华的"胡人"率先将琐罗亚斯德教传入,故此古代中国管理祆祠的萨宝官职一般也由"胡人"担任。这些祆教徒主要来自粟特、波斯以及今为撒马尔罕地区的安国、曹国、史国、石螺国、米国、康国等,"此六国总事火祆,不识佛法"(慧超《往五天竺国传》),"王及百姓不信佛法,以事火为道"(《大慈恩寺三藏法师传》)。由于"西域诸胡受其法,以祠祆"(《新唐书·西域传》),最初乃其来华经商或定居者率先将此信仰带入中华,并逐渐影响到中土其他民族,使其宗教传至中原、蒙古、西藏、西北等地,并在江南也留下其存在的痕迹。尤其在沿丝绸之路的中国古代少数民族地区,琐罗亚斯德教影响颇大,信其教者包括鲜卑人、突厥人、蒙古人、吐蕃人等,甚至在西藏原始苯教中都可找到这一信仰的蛛丝马迹。①

琐罗亚斯德教在华兴盛于隋唐,后因伊斯兰教的强力传入而在北宋末期衰落。但其对丝绸之路的精神文化产生了长久影响,除了其信仰特色仍被人重视之外,由其信仰礼仪习俗等演变发展的穆护歌、胡腾舞、胡旋舞、泼胡乞寒戏、拓壁舞筵也成为今天在中国西北等地区广为流传的文化遗产。此外,其音乐传统也流入中国,琐罗亚斯德教在祭神时常有"琵琶、鼓笛,酣歌醉舞"的精彩娱乐场景,这种祆教音乐颇受欢迎,故在唐朝(天宝十三年,公元754年)太乐署改诸乐名时,也曾将祆教音乐《摩醯首罗》改为汉名《归真》。

总之,琐罗亚斯德教作为二元神教而介乎绝对一神教和多神教之间,有其复杂性和独特意义。一般在对绝对一神教的审视中,或多或少、或明或暗都能发现一些多神教的元素;而在观察多神教时也能发现其神性汇总、聚于一神的意向。因此,琐罗亚斯德教这种二元神教就为

---

① 参见龚方震、晏可佳《祆教史》,上海社会科学院出版社1998年版,第228—232页。

我们的研究开阔了视野、打开了思路。世界发展总是对立统一的，二元神论则公开而充分地展示出世界矛盾、斗争的基本现象，反映出其现实张力。这种二元对立及其博弈，既存在于外在的自然世界和人类社会，也反映出人之主体内在的思想矛盾及精神张力。故此而思，这种二元神教的研究，或许会给我们研究世界宗教、探索精神现象带来更有意义的启迪和更深远的遐思。

（原载卓新平《学苑漫谈》，中国社会科学出版社2010年版；《论积极引导宗教》，甘肃民族出版社2016年版；本文增补较多。）

第十九章

摩尼教研究

在公元3世纪时,摩尼参照基督教、佛教、古代诺斯替教的思想内容,对琐罗亚斯德教加以改革而创立了摩尼教。它最初是波斯古教琐罗亚斯德教(中国史称"祆教""火教""火祆教""拜火教")的异端分支。摩尼教在中国历史上曾称为"明教""明尊教""摩尼教""二尊教""末尼教""牟尼教"等,在民间亦有菜教、食菜教之称。其在创立时一方面保留了琐罗亚斯德教的善恶二元论;另一方面也吸收了当时基督教、佛教、诺斯替教神秘主义等思想内容,从而形成其"二宗三际论"之基本教义。所谓二宗指光明和黑暗,即善与恶;三际指初际、中际和后际,即过去、现在与将来。其中明与暗、善与恶乃指世界之二本原、三际则为世界发展之三阶段。其主要经典《摩尼光佛教法仪略》就是对"二宗三际论"的系统阐述。

摩尼教在萨珊王朝时期开始对外传播,先后流行于欧、亚、非众多地区,在中亚、北非、印度等地都曾留有摩尼教的身影,也曾对基督教异端保罗派、鲍格米勒派、阿尔比派和莫洛干派等产生过影响。该教于公元6、7世纪由波斯传入中国新疆,再从新疆传入内地,其传播扩大到西北、东南沿海、中原等地,尤其在吐鲁番一带颇为兴盛,曾为当时外来宗教中仅次于佛教的第二大宗教。在中国历史上也曾多次被农民作为反抗封建统治、发动武装起义的旗帜和外衣。目前在新疆、福建等地仍有许多摩尼教遗址,如在泉州遗址"草庵"等。这些遗址、遗物的发现，见证了古代陆海丝绸之路的四通八达。

摩尼（Mani）约公元216年4月14日生于古波斯首都克泰锡封附近的玛第奴（属古代美索不达米亚底格里斯河畔地区，今在伊拉克境内），属当地贵族世家。其父帕蒂克曾入厄勒克塞派（Elakesai，属犹太系基督徒派别），该派实行浸礼、主张禁欲、相信轮回，对摩尼影响极大。但据说后因摩尼对该教派深感不满，试图对之加以改造而被其开除。摩尼在24岁时自称受天启而革新传统琐罗亚斯德教，创立了摩尼教，然后四处传教，后因获得波斯萨珊王朝国王沙普尔一世的支持而得以广泛传播。他于243年4月9日在沙普尔一世的加冕大典上公开宣讲其教义观点，受到普遍欢迎。但其后瓦拉姆一世掌权（274—277）改变政策，摩尼教被作为异端而遭到取缔，摩尼本人亦于277年2月26日被钉死在十字架上。摩尼教从此在波斯本土衰落，摩尼教徒亦四散逃亡，由此亦将摩尼教传入其他国度和地区，也使摩尼教得以在中国发展传播。

摩尼教的经典有摩尼本人阐述其教义的《娑布罗乾》一书。而据敦煌出土的《摩尼光佛教法仪略》记载，摩尼一生写有七部著作，即"第一大应轮部""第二寻提贺部""第三泥万部""第四阿罗瓒部""第五钵迦摩帝夜部""第六俱缓部""第七阿拂胤部"，由此构成摩尼教《彻尽万法根源智经》（《生之福音》或《大福音书》）、《净命宝藏经》（《生命之宝藏》）、《律藏经》（《药王经》或《使徒书》）、《秘密法藏经》（《秘密书》）、《证明过去教经》（《摩尼论说》）、《大力士经》（《巨人书》）和《赞愿经》（《诗篇和祈祷书》）这7种根本经典。其他经典还包括《大二宗图》（《大门荷翼图》）、《影集》《二宗经》等。

此外，摩尼教还规定有"三封""十诫"之主要戒律，三封即口封（戒谎言和酒肉）、手封（戒恶行）和胸封（戒邪念和淫欲）；十诫为不拜偶像、不妄语、不贪欲、不杀生、不奸淫、不偷盗、不欺诈、不行邪道巫术、不二心、不怠惰；以及还实行斋戒或忏悔仪式，其信徒每日会有四或七次祈祷。而其教内教职等级则分为教师、教监、牧僧、选民、听众这五个教阶。

摩尼教最迟于唐朝沿丝绸之路传入中国，在中国宗教史上给人留下了深刻印象。虽然丝绸之路因为冲突、战乱等政治原因而不时中断，却因来华经商者、传教者等旅客的执着、坚持而基本保持其畅通不断的状态。一般认为摩尼教于7世纪下半叶传入中国。"据中亚发现的文书残卷记载，摩尼教于675年传入中国。"[1] 而"传统的看法认为，摩尼教是在唐武则天延载元年（694年）时才始入中国的。其根据是宋代释志磐所撰《佛祖统纪》卷三十九的一段记载：'延载元年……波斯国人拂多诞（原注：西海大秦国人）持《二宗经》伪教来朝。'这一看法，由于得到法国汉学家、中国摩尼教研究的先驱沙畹、伯希和（Pelliot），还有我国史学大家陈垣先生的肯定，因而广为人们所接受"[2]。但林悟殊指出，"综上所述，我们认为延载元年拂多诞来朝只是标志着摩尼教在中国得到官方承认，开始公开传播而已；在此之前，摩尼教已在民间流传多时了。要给摩尼教入华时间划一个准确的年代是困难的。但我们觉得，中国内地可能在四世纪初便已感受到摩尼教的信息"[3]。

摩尼教在唐初乃为公开宗教，唐玄宗开元二十年（732年）遭禁，但安史之乱后于唐大历三年（768年）被唐代宗敕令恢复，其在长安所建寺院或赐额"大云光明之寺"。此后摩尼教在中国广有发展，"其徒白衣白冠"，被民众称为"阴阳人"。会昌三年（843年），摩尼教再遭打压，唐武宗"敕天下摩尼寺并废入官。京城女摩尼七十二人死。及在此国回纥诸摩尼等，配流诸道，死者大半"（《僧史略》大秦末尼）。从此，摩尼教转入民间，演变为中国民间宗教信仰，其发展变迁在中国宗教史上给人留下了深刻印象。尤其当摩尼教在中国发展成为民间宗教之后，因其参与农民起义、卷入社会政治而使之更为出名、更有影响。

---

[1] 沈济时：《丝绸之路》，中华书局、上海古籍出版社2010年版，第111页。
[2] 林悟殊：《摩尼教及其东渐》，中华书局1987年版，第46页。
[3] 同上书，第60页。

731年前摩尼教在华可自由传道译经，此后遭唐玄宗禁止。8世纪时，回鹘人在吐鲁番地区建立高昌王国，以摩尼教为国教。由于回鹘人帮助唐朝平定了安史之乱，移居中原的回鹘人自768年被允许建寺传教，故在各地兴起摩尼寺院。840年回鹘亡国后摩尼教再度遭禁，但其流入民间成为中国历史上著名的民间宗教，直至15世纪在明朝的高压下才基本消亡。

当时融入中国底层社会的摩尼教与民间弥勒信仰相结合，并以香会、集经社之名展开活动。唐五代时期文献对摩尼教徒的描述是"不食荤茹""男女杂处""糅杂淫秽""夜聚晓散"，负面印象颇多。宋时摩尼教已有明教会之称，其在福建、浙江一带传布较广。当时已有对摩尼教的各种描写，从其表象来看，摩尼教"吃菜事魔，三山尤炽。为首者紫帽宽衫，妇人黑冠白服，称为明教会"（洪迈《夷坚志》）。故给人与众不同的印象。此外，摩尼教所注重的白衣、素食、病不服药及裸葬等风俗习惯，也会使人产生其乃另类之感。

从其信仰的基本要点来看，"二宗三际论"为其根本教义，"其经名二宗三际。二宗者，明与暗也。三际者，过去、未来、现在也"（《佛祖统纪》卷四十八）。按照《摩尼光佛教法仪略》的说法，"初辩二宗：求出家者，须知明暗各宗，性情悬隔，若不辩识，何以修为？次明三际：一、初际；二、中际；三、后际。初际者，未有天地，但殊明暗。明性智慧，暗性愚痴，诸所动静，无不相背。中际者，暗既侵明，姿情驰逐；明来入暗，委质推移。大患厌离于形体，火宅愿求于出离。劳身救性，圣教固然。即妄为真，孰敢闻命，事须辩析，求解脱缘。后际者，教化事毕，真妄归根，明既归于大明，暗亦归于积暗。二宗各复，两者交归"①。"明"在此指光明，代表善，而"暗"则指黑暗，代表恶，摩尼教相信光明之神，称这一最高神为"明父"或"大明君""大明尊""大明神"，其本性体现为明相、明心、明念、明思、明意这"五明身"；认为光明最终会战胜黑暗，迎来永恒的光明世界；其神名

---

① 《陈垣学术论文集》（第一集），中华书局1980年版，第396—397页。

音译"察宛"（Zarvan），原意即"永恒之父"。在这一最高神之下则是其主神即大明神的使者"明使"，摩尼即被视为这一"光明使者"，相关汉文史料称他"又号具智法王，亦谓摩尼光佛，即我光明大慧无上医王应化法身之异号也"①。由此而论，这位"光明使者"具有神的威力，表现为净气、妙风、明力、妙水、妙火等，其"大慈悯故，应敌魔军，亲受名尊，清净教命"，"上从明界，下及幽涂，所有众生，皆由此度"②。这些表述使作为民间信仰的摩尼教在中国社会彰显出其"教权神授""替天行道"的正义感和权威性，达到了一种自我称义之效。

作为被压迫者的宗教，摩尼教对传统琐罗亚斯德教的二元神论、宇宙论、人性论等都有适当修改，其更加强调崇拜代表神的光明、崇拜日月、崇拜神的威力及智慧等，并通过与中国民间弥勒信仰的结合而相信"明王出世，弥勒下生"，世界会发生巨变。在宋朝高压下，摩尼教参与了方腊起义，遭到严酷镇压，但它保持了其存在，并在元末以香军即红巾军的形式成为推翻元蒙统治的主力。明初摩尼教曾继续以明尊教之名活动，但最终被明朝所镇压，消失在明中叶，其残部及相关思想则融入当时兴起的罗教之中。摩尼教在明朝之后消失在地下，不再有太多的历史记载。不过，其顽强的生命力使之在中国民间社会仍然有着长时间的留存，甚至在一些边远村落以各种社会民俗、地方习惯的方式得以长期流传，故而在许多地方志、村志以及族谱、家谱中也留下了一些蛛丝马迹，可供人找寻、回溯。

对于摩尼教作为中国民间宗教在华活动的情况，不仅有着历史文献的丰富记载，而且在当代作家金庸等人的文学创作如《倚天屠龙记》中，也有非常生动的描述，使人们今天对之仍然会有脍炙人口的谈论。随着当前"一带一路"国际合作的开展，最近在福建泉州、霞浦、屏南、福州等地都发现了不少摩尼教遗迹、遗存和文献，从而使人们重新

---

① 《陈垣学术论文集》（第一集），中华书局1980年版，第392页。
② 同上书，第392、394页。

开始关注对摩尼教的研究。

（原载卓新平《中国人的宗教信仰》，中国社会科学出版社 2015 年版；《论积极引导宗教》，甘肃民族出版社 2016 年版。）

第四编　新兴宗教研究

第二十章

摩门教研究

在当今世界中,摩门教属于比较活跃的新兴宗教之一,值得我们高度关注。摩门教(Mormons)的全称为"耶稣基督后期圣徒教会"(The Church of Jesus Christ of Latter‐day Saints,英文简称为LDS),"摩门"一词则源自其宗教经典《摩门经》。这一宗教是从美国基督教中演变而出的一个新兴宗教派别,它自称为基督教的一个教派,但不承认"三位一体"教义,故不被基督教主流教会所承认。在当前对之有两种定位,一种将之视为非"三位一体"教义的基督教边缘教会,一种则干脆将之视为新兴宗教。在中国社会的认知中,一般习惯于将之定位为新兴宗教。

摩门教于1830年4月6日由约瑟夫·史密斯(Joseph Smith,1805—1844年)在纽约州费耶特(Fayette)所创立。史密斯自称于1820年时因为读到《新约圣经:雅各书》第1章第5节,"你们中间若有缺少智慧的,应当求那厚赐与众人、也不斥责人的神,主就必赐给他",这段经文而受灵感,在清晨隐于一个小树林中精心祈祷,求神恩惠,从此蒙神赐福,多次受到天使和古代圣徒拜访。1827年9月22日晚上,他声称受天使指派,在纽约曼彻斯特附近的库摩拉山中得到了5世纪先知摩门写在金箔上形似古埃及象形文字的经文及两块宝石(乌陵和土明),他据此而将之译成英文,此即《摩门经》(Book of Mormon)。1829年,史密斯宣称天国使者施洗约翰授予他和考德里"亚伦祭司职",而圣徒彼得、雅各和约翰则授予他们"麦基洗德祭司职",而《摩门经》最初就是由考德里所抄写出来的,他们遂以"圣徒"自居,相互施洗,自封圣职。史密斯于1830年在纽约出版了此经,在其序言中列举了曾目睹过原经的11人,但其中3人后来又对之加以否认。1830年4月,史密斯等6个创始成员在现场56人的见证下成立摩门教会(Mormon Church 或 Mormonism)。其最初名称是"基督的教会"(Church of Christ),后来为了与其他教会相区别而又称为"后期圣徒的教会"(Church of Latter Day Saints)(约1834—1838年)。在摩门教看来,只要受洗皈依教会、遵守圣约、追随耶稣基督,就都是圣徒,在教会内部可以互称圣徒。由于该教以《摩门经》而闻名于世,故其信徒也常被称为"摩门教徒"。1838年4月,摩门教正式定名为"耶稣基督后期圣徒教会"(The Church of Jesus Christ of Latter-day Saints),并于1851年对之加以正式法律确认。最初的中文译名曾用"末日圣徒"或"末世圣徒"来表达,但在2000年时摩门教会总会规定其中文翻译要统一用"后期圣徒"来取代其他任何表述。

摩门教认为,最早的美洲居民为神在巴别塔变乱人类口音时所遣散而来的雅列人,而美洲印第安人则是希伯来人的直系后裔,于犹太末代国王西底家在位时从耶路撒冷移居美洲。他们在迁徙时曾随身携带了某些《旧约圣经》的书篇。而到了美洲大陆之后,他们的先知、圣徒们又将神的启示和其历史事件记载在金箔上面。而《摩门经》就正是他们公元前600—公元421年这段历史的记载,由5世纪的先知摩门编纂而成。摩门教还宣称耶稣基督在复活后曾来美洲访问,而在救主再次降临前,散居各地的犹太人将聚集美洲,神最终也会在美国建立起新耶路撒冷。

摩门教在建立后即遭到来自各方面的反对,于是他们不得不在1831年离开纽约而去俄亥俄州,在柯特兰设立其总部,并于1836年在此修建了摩门教的首座圣殿。还有一些教徒则移居伊利诺伊州的瑙武。由于史密斯在1843年7月12日在教会内部会议上宣布其有关婚约永恒和一夫多妻的"启示",造成教会内部的混乱和当地民众的谴责。1844

年时，摩门教信徒虽然已经发展到了 2 万多人，史密斯却因卷入政治纷争而于 6 月 24 日被关进监狱，3 天后即被其反对派所刺杀。这样，杨伯翰（Brigham Young，一译"杨格"，1801—1877）继任摩门教主。1846 年 2 月，摩门教徒被逐出瑙武等地，于是杨伯翰带领 8 万之众往西部迁移，希望在落基山脉一带寻找到新的"应许之地"。他们跋涉 1000 多英里，约有 6000 人死于途中，最后大部分都迁居到犹他州。1847 年 7 月，第一批摩门教徒到达盐湖城。从此，他们在大盐湖一带建立起宗教社区、修建圣殿、创办学校，逐渐形成了摩门教的中心。1850 年，杨伯翰担任犹他州州长。至 1857 年，摩门教在当地已经建立起 135 个社区，其人口达 7.5 万多人。但由于摩门教当时实行一夫多妻制，使犹他州一度被其他州拒绝加入联邦，而杨伯翰与联邦政府的矛盾也使联邦总统于 1857 年宣布撤销杨伯翰的州长职务。联邦政府甚至派军队进驻犹他州，因而曾一度发生所谓"摩门战争"。此后，杨伯翰虽然不再在政界抛头露面、担任要职，但其影响仍然遍及犹他州的政治、经济、文化和教育各个方面。例如，1875 年在犹他州建立的杨伯翰大学，就是以他的名字来命名的摩门教教会大学。

在摩门教的历史上，其教主曾一度主张重婚和一夫多妻制，认为教徒只有结婚才可得救，享受天堂的欢乐；纵令重婚，也是正义而蒙神鉴的。但一夫多妻制遭到美国社会的强烈反对，1862 年美国国会通过《反重婚法》，不接受摩门教所在的犹他州加入联邦；1882 年美国国会进而通过《埃德蒙反多妻法案》，对多妻者剥夺选举权和担任公职权；1887 年，美国国会再次通过《埃德蒙—塔克法案》，强行剥夺实行多妻制的摩门教会的财产。在这一强大压力和经济制裁下，时任摩门教主伍德鲁福（Wilford Woodruff）才被迫宣布收到神的新启示、废止一夫多妻制。而 1890 年美国最高法院宣布政府反重婚禁令符合宪法后，伍德鲁福亦正式要求教徒服从法律，对犯重婚罪者将革除教籍。这样，犹他州于 1893 年被正式接纳为美国联邦的一个州，摩门教会被没收的财产亦被全部归还。

摩门教的经典包括钦定本《圣经》《摩门经》和史密斯所著《教义

与圣约》《无价珍珠》。其教职分为高级别的"麦基洗德祭司制"和初级神职"亚伦祭司制",包括首席教主、副教主,现一般称为教会总会会长以及两位副会长,此外还有教长、长老、十二使徒会和七十门徒会等。在教义上,摩门教相信圣父、圣子和圣灵,但将之视为三个实体而不是一体,坚持认为"三位"在思想上合一,而在实体上却分开。摩门教强调世人因罪而受惩罚,整个人类只有通过耶稣基督的救赎、遵照福音和律法才能得救;但人之罪并非亚当的过失,而是个人自己所犯之罪恶,所以,婴孩无辜,不应承担罪过。摩门教主张"启示"的连续性,认为神不仅给古代先知以启示,而且在现代摩门教会的圣徒、先知和传教士中也能获得神对现实的启示。此外,摩门教有为死者施洗和举行宗教婚礼的特殊规定。摩门教禁止与非摩门教徒结婚,认为有"世俗"的婚姻和"永恒"的婚姻之别,只有后者才能免除死的束缚,因此教徒应到摩门大教堂举行特殊的宗教婚礼,订立"永恒"之约。摩门教在衣着上要求整洁正规,不许有奇装异服;在饮食上严禁烟、酒、茶、咖啡等刺激物。摩门教对传教也比较重视,要求其未婚信徒(男性18岁、女性21岁)能够组成两人一组的对子专门外出从事一年至数年的传教活动。

摩门教的主要派别为耶稣基督后期圣徒教会,此外还有后期圣徒重组教会(Reorganized Church of Jesus Christ of Latter Day Saints,简称RLDS)、圣殿之地派基督教会、耶稣基督教会(俗称贝克尔顿教会)和斯特朗派后期圣徒教会等。在当代美国社会,摩门教越来越多地参与社会政治,扩大社会影响,如近十年来摩门教徒洪博培(Jon Huntsman)、米特·罗姆尼(Willard Mitt Romney)都曾先后参加过美国总统竞选。目前摩门教在世界各地共有1500多万信徒,其中美国约有600多万,是世界当下最大的新兴宗教,也是美国第四大宗教团体。摩门教的总部设在美国犹他州首府盐湖城。

第二十一章

巴哈伊信仰研究

当前世界另外一个非常引人注目的新兴宗教则为巴哈伊教,其正规称谓为"巴哈伊信仰"(Bahai Faith)。其历史渊源乃是从19世纪伊朗伊斯兰教什叶派的巴布教派发展演变而来,最早由巴哈欧拉所倡导,并发展出该教自己的经典,于1863年开始其组织形态,因在伊朗遭禁止而向外发展,后由阿布杜-巴哈将之传入欧美,逐渐形成全球发展态势。其宗教虽然规模不大,但因它强调多教合一、世界一家的"大同"思想而获得普遍共识,被许多国家所认可,并获得联合国相关组织机构的赞许。这种圆融汇通的态度使之得以从两河流域汇向蓝色的大海,并传达了一种三大河系共归于大海的意向。其教义强调"人类一体""天下一家""地球一村""宗教一源""上帝独一"的"世界大同""宗教一统"思想。因此,20世纪初,曾任北洋政府驻伦敦总领事,后于20世纪20年代任清华校长的曹云祥在接受该教并将之推广到中国时乃称其为"大同教"。迄今中国学术界对将之译为"巴哈伊教"还是"巴哈教"仍存有分歧,但前一称呼得到较为普遍的使用。其组织形态较为松散,没有神职人员,总部为设在以色列海法的世界正义院,由9人集体领导,各地总灵体会及灵体会负责成员多为兼职,礼拜活动场所称为灵曦堂,其设计非常独特、造型格外漂亮。目前其信徒约600万人,分布在全世界232个国家和地区,这种分布之广在世界各宗教中位于第二,仅次于基督教;它在175个国家及地区有总灵体会。由于巴哈伊教在其教义中公开表明不反对政府,其社会实践又注重社会公益和责任,因而其国际社团被联合国委任为经济与社会委员会咨询机构。这个宗教很值得我们关注,其整合、共构的思想在一定程度上也代表了未来宗教的发展方向。

巴布教派出现于19世纪中叶,其创始人赛义德·阿里·穆罕默德(Sayyid 'Ali Muhammad, 1819—1850)生于伊朗南部设拉子市,他于1844年宣布自己是通往隐遁伊玛目的"巴布"(门,意指通过此"门"则可达到真主的知识),创立巴布教派,并以包括自己的19人身份到各地传教,进而又于1845年宣称自己乃救赎主,即隐遁的伊玛目马赫迪。阿里·穆罕默德于1847年被捕,在狱中写出《白杨经》(Al-Bayan,亦译《默示录》)、《宣示经》等,成为巴布教派的根本经典,并取代了《古兰经》的地位。1848年,巴布教派信徒宣布正式脱离伊斯兰教。1850年阿里·穆罕默德被杀后其信徒流亡到巴格达,后分裂为两派,一派为以叶海亚为首的阿里派,另一派就是巴哈伊派,由此经过巴哈欧拉而衍化为巴哈伊教。

巴哈伊教之称与其创始人"巴哈欧拉"(Bahai Allah,意即"安拉的光辉")之名直接相关。巴哈欧拉原名为米尔扎·侯赛因·阿里·努里(Mirza Husayn 'Ali Nuri, 1817—1892),出生于伊朗德黑兰,早年为巴布教派的信徒,1853年被流放到伊拉克的巴格达,于此宣称自己是救世主马赫迪,1863年进而宣称自己是真主安拉的使者,由此自称"巴哈欧拉",创立巴哈伊教。"巴哈伊,意为光辉、容光焕发、美丽、漂亮等。"①巴哈欧拉后来被奥斯曼土耳其政府流放到巴勒斯坦的阿卡,于1892年在阿卡逝世。其主要著作包括《至圣书》(《亚格达斯经》)、《笃信之道》(《确信》或《意纲经》)、《隐言经》《七山谷书》等。

巴哈欧拉去世后,其长子阿拔斯·阿芬第('Abas Afnadi, 1844—1920年)继任为教主,被称为"阿布杜-巴哈"('Abdu al-Bahai,意指"光辉之奴")。他自1911年访问欧洲,随后又访问北美,形成巴

---

① 蔡德贵:《当代新兴巴哈伊教研究》,人民出版社2001年版,第36页。

哈伊教在欧美的传播。其主要著作为《巴黎片谈》和《圣约与遗嘱》。阿布杜-巴哈去世后，其长女之子邵基·阿芬第（Shauqi Afnadi, 1897—1957）成为巴哈伊教的实际传承人，他将巴哈伊教的总部从阿卡迁往海法。此后巴哈伊教于 1963 年 4 月 21 日在海法成立其最高机构世界正义院，选出 9 名成员，从而形成每 5 年选举一次世界正义院成员的传统。而其在各国的总灵体会也由选举产生其 9 人长老，管理其地方行政事务。

阿布杜-巴哈在 1916 年提出了到中国传教的想法，而最早到达中国的巴哈伊教徒伊朗人哈志·米尔扎·穆罕默德·阿里则已于 1862 年来到上海。自 1902 年起，在上海等地已有巴哈伊教徒的活动。1917 年，环球传教的巴哈伊女信徒玛莎·路特从美国来到中国东北，此后她于 1923 年来到北京，并使清华大学校长曹云祥夫妇成为巴哈伊教徒。曹云祥于 1931 年将《巴哈欧拉与新纪元》译成中文，并以"大同教"作为巴哈伊教的中文名称。其实，巴哈伊教最初在中国曾被称为大同教、巴哈教、白哈教、比哈教、波海会、巴哈会、巴海等。而最早的中国巴哈伊信徒是 1916 年在美国芝加哥皈依的陈海安（音），而同年信仰巴哈伊教的还有美籍华人司徒威。此外，在美国成为巴哈伊信徒的还有广州人廖崇真，他在 1923 年回国时在广州安排了玛莎·路特与孙中山的会晤，也最早把巴哈欧拉的著作《巴哈欧拉书简》译成中文出版。

巴哈伊教主张一神论，提倡一种普世宗教，认为各宗教同源，虽然其神名各不相同，其实质却是一致的，并无本质区别。巴哈伊教强调宗教与科学乃统一的，并非对立关系。其核心观念即人类一家、世界大同的思想，主张"地球乃一国，万众皆其民"。为此，巴哈伊教注重教育和社区建设，致力于实现男女平等和消除极端贫富的工作。其在教历上继承了巴布教派的历法，把一年分为 19 个月，每月为 19 天，另加闰日。其年终为斋月，斋月过完即新年的元旦，新年称为"诺露兹节"，主要节日还包括"雷兹万节"等。

巴哈伊教的标志符号，亦为新兴宗教的代表，因它在其中最有影响。九角之星有着多元求同、共构的意蕴，"九"在其象征中最有代表性。"9"在阿拉伯数字中为最大数（10由1+0组成），代表着统一、联合、包容，而其创始人巴哈乌拉之名中的"巴哈"（意指"光辉""荣耀"）在阿拉伯字母中也相应于"9"（在阿拉伯传统中每一个人名都有相应的数字表示）。巴哈伊教的总部在以色列的海法，称为世界正义院，由9名成员组成，代表着三大宗教的传统，即基督教、犹太教、伊斯兰教。其理念为合一的宗教，在最初传入中国时也被译成大同教，它主张九教同一，即犹太教、印度教、琐罗亚斯德教、佛教、基督教、伊斯兰教、巴哈伊教、耆那教、锡克教，即认为这九教都来源于同一个上帝，体现出"多样性的统一"；它还承认九大先知之说，即亚伯拉罕、摩西（犹太教的先知，在伊斯兰教和基督教中也得到承认）、克里希南（印度教）、琐罗亚斯德（波斯宗教）、释迦牟尼（佛教）、耶稣（基督教）、穆罕默德（伊斯兰教）、巴布和巴哈欧拉（巴哈伊教）；在巴哈伊教的礼拜建筑"灵曦堂"布局上，一般也有"9"的展现，如九道门、九个水池、九瓣莲花等；另外其信徒还有九项义务，即祈祷、斋戒、勤奋工作、传布神的事业、禁烟毒、遵守婚姻、服从政府、不参与政治、不中伤他人。

（参见卓新平《学苑漫谈》，中国社会科学出版社2010年版。）

第二十二章

巴哈伊信仰理念与人类命运共同体追求

在通力构建中华民族精神共同体之际，当代中国人亦具有一种全球眼光和全球审视，中国率先在国际舞台上倡导世界人民合力来建设人类命运共同体，这一号召在全世界得到了积极响应，同时也使"共同体"这一表达风靡世界，引起了普遍的共鸣和深入的研习。

"共同体"表达了人们作为群体存在的基本存在形式。当人类逐渐形成，从原始森林走出来构建人际社会时，曾带出了一种弱肉强食的"丛林规则"，这使人仍然具有"野兽"的形象，尚未脱离其"兽性"。然而，走出来的人类也在不断寻求着自我的超脱和超越，从人类最初的神话就开始了其向往神圣、成为"天使"的心路历程和天路朝觐。这就是人类宗教的诞生，人类宗教的追求。宗教的核心之在，就是追求神圣，达成神化。当然，这只是人类的一种美好理想，在世界历史之现实存在中，各种宗教都不同程度地卷入了社会的纷争，因而在实际上离其神圣目标乃有着很长的距离，其"神化"亦为可望而不可即的"神话"。

尽管不尽如人意，在这一进程中，无论是社会群体还是其宗教表达，却都是一种"共同体"的存在及发展形式。无论是"野兽"之泄、还是"天使"之求，都与这种共同体同命运、共发展，这就是人类历史既血腥又辉煌的矛盾交织。在我们走过的历程中，已经有了农耕时期的家元共同体，工业化时期的民族共同体，其共同体的形式在政治上有阶级、社团、政党、国家，形成了各种政治、经济、军事的联盟，由此使人类文明有着惨烈和悲壮,留下了种种反思和遐想。于此,人的精神生活、灵性追求也是用共同体的形式表现了出来,从氏族部落宗教、经民族国家宗教,而到世界宗教,这种共同体在不断扩大视野,却也保留着其局部利益考量的局限。每一个局部的"神圣"从人类共在的整体而言都微不足道,其相对性和局限性亦不言而喻。在一种全球化的审视中,人在丛林规则和神圣追求之间纠结着走到今天,却突然发现全人类的命运已经紧紧地绑在了一起。因此,摆脱以往政治、经济、民族、宗教的争端,则迫切需要一种共同体意识,一种凝聚世界的信仰。于是,我们看到了联合国的诞生,各宗教团体也投入到争取世界宗教和平之中,因为"没有宗教和平则没有世界和平"。在今天,这种命运共同体已经关涉生态、社会、精神等各个层面。

在巴哈伊教的信仰理念中,其找寻、信守的"人类一体""世界一家""地球一村""宗教一源""上帝独一"等理念,已经从人性及神性存在意识上,表达了这种"共同体"在精神意境上的向往和追求。巴哈伊教以"九"之多元而回归"一"之统摄,与中华文明所保持的多元一统、多元共构、多元共和有着灵性境界上的相似和吻合。在中国人"美美与共"之"大同世界"的憧憬中,最初一批接受巴哈伊信仰的中国人故而将之称为"大同教"。在巴哈伊教理解和处理与各种宗教的关系中,可以为我们达成宗教和谐提供重要启迪和历史经验。沿着这一精神流传,我们今天建构人类命运共同体则可以获得丰富的精神资源,有着深厚的灵性积淀。

可以说,巴哈伊信仰中与"人类命运共同体"构建之理念最为接近的,就是其"人类一体观"。之所以能够建设这一"共同体",就在于人类乃平等的;巴哈伊教的"人类一家"思想,也是建基于这种人人平等的底线之上。人类的多样在于其民族、国家、文化、传承的多样,而在这种多样性中的根本平等,就是基于巴哈伊信仰所坚信的:人类都是上帝的子民,这种神圣家族既是一体的,也是平等的;此乃许多宗教中"上帝面前人人平等"的神圣平等观。没有这种平等,则谈不上所谓"共同体"的建设。依据这种"上帝子民"的平等,则可努力推进人在家庭、社会、国家及国际关系中的平等。可以说，巴哈伊教的平等观乃是万流归宗，建立在其理解的人类同为上帝子民的神圣平等上。

"人类一体""世界大同"，这种巴哈伊信仰中的一体观乃其宗教最核心的观念，而其"一个世界""一个人类"的思想则建基于其"上帝独一"的神明理解上。这种神圣之"一"就统摄了其他一切之"一"。这里，没有"多神"而只有"一神"，犹太教的"雅威"、基督教的"上帝"、伊斯兰教的"安拉"，都是巴哈伊信仰所理解的"一神"，其神性"本质"的"一致性"乃是所有信仰中最为根本的，而其名称、理解、解释之"多"则是不同民族、不同社会、不同语言、不同文化"形式"的"多样性"而已。当然，对于这种"上帝独一"的神性本质，世人无法界说，而只可能是其信仰的理解和神秘的把握。按照巴哈欧拉的论说，"对每一个聪慧明净的人心来说，很显然的，上帝是不可知的本质，是神圣的本体，完全超越一切人的属性，例如：肉体的存在、升降和出入等等。他的荣耀高不可及，没有人的言语能充分地赞颂他，没有人心能理解他深不可测的奥秘。由古至今，他一直隐藏在他亘古的本质中，并停留在他的实体内，而永远不会暴露在凡人的视野下"。这是对神圣上帝所言，同样也是对硕大无朋的宏观宇宙和深奥莫测的微观世界而言，其"本质""将永远超越一切感官之上，并且无以描述"，"洞悉上帝亘古本体的知识之门将继续并永远地在世人面前紧闭着，没有人的理解力能达到他神圣的殿堂"。从绝对本体而论，这话说得斩钉截铁，不容任何调和。但不会让人绝望的是，神性本质也开启了一扇光明之门，对有着"上帝形象"的人性本质有着特别的照顾，即"赋予人类独特的优越性和能力来认识他和爱慕他"，"把所有圣名和属性的光芒集中地照射在人的本质上，使其成为反映他自身的明镜"①。于是，从超越之维回归现实之维，人之"认识你自己"就有着独特的价值。在宗教信仰中，这种对"神"的理解和敬仰是不可避免的，否则就不成其为宗教了。不过，宗教研究者则有必要进而展开深入

---

① 参见《巴哈欧拉圣典选集》，马来西亚巴哈伊总灵体会，1992年，第3—4页。

研究，不仅要从自然及社会存在层面研究"神"之"产生"的问题，也应该从认识层面对宗教中有关其"神"之"理解"展开讨论。这种"神"之"性"反映出人类精神思想上的一种思索、对"人"之"外"或"人"之"上"的一种认识，所以，巴哈伊信仰的"一神"之"一"不仅具有哲学"形而上"之认知意义，也有宗教学"比较"之普遍联系，如此方可说明、界定巴哈伊信仰中"据一神而合百教"的蕴意。

基于对"神"之"大一"的理解，人类在巴哈伊信仰中则为与之相对应的"小一"。阿布杜－巴哈曾说，"当你观察人类的时候，会发现人是多么弱小啊。创造物的弱小本身就是永恒伟大者力量的证明。因为，倘若威能不存在，就无法想象出弱小"，在此，"尘世是种种缺陷之源，而上帝是完美之源。尘世的不完美本身就是上帝完美的证明"[①]。尘世由矿物、植物、动物和人类这四大存在所构成，虽然其中人类属于最高级的存在，但在上帝面前却微不足道。而且，人对其世界亦有依赖，人有其生老病死，依靠空气、阳光、食物和水等，有着睡眠、调解和修整。人的意义和伟大，也是上帝所赋予的，由此人才得以有灵魂，并可能相遇显圣。这里，巴哈伊信仰是按照基督教关于上帝根据自己的影像（形象）而创造人类的说法来理解人所具有的独特地位。阿布杜－巴哈指出，"根据《旧约》之言，上帝说过，'让我们按自己的形象创造人，像我们一样。'这意味着人是上帝之影像，也就是说，上帝之种种完美与神圣美德，都反映和启示于人之真谛里。就像太阳之光芒照射在一个光洁的镜子上被完全璀璨地反射。因此同样地，圣美之品质与特征也从一颗纯洁的心灵深处闪耀出来。这就是人乃上帝最高贵之创造物的一个证据"[②]。既然上帝给了人类智慧和完美，那么这样的人类

[①] 《已答之问题》，曹云祥、孙颐庆译，马来西亚巴哈伊国家灵体会，1967 年，第 5—6 页。

[②] 阿布杜－巴哈 1912 年 4 月 30 日在"促进有色人种全国协会"第四届年会上的讲演；《巴哈伊》，澳门巴哈伊国际出版社 1992 年版，第 51 页。

就应该是一体的，由此而产生了巴哈伊信仰关于"人类一体""人类一家"的基本思想。世人在上帝面前自然也就人人平等。巴哈欧拉曾宣称，"谁都不应该自以为比别人更优越。时时在你们的心中反省你们是如何被创造的。……你们必须如同一个灵魂，以同一双脚走路，用同一张嘴进食，并在同一片土地上居住，如此，通过你们的品性行为，由你们的内在生命显现出团结之征象以及超脱之精神"①。人类按其本质就是一体的，故而人类一家顺理成章。人因其属世性而弱小、渺小，人的意义及伟大来自上帝的"影像"以及上帝所赋予人类的神圣人格。否则，人就什么都不是，不足为道。在巴哈伊信仰的这种神、人关系的理解中，人类的一体性得以奠立，人类命运共同体的构建从而也就具有其神圣意义。

人是自然之人，也是社会之人，人必须在社会中生活，而人在社会中则是相互依存的，故此需要相互帮助。按照阿布杜－巴哈的理解，人类的最高需求也就是合作与互助。由此可见，人的个体性存在不可能脱离整个人类的集体性存在，人类乃在同一个地球、同一个社会中同呼吸、共命运。人类的联盟及联合，也就有着其神圣的维度，人也会因此而成为神圣之人。基于人对自然世界与人类社会的这种认识，则需要"科学"与"宗教"两大知识体系的储备和建构，人的"智慧"也恰好就体现于此。这种"一生二"就带来了"世界"与"社会"二维，但合二为一则仍可回归神圣的"上帝独一"这绝对一维。既然人不可达到其超越的维度，那么就应谦卑地回到人之"主体"之"一"，以人的这一主体知识体系来审视世界、社会之二维，推动"科学"与"宗教"这两大知识体系的前进。"科学"作为人的知识及实践体系，乃探索物质及社会现实的方法和工具，可以通过这种探索实践而达其知识的系统化和结构化。"宗教"作为涉及精神世界的知识及实践体系，也需建立其相应的精神原则，形成其逻辑秩序和基本建构。所以，"科学"与"宗教"在巴哈伊信仰的理解中乃具有帮助人"双翼""并飞"的

---

① 《隐言经》第1卷第68节，澳门巴哈伊总灵体会，1994年。

作用，故而缺一不可。而从人的知识体系、认知理念又可进入其"发展"层面；从根本而言，其实践意义的"发展是硬道理"。于是，"人类命运共同体"的共建就落在"社区建设""社会发展"的具体实践上。这里，观念、知识和实践与追求"人类命运共同体"的共建乃直接相关。

其实，对于"共同体"的理解不能拘泥于严格的社会建构或严密的组织系统，而是集中在大家的共同关注、需要大家能够情投意合，为此就必须跟踪观察、与时俱进。这里，"精神"的共识就显得特别重要。信仰中的这一"神圣观念"可以达到"精神变物质"之效。注重精神意义，比偏于物质考量更为重要。在全球化的多元社会中，其组织形式的共构则只是表层的，肤浅的，人类更需要的是"形散而心聚"。显然，中国宗教建构在传统上就有着弥散性的特点，这与巴哈伊教的存在形式也非常接近。因此，在共建人类命运共同体的努力中，巴哈伊信仰也有着更多与中华文化、思想精神对话、沟通的机会。如在对"共同体"社会的理解中，在对"大同"世界的诠释中，其与中国社会文化的对比、对话既实在又必要。这种对话、共在及共识，不仅需要一种理念，达其思想理解，同样也要求有一种情感，找到美好感觉。中华文化的精神内蕴是对一种"和合""和谐""和睦"的追求，此乃社会"和平"得以实现的基本元素。这种"和"之理念反映出平等求和、共在达和的精神，由此而使社会的实际建构得以树立和维系。巴哈伊信仰是"和平"的信仰，中国社会是"和谐"的社会，彼此可有很多共同语言，应该展开真诚对话，有助于各自话语体系的科学建构。所以，我们在理解巴哈伊信仰、巴哈伊教体认中华文化的双向互动中，需要做到理念相通和情境交融。没有"和的思想"则无"和的天下"。为此，我们希望、期盼有着一个共同和谐生存、繁荣发展的美好未来，并呼吁大家为之而一起努力。

第二十三章

巴哈伊文学艺术断想

讨论巴哈伊文学艺术，好像感到比哲学层面的抽象思考显得轻松。不过，这种从抽象回返具象，也并非那样绝对。文学艺术其实乃思想之"隐"，其"大隐隐于市"使文学艺术作为具有"具象"意义的实在而进入社会、进入生活、进入文化。然而在变幻莫测的大千世界，这种"抽象"与"具象"的界限已经模糊不清了，"抽象思维"早与"形象思维"交织相混，文学艺术也早就成为"诗化哲学""接受美学"等场景。所以说，文学艺术现象也具有"现象"的典型特征，即"主体中的客体""客体中的主体"，主、客共在合为其"整体"。在此，只好"跟着感觉走，让它抓住我"了。

我对巴哈伊文学艺术基本上没有研究，因而主要是抱着认真学习的态度来倾听和欣赏的，故此本来就没有发言的资格，更谈不上什么"主题报告""主旨发言"了，这里最多也就是自我"主体"的感想、触景生情的感言而已，请大家多多批评、原谅。

上次的研讨会我们论及巴哈伊的建筑艺术，我可以说是大饱了眼福。因为专业研究的需要，自己曾关注过基督教的建筑风格，亦曾论及其巴西利卡式、罗马式、哥特式、文艺复兴式、宗教改革式、巴洛克式、拜占庭式、斯拉夫式等建筑特色。但对于巴哈伊建筑却研究不够、少有体悟，故而有着特别的好奇和新奇之感。巴哈伊在海法世界正义院的建筑及其在世界各地的灵曦堂建筑别具一格，神圣潇洒、清新飘逸，给人带来超然淡定之美，有着浮想联翩之言。巴哈伊的建筑，尤其是灵曦堂建筑，按巴哈伊信仰理念就是一种"赞美人类大同"的建筑，其"九"之数的建筑构设、其圆形穹顶及大殿的布局、其纯洁莲花的造型以及其飞翔翅膀的神思等，使其宗教建筑与众不同、独树一帜，展示出其追求和谐、美满的崇高境界。巴哈伊信仰者常说，"当达到世界范围的和谐、平衡时，文明时代就已到来"。我想，这种灵曦堂的精美造型，正好是为这一文明时代到来时人类和谐之"众"的理想居所。

在上次研讨的基础上，大家兴趣盎然，由此决定进一步拓展，遂将这次研讨会的主题定为巴哈伊的文学艺术，并主要论及其文学、绘画、音乐这三大领域。以前人们习惯将艺术分为空间的艺术和时间的艺术这两大类，其中既有各自的分野，也有二者奇妙的结合。例如，绘画、雕塑、建筑乃空间的艺术，包括平面空间和立体空间，但大型绘画、系列组图、长幅唐卡，以及长期处于变动建造之中的建筑（如科隆大教堂、巴塞罗那圣家教堂）等，就是时空艺术之结合。而诗歌、音乐则一般视为时间的艺术，而交响音诗、戏剧、歌舞、动漫、影视等也是时空结合的艺术。故此我会想起中国唐代禅宗诗画艺术所言"诗中有画、画中有诗"之动感意境。

从文学创作来看，巴哈伊文学自然属于宗教文学的范畴。我以前曾对基督教文学有过兴趣和初步探讨，知道从其犹太教渊源来看有"先知文学""智慧文学"和"启示文学"，其中"先知文学"属于古希伯来文学的体裁之一，以"先知"的故事来描述社会变迁、政治发展以及"先知"在人世间的作用；"智慧文学"则在看似大众性的寓言、格言、箴言、诗篇、比喻、谜语中蕴含哲理，以信仰之维来体悟生活中的智慧；而"启示文学"则更是典型的宗教文学，其以"启示""预言""异象"等方式而行走于天地之间，沟通于神人之中，从而"以神谕方式揭开隐蔽之真理"，充满神秘意义。此后，在基督教早期发展中曾出现"使徒文学"以及以"耶稣传"为题材的殉道剧、受难剧等悲剧作品；这些文学亦可统归于"圣经文学"的大范围。而在古罗马帝国后期兴起了"灵修文学""圣徒文学""殉道文学""忏悔文学"及与之关联的"传记文化"或"自传"性文学写照,对"文化大革命"结束后中国大陆曾一度浮现的"伤痕文学"有过重要启迪;这些文学的特点则是回归内心、直与神交,多有心理描述、内省、自语、反思等"深邃""沉潜"之特点。中世纪欧洲则盛行"骑士文学""梦幻文学""朝觐文学"等,亦多渲染神迹奇事、游侠冒险、敬神专一等精神,其中但丁的《神曲》乃"梦幻文学"的典范,也是代表中世纪宗教文学的登峰标志。自近现代以来,这种基督教文学也颇有发展后劲,先后出现过"浪漫文学"(或"浪漫主义文学",包括所谓"积极"与"消极"浪漫文学两大流派)、"清教文学""启蒙文学""现实主义文学"和"后现代文学"等。本次会议上就有对基督教"清教文学"的代表作之一,约翰·班扬(John Bunyan,1628—1688)的小说《天路历程》的介绍。这种基督教文学的一大突出特点是体现出"圣爱"(Agape),即"灵性之爱",由此展示出超然、超越、超脱、自谦、忍让、宁静等气质,给人以深刻印象和感人效果。其实,巴哈伊文学中也多有这种气质和禀赋,充盈着"神圣之情感"。这次会议展示了我们大家都熟悉的青年朋友、被称为"翻译才女"的潘紫径女士所翻译的巴哈伊女诗人塔希莉(Tahirih)的宗教"情诗":

但得与君两相见,脸对脸,眼对眼,胆敢倾吐心中怨,一行行,一点点。

我似东风漂又荡,东西南北皆寻遍,屋幢幢,门扇扇,巷深深,路漫漫。

年深日久不见君,绵延血泪污双眼。河汤汤,溪潺潺,泉涓涓,水涟涟。

唇若红英发如蕊,遮住不得见君面。一脉幽香花千万,一盏盏,一瓣瓣。

眉若青山眼如波,我心如鸟为君乱。摄我灵兮捕我魂,一弦弦,一念念。

忧思欲绝心如织,君恩纵横经纬间。一丝丝,一线线,一缕缕，一段段。

　　寻遍四方寻我心，原来君在我心田。一层层，一叠叠，一幕幕，一遍遍。①

　　其描述极为细腻，感情极为生动，实际上也是以一种人间之情的方式表达出一种神圣之爱，这种手法在宗教的灵修文学中极为典型，也很常见。看到上述"情诗"，我也想起了据传（实际上可能不）是六世达赖喇嘛仓央嘉措所作的一首情诗《见与不见》：

　　你见，或者不见我，我就在那里，不悲不喜。
　　你念，或者不念我，情就在那里，不来不去。
　　你爱，或者不爱我，爱就在那里，不增不减。
　　你跟，或者不跟我，我的手就在你手里，不舍不弃。
　　来我的怀里，或者，让我住进你的心里，默然相爱，寂静欢喜。

　　其实，神俗之间往往就是一念之差，人与神因其本质之巨大差异，使人无法真正窥悟上帝的本真，而且也只能基于人的位置来所思、所想、所爱、所言；因此世人的情感表达即使是宗教情感表达也难免"流俗"，这就是宗教文学的真实存在。任何宗教的表达都是采用了人间的形式，故而反映出人间的欢乐喜爱。在现实存在及其直观表述面前，宗教所需要的恰好就是一种精神的升华和超拔。而这种超然与现实的结合，也就是巴哈伊信仰所表达的："据一神而合百教，融万国而为一家。"

　　从绘画创作来看，宗教绘画就在具象与抽象之间徜徉，可能巴哈伊的绘画也不例外。在基督教的早期绘画中，为了表达一种与世俗不同的神性存在，其灵性绘画往往会习惯于人物失真、注重比较独特的神秘显

---

①　引自会议发言中的 PPT，仅供参考。

现；而在欧洲文艺复兴对"人"的发现中，其人物越来越写真而不再失真，甚至神性角色的表达也是真实及真情之"人"，无论是天父、圣母、耶稣、摩西，还是各种使徒、圣徒，都是栩栩如生的"鲜活人物"之呈现。而当这种逼真走到了极限，则出现了现代社会的抽象绘画，"印象"派等绘画只给人们留下一个可能观察到的模糊印象，而不再有那种如照片显现的图画，"真实"再度难觅。西方的"油画"等走了要么神似、要么不似的极端；而中国传统绘画（所谓"国画"）却一直在"似与不似"之间动摇，或更准确地说，在二者之间不断发挥，超越自我。在"似"的发展上，我们最近看到了"超写实主义"的杰作，其代表人物、武汉画院副院长冷军的油画作品"以其独到的构思结合非凡的艺术技巧在画坛独树一帜"，震惊世界，甚至在放大镜下，其作品逼真程度达到"纤毫毕现、精细入微"之效而令人惊叹，好似所画人物的灵魂已跳出画面、跃然纸上。他在人们与写实情趣渐行渐远之际"蓦然回首"，完成了向古典写实绘画的回归而避免了以往的矫饰倾向，使其作品更为真实，且更加淳朴，给人带来心灵的震撼。而在"不似"的发展上，当人们不再"媚俗"时是否走向了"欺世"的另一种极端，则见仁见智、各有所见。中外不少画家本来写实的功底很好，现在却走向了"虚实结合"或"渐趋虚化"的发展。我原来不太喜欢这类"非写实"的作品，觉得这种"涂鸦"般的"印象"会让观者感到一种对其观赏的鄙视、轻蔑，其"虚无"的手法既"欺世"，更"欺人"。我的根源在农村，可能在潜意识中就比较满足于田园风光、自然景观，习惯于乡下的宁静、悠闲，由此或许就有意无意、自觉不觉、情不自禁地产生出一种"自作多情"或"发思古之幽情"的乡愁；而对城市发展及其节奏不太习惯，甚至不太喜欢这种城市所特有的躁动和快捷。但最近几年来随着自己乘坐地铁的次数越来越多，频率越来越高，也就开始注意、观察，并越来越喜欢地铁窗外一跃而过的画面，对其模糊、朦胧的印象亦有了一种特殊的感觉。我曾参观一位很有才气的年轻女画家的画展，她本是实力派的写实画家，少儿时就已经在中国美术馆等令不少画家憧憬的"大雅之堂"多次举办个人画展，且多有田野、乡村、池塘等自然景观的清新画面，给我留下很深的印象；但她成为青年画家后却画风急转，走向"非写实"的抽象画派之路。不过，在其"城市"主题的现代画展中，我在其"城市"组画之"城市色彩""城市节奏"中却也好像是找到了一种似懂非懂的感觉，并在加入自己的主观想象力之后有了更多的感悟和想法，并开始喜欢上这种风格的画作。后来我还看到她寻访各大寺庙后对庙墙背影的印象素描，也很具有心灵的震撼力。所以说，古典写实的绘画给人带来的是从容、悠闲、有序、放松的欣赏，而现代印象风格的绘画却需要观者精神的积极参与，必须有一种思绪的集中和紧张，以能加入其灵性的互动和创造。

  这次研讨会上学者介绍的巴哈伊绘画、雕塑等艺术作品，以抽象派绘画为主，写实的作品几乎乃凤毛麟角。这对我来说，故乃学会欣赏、学会理解的有益过程。因此，在鉴赏这些作品时，我也有自己的一些尚不成熟的感悟和断想。这些作品所描述的多是很大的题材，如宇宙、海洋、荒野、大漠，其中好像留有一些不清楚的痕迹，不知会指向何方；这种模糊的画面、零散的线条、未明的主题，给我们带来了更多的想象空间；作者笔下的画面让我们产生的感觉好像是在展示圣显、圣迹，一种神秘的意识流也好像在暗示要"跟着感觉走""让我一次爱个够"！其无言的痕迹，亦预示着找寻天路历程的茫然和困境。这些绘画给我们的提示是，一切都在流动、变化，不再固定不动；而且，其画面图案简单，色彩单调，刻意将其本色、原线凸显出来。在观看、揣摩这些画作的寓意时，我也有一种悲凉、惆怅的心境，好像听到似《鸿雁》那样的背景音乐："江水长，秋草黄，草原上琴声忧伤"，"天苍茫，雁何方"，"飞过芦苇荡"！所以，这些画作让我猜测有两个层面的意向，一是化繁为简、大道至简、返璞归真、弃物归神的蕴涵，是一种冥冥之中、超越之上的灵性寓意；二是以光、线之舞揭示所现场景不是真景，而乃梦幻：世界虽已破碎，但至少我们还有梦，因而仍可以在碎片化的生活中寻找、领悟希望之光。对这些作品本身的创作，巴哈伊艺术家有一句让我印象深刻、铭记难忘的名言："创作乃祈祷，艺术即崇拜。"如果我们要在现实生活中自娱自乐、自满自足，那么可以回归超写实主义的"微观之真";而在这些巴哈伊绘画作品中,我们体会到的却是超现实印象、后现代的"宏观之景";"景"虽模糊,却可让我们体悟到巴哈伊信仰所追求的"普世""同一"。这里,艺术家的手所创作指引的是通往神圣"真、善、美"之路。

从音乐创作来看,我们的研讨会请来了几位音乐界的"大咖",他们在现代音乐如摇滚音乐等创作和表演上造诣很深、影响极大。我过去喜欢听慢节奏的音乐,听到太快节奏的音乐会感到心脏跳动也过快,很不适应。其实节奏的快慢会给人带来很不一样的感觉。记得我以前很不喜欢喝可乐,第一次喝可乐的感觉就像是喝中药一样,故而喝过一次就再也不想喝了。我在1983年第一次出国,也是第一次坐飞机,经过从北京到法兰克福漫长的飞行后,我要转机飞慕尼黑,但飞机晚点、转机时间仅半个小时,而法兰克福机场很大,我拼命地跑啊,终于在飞机就要关舱门之前赶到,气喘吁吁的我在飞机上接过空姐递来的可乐一饮而尽,当时感觉可乐就是世界上最好的甘露了!从此我也不再反感喝可乐了。而对流行音乐印象的改变也是在从慕尼黑开往维也纳的高速公路上,当时我与人拼车一起去奥地利,开车的德国小伙子在飙车之际播放着摇滚音乐,当时的时速至少已达到每小时160—180迈,在这种富有刺激的速度上听着富有刺激的摇滚乐,也感到特别的合适和舒适。

这里,我们听到巴哈伊艺术家演唱的音乐,既有着优雅的抒情感、也有着强烈的节奏感。我不懂音乐,也没有任何音乐方面的训练,但作为来自大山地区的少数民族,却也喜欢原生态的歌唱,有时唱得高兴在结尾时拖长一点来些颤音时,总有同事戏谑说,那不是"颤音",那叫"抖音"。这样,生活的颤音就变成时代的抖音了!我们这里来的音乐家中就有中国当代摇滚音乐的先行者,记得很多年前我们召开国际会议时曾请其参加会议组织的中外朋友联欢,后因其有事没能来,我不得不让我上中学的儿子拉小提琴补场,结果同事的评价是"琴声很优美,表情太冷酷",当时"cool"的让后面的外国小朋友几乎都不敢上台表演了。既然是外行,在此也就不怕说些外行话了。我总感觉音乐就是"言不可言之意",当人的情感表达无法用任何语言来倾诉时,音乐就上场了。音乐超越一切语言,沟通所有民族,所以说"音乐就是世界公民的语言"。巴哈伊的音乐家喜欢以"世界公民"作为其音乐的主题,而且是以欢快、强烈的节奏来表达这种迫切的愿望。音乐有着纯心、静心、童心的作用,可以让心灵返璞归真、回到一种纯真之境。音乐这种超越语言、超越民族的跨界沟通,在宗教音乐中表现得尤为典型。在浮躁的现实生活中,人们不自觉地会多了一些世故,少了一些淳朴,出现或多或少灵性的泯灭。于此,宗教音乐就是这种灵魂的食粮,是人之灵性的滋养。与世俗的音乐不同,宗教音乐在其宁静或激情时会带来一种超脱和超越,给人一种超尘脱俗之感。在巴哈伊音乐中,我们对之就可能有些感触、有所体悟。如果说宗教属于人类文明的有机构成,那么宗教音乐就能典型地体现出这种人类精神的临在。宗教音乐期盼人的灵魂获得光明,有着阳光的朗照,因此其宁静、优雅的旋律并非要人隳沉,而是让人在沉思中幡然醒悟,在静谧中超越自我,达到灵性的升腾及升华。所以说,宗教音乐是来自圣灵的天籁之音,也是发自人魂的深邃之声,音乐家歌唱及其演奏的声音是唤醒灵性的呼召,也是对真善美的颂唱。人间自有真情在,人们要有信望爱。音乐中抽象旋律的灵动,给人带来丰富的想象和激情的充盈,有着奇妙无比、令人心醉神迷之效。因此,人的这种精神需求不应被剥夺。宗教音乐是对神圣的默想、颂赞、讴歌、欢唱,其动人的柔情、强烈的节奏、共振的鸣响,是以心灵的颤动而向天际升腾,依此向着天界攀缘,达到心灵向神圣的升华。其对心灵的抚慰、让人振奋的呼唤,是这个社会仍然需求的。前不久去澳门开会,有一个学习音乐的学生就曾告诉我们,其大学音乐工作坊所起到的音乐心理治疗作用,是非常美妙而奇特的。现在世界上有不少宗教音乐的治疗尝试,尤其是心理疾病的康复还需攻心为上,而音乐在一定程度上也可能是这种"攻心""治心"的灵丹妙药。在合情合理及合法的前提下,至少这种尝试是应该允许的。

在中外音乐的比较中,尤其是在各自的古典音乐中,我觉得其旋律中"点""线"结合妙不可言。其中西方古典音乐中可能更多有着"点的激昂",如贝多芬的《命运交响曲》《欢乐颂》(《第九交响曲》的部分）等，尤其是帕格尼尼的《无穷动》等有着"炫技"效果的小提琴曲，把这种"点"的节奏感发挥得淋漓尽致。当然，中国古典音乐中如琵琶演奏曲《四面埋伏》也有异曲同工之效。相比之下，中国古典音乐中则更多有着"线的缠绵"，如《梁山伯与祝英台》等曲目。当然，中西古典音乐中都注重其旋律的点、线结合，只是我主观感觉中国古典音乐中的"点"相对模糊，而"线"的延续、拖长则更为典型；在西方古典音乐中，这种"点"则更为明显、更加清晰。这权当是外行的"胡诌"吧，见笑于方家。我只是认为，在宗教音乐中，这种"点"与"线"的表现效果是各不相同的，也会给人带来不同的感悟或联想。

巴哈伊宗教音乐是古典与现代的有机结合，其发展方兴未艾，而其研究也刚刚开始。作为一种新兴宗教，许多都还在构设之中，其发展的潜力无穷。当然，作为一种世界宗教，有着"人类一家""世界大同"的抱负，那也就需要海纳百川，积极推进与各种世界宗教的对话与沟通，多有学习、借鉴和创新发展。

这次会议开得很好，大家都有非常精彩的发言，最后让我作学术总结，则的确只能是勉为其难。我认真听了每人的报告，获益匪浅，但这种消化、融化于己也需要一些时日，故此急就章的"总结"可能会很不"学术"，敬请谅解。至少，我的即席发言乃表明自己虚心学习的态度，也是有着积极的思考和参与。"千里之行，始于足下"，我们以这次会议为契机，将标志着我们展开了对巴哈伊文学艺术的系统研究，并期盼着其未来必将会有的丰硕成果。

（本文基于 2019 年 11 月 10 日在北京召开的"巴哈伊的文学艺术国际研讨会"总结发言）